GÖPPEL
LEHRER, SCHÜLER UND KONFLIKTE

LEHRER, SCHÜLER UND KONFLIKTE

von
Rolf Göppel

VERLAG
JULIUS KLINKHARDT
BAD HEILBRUNN • 2007

Abbildung auf Umschlagseite 1 aus:
Johannes Hickel: Sanfter Schrecken. Blätter aus dem pädagogischen Alltag. Wiesbaden 1985.

Die Deutsche Bibliothek – Cip-Einheitsaufnahme
Ein Titelsatz für diese Publikation ist bei Der Deutschen Bibliothek erhältlich.

2007.4.Ki. © by Julius Klinkhardt.
Das Werk ist einschließlich aller seiner Teile urheberrechtlich geschützt.
Jede Verwertung außerhalb der engen Grenzen des Urheberrechtsgesetzes ist
ohne Zustimmung des Verlages unzulässig und strafbar. Das gilt insbesondere für
Vervielfältigungen, Übersetzungen, Mikroverfilmungen und die Einspeicherung und
Verarbeitung in elektronischen Systemen.

Druck und Bindung: AZ Druck und Datentechnik, Kempten.
Printed in Germany 2007.
Gedruckt auf chlorfrei gebleichtem alterungsbeständigem Papier.

ISBN 978-3-7815-1542-0

Inhaltsverzeichnis

Einleitung 11

KAPITEL 1
Was heißt „Erziehung stärken"?
1. Kann man „Erziehung" überhaupt „stärken"? 16
2. Welche gesellschaftlichen Tendenzen schwächen heute
   die erzieherischen Einflussmöglichkeiten von Eltern? 17
3. Bieten soziale Techniken oder moralische Appelle
   eine Lösung der Problematik? 19
4. Kann, soll, darf die Schule überhaupt „erziehen"? 22
5. Wie beurteilen die Schülerinnen und Schüler selbst die
   erzieherischen Wirkungen der Schule? 29
6. Welche Aspekte der Schule sind nach den Ergebnissen der
   empirischen Schulforschung für die *erzieherischen* Wirkungen
   der Schule maßgeblich? 33
7. Was könnte „Erziehung stärken" also im Hinblick
   auf die Schule heißen? 36
8. Schluss 39

KAPITEL 2
Was muss man wahrnehmen und verstehen, um erziehen zu können? – Emotionale Intelligenz als Kultivierung der Intuition und als Voraussetzung für pädagogischen Takt
1. Technologie oder Ethik als Grundlage pädagogischer
   Professionalität? 42
2. Wer hat „erzieherischen Einfluss"? 44
3. Die Konzepte „Intuition", „pädagogischer Takt" und
   „emotionale Intelligenz" 51
   3.1 Intuition 51
   3.2 Pädagogischer Takt 52
   3.3 Emotionale Intelligenz 56
4. Möglichkeiten der Förderung von „emotionaler Intelligenz"
   und von „pädagogischem Takt" 58
5. Schluss 63

KAPITEL 3
Wenn die Wut „hochkocht"... – (wie) kann man emotional aufgeladene Konflikte in der Schule „professionell handlen"?

1. Worum geht es? 65
2. Wie kommt die Problematik in der aktuellen Diskussion über
3. die Bildungsstandards in der Lehrerbildung vor? ? 66
4. Wie kommt die Problematik in der Schulrealität vor? –
   Beispiele aus einem Lehrertagebuch 67
5. Was macht das Spezifische der emotionalen Herausforderung im Zusammenhang mit der Lehrerprofessionalität aus? 72
6. Von welchen persönlichen Dispositionen ist der Umgang mit dem Problem abhängig? 77
7. Welche Konsequenzen hat dauerhafte Belastung durch Anspannung, Ärger und Wut für die psychische und physische Gesundheit von Lehrern 78
8. Was geht in Ärgersituationen, „Wenn die Wut hochkocht", eigentlich im menschlichen Organismus vor? Welche neuronalen, hormonalen Prozesse spielen sich ab? 82
9. Was geht in Ärgersituationen, „Wenn die Wut hochkocht", eigentlich zwischen Lehrern und Schülern vor? Welche kommunikativen, interaktionalen Prozesse spielen sich ab? 84
10. Welche Chancen gibt es, solche Ärgersituationen „professionell zu handlen"? – Modelle der Deeskalation 90
11. Welche Möglichkeiten gibt es, künftige Lehrer auf einen „angemessenen", „förderlichen" Umgang mit Ärger- und Konfliktsituationen vorzubereiten? 97

KAPITEL 4
Was macht die Schule mit „schwierigen Schülern"? – Was machen „schwierige Schüler" mit der ihnen zugeschriebenen Eigenverantwortung?

1. Der Ausgangspunkt: Die Zunahme von Disziplinproblemen an den Schulen 104
2. Das EV-Konzept 106
3. Evaluation: Das Konzept im Urteil von Schülern und Lehrern 111
4. Diskussion 113
5. Erziehung zum „eigenverantwortlichen Denken und Handeln"? 117

KAPITEL 5
Zur Kultur des pädagogischen Konfliktgesprächs
1. Konfliktgespräche als soziale Lernchancen – 4 Thesen vorweg 121
2. Konflikte im schulischen Alltag 122
3. Die Vielfalt der möglichen Handlungsoptionen angesichts pädagogischer Konflikte 124
4. Strategien des pädagogischen Konfliktgesprächs 126
   4.1 Fritz Redl und das „Life Space Interview" 126
   4.2 Thomas Gordon und die „Lehrer-Schüler-Konferenz" 130
   4.3 Edward E. Ford und der „Responsible Thinking Process" 135
5. Schluss 140

KAPITEL 6
Die Krise der Lernkultur in der Pubertät – Warum haben es die Jugendlichen und die Schule oft so schwer miteinander?
1. Die Perspektive der Schülerinnen und Schüler 142
2. Die Perspektive der Lehrerinnen und Lehrer 148
3. Mögliche Erklärungen 151
   3.1 „Reifungsprozesse"/„Hormonschwankungen"/ „Triebschub"/„Gehirnumbau" etc. 151
   3.2 Verschiebung der psychischen Energie, der Aufmerksamkeit und der Relevanzkriterien 152
   3.3 Hauptsache Action, Hauptsache Spaß" – der jugendspezifische Drang zu Komik und Blödelei 154
   3.4 Reaktivierung des Ödipuskomplexes, Befreiung von Autoritäten, stellvertretende Machtkämpfe 156
   3.5 Ich-Labilität, hohe narzisstische Kränkbarkeit und Abwehr von Beschämungsgefahr durch kollektive Abwertung der Relevanz schulischer Leistungen 158
4. Das Strukturdilemma der Schule 161
5. Verlust von Lernfreude und Zunahme von schulischen Disziplinkonflikten als universelles oder als kulturspezifisches Pubertätsphänomen? 165

KAPITEL 7
Ermöglicht oder verhindert die Schule „Bildungserfahrungen"?
1. Bildung als Produkt von Schule? 172
2. Die Differenz von „Wissen" und „Bildung" 174
3. Was sind „Bildungserfahrungen"? – Biographische Annäherungen ... 176
   3.1 Werner Heißenberg 177
   3.2 Marcel Reich-Ranicki 178
4. Welchen Bildungsauftrag hat die Schule? 180
5. Welche Anlässe sind geeignet, diesen Bildungsauftrag zu realisieren? 182
6. Sind schulische Organisationsformen und klassische Bildungsansprüche letztlich inkompatibel? 183
7. Wie bilanzieren Lehramtsstudierende die Bildungserfahrungen, die ihnen in der Schule zuteil wurden? 185
   7.1 Gesamtbilanzen 185
   7.2 Lebensorientierung durch die Schule? 187
   7.3 Bildende Schullektüre? 189
   7.4 Politische Bildung durch die Schule? 191
   7.5 Moralische Bildung durch die Schule? 192
   7.6 Bildung durch personale Vorbilder 194
8. Zwischenfazit 194
9. „Bildungserfahrungen" im Lichte unterschiedlicher theoretischer Deutungen 195
   9.1 geisteswissenschaftliche Pädagogik: Friedrich Copei und der „fruchtbare Moment im Bildungsprozess" 196
   9.2 Psychoanalytische Pädagogik und die „subjektzugewandte Seite" der schulischen Bildungsinhalte 199
   9.3 moderne Hirnforschung: die Bedeutung der emotionalen Tönung und der sozialen Einbindung von Lernsituationen 201
10. Schluss 206

KAPITEL 8
Bildung der Gefühle?
1. Gefühlsboom oder Verdrängung der Gefühle an der Schule? 208
2. Aktuelle Aspekte 210
   2.1 Das Konzept der „emotionalen Intelligenz" und seine Folgen ... 210
   2.2 Präventive, kompensatorische und kommerzielle Aspekte 215
3. Historische Aspekte 219

    3.1 Das Thema „Bildung der Gefühle" in der Geschichte
        der Pädagogik 219
    3.2 Ein exemplarisches Beispiel: Die „Bildungskunde der Gefühle"
        von Vincenz Eduard Milde 220
    3.3 Das Thema „Bildung der Gefühle" in der Tradition der
        Psychoanalytischen Pädagogik 222
 4. Das Thema „Bildung der Gefühle" im Rahmen einer psychoanalytischen Bildungstheorie – Ist die Idee der Förderung „emotionaler Intelligenz" eine Neuauflage von Mitscherlichs Forderung nach „Affektbildung"? 227

KAPITEL 9
Psychische Gesundheit als Bildungsziel?
 1. „Gesundheit" als pädagogischer Leitbegriff? 230
 2. „Gesundheit" als Thema der Kinder- und Jugendhilfe 231
 3. „Psychische Gesundheit"? 233
 4. „Psychische Gesundheit" und/oder/statt/durch „Bildung"? 236
 5. Resilienz 239
 6. Die „Bielefelder Invulnerabilitätsstudie" 242
 7. „Resilienzförderung" als (sozial-)pädagogische Aufgabe? 244

KAPITEL 10
Resilienz als Bildungsziel?
 1. Bildung als „Weg der Menschwerdung" I: Resilienz in
    literarischer Perspektive 247
 2. Vom vielfältigen Nutzen der Bildung 248
 3. Von der ursprünglichen Idee der Bildung 250
 4. Von den Veränderungen und Verengungen der Bildungsdiskussion
    seit PISA 252
 5. Resilienz und Bildung 257
 6. Resilienz und schulische Ausbildung 262
 7. Resilienz als Prozess und die Bedeutung lebensgeschichtlicher
    Reflexion 267
 8. Bildung als „Weg der Menschwerdung" II: Resilienz in autobiographischer Perspektive 270
 9. Schluss: Was kann man aus dieser Geschichte über Bildung und
    Resilienz lernen? 277

Schlusswort 280
Literatur 283

Einleitung

> *"Wo der Lehrer für das Kind eine ganz ferne, neutrale Person bleibt, die weder Liebe, noch Haß noch Respekt noch sonst ein Gefühl auf sich zieht, kann er auch keinen nennenswerten erzieherischen Einfluß ausüben."*
>
> Günther Bittner

Neben den diversen in den Lehrplänen vorgegebenen fachlichen Inhalten, wie etwa „der Aufbau einer Erlebniserzählung", „die Multiplikation von Brüchen", „die Funktion eines Flaschenzuges", „die Entstehung der Alpen", „das Balzverhalten des Stichlings", „der Verlauf der französischen Revolution", „der Sinn der Gewaltenteilung" oder „die Verwendung des Gerundiums", etc. gibt es in der Schule noch ein weiteres bedeutsames Pensum zu lernen, das kaum explizit in den Lehrplänen auftaucht: den angemessenen Umgang mit Konflikten.

Konflikte gehören zur Schulwirklichkeit wie Tafelanschriften und Klassenarbeiten. Wo tagtäglich in einem Raum 20 bis 30 Kinder oder Jugendliche und unterschiedliche Erwachsene für mehrere Stunden zusammen kommen und einerseits mit institutionell vorgegebenen Rollenerwartungen, Ansprüchen und Zwängen konfrontiert sind, andererseits aber auch mit individuellen Erfahrungshintergründen, Eigenarten und Empfindlichkeiten aufeinander treffen, da können Konflikte nicht ausbleiben.

Zumal das, was der institutionelle Rahmen den Schülerinnen und Schülern abverlangt, nämlich Aufmerksamkeit, Ausdauer, Anstrengungsbereitschaft, Sorgfalt, Ordnung und Zurückhaltung, eher quer steht zu den kinder- und jugendtypischen spontanen Impulsen und Wünschen nach Bewegung, Beachtung, Bequemlichkeit, Unterhaltung, Action und Spaß. Hinzu kommen die häufigen Situationen der Leistungserbringung und Leistungsbewertung, die im deutschen Schulsystem eine zentrale Rolle spielen. Damit natürlich auch das permanente Risiko des Enttäuschtwerdens, des Versagens, des Sich-Blamierens und die durch solche narzisstischen Kränkungen wiederum ausgelösten Tendenzen der Abwehr, der Vermeidung und der Entwertung.

Wenn also Schule mehr oder weniger zwangsläufig auch ein Feld von negativen Emotionen und von Konflikten ist, dann kommt es zentral darauf an, wie

dort mit diesen Konflikten umgegangen wird. Konflikte sind ja nicht nur Störungen im reibungslosen Ablauf des Unterrichtsgeschehens, sondern sie stellen zugleich auch wichtige Lernchancen dar. Vielleicht kann man sogar sagen, dass die erzieherische Wirkung, die eine Schule entfalten kann, wesentlich davon abhängt, wie entwickelt die dortige „Konfliktkultur" ist, d.h. welcher „Umgangston" dort herrscht, welche Regeln und Rituale der Verständigung dort etabliert sind, welche Formen der Interessensvertretung und des Interessensausgleichs es dort gibt. Entscheidend ist, ob Schüler aufgrund ihrer gemachten Erfahrungen ein Grundgefühl haben, dass es im Prinzip an ihrer Schule fair, gerecht und freundlich zugeht oder ob sie sich tendenziell eher als unterdrückt, ausgeliefert, geringgeschätzt und beschämt erleben und ihrerseits deshalb meinen, sich nach Kräften wehren bzw. rächen zu müssen.
Hartmut von Hentig hat dieses Anliegen sogar zum Kern der „politischen Bildung", die an der Schule stattfinden soll, erhoben: in ihr gehe es nämlich weniger um die differenzierte Kenntnis der Verfassungsorgane und des parlamentarischen Gesetzgebungsverfahrens, sondern primär um all das, „was der Gemeinschaft erlaubt, gesittet und friedlich, in Freiheit und mit einem Anspruch auf Glück zu bestehen: Sie richtet den Blick des Einzelnen auf das Gemeinwohl, auf die Existenz, Kenntnis und Einhaltung von Rechten und Pflichten, auf die Verteidigung der Freiheit und die Achtung für Ordnung und Anstand. Sie ist für die richtige Balance in der Gesellschaft zuständig. Sie hält zur Prüfung der Ziele, der Mittel und ihrer beider Verhältnisses an. Sie befähigt zur Entscheidung angesichts von Macht und begrenzten Ressourcen in begrenzter Zeit" (Hentig 2004, S. 11).
Wo es Konflikte gibt, da sind in der „schmuddeligen Alltagswirklichkeit" der Schule freilich auch Emotionen im Spiel. Ärger, Enttäuschung, Wut, Empörung – all diese Gefühle kommen in der Schule sowohl auf Seiten der Schülerinnen und Schüler als auch auf Seiten der Lehrerinnen und Lehrer gar nicht so selten vor. Diese Gefühle behindern tendenziell die oben geforderte faire und vernünftige Form der Konfliktaustragung. Und sie sind in der langfristigen Perspektive, dem Wohlbefinden und der psychischen Gesundheit der Betroffenen abträglich.
Die Rede von der „Konfliktkultur" bedeutet nun, dass nicht einfach jeder Konfliktbeteiligte gewissermaßen „naturwüchsig" oder auch aufgrund eingefahrener Routinen seinen spontanen Impulsen und Launen folgt und seinen „Ärger herauslässt" oder dass einfach derjenige, der mehr Macht hat, der „am längeren Hebel sitzt", sich durchsetzt, sondern der Aspekt der „Kultivierung" meint eben gerade, dass eine gewisse Reflexivität und Normativität und eine explizite pädagogische Verantwortlichkeit ins Spiel kommt. Andererseits

verweist der Begriff „Konfliktkultur" auch darauf, dass es um Spielräume sinnvoller Verständigung geht, um kreative Lösung für individuelle Konfliktkonstellationen, bei denen Einfühlungsvermögen, Fingerspitzengefühl und Takt gefragt sind und nicht stereotype Antworten, automatisierte Reaktionen oder die mechanische Anwendung von Sanktionskatalogen.

In diesem Buch sollen unterschiedliche Facetten dieses Themas „Konfliktkultur" diskutiert werden: Was ist von dem Appell zu halten, die Erziehungsfunktion der Schule müsse gestärkt werden? Welche bildungspolitischen und institutionellen Rahmenbedingungen müssen gegeben sein, damit dies auch gelingen kann? Welche Voraussetzungen sind auf Seiten der Lehrerpersönlichkeit entscheidend dafür, dass überhaupt so etwas wie ein „erzieherischer Einfluss" auf die Schüler zustande kommen kann? Welchen emotionalen Spannungen und Konflikten sind Lehrer in ihrem Beruf ausgesetzt und was könnte es heißen, „professionell" mit emotional aufgeladenen Situationen umzugehen? Was ist von modernen Konzepten des schulischen Konfliktmanagements zu halten, die die Regulation von Konflikten gewissermaßen an Experten außerhalb des Klassenzimmers delegieren und störende Schüler einer bürokratischen Reglementierung unterwerfen wollen? Wie sehen die unterschiedlichen Gesprächsstrategien aus, die in den diversen pädagogischen Konzepten der Konfliktbearbeitung empfohlen werden? Was sind die entwicklungspsychologischen Hintergründe dafür, dass die Konflikthäufigkeit und Intensität gerade bei Schülern der Mittelstufe erfahrungsgemäß deutlich zunimmt? In welchem Verhältnis stehen die Schülerinnen und Schüler eigentlich zu den Themen und Inhalten, die den Gegenstand des schulischen Unterrichts ausmachen? Haben sie das Gefühl, dass sie dabei subjektiv Bedeutsames lernen, ihren geistigen Horizont erweitern und Lebensorientierung gewinnen? Oder herrscht eher die Einschätzung vor, dass es dabei eben um „schulischen Lernstoff" geht, um „notwendige Pensen", die man sich für die nächste Prüfung, für gute Noten, für den Erwerb angestrebter Schulabschlüsse notgedrungen „reinziehen" muss? Ermöglicht die Schule also „Bildungserfahrungen", oder kann es sein, dass in der Schule zwar allerhand gelernt wird, tiefere „Bildungserfahrungen" bisweilen aber auch eher verhindert werden? Inwiefern gehören jene Kompetenzen des Umgangs mit Gefühlen, die neuerdings unter dem Begriff der „emotionalen Intelligenz" gefasst werden, zu einem zeitgemäßen Konzept von Bildung und welche Möglichkeiten hat die Schule hier, einen förderlichen Rahmen für die Ausbildung jener Kompetenzen zu bieten, die dann ihrerseits durchaus wiederum Einfluss auf die „schulische Konfliktkultur" haben? In welchem Verhältnis stehen gar „Bildung" und „psychische Gesundheit" und kann, soll, muss sich die Schule unter dem

Aspekt der „Psychohygiene" auch für letztere verantwortlich fühlen? Inwiefern stellt die Schule für Kinder mit belasteten Lebensgeschichten und problematischen Lebenssituationen einen weiteren „Risikofaktor" dar? Inwiefern kann sie aber auch zu einem „Schutzfaktor" werden und wie müssten dann die dortigen Erfahrungen und Beziehungen beschaffen sein, damit sie eher zur „Resilienz", d.h. zur Widerstands- und Bewältigungskraft dieser Schüler beitragen?

Dabei geht es mir bei all diesen Aspekten weniger darum, bestimmte Konzepte zu propagieren (die es auf dem Markt der „pädagogischen Konfliktlösungsansätze" inzwischen in beträchtlicher Zahl gibt), sondern eher darum, Fragen aufzuwerfen, Hintergründe auszuleuchten, Zusammenhänge aufzuzeigen, Problembewusstsein zu schärfen und somit letztlich das Verständnis für das, was sich in solchen schulischen Konfliktsituationen abspielt, zu erhöhen.

Kapitel 1
Was heißt „Erziehung stärken"?

> *„Die Gesamttendenz unserer Befunde ließ erkennen, daß nicht nur die Art und Weise des Umgangs mit dem einzelnen Schüler, sondern auch das allgemeine soziale Klima, das ‚Ethos' der sozialen Organisation ‚Schule', von entscheidender Bedeutung war."*
>
> Michael Rutter

Die Frage, wie die erzieherische Dimension der Schule zu stärken ist, wie es möglich ist, Beziehungen im Rahmen der Schule so zu gestalten, dass Schüler ihre Lehrer nicht primär als „Pauker", als „Unterrichtsbeamte" oder gar als „Klassenfeinde" erleben, sondern als sachkundige, engagierte, verständnisvolle und hilfreiche Erwachsene und wie es gelingen kann, die unvermeidlichen Interessensgegensätze und Konflikte zwischen Lehrern und Schülern, aber auch zwischen Schülern untereinander, so auszutragen, dass dabei bei allen Beteiligten ein Gefühl von Anerkennung und Fairness und nicht von Verbitterung und Rachebedürfnis zurückbleibt, ist ein Hauptmotiv dieses Buches.

„Erziehung stärken" war auch der Untertitel eines großen Lehrerkongresses, der im Mai 2005 in Heilbronn stattfand. Dabei ist „Erziehung stärken" freilich zunächst ein wohlfeiler Slogan. Er ist einzureihen in Forderungen wie „Toleranz fördern", "Menschlichkeit wagen", „Zivilcourage zeigen", „Werte vermitteln", „Familie leben" etc.. Forderungen, denen niemand widersprechen wird, die aber dennoch merkwürdig vage bleiben. Jeder kann ihnen zustimmen, keiner braucht sich angesprochen fühlen. Ich will deshalb zunächst diese so selbstverständlich klingende Forderung ein wenig umkreisen und problematisieren. Ich werde das Thema „Was heißt ‚Erziehung stärken?" also nicht so angehen, dass ich einen 10- oder 15-Punkte Katalog präsentiere, der die definitive Antwort auf die Titelfrage enthält, der detailliert aufzählt, was genau zu tun ist, um „Erziehung zu stärken". Ich will stattdessen eher einen Problemhorizont aufspannen, der die Schwierigkeiten bewusst macht, die mit der Einlösung dieser scheinbar so schlichten Forderung verbunden sind.

Während die Schule durchaus darauf eingestellt ist, dass ABC-Schützen im Hinblick auf das Lesen und Schreiben tatsächlich als „Novizen" an die Schule kommen, dass es hier um Kenntnisse und Kompetenzen geht, die die Kinder im Schulunterricht ganz neu erwerben müssen, geht sie andererseits genauso selbstverständlich davon aus, dass sie in *erzieherischer* Hinsicht an die Vorleistungen der Eltern anknüpfen kann, ja, dass hier die primäre Zuständigkeit auch weiterhin bei den Eltern bleibt. Eine Auseinandersetzung mit den Möglichkeiten und Grenzen des Anspruchs „Erziehung zu stärken", kann sich somit nicht nur auf den schulischen Kontext allein beschränken, sondern muss zunächst ins Auge fassen, wie sich die erzieherischen Verhältnisse in unserer Gesellschaft insgesamt verändert haben.

1. Kann man „Erziehung" überhaupt „stärken"?

Wer ist eigentlich Adressat dieser Forderung „Erziehung zu stärken"? „Erziehung" ist kein Subjekt, das etwas tut und das in diesem Tun bestärkt werden könnte. „Erziehung" ist auch keine konkrete Tätigkeit wie „Vorlesen" oder „Loben", bezüglich derer man Eltern ermuntern könnte, ihr künftig stärkere Beachtung zu schenken, sie häufiger und regelmäßiger zum Einsatz kommen zu lassen. Es gibt ja die bekannte Leitfrage zur pädagogischen Gewissenserforschung: „Hast Du Dein Kind heute schon gelobt?" Eine entsprechende Frage „Hast Du Dein Kind heute schon erzogen?" würde dagegen eher etwas merkwürdig klingen und vermutlich die Rückfrage provozieren: „Was meinst Du damit?".

„Erziehung" ist eine sehr umfassende Bezeichnung für bestimmte Aspekte des intergenerationalen Verhältnisses, für bestimmte Formen der Verantwortlichkeit der Erwachsenen für die nachwachsende Generation und für die Versuche, im Sinne dieser Verantwortlichkeit Einfluss auf Kinder und Jugendliche zu nehmen. „Stärken" lassen sich aber letztendlich nur konkrete Personen, Kinder, Jugendliche, Eltern, Erzieher, Lehrer. „Erziehung" ist in diesem Sinne kein Subjekt, welches unmittelbar gestärkt werden könnte. Stärken lässt sich allenfalls das „erzieherische Verständnis" von Eltern, die „erzieherischen Kompetenz" von Lehrern, der „erzieherische Konsens" eines Kollegiums oder, die „erzieherische Reflexivität" eines Teams.

Was soll jedoch überhaupt unter einer „starken" bzw. einer „gestärkten" Erziehung verstanden werden? Man kann nicht irgendwelche „Erziehungsmuskeln" trainieren und in dem Sinn stärken, wie ein Sportler seinen Bizeps. Es ist auch keineswegs so, dass Erziehung umso wirksamer ist, je intensiver, rigoroser, radikaler bestimmte Erziehungsintentionen verfolgt werden (selbst wenn diese sinnvoll und wohlbegründet sind). Erziehen ist eher eine „weiche

Kunst" des Vorlebens von bestimmten Werten, des Zeigens von Interesse, des Werbens für bestimmte Einsichten, des Begeisterns für bestimmte Ziele, des Überzeugens in Diskussionen, des Aushandelns in Konflikten und nicht eine Sache der Macht oder der Durchsetzung durch Stärke. Es geht um die richtige Balance von Vertrauen und Kontrolle, von Unterstützung und Selbständigkeitszumutung, von Regel und Ausnahme, von augenzwinkernder Toleranz und entschiedener Grenzsetzung, welche immer nur in der konkreten Situation im konkreten Einzelfall angemessen zu bestimmen ist. „Erzieherische Stärke" kann sich bisweilen auch gerade in Respekt für den Eigensinn des Kindes und in Gelassenheit, Zutrauen und Zuversicht im Blick auf seine Entwicklung ausdrücken.

2. Welche gesellschaftlichen Tendenzen schwächen heute die erzieherischen Einflussmöglichkeiten von Eltern?

Die erzieherischen Ideen und Initiativen von Erwachsenen und der alltägliche Umgang zwischen Eltern und Kindern sind immer eingebettet in bestimmte gesellschaftliche Rahmenbedingungen und in bestimmte Strömungen des pädagogischen Zeitgeistes. Eltern und Erzieher müssen sich heute in einer immer komplizierteren und unübersichtlicheren Situation zurechtfinden, wenn sie ihre erzieherische Verantwortung wahrnehmen wollen.
Im Zuge der Individualisierung werden die Menschen zunehmend aus einerseits einschränkenden und bindenden, andererseits aber auch stützenden und Sicherheit gebenden Traditionen freigesetzt. Damit lösen sich nicht nur die Lebensorientierungen, die Biographiemuster und die Beziehungskonstellationen, welche parallel und mehr oder weniger gleichberechtigt in der Gesellschaft anzutreffen sind, in eine immer größere Pluralität auf, auch die traditionellen Vorgaben über den Umgang zwischen Eltern und Kindern darüber, was Kindern zusteht und was Kindern zuzumuten ist, welches Maß an Fürsorge den Kindern und welches Maß an Respekt den Erwachsenen ganz selbstverständlich entgegenzubringen ist und welche Formen der Grenzsetzung angemessen und zulässig sind, verlieren an Eindeutigkeit und an selbstverständlicher Geltung.
Axel Hacke hat in seinem Büchlein „Der kleine Erziehungsberater" die Situation heutiger Eltern und damit „das ganz normale Chaos der Erziehung" in witziger und nur leichter ironischer Übertreibung auf den Punkt gebracht. Einer Leserbriefschreiberin, die ihm aufgrund der Schilderungen aus seinem familiären Alltag „Erziehungsschwäche" und mangelnde Autorität vorgewor-

fen und ihn daran gemahnt hatte, dass Kinder Grenzen wollten, antwortet er beispielsweise: „Liebe Frau K., wir leben in einer Gesellschaft, in der es keine Grenzen gibt, in der jeder tut, was er will. Die Erwachsenen sind kindisch und die Kinder erwachsen. ... Aber ich soll Grenzen setzen, ja?! ... Sie scheinen mich für einen Waschlappen zu halten. Ich fürchte, mein Sohn hält mich für einen autoritären Knochen, weil ich ihn heute wieder unter groben Drohungen zum Zähneputzen gezwungen habe. Kinder nehmen ja ohne Debatte nichts mehr hin. Ich ziehe eine Grenze nach der anderen, aber die Kinder akzeptieren sie einfach nicht. Eigentlich prima, solche Kinder. Sie sind nur etwas anstrengend". Er kommt dann zu folgendem allgemeinen Fazit der Erziehungssituation heutiger Eltern: „Wir stehen bis zum Hals in Verwirrung. Aber hilflos sind wir nicht. Wir haben kein richtiges pädagogisches Rezept. Wer hat das schon in diesen Zeiten? Es gab Elterngenerationen, die wußten genau, worin Erziehung zu bestehen habe. Die hatten Konzepte – ich weiß bloß nicht, ob es die richtigen waren. Wir hingegen sind nicht autoritär. Wir sind auch nicht anti-autoritär. Wir wurschteln uns so durch" (Hacke 1992, S. 79 f.).

Im Blick auf die veränderten Bedingungen des Aufwachsens hat der Erziehungswissenschaftler Hermann Giesecke schon Mitte der achtziger Jahre ein Buch mit dem provozierenden Titel „Das Ende der Erziehung" geschrieben. Eine zentrale These darin war die, dass die Macht der Erwachsenen, in einem umgreifenden Sinn das Entwicklungsmilieu, in dem ein Kind heranwächst, bewusst pädagogisch gestalten zu können, zunehmend zurückgeht. Er bringt die Grundtendenz dieses schleichenden Prozesses auf folgende Formel: „Immer weniger planmäßige und persönlich verantwortete Erziehung und immer mehr anonym gesteuerte Sozialisation durch Mitmachen und durch Gewöhnung an wechselnde Moden" (Giesecke 1985, S. 93). Zentrale Sozialisationsfaktoren, die in diesem Sinn mit den elterlichen Erziehungseinflüssen konkurrieren, sie bisweilen konterkarieren, sind für ihn einerseits die Medien, andererseits aber auch die immer bedeutsamer werdenden Einflüsse der Gleichaltrigen, der Peergroup.

Der Trend zur Entwertung der Erfahrungen der Erwachsenen und zur Aufwertung der Anregungen und Orientierungen, die von den Gleichaltrigen stammen, lässt sich auch empirisch gut belegen. So fanden in einer aktuellen repräsentativen Umfrage bei 13–17-jährigen die folgenden Items Zustimmungswerte zwischen 59 und 70 Prozent: „Die wenigsten Erwachsenen verstehen die Probleme von Jugendlichen wirklich" (70%), „Ich halte nicht viel von den Erfahrungen der Erwachsenen, ich verlasse mich lieber auf mich selbst" (60%) und „Bei gleichaltrigen Freunden und Freundinnen lerne und erfahre ich mehr als bei Erwachsenen" (59%) (Zinnecker u.a. 2002, S. 147). Natürlich verändern sich damit die Voraussetzungen für die Erziehung im Sinne einer planmäßigen und gezielten Einflussnahme auf die nachwachsende Generation: „Voraussagbar ist jedenfalls", so Zinnecker, „daß eine absichtsvoll zum Zweck der Erziehung betriebene Kommunikation zwingend damit einhergeht, daß Motive der Ablehnung und des Eigensinns sich bei den Adressaten verdoppeln" (Zinnecker 2000, S. 285). – Keine sehr erfreuliche Perspektive für die Pädagogik! Erst recht nicht für die Intention, „Erziehung zu stärken"!

Ich will nicht in generelle Kulturkritik verfallen; ich bin überzeugt, dass auch heute noch den Eltern eine wichtige, ja eine zentrale Bedeutung für ein gedeihliches Aufwachsen der Kinder zukommt. Aber ich glaube auch, dass Hacke Recht hat mit seiner Einschätzung, dass Erziehung heute auch für viele durchaus engagierte und verantwortliche Eltern mehr und mehr zu einem „Durchwursteln" geworden ist, bei dem das Vertrauen, über die „richtigen Konzepte" zu verfügen, geschwunden und die bedenklichen Störeinflüsse durch Medien, Konsumindustrie und Peers gewachsen sind.

3. Bieten soziale Techniken oder moralische Appelle eine Lösung der Problematik?

Wenn diese knappe Beschreibung der historischen Veränderungen der Tendenz nach zutrifft, was heißt dann in solch einer Situation „Erziehung stärken"? Welche prinzipiellen Ansätze und Wege sind hier denkbar?

Ein häufiger beschrittener Weg ist der, dass man in der erzieherischen Not nach neuen, spezifischen, wirksamen *Techniken und Programmen* Ausschau hält. Hier gibt es ja eine große Palette von Angeboten, die mit entsprechenden Versprechungen locken, die verkünden, dass mit ihrer Hilfe die erzieherischen Probleme in den Griff zu bekommen seien. Von Thomas Gordons Effektive Parenting Training (Familienkonferenz), über das John Gottmans Konzept, Eltern zu „Emotionstrainern" ihrer Kinder zu machen, bis hin zum „Triple P Programm", das neuerdings für Furore sorgt.

Wenn man über den engeren Kreis der Familie hinausschaut, dann gibt es gerade für den Bereich der Schule eine Vielzahl von „sozialtechnologischen" Konzepten, die beanspruchen, faire Konfliktlösung, soziales Lernen, Eigenverantwortung, Lebenskompetenzen, Empathie, Impulskontrolle, moralische Urteilsfähigkeit etc. gezielt zu trainieren und zu fördern: „Gordon", „Faustlos", „Arizona", „ALF", „Lions-Quest", „Anti-Aggressivitätstraining", sind nur einige der zum Teil mit Trademarks und mit bestimmten Fortbildungs- und Zertifizierungskonzepten verknüpfte Programme, die hier auf dem offenen Markt der pädagogischen Hilfsangebote miteinander konkurrieren.

Ich will nicht bestreiten, dass solche Programme in den Händen nachdenklicher und engagierter Pädagogen durchaus von Nutzen sein und manch Gutes bewirken können. Oftmals sind sie gewissermaßen auch der Hoffnungsanker, der Kristallisationspunkt, um den herum sich in konflikthaften, festgefahrenen erzieherischen Verhältnissen pädagogisches Engagement entfaltet, um eine Wende zum Besseren herbeizuführen.

Dennoch habe ich bisweilen Zweifel, ob die Konzepte halten, was sie werbewirksam versprechen und ob, gerade im Blick auf die Problematik der Verhaltensauffälligkeiten von Kindern und Jugendlichen, die Hoffnung, man bräuchte nur das richtige, effektive, wissenschaftlich abgesicherte Konzept, das einem genaue Anleitungen für die korrekten Formen der Kommunikation und für die angemessenen erzieherischen Reaktionen auf problematische Verhaltensweisen liefert, eher trügerisch ist.

An einem schon etwas älteren Konzept will ich die Problematik der Illusionserzeugung durch große Versprechungen illustrieren. In einem „Verhaltenstherapeutischen Übungsbuch für psychologisch und pädagogisch interessierte Eltern", das den Titel „Behandlung kindlicher Verhaltensstörungen" trägt (Florin/Tunner 1973[5]), heißt es vollmundig: „Das Buch wird Ihnen zeigen, wie man bestimmte Verhaltensweisen bei Kindern planmäßig ausbilden und andere rasch beseitigen kann". An anderer Stelle heißt es gar, das Anliegen des Buches bestehe darin, „dem Leser ein *Präzisionstraining* zu geben, mit dessen Hilfe er kindliche Verhaltensstörungen *rasch* und *sicher* beseitigen kann" (ebd., S. 49). Wenn die Sache so einfach wäre, dann hätte man einfach dafür sorgen müssen, dass dieses geniale Programm an alle Eltern und Lehrer verteilt wird und damit wäre das Problem dann dauerhaft gelöst gewesen. Allein die Tatsache, dass dem nicht so ist, dass die Klagen über kindliche Verhaltensstörungen auch in den letzten Jahren den öffentlichen Diskurs über Kindheit, Erziehung und Schule nachhaltig prägen, spricht gegen die Vorstellung, es könnte „Präzisionsinstrumente" geben, mit denen sich kindliche Verhaltensstörungen ebenso rasch und sicher beseitigen lassen wie Sehstörungen durch die Lasik-Operationen.

Es ist ein merkwürdiger manipulativer Tonfall, der aus diesen Zeilen spricht. So, als seien Kinder „Trivialmaschinen", deren Verhaltensweisen durch entsprechende Inputs präzise steuerbar wären. Man könnte darauf erwidern, dies sei eben er naive verhaltenstherapeutische Geist der siebziger Jahre, der diesem Buch zugrunde liegt. Inzwischen sei der wissenschaftliche Fortschritt jedoch weitergegangen und heute habe man viel differenziertere, subtilere, effektivere Programme der Verhaltenssteuerung und -formung. Man sollte dabei jedoch immer mit der Möglichkeit rechnen, dass aus dem späteren historischen Rückblick vielleicht auch manches von dem befremdliches Kopfschütteln auslösen könnte, was uns heute als besonders fortschrittlich und effektiv im Hinblick auf die Lösung pädagogischer Probleme und die Steuerung des Umgangs mit kindlichen Verhaltensauffälligkeiten erscheint.

Die Hoffnung auf wirksame „soziale Technologien" stellt gewissermaßen den einen Pol im Spektrum der Vorschläge dar, die gemacht werden, um mit dem Problem der Abweichungen im Verhalten bei Kindern und Jugendlichen umzugehen. Den anderen Pol stellen moralische Appelle und Beschwörungen dar, die Erwachsenengeneration müsse sich wieder stärker auf ihre Verantwortung gegenüber dem Nachwuchs besinnen und die erzieherische Situation im Ganzen müsse sich grundlegend verändern. Auch hierfür ein Beispiel zur Illustration:

Otto Speck, der sich sicherlich Verdienste um die Verhaltensgestörtenpädagogik und die Sonderpädagogik insgesamt erworben hat, hat gegen Ende seiner akademischen Laufbahn sehr skeptisch, ja fast etwas resignativ auf die pädagogische Entwicklung der letzten Jahrzehnte zurückgeblickt. In einem Text mit dem Titel „Erziehungsschwierigkeiten – Vorbeugen durch Erziehung", konstatiert er ein Anwachsen der Erziehungsprobleme auf allen Ebenen, Erziehung sei mehr und mehr zu einem „chaotischen System" geworden. Den immer weiteren Ausbau spezifisch pädagogisch-therapeutisch-professioneller Einrichtungen und Maßnahmen für Kinder mit Verhaltensstörungen vergleicht er mit einer „Endlosschraube", die an den Symptomen kuriere aber an den eigentlichen Ursachen nichts verändere.

Es sei ein Punkt erreicht, von dem ab es geradezu unverantwortlich würde, „nur auf weitere professionelle Reparaturdienste zu setzen". Stattdessen müsse sich vielmehr „grundlegend, d.h. an der Wurzel, etwas verändern" (Speck 1991, S. 112). Als zentrales Problem macht er die „pädagogische Diffusion", den Verlust eines verallgemeinerbaren normativen Bezugsrahmens für pädagogisches Handeln und damit die allgemeine Verunsicherung im pädagogischen Feld aus.

Entsprechend fordert er: „Wenn es um Vorbeugung von Erziehungsschwierigkeiten geht, müssen Sinn und Praxis von Erziehung neu konstituiert werden". Es geht ihm also um einen allgemeinen Bewusstseinswandel. Es müsse wieder „eine gewisse Klarheit darüber bestehen, was Erziehung ist bzw. sein kann, und wie sie in einer so gründlich geänderten Welt praktiziert werden

kann" (ebd., S. 114), man bräuchte ein „neu geordnetes ‚System guter Maximen', das nicht permanent in allen Details in Frage gestellt wird" (S. 115), Erziehung sei auf „relativ stabile, d.h. Sicherheit vermittelnde Lebensordnungen angewiesen" (S. 116). Der letzte Satz des Textes schließlich lautet: „unsere Kinder brauchen eine grundlegend andere Lebenswelt" (S. 117).
Was offensichtlich als eine Art „Ruck-Rede" von Speck gemeint war, offenbart doch mehr die Ohnmacht angesichts der bestehenden Verhältnisse. Was soll man mit Forderungen wie den von Speck formulierten anfangen? Welche Instanz wäre in der Lage, das zu stiften bzw. wiederherzustellen, was Speck für so dringlich erforderlich hält? Es ist letztendlich der gleiche hilflose Gestus, wie wenn Leute beklagen, die Globalisierung hätte doch auch viele Schattenseiten und sollte deshalb am Besten wieder rückgängig gemacht werden.

4. Kann, soll, darf die Schule überhaupt „erziehen"?

Im Gegensatz zur Familie, die in erster Linie eine urwüchsige Lebensgemeinschaft und keine pädagogische Veranstaltung ist, ist die Schule ein professionelles pädagogisches Arrangement, das in bestimmter Absicht eingerichtet und nach bestimmten Grundsätzen gestaltet wurde. Hier können Schulgesetze verabschiedet, Bildungspläne novelliert, Stundentafeln verordnet, Standards formuliert, Rechenschaftsberichte gefordert werden. Daher könnte man auf die Frage „Kann, soll Schule überhaupt ‚erziehen'" einfach antworten: „Natürlich, im Bildungsplan ist doch ausdrücklich vom Erziehungs- und Bildungsauftrag der Schule die Rede!".
Gleichzeitig wäre eine solche Antwort natürlich aber ein wenig naiv. Institutionen haben ihre Eigenlogik, die bestimmt, welche Leistungen sie erbringen können. Gerade ein Ziel wie „Erziehen", wenn man darunter ganz allgemein die positive Einflussnahme auf die Persönlichkeitsentwicklung der Schüler verstehen will, ist ja noch nicht dadurch gesichert, dass man eine entsprechende Forderung einfach in die Präambel eines Bildungsplanes schreibt. Man muss prüfen, ob der Rahmen, das Arrangement, die alltäglichen Abläufe, die Beziehungsstrukturen auch zu diesem geforderten Ziel passen.
Siegfried Bernfeld hat schon 1925 in seinem Buch „Sisyphos oder die Grenzen der Erziehung" die mangelnde „Tatbestandsgesinnung" der Pädagogik scharf kritisiert und sich über die Tendenz mokiert, anspruchsvolle Ziele und Forderungen für Realität zu halten: „Das Schulprogramm verlangt einleitend vom Lehrer die Erziehung zum sittlich-religiösen Menschen – und zählt dann

die Fächer und den Stoffplan auf" (Bernfeld 1967, S. 23). Im Hinblick auf die Schule unterscheidet er klar zwischen der Unterrichtsfunktion, die er für „rationalisierbar" hält und dem Erziehungsanspruch, den er mehr oder weniger als „sisyphische Überhebung" (ebd., S. 39) betrachtet: „Die Aufgabe des Lehrers ist präzis: er hat zu unterrichten, und zwar einen bestimmten Stoff, in einer bestimmten Zeit, an bestimmte Kinder. Der Erfolg seiner Tätigkeit ist kontrollierbar" – etwa durch TIMSS oder PISA oder andere Studien. – Der Pädagogik wirft er vor, sie gäbe sich „äußerste Mühe, diese nüchterne Einfachheit ideologisch zu verzieren, diese harte Klarheit armselig zu vernebeln. Sie verlangt z.B., der Lehrer solle nicht nur unterrichten, sondern vor allem: erziehen. Nur eben leider, daß sie nicht zu sagen weiß, wie das zu geschehen habe" (ebd., S. 21).

In der Regel wird die Frage „Kann die Schule überhaupt erziehen?" heute vor allem unter dem Gesichtspunkt diskutiert: „Kann die Schule familiäre Erziehungsdefizite kompensieren?". Susanne Gaschke hat in der ZEIT (2001) unter dem Titel „Die Elternkatastrophe" einen besonders prägnanten Beitrag zu dieser Diskussion geliefert. Unter dem Motto: „Zur Erziehung abgeliefert: Die Schule kann an den Kindern nicht das wettmachen, was die Familie sträflich versäumt" richtet sie einen vehementen Angriff gegen jenen, angeblich beständig wachsenden Teil der Elternschaft, der seiner erzieherischen Verantwortung nicht nachkomme, der sich weder um die schulischen Belange der Kinder kümmere, noch um deren gesunde Ernährung, deren Medienkonsum oder deren Schlafpensum. Sie spricht von einer allgemeinen „Erziehungskrise in den Elternhäusern" gar von einer „Erziehungsverweigerung", die in allen Schichten der Bevölkerung zunehmend um sich greife.

Der Artikel ist im Kontext der PISA-Diskussion erschienen und entsprechend fordert sie, dass der viel beschworenen „Bildungsoffensive" zunächst eine „Erziehungsoffensive" vorausgehen müsse. Dabei fragt sich freilich, ähnlich wie bei Speck, was damit gemeint sein könnte. Welche Instanz wäre mit welchen Mitteln in der Lage, für die Einhaltung entsprechender „Erziehungsstandards" in den Familien zu sorgen. (Wenn man einmal von den Extremfällen von Vernachlässigung und Misshandlung absieht, die die Jugendhilfe auf den Plan rufen.)

In zweierlei Hinsicht ist Gaschke sicherlich Recht zu geben: Es gibt große Differenzen in der Art und Weise, wie Eltern ihre Erziehungsverantwortung wahrnehmen und damit zur Lern- und Konzentrationsfähigkeit, zur Gruppenfähigkeit und somit zum Schulerfolg ihres Kindes, letztlich aber auch zur Funktionsfähigkeit des ganzen schulischen Feldes beitragen. Gravierende elterliche Versäumnisse in dieser Hinsicht können von der Schule kaum kom-

pensiert werden. Ob es jedoch tatsächlich auf breiter Front eine Tendenz des Rückzugs der Eltern von ihrer Verantwortung, gar ein grassierendes elterliches „Erziehungsversagen" gibt, scheint mir äußerst fraglich.
Es gibt ja auch die gegenläufige Klage, dass nämlich die Schulen immer mehr und immer selbstverständlicher davon ausgehen, dass die Eltern als Nachhilfepersonal jederzeit zur Verfügung stehen, um das schulische Pensum nachzuarbeiten und die Kinder für Schulaufgaben fit zu machen. Der emeritierte Tübinger Kinder- und Jugendpsychiater Reinhart Lempp hat die Schule gar einmal als den wichtigsten pathogenen Faktor in der Entwicklung heutiger Kinder eingeschätzt und beklagt, dass die Schule in jüngster Zeit immer mehr „zur Belastung der Familie, ja zum Teil zu ihrem Zerstörer geworden" sei (Lempp 1991, S. 27). Das ist ein hartes Wort, dem ich mich persönlich auch nicht unbedingt anschließen würde, das aber doch nachdenklich stimmt. Insgesamt ist es wohl wenig hilfreich, wenn der „Schwarze Peter" auf diese Art und Weise zwischen Elternhaus und Schule hin und her geschoben wird.
Hermann Giesecke ist in seinem Aufsatz „Wozu ist die Schule da?", mit dem er vor einigen Jahren eine heftige Debatte innerhalb der Erziehungswissenschaft ausgelöst hat, von einer ähnlichen Problembeschreibung ausgegangen wie Gaschke. Er hat sich jedoch nicht wie sie auf eine Elternschelte oder einen Appell an die elterliche Verantwortung beschränkt, sondern er hat viel weitreichender das heutige Selbstverständnis der Schule und die dahinter stehenden pädagogischen Ideen und Konzepte aufs Korn genommen.
Die Leitfrage seines Textes beantwortet er in einer ziemlich rigorosen Weise, indem er klipp und klar sagt, die Schule sei für die Vermittlung von Wissen, also für das Unterrichten und Lernen da. Alle weiterreichenden Aufgabenstellungen, vor allem die Vorstellung, die Schule müsse gerade angesichts der Zunahme von Verhaltensproblemen eine stärker erzieherische, gar sozialpädagogische Funktion wahrnehmen, hält er für verfehlt: „Das Problem vieler Lehrer in vielen Schulen ist nicht, daß sie des Unterrichtens müde wären, sondern daß sie gar nicht mehr dazu kommen, in Ruhe und Gelassenheit ihren Unterricht zu erteilen, weil ihre Klassen zu sozialpädagogischen Problemgruppen geworden sind und die meiste Anstrengung darauf gerichtet werden muß, sie disziplinarisch im Zaum zu halten. Aus dieser Tatsache schließen viele Pädagogen, daß die Schule sich eben sozialpädagogisieren müsse, also ihr Ziel nicht in erster Linie im Unterricht sehen dürfe. Dies ist ein fundamentaler Fehlschluß, der, wie die Praxis zeigt, nichts bessert, sondern alles nur verschlimmert" (Giesecke 1995, S. 14).
Die Eltern seien für die „sozialen und emotionalen Grundqualifikationen", für die „Schul- und Unterrichtsfähigkeit der Schüler", zuständig und müssten

in die Pflicht genommen werden. „Nicht die Lehrer, sondern die Eltern sind dafür verantwortlich, daß der Schüler den Schulzweck akzeptiert und hinreichende Lernfähigkeit und Lernwilligkeit mitbringt" (ebd., S. 12). Wenn die Eltern nicht bereit oder in der Lage sind, dies zu gewährleisten, dann müsse eben gegebenenfalls die Jugendhilfe einspringen. Der Lehrer jedenfalls müsse sich weigern, „deren Kinder selbstverständlich in seinen Unterricht zu nehmen, wenn sie nicht unterrichtsfähig sind" (ebd., S. 15). Entsprechend fordert er stärkere Sanktionsmöglichkeiten und die Möglichkeit, Schüler, die dauerhaft stören, vom Unterricht auszuschließen.

Wichtig ist für Giesecke vor allem die Klarheit der institutionellen Zuständigkeiten und Aufträge. Der Schule ordnet er den beschränkten Auftrag zu, guten, lernwirksamen Unterricht zu machen. Wenn sie dies leistet, hat sie seiner Meinung nach ihren Job weitgehend erfüllt. Deshalb soll sich die Schule auch gar nicht anmaßen, die Persönlichkeit, den Charakter der Schüler insgesamt formen zu wollen. Der persönliche Innenraum des Schülers, seine Gefühle, Wünsche, Sehnsüchte, seine privaten Ansichten und Überzeugungen sind demnach für die Schule tabu. Ihr „erzieherischer Auftrag" beschränkt sich in seiner Sicht darauf, bestimmte Standards eines zivilisierten, mitmenschlichen Umgangs in der Schule sicherzustellen und damit die Voraussetzungen für einen geordneten Unterricht zu schaffen.

Diese rigorose Position hat damals ein recht geteiltes Echo ausgelöst. In weiten Kreisen der Lehrerschaft, gerade bei Lehrern aus weiterführenden Schulen, hat Giesecke ziemlich viel Zustimmung erhalten. Die Vorstellung, die schulische Situation durch klare Definition der zu erwartenden Verhaltensstandards und durch Ausgrenzung der „störenden Elemente" zu erleichtern, hatte offensichtlich für viele ihren Reiz. In der Tat können die weiterführenden Schulen ja so verfahren und Schüler als nicht „gymnasialtauglich" verabschieden. Die Frage, die in Gieseckes Text jedoch unbeantwortet bleibt, lautet: „Wohin mit den Störern?".

Die erziehungswissenschaftlichen Fachkollegen haben dagegen überwiegend mit hellem Entsetzen und Kopfschütteln reagiert, weil Giesecke sämtliche Bemühungen um eine individualisierende, „kindgerechte" Schule, um eine „Schule als Erfahrungsraum", als „reformpädagogische Verirrungen" vom Tisch fegt und weil sein Gegenmodell verdächtig auf eine Schule als Unterrichts- bzw. „Paukanstalt" alten Stils hinausläuft. Hartmut von Hentig etwa hat seine Erwiderung mit dem schlichten Titel „Abdankung" versehen und Gieseckes Position als Ausdruck eines „pädagogische(n) Resignations-Syndrom(s) bezeichnet (v. Hentig 1996, S. 57).

Die Diskussion um Gieseckes provozierende Thesen fand noch vor dem PISA-Schock statt. Seitdem dürfte sich die Situation eher verschärft haben. Der Mainstream der bildungspolitischen Diskussion im Gefolge der PISA-Studie war bisher hauptsächlich darauf gerichtet, wie die „Bildungsfunktion" der Schule gestärkt werden könnte, wie die Schulzeit in Deutschland effektiver genutzt, wie die Lernwirksamkeit des Unterrichts erhöht und wie die Erreichung der angestrebten „Outputs" kontrolliert werden könnte. Die bisher eingeleiteten Maßnahmen, etwa die Vorverlegung des Einschulungsalters, die Einführung des achtklassigen Gymnasiums, die Formulierung einheitlicher Bildungsstandards und die Abhaltung zentraler Leistungstests gehen alle in diese Richtung.

Es ist nahe liegend, dass angesichts dieser Tendenzen der Blick auf jene Schüler, die durch ihr Verhalten das zügige Voranschreiten der Klasse im vorgegebenen Lernstoff behindern, eher noch kritischer und ungeduldiger wird. Es fragt sich also, ob der Wind, der seit PISA durch die deutsche Schullandschaft weht, nicht ein Wind ist, der allen Absichten, die erzieherischen Kräfte der Schule zu stärken, derzeit heftig entgegen bläst.

Die Problemschüler mit auffälligem Verhalten, die „Störer", werden unter solchen Bedingungen der Versagensbehauptung und der Schuldzuweisung (vgl. DER SPIEGEL 46/2003) leicht zu den Sündenböcken für die unbefriedigenden Leistungen der Klasse. Der Wunsch nach Abschiebung dieser „Störquellen" wird in dem Maße zunehmen, wie der Druck auf die Lehrer wächst, verbindliche „Leistungsoutputs" ihres Unterrichts zu präsentieren.

Man sollte sich dabei jedoch stets bewusst halten, dass etwa die skandinavischen Länder ihre positiven Ergebnisse bei PISA keineswegs durch eine starke Homogenisierung der Lerngruppen, sprich durch eine Aussonderung jener Schüler, die aufgrund von Lern- oder Verhaltensproblemen den zügigen Unterrichtsfortgang stören, erzielt haben, sondern dass sie sich umgekehrt gerade durch ihre hohe Integrationskraft und durch ein Schulklima, das Heterogenität der Schülerschaft als Normalfall und Herausforderung begreift, auszeichnen.

Es ist der Anspruch, dass man „kein Kind zurücklassen dürfe", der etwa in Finnland gewissermaßen als Motto über dem gesamten Schulsystem steht und zum Ausbau eines vielfältigen Systems individueller Hilfen und Fördermaßnahmen geführt hat. Der ehemalige hessische Kultusminister Hartmut Holzapfel hat den grundlegenden Systemunterschied einmal in einem Satz sehr prägnant auf den Punkt gebracht: „In Finnland muss die Schule für die Kinder geeignet sein, in Deutschland die Kinder für die Schule. Wenn in Finnland eine Schule gut sein will, muß sie sich darum kümmern, dass ihre

Kinder gut sind. Wenn in Deutschland eine Schule gut sein will, muss sie nur dafür sorgen, dass die Kinder abgeschoben werden, die die Durchschnittswerte belasten" (Holzapfel 2002, S.23).

Die wohl wichtigste Neuerung in der Baden-Württembergischen Bildungslandschaft im Gefolge der PISA-Debatte ist der neue Bildungsplan 2004, der unter dem Anspruch steht, einen „Paradigmenwechsel" im Hinblick auf das Selbstverständnis der Schule einzuläuten. Hartmut von Hentig hat für diesen Bildungsplan eine instruktive Einleitung geschrieben, in welcher er die Grundzüge erläutert.

Ich will hier nicht auf die Details dieser umfassenden Neukonzeption eingehen, ich will nur eine gewisse Verwunderung kundtun, die sich bei mir beim Lesen von Hentigs Einführung eingestellt hat: Von Hentig zeichnet nämlich darin ein überaus harmonisches, man könnte fast sagen, rosarotes Bild der Schule. Ein paar Zitate mögen dies belegen:

„1. Schülerinnen und Schüler gewinnen Lebenszuversicht, überwinden mitgebrachte Ängste, haben Freude am Lernen, ...

2. Schülerinnen und Schüler gewinnen nicht weniger Freude am Bewahren und Schützen ... gefährdeter Güter der Natur, des Kleinen, Schwächeren, Verletzlichen, der vorgefundenen guten Ordnung, der ihnen selbst gewährten Freundlichkeit, Sicherheit und Rechte.

3. Schülerinnen und Schüler erfreuen sich der Verlässlichkeit anderer und bringen diese darum selber auf; ....

4. Schülerinnen und Schüler entwickeln erst ein Gefühl, dann eine Pflicht für die Gestaltung und Verbesserung der gemeinsamen Lebensverhältnisse ...

6. Schülerinnen und Schüler lernen, der Gewalt zu entsagen – der physischen wie der psychischen; ..." (v. Hentig 2004, S. 13)

Man reibt sich verwundert die Augen und fragt sich, ob dies derselbe Hartmut von Hentig ist, der immer wieder auf die „Schmuddligkeit" und Konflikthaftigkeit der schulischen Alltagsrealität hingewiesen und der etwa in seinem Vorwort zu Aries „Geschichte der Kindheit" folgende eher düstere Beschreibung von seiner Wahrnehmung des Wandels der Kindheit gegeben hat:

„Die heutigen Kinder sind ganz offensichtlich die Kinder *ihrer* Zeit und *ihrer* Umwelt, sie sind ihr entlarvendster Spiegel. Sie sind nicht nur nervös, ungeordnet, ... vital ‚gestört' – sie terrorisieren einander, sie streiten sich ununterbrochen (um Gegenstände, als lebten sie in tiefer Armut; um Rangplätze, ... um die Zuwendung der Erwachsenen, als lebten sie in einer besonders lieblosen Welt), sie vandalisieren das Gemeingut, sie sind weitgehend unfähig, anderen und sich selbst Freude zu bereiten, sie scheinen unfähig, tiefere anhaltende Beziehungen zu Menschen oder Sachen einzugehen und sie müssen ununterbrochen schreien. Natürlich haben sie auch liebenswerte, ja bewundernswerte neue Eigenschaften, aber diese sind meist die unmittelbare Folge und Kehrseite einer ihrer Schwierigkeiten: aggressiv wie sie sind, können sie Erwachsenen frei, ungebeugt begegnen; indifferent, unkooperativ und kritisch wie sie sind, können sie diese Schwächen sehr ehrlich einsehen und sehr beredt anklagen; ungeordnet wie sie sind, können sie in bestimmten Lagen sich selbst und ihren Anspruch zurücknehmen." (v. Hentig 1975, S. 32f.).

Von Hentig hat diese Zeilen 1975 also vor mehr als einem Vierteljahrhundert geschrieben. Wie soll man die Diskrepanz deuten? War seine damalige Negativbeschreibung maßlos überzogen? Haben sich seitdem die Verhältnisse so sehr zum Positiven gewandelt? Hat die „Altersmilde" seinen Blick verändert? Die Lösung liegt wohl eher darin, dass die obigen Sätze aus dem Bildungsplan, obwohl sie im Indikativ, also in der „Wirklichkeitsform" formuliert sind, keine Realitätsbeschreibung geben wollen, sondern dass es sich dabei um Sollensforderungen handelt, um potentielle Erfahrungsmöglichkeiten, die die Schulen ihren Schülern zugänglich machen sollen. Um kontrafaktische Wünsche also, für einen besseren, humaneren zwischenmenschlichen Umgang an der Schule.

Der Bildungsplan setzt einfach: Auftrag der Schule ist Erziehung und Bildung! Sie soll neben diversen Kenntnissen personale Kompetenz und Sozialkompetenz vermitteln. Also kann und muss die Schule erziehen. Giesecke setzt ebenfalls: Primärer Auftrag der Schule ist Bildung. Bildung erfolgt in erster Linie durch geordneten, systematischen Unterricht. Erziehung ist primär Sache der Eltern und hat in der Schule nur insoweit Bedeutung, als es darum geht, den Rahmen für geordneten Unterricht sicherzustellen. Es handelt sich in beiden Fällen letztlich um *normativ-fordernde Positionen*, die sagen, was sein soll.

Man kann die Sache indes auch von der anderen Seite her aufzäumen, die Perspektive wechseln und fragen, wie erleben denn eigentlich die Schüler die Schule und wie schätzen sie deren Wirkungen auf ihre Persönlichkeit ein? Wie äußern sie selbst sich darüber bei Befragungen und in rückblickenden autobiographischen Texten und welche Schlüsse lassen diese Aussagen über die Bildungs- und Erziehungswirksamkeit der Schule zu? Dies wäre der *subjektorientiert-autobiographische Zugang*.

Und man kann noch einmal anders fragen: Wenn es bei den *erzieherischen* Intentionen der Schule nicht primär um die Lehrplaninhalte, sondern vornehmlich um die sozialen und personalen Kompetenzen der Schülerinnen und Schüler geht, welche Schulmerkmale sind es dann, die in diesem Sinne die „erzieherische Wirksamkeit" der Schule ausmachen? Und in welchem Verhältnis stehen diese Schulmerkmale zu den biographischen Hintergrundmerkmalen, die die Schüler mitbringen? Stellt die Schule also für diesen Bereich der Persönlichkeitsentwicklung eine bedeutsame Einflussgröße dar? Dies wäre der *sozialwissenschaftlich-empirische Zugang der Schulforschung*.

5. Wie beurteilen die Schülerinnen und Schüler selbst die *erzieherischen* Wirkungen der Schule?

Wenn man sich in der autobiographischen Literatur nach Beschreibungen umsieht, in denen Autorinnen und Autoren ihre Schulerfahrungen Revue passieren lassen und darüber reflektieren, welche Wirkungen diese Erfahrungen auf sie hatten, dann findet man vorwiegend kritische Auseinandersetzungen. Von Hermann Hesses „Unterm Rad" über Thomas Bernhards „Ein Kind" bis hin zu Benjamin Leberts „Crazy" reicht diese Tradition der Schilderung schlimmer Schulerfahrungen. Man könnte von diesen Dokumenten her bisweilen den Eindruck gewinnen, dass das Motto „Bildung stärkt Menschen", unter dem die ganze neue Bildungsplanarbeit in Baden-Württemberg steht, hoffnungslos geschönt ist, dass es angesichts der Tatsache, dass im Bereich der Schule systemimmanent eben auch so zahlreiche Frustrations-, Enttäuschungs- und Versagenserfahrungen „produziert" werden, es ehrlicherweise heißen müsste: „(Institutionelle) Bildung bringt den Kindern zwar allerhand an Wissen bei, zugleich aber schwächt, bedrückt, beschämt sie nicht selten die Menschen." Erinnerungen an positive erzieherische Wirkungen der Schule finden sich dagegen kaum in der autobiographischen Literatur.
Natürlich muss man dabei berücksichtigen, dass die Autoren autobiographischer Texte keine repräsentative Auswahl der Bevölkerung darstellen. Meist sind es ja überhaupt eher die problematischen Lebenserfahrungen, die Anlass und Stoff autobiographischer Erinnerungsarbeit sind. Dennoch ist diese Perspektive wichtig, denn sie macht deutlich, dass die schönen Intentionen und Zielformulierungen der Pädagogen sich mitnichten mit den realen Wirkungen erzieherischen Handelns und mit dem realen Erleben pädagogischer Inszenierungen bei den Betroffenen Kindern und Jugendlichen decken (vgl. Bittner 1996).
Es mag jeder für sich einmal die Frage stellen, wie er seine eigenen persönlichen Schulerfahrungen in dieser Hinsicht einschätzt, inwiefern er sagen würde, dass die Schule bedeutsame erzieherische Wirkungen auf ihn ausgeübt, ihn in seiner Persönlichkeit maßgeblich geprägt hat.

Wie unterschiedlich die Erfahrungen einzelner Schüler mit ihren Lehrern, wie unterschiedlich aber auch schon die Erwartungen einzelner Schüler im Hinblick darauf, was sie sich hier an persönlicher Nähe, Lebensorientierung und Problemunterstützung erhoffen, sind, zeigen auch autobiographische Statements von Schülern mit besonders großen psychischen Problemen, die Sabine Mosel im Rahmen ihrer Zulassungsarbeit gesammelt hat. Sie hat Jugendliche mit der Diagnose „Borderline-Syndrom", also mit ausgeprägten „Auffälligkeiten im Verhalten und im Gefühlsleben" in narrativen Interviews nach ihren Schulerfahrungen befragt und dabei unter anderem folgende Antworten bekommen (vgl. Mosel 2003, S. 111f.):

„Ich hatte eine schöne Zeit in der Schule. Und ab der sechsten Klasse hatte ich das Glück, eine tolle Klasse mit einer noch tolleren Klassenlehrerin zu haben, die wir abgöttisch geliebt haben. Und wir haben von dieser Frau viel fürs Leben mitbekommen. Auch nicht-schulische Sachen. Heute noch gehen mir ihre Sätze durch den Kopf." (Angelika)

„Ich konnte und wollte damals keine Hilfe annehmen. Ich betrachtete die Lehrer als meine Feinde. Sie wären die letzten gewesen, von denen ich Hilfe gewollt hätte." (Jan)

Eine besonders dramatisch Einschätzung der negativen „erzieherischen Wirkung" der Schule auf ihn selbst hat der Amokläufer von Emsdetten, Sebastian B. in seinem Abschiedsbrief hinterlassen: *„Das Einzigste, was ich intensiv in der Schule beigebracht bekommen habe, war, dass ich ein Verlierer bin"* heißt es darin. Damit soll keineswegs der Schule oder gar den Lehrern die primäre Verantwortung für die schreckliche Fehlentwicklung dieses jungen Mannes zugeschoben werde. Es soll nur darauf hingewiesen werden: auch so wird Schulerfahrung bisweilen von Schülern subjektiv bilanziert.

Wenn man von den vielleicht etwas zufälligen einzelnen autobiographischen Statements absieht und sich den Befunden aus repräsentativen Befragungen zuwendet, welche Art von Urteilen und Einschätzungen wären dann als Indiz dafür anzusehen, dass die Schule tatsächlich positive erzieherische, d.h. persönlichkeitsstärkende und charakterbildende Wirkungen auf die Schüler ausübt? Am ehesten wohl Aussagetendenzen der Art, dass die Schüler die Schule als einen Ort beschreiben, an dem sie Herausforderung und Respekt erleben, einen Ort anregender geistiger Erfahrungen, humanen zwischenmenschlichen Umgangs und bedeutsamer persönlicher Begegnungen. Vielleicht auch

Antworttendenzen, aus denen hervorgeht, dass sie die dort tätigen Erwachsenen als besonders authentische, engagierte, zugewandte Personen wahrnehmen, an die sie sich auch mit ihren persönlichen Problemen wenden, von denen sie neben den fachlichen Inhalten auch Bedeutsames über das Leben überhaupt lernen und die somit in gewisser Hinsicht als Modelle oder Vorbilder für sie fungieren. In der ersten Interviewpassage ist etwas in dieser Richtung aufgeblitzt.

Ein Blick auf die empirischen Befunde muss hier jedoch eher Ernüchterung bringen: Dass das Maß des Vertrauens zwischen den Lehrern und ihren jugendlichen Schülern in der Regel nicht sonderlich hoch ist, selten jedenfalls so hoch, dass sich die Schüler mit ihren persönlichen Problemen rat- und hilfesuchend an ihre Lehrer wenden würden, geht aus den Antworten ziemlich eindeutig hervor, die Fend auf die Frage „Wenn Du Schwierigkeiten oder Probleme mit Dir selbst (bzw. mit anderen) hast, mit wem redest Du dann am ehesten?" erhalten hat. Während die Nennung von Vater und Mutter hier im Verlauf der Pubertät von einem hohen Niveau allmählich absinkt, und die Nennung von gleichgeschlechtlichen und gegengeschlechtlichen Freunden zeitversetzt deutlich ansteigt, bewegt sich die Nennung von Lehrern hier kontinuierlich knapp oberhalb der Nulllinie (vgl. Fend 2000, S. 293). Auch als „Vorbilder" rangieren die Lehrer weit abgeschlagen auf hinteren Rangplätzen (aber immerhin noch knapp vor den Politikern). Während Mutter und Vater hier immerhin von 27% bzw. 23% der 10–18-Jährigen genannt werden, kommen Lehrer und Lehrerinnen nur auf 2% (vgl. Zinnecker u.a. 2002, S. 53).

Dies hat vielleicht auch damit zu tun, dass aus der Perspektive der Schüler eine deutliche Diskrepanz zwischen Anspruch und Wirklichkeit der Schule besteht. Kanders hat Schüler und Schülerinnen danach befragt, welche Merkmale sie für einen guten Lehrer für besonders wichtig halten, andererseits danach, inwieweit sie diese Merkmale bei den meisten „real existierenden Lehrern" auch verwirklicht sehen. Wunsch und Wirklichkeit, d.h. Erwartungen an die Lehrkräfte und Einschätzungen des tatsächlichen Verhaltens, lagen dabei ziemlich weit auseinander (vgl. Kanders u.a. 1996, S. 37).

Von daher muss man bei nüchterner Betrachtung wohl eher vorsichtig sein mit generellen Aussagen über positive erzieherische Wirkungen der Schule. „Erziehung stärken" würde in diesem Sinne zunächst einmal bedeuten, die Realität dessen, wie Schüler die Schule erleben, ungeschminkt und ungeschönt zur Kenntnis zu nehmen und sich nicht einem pädagogischen Illusionismus hinzugeben.

Was heißt dies insbesondere für Kinder aus benachteiligten Entwicklungsmilieus, für Kinder, die aufgrund ihrer bisherigen Lebenserfahrungen mit wenig entwickelten sozialen Kompetenzen oder gar mit „Auffälligkeiten im Verhalten" den Raum der Institution Schule betreten? Auch wenn es vereinzelte eindrucksvolle kasuistische Beschreibungen dafür gibt, wie Schule ein „Schutzfaktor", wie Beziehungen zu engagierten Lehrerinnen oder Lehrern für Kinder in schwierigen Lebenssituationen zu sehr bedeutsamen stützenden Erfahrungen werden konnten (vgl. z.B. Jegge 1976, Neidhard 1977, Heinemann 1992, Hiller/Nestle 1997), so dürfte dies aufs Ganze gesehen doch eher selten sein. Sehr viel häufiger dagegen dürfte bei realistischer Betrachtung leider die Situation sein, dass Schule zu einem weiteren Risikofaktor für benachteiligte Kinder wird, zur Quelle von Angst und Scham, Misserfolg und Enttäuschung.

Freilich könnte man hier erwidern, dass die Schüler auch dann, wenn sie über die Anforderungen und Zumutungen der Schule und über die menschlichen Schwächen und Unzulänglichkeiten der Lehrer klagen, bedeutsame Erziehungserfahrungen in der Schule machen. Man könnte dies auf die Formel bringen: „Die Schule erzieht schon, die Schüler merken es nur nicht". Gerade der Umgang mit Autoritäten, mit institutionellen Regeln, Routinen und Anforderungen, stelle ein unerlässliches Lernpensum dar, auch wenn die Schüler subjektiv gar nicht die bewusste Wahrnehmung markanter erzieherischer Begegnungen oder Beeinflussungen machen.

Zweifellos „wirken" 15.000 Stunden Schulbesuch irgendwie auf Kinder und Jugendliche ein und gehen nicht spurlos an ihnen vorüber. Zweifellos macht es auch einen großen Unterschied, ob all diese Zeit in einer schulischen Atmosphäre geschieht, die von Respekt, Freundlichkeit und Engagement geprägt ist oder eher in einer Atmosphäre, die durch Druck, Feindseligkeit und wechselseitige Entwertungen gekennzeichnet ist.

Nicht nur inhaltliches Wissen über den Aufbau des Auges, über den Verlauf des Rheins oder über die Leitfähigkeit von Metallen lagert sich ab, nicht nur Kenntnisse über die Regeln der deutschen Rechtschreibung oder über die Division von Brüchen und über all das, was sonst noch auf dem Lehrplan steht, werden vermittelt – auch auf der Ebene dessen, was gemeinhin als „hidden curriculum" bezeichnet wird, spielen sich vielfältige Anpassungs- und Formierungsprozesse ab: Die Schüler lernen, ihre spontanen Bewegungsimpulse zu unterdrücken und den Vormittag überwiegend ruhig gestellt in großen Gruppen zu verbringen, sie gewöhnen sich daran, Regeln einzuhalten, Langeweile mit Anstand zu ertragen, Unaufmerksamkeit zu tarnen, Hefte ordentlich zu führen, Arbeitsblätter korrekt auszufüllen, sich auf Schulaufgaben angemessen vorzubereiten, tägliche Bewertungen und Benotungen ihrer Leistungen klaglos hinzunehmen, ...

In diesem Sinne hat Bernfeld schon 1925 die These formuliert, nicht der einzelne Lehrer, sondern „die Schule als Institution erzieht" (Bernfeld 1967, S. 28). Freilich müsste man präziser sagen sie „sozialisiert", sie bringt durch ihr gesamtes Arrangement zumindest den überwiegenden Teil der Schüler dazu, sich in die Schülerrolle einzufügen, den Verhaltenserwartungen der Institution zu entsprechen und somit kaum „Auffälligkeiten im Verhalten" zu zeigen (vgl. Fröhlich/Göppel 2003).

6. Welche Aspekte der Schule sind nach den Ergebnissen der empirischen Schulforschung für die *erzieherischen* Wirkungen der Schule maßgeblich?

Dass man der Schule einen Erziehungsauftrag zuschreibt und in Präambeln, Programmen und Festreden fordert, sie müsse neben der Vermittlung der diversen Lehrplaninhalte auch erziehen, Herz und Charakter der Schüler bilden, soziale Kompetenzen fördern und humanen zwischenmenschlichen Umgang lehren, ist die eine Sache. Die andere Sache ist freilich die empirische Überprüfung, inwieweit die Schule diesem Auftrag tatsächlich gerecht wird und an welchen spezifischen Merkmalen es liegt, ob dies der einzelnen Schule besser oder schlechter gelingt.

Eine klassische und wegweisende Studie über die Wirkung von Schule auf Kinder und über die tatsächlich relevanten „Gütekriterien" stammt von Rutter, Maughan, Mortimore und Ouston und trägt den Titel „Fünfzehntausend Stunden. Schulen und ihre Wirkung auf die Kinder" (1980). Rutter u.a. verglichen Sekundarschulen im Hinblick auf die Effektvariablen „Niveau der Prüfungsleistungen", „Schulabsentismus", „Ausmaß der Disziplinprobleme" und „Delinquenzrate" und versuchten, durch die differenzierte Analyse von schulischen Situationsmerkmalen Bedingungsfaktoren für das durchaus unterschiedliche Abschneiden der einzelnen Schulen hinsichtlich dieser Kriterien herauszufinden.

Den weitaus stärksten Einfluss auf die Effektvariablen hatte ein kombinierter Index unterschiedlicher schulischer Situationsmerkmale, der sich nach Rutter u.a. am ehesten als das spezifische „Ethos", der „Geist", der „Stil", das „kollektive Verantwortungsgefühl" der jeweiligen sozialen Organisation Schule fassen lässt, eine Grundstruktur bestimmter Wertorientierungen, Einstellungen und Verhaltensmuster, die für die Schule insgesamt charakteristisch ist und sich empirisch erheben lässt.

Vergleichbare Untersuchungen zur Frage nach den Qualitätsmerkmalen „guter Schulen" hat hierzulande vor allem Helmut Fend durchgeführt. Im Rahmen der Konstanzer Schuluntersuchungen hat Fend ausführlich und systematisch Daten von über 180 Schulen unterschiedlicher Schulformen gesammelt: Von Lehrerseite stammen Informationen über die Dimensionen Arbeitszufriedenheit, Reichhaltigkeit des Schullebens, alltägliche Problembelastung, kollegiale Beziehungen, Wahrnehmung des Schulleiterverhaltens, Einschätzung der Schüler-Lehrer-Beziehung und Einstellungen und Erziehungsphilosophien. Von den Schülern stammen Daten, in denen sie ihre Wahrnehmung des Schulklimas und der Problembelastung sowie ihre subjektive Befindlichkeit als Schüler dieser Schule zu Protokoll geben sollten. Eine Teilauswertung der Daten erfolgte speziell unter dem Motto „gute Schulen – schlechte Schulen", d.h. es ging um einen bewusst polarisierenden Extremgruppenvergleich (Fend 1986, S. 280).

Im Weiteren wurde dann der Frage nachgegangen, welche Einzelfaktoren besonders bedeutsam für diese Zuweisung waren und wie diese Einschätzung des Schulklimas durch die Lehrer mit der Befindlichkeit und der Problembelastung der Schüler zusammenhing. Dabei zeigten sich Trends, die durchaus als Bestätigung der Ergebnisse von Rutter u.a. angesehen werden können. So waren die „schlechten Schulen" besonders durch die Wahrnehmung von Problemüberlastung bei den Lehrern, durch geringen Konsens in erzieherischen Fragen und durch einen „kollektiven Verantwortungsverlust" gekennzeichnet.

Besonders stark differenzierten in diesem Sinne Items wie z.B. „Man hat oft das Gefühl, an der Schule fühlt sich niemand für etwas verantwortlich", „In Lehrergesprächen werden häufig abfällige Bemerkungen über einzelne Schüler gemacht" oder „Die meisten Lehrer haben sich damit abgefunden, dass man an dieser Schule unter die Schüler keine Ordnung bringt". D.h. es herrschte eine eher resignative Grundstimmung, die Probleme mit einzelnen Schülern nicht als bewältigbare pädagogische Herausforderung auffasste, sondern sie in defensiver Abwehrhaltung als schicksalhafte Berufsbelastung definierte. „Gute Schulen" sind dagegen eher von einer „professionellen Sorgehaltung" im Umgang mit einzelnen Schülern geprägt.

Die Einschätzungen der Lehrer fanden durchaus ihre Entsprechungen in den Wahrnehmungen seitens der Schüler. Fend hält als „globales Ergebnismuster" fest, dass es bei dieser polaren Gegenüberstellung „doch in vielen Dimensionen deutliche Unterschiede im Schülerverhalten und in der Schülerpersönlichkeit in guten und in schlechten Schulen gibt. Am herausragendsten sind die Unterschiede im abweichenden Verhalten, in der Aggression gegen

Lehrer, insbesondere aber gegen Mitschüler, in der Aggression gegen Sachen usw." (ebd., S. 288).

Die unterschiedlichen „Edukatope", wie Fend die Gesamtheit der schulischen Bedingungs-, Beziehungs- und Kommunikationsgeflechte nennt, hatten also auch hier durchaus Auswirkungen auf die Befindlichkeit und auf das soziale Verhalten der in ihr lebenden und lernenden Schüler.

Als weitere, in diesem Zusammenhang einschlägige Forschungslinie, sei schließlich noch auf die aktuelle Forschung zum Thema Gewalt an Schulen hingewiesen. Als Anfang der 90er Jahre das Thema „Jugendgewalt" plötzlich zum dominanten pädagogischen Thema wurde, wurden auch eine ganze Reihe von empirischen Forschungsprojekten initiiert, die differenziertere Auskunft über die reale Verbreitung von Gewalt an Schulen und deren Ursachen geben sollten.

Inzwischen liegen zusammenfassende Ergebnisse dieser neueren Studien vor. Auch hier zeigte sich wiederum, dass die Problembelastung von Schule zu Schule durchaus unterschiedlich ist und durchaus etwas mit der jeweiligen Schulkultur zu tun hat. Holtappels und Tillmann haben versucht, diese neuere Forschung speziell unter der Frage nach dem Verhältnis von „importierten" und „hausgemachten" Anteilen der schulischen Gewaltproblematik zu bewerten und sie kommen dabei zu folgendem Fazit: „Die außerschulischen Einflüsse, insbesondere aus dem Cliquen- und Medienbereich sind stärker, doch die schulischen Einflüsse sind keinesfalls zu vernachlässigen. Auf dem schulischen Feld wirken insbesondere die Faktoren des Sozialklimas, die für die Schüler(innen) mit der Gefahr der Ausgrenzung verbunden sind: Fehlende Anerkennung bei Mitschülern, etikettierendes und restriktives Verhalten der Lehrer(innen), scharfe Konkurrenz unter den Schülern und eine selbstempfundene Außenseiterposition steigern die Wahrscheinlichkeit, daß ein Heranwachsender sich in der Schule gewalttätig verhält, ganz außerordentlich" (Holtappels/Tillmann 1999, S. 10).

Dabei zeigte sich auch, dass die von Giesecke empfohlene Strategie der Zentrierung auf den Unterricht, der klaren Definition von Normalitätsstandards und der konsequenten Sanktionierung der Normverletzer wenig hilfreich ist zur Lösung der Problematik. Vielmehr konnten Holtappels und Tillmann gerade an Schulen, die in dieser Manier versuchten, durch rigide Regelanwendung und Disziplinierung der Probleme Herr zu werden, einen interdependenten Aufschaukelungsprozess, eine „‚Eskalationsspirale' zwischen Devianz, Etikettierung, problematischer Stigmabewältigung und den wieder verschärften Reaktionen der Schule" beobachten.

Deutlich geringer fiel die Gewaltbelastung, der Tendenz nach, an Schulen aus, deren Schulklima durch förderndes Lehrerengagement, durch von Akzeptanz und Verständnis geprägte Lehrer-Schüler-Beziehungen und durch ein aktives Bemühen um gute Sozialbeziehungen der Schüler untereinander geprägt war.

7. Was könnte „Erziehung stärken" also im Hinblick auf die Schule heißen?

Damit ist gewissermaßen auch schon die Zielrichtung markiert, in die sich eine Schule, die ihren erzieherischen Anspruch ernst nimmt, zu entwickeln hätte. Alle Maßnahmen, die dazu beitragen, ein Schulklima zu schaffen, das von Respekt, Interesse, Ernsthaftigkeit, Fairness und Freundlichkeit geprägt ist, haben zugleich eine präventive Bedeutung im Hinblick auf die Vermeidung bzw. Reduzierung von Verhaltensauffälligkeiten.

Hartmut von Hentig gehört wohl zu den Schultheoretikern, die sich am intensivsten Gedanken darüber gemacht haben, wie eine Schule gestaltet sein müsste, die nicht nur Unterrichtsanstalt ist, sondern die tatsächlich auch den erzieherischen Anspruch Ernst nimmt. „Die Menschen stärken, die Sachen klären", lautet ein Buchtitel von ihm, in dem er den doppelten Auftrag der Schule auf eine knappe Formel bringt (v. Hentig 1985).

In einem anderen Buch mit dem Titel „'Humanisierung' – eine verschämte Rückkehr zur Pädagogik" hat er versucht, sehr prägnant Lernbedingungen zu formulieren, die als Maßstäbe dafür betrachtet werden können, inwieweit eine Schule diesem doppelten Anspruch gerecht wird. Der in diesem Sinne erzieherisch bedeutsame, „humane" Lern- und Erfahrungsraum Schule soll nach v. Hentig ein Ort sein, „... an dem sich die Lust an der Sache einstellen kann", „... an dem Konzentration möglich ist und Durchhaltekraft belohnt wird", „... an dem man gemeinsame Grunderlebnisse hat und sich bewußt macht", „... an dem Gemeinsinn herrscht und wohltut", „... an dem man mit einem Stück Natur leben kann", an dem man „erfahren kann, wie man Frieden macht und an dem die Frage nach dem Sinn gestellt werden kann – und gestellt wird" (v. Hentig 1987).

„Erziehung stärken" im Rahmen der Schule heißt weiterhin, Räume, Zeiten und Gelegenheiten außerhalb des normalen Unterrichtsalltags zu erhalten und auszubauen, an denen „ungewöhnliches Lernen" stattfinden kann, in denen sich Schüler und Lehrer jenseits der üblichen Rollenzuschreibungen begegnen können, in denen Schüler jenseits der bisweilen eher frustrierenden Er-

fahrungen mit dem konventionellen schulischen Lernen erleben können, dass sie doch Begabungen haben und dass sie mit ihren individuellen Fähigkeiten einen wichtigen Beitrag für ein gemeinsames Vorhaben leisten können; sei dies ein Musik-, Theater-, Tanz-, Video- oder sonstiges Projekt.
Von daher ist es besonders bedauerlich, dass derzeit bisweilen eher gegenläufige Tendenzen an den Schulen zu beobachten sind: An einer Schule, in der ich zur Praktikumsbetreuung eingesetzt war, waren die Lehrer über die ihnen zugemuteten objektiven Verschlechterungen ihrer Arbeitsbedingungen durch Dienstzeiterhöhungen dermaßen empört, dass sie sich darauf verständigten, aus Protest sämtliche schulische Aktivitäten, die über das „Unerlässliche und Nötige", sprich über die Vorbereitung und Abhaltung des Unterrichts, hinausgingen, also Dinge wie Ausflüge, Schulfeste, Schullandheimaufenthalte, Schüleraustausch, Streetballturniere, Theater-AGs, Mädchengruppen, etc. vorläufig auszusetzen. Damit drohte dort der ganze Bereich eines reichhaltigen und differenzierten Schullebens wegzubrechen, der mit großem Engagement über lange Jahre hinweg aufgebaut worden war.
Der Bayerische Lehrer- und Lehrerinnenverband BLLV hat eine „Initiative Rotstift" „gegen die weitere massive Verschlechterung der Arbeits- und Lernbedingungen an Bayerns Schulen" ins Leben gerufen und alle Lehrkräfte in einer Mitgliederbefragung aufgefordert, zu benennen, in welchen Bereichen sie sich künftig zur Reduzierung beziehungsweise Streichung bisher freiwillig erbrachter Leistungen gezwungen sehen. An der Spitze der Nennungen standen hier Dinge wie Schullandheimaufenthalte, Abschlussfahrten, Aktivitäten mit Schülern am Nachmittag oder am Abend, sowie die freiwillige Elternarbeit in Form von Elternstammtischen – also gerade jene Aktivitäten, die in besonderem Maße Chancen für persönliche Begegnung und für die Wahrnehmung der *erzieherischen* Aspekte des Lehrerberufs bieten (vgl. Hüfner 2004).
Die Ausgabe des Magazins FOCUS, die just am Tag des großen Heilbronner Lehrerkongresses „Erziehung stärken", erschienen ist, trägt den Titel „Vorsicht wütende Lehrer – mehr arbeiten für weniger Geld. Ersatz-Eltern für unerzogene Schüler. Die Pädagogen drohen mit Boykott" (FOCUS 19/2004). Dort wird von entsprechenden Initiativen der Lehrerverbände in unterschiedlichen Bundesländern berichtet, die Lehrer dazu aufzufordern, als Reaktion auf die „Zumutungen" seitens der Kultusministerien, ihr freiwilliges, über das Unterrichtsdeputat hinausgehendes Engagement für ihre Schule und für ihre Schüler zu „überdenken".
All dies stellt natürlich eine Entwicklung dar, die der Absicht, „Erziehung zu stärken", diametral entgegenläuft. Denn diese Absicht hat ja überhaupt nur

dann eine Chance, wenn die Lehrer ihre Aufgabe bewusst weiter fassen als „nur" ihren Unterricht vorzubereiten und abzuhalten, ihre Korrekturen anzufertigen und ihre Zeugnisse zu formulieren. Es stimmt schon bedenklich, wenn Lehrerverbände sich zu solchen Initiativen gezwungen sehen, um auf die Belastungsgrenzen ihrer Mitglieder hinzuweisen.

„Erziehung stärken" im Rahmen der Schule müsste vor allem heißen, im Sinne von Fend die „professionelle Sorgehaltung" der Lehrer für ihre Schüler zu stärken. Und dies bedeutet im Hinblick auf Kinder und Jugendliche mit „Auffälligkeiten im Verhalten", die Einfühlung und das Verstehen der Lehrerinnen und Lehrer für diese Phänomene und die dahinter stehenden Probleme zu erhöhen. In der Regel ist es ja eher so, dass solche Verhaltensauffälligkeiten von den Lehrern und Erziehern primär als Störung ihres Unterrichts, als Zumutungen für die Klasse und als Kränkungen im Hinblick auf ihre eigene pädagogische Kompetenz erlebt werden und entsprechende psychische Abwehrreaktionen hervorrufen. Daher müsste es unter dem Anspruch „Erziehung zu stärken" darum gehen, an Schulen Reflexionsräume zu schaffen, in denen solche Probleme in Ruhe und mit Gelassenheit betrachtet und besprochen werden können.

Zwar gibt es Angebote wie Fallbesprechungsgruppen, Supervision, Balint-Gruppen, die genau diesem Zweck dienen, doch werden sie im schulpädagogischen Feld nur von kleinen Minderheiten in Anspruch genommen. Während etwa für die Teams von psychosozialen Beratungsstellen oder von Einrichtungen der Jugendhilfe die feste Etablierung von solchen Reflexionsräumen heute zum professionellen Standard gehört und dort immer wieder der Blick auf die gemachten Erfahrungen und die damit zusammenhängenden Gefühle gerichtet wird, hat sich im schulpädagogischen Feld kaum eine solche Reflexionskultur entwickelt. Lehrerkonferenzen drehen sich meist um organisatorische und verwaltungsmäßige Dinge. Dass in diesem Kreis gemeinsam offen und ernsthaft darüber reflektiert wird, warum sich die Beziehung zwischen Lehrer R. und Schüler W. in letzter Zeit so schwierig gestaltet, warum beide immer wieder in das gleiche Muster wechselseitiger Provokation und Entwertung hineingeraten, ist kaum denkbar. Dass der Schulrat hier tatsächlich hilfreichen Rat geben könnte, erst recht nicht. Im Allgemeinen herrscht an den Schulen noch heute eher eine Tendenz der Problemverleugnung und Konfliktverdrängung vor, bei der jeder einzelne Lehrer so tut, als seien Disziplinschwierigkeiten für ihn kein besonders relevantes Thema.

Gegen diese scheinbare Selbstverständlichkeit hat Opp unter dem Titel „Reflexive Professionalität" die Frage aufgeworfen: „Wie können Pädagogik und soziale Arbeit sich selbst so zum Problem werden, dass sie ihre eigene Professionalität qualitativ steigern können?" und er deutet auch die Lösungsperspektive an: „Dazu müssen wir pädagogische Konfliktfelder, ‚Mißverstehen', aber auch pädagogisches Misslingen als Herausforderung und Inspiration für die Suche nach neuen Wegen und Lösungen verstehen. Es gibt keine Erziehung ohne ‚Scheitern'" (Opp 1998, S. 148).

Dabei könnte diese Perspektive der offenen Auseinandersetzung mit den Belastungen und Schwierigkeiten im Dienste der Steigerung der professionellen Qualität durchaus ihre Verlockungen haben. Denn es gibt Belege dafür, dass eine solche Offenheit gegenüber externer Unterstützung und Beratung, d.h. die Aufgabe der pädagogischen Einzelkämpferexistenz, auch der psychischen Gesundheit der Betroffenen zugute kommt.

Eventuell könnte dies neben der einzelfallbezogenen Förderarbeit auch eine Aufgabe ambulant tätiger Sonderpädagogen in der Regelschule sein, in diesem Sinn katalytisch zu wirken, d.h. die Diskussion und Modifikation problematischer Routinen und Rahmenbedingungen an der Regelschule anzuregen, Räume und Formen der gemeinsamen Reflexion von Schwierigkeiten zu etablieren und damit die „professionelle Sorgehaltung" für Problemschüler an der Regelschule zu erhöhen. Helmut Reiser hat in diesem Sinn einmal etwas subversiv zu einer „sonderpädagogischen Verseuchung" der Regelschule aufgefordert (Reiser 1997, S. 273).

8. Eine „Logik des Pädagogischen"?

Kinder mit „Auffälligkeiten im Verhalten" ecken in vieler Hinsicht an und geraten in Konflikt mit ihrer Umwelt. Unterschiedliche Instanzen, Institutionen und Professionen sind mit ihnen und den Problemen die sie machen und die sie haben befasst: Lehrer, Heimerzieher, Sozialpädagogen, Ausbilder, Psychologen, Therapeuten, Kinder- und Jugendpsychiater, Polizisten, Juristen... . All diese Professionen und Institutionen haben gewissermaßen ihre eigenen Handlungslogiken. Da gibt es eine „Schullogik", der es in erster Linie um die Vermittlung von Wissen und um ungestörtes Lernen in großen Lerngruppen geht; da gibt es eine Verwaltungslogik, der es in erster Linie um korrekte, reibungslose Abläufe in Institutionen geht; da gibt es eine psychologisch-diagnostische Logik, der es um die präzise Erfassung von Symptomen und um die Einordnung in komplexe Störungskataloge geht; da gibt es eine medizinisch-pharmakologische Logik, die etwa bei hyperaktiven Kindern Defekte im Dopaminstoffwechsel ausmacht und wirksame chemische Gegenmittel empfiehlt; da gibt es eine kriminalistisch-juristische Logik, die Verstöße gegen bestehende Rechtsnormen feststellt und entsprechende Verfahren einleitet.

„Erziehung stärken" müsste von daher vor allem heißen, gegenüber all diesen Formen der „Behandlung" von Abweichungen im Verhalten, irgendwie eine „pädagogische Logik" zur Geltung zu bringen. Worin aber könnte diese bestehen? Am ehesten vielleicht im Beharren darauf, dass auch die problematischen „Abweichungen im Verhalten", die von außen oftmals sinnlos, belastend und selbstschädigend erscheinen, irgendeinen subjektiven Sinn für die Betroffenen haben müssen, den es zu verstehen gilt, in der Überzeugung, dass es darum geht, durch geeignete pädagogische Angebote und Beziehungen Möglichkeitsräume zu eröffnen, in denen sich produktive Entwicklungen ereignen können. Vielleicht auch in dem finnischen Motto, dass man kein Kind einfach zurücklassen, aufgeben, ausgrenzen darf. Auch dann nicht, wenn es bisweilen viel Aufregung, Ärger und Enttäuschung verursacht.

Hartmut von Hentig hat in seiner Einführung in den neuen Bildungsplan gemeint, in diesem Dokument käme ein grundlegender Wandel im Selbstverständnis der Schule zum Ausdruck, den er auf die Formel bringt: „weg von der Belehrungsanstalt, hin zu einer pädagogischen Einrichtung" (v. Hentig 2004, S. 18). Gleichzeitig hat er davor gewarnt, sich auf die magische Wirkung schöner Formulierungen in Bildungsplänen zu verlassen: „Ermutigung, die Vermeidung von unnötigem Versagen (Demotivation) sind hohe Künste und können nicht in einem Bildungsplan verordnet werden" (ebd.).

Zu befürchten ist, dass das Hauptaugenmerk der Bildungspolitik in den einzelnen Bundesländern auch in den kommenden Jahren primär auf die Frage gerichtet sein wird, wie möglichst kostenneutral an bestimmten Stellschrauben im Bildungssystem gedreht werden kann, damit die eigene Schülerschaft bei künftigen PISA-Studien besser abschneidet. Die hohe Kunst der „Ermutigung", der „Vermeidung von unnötigem Versagen", der „Stärkung der Erziehung" an Schulen ist damit freilich noch keineswegs gewährleistet.

Letztendlich lässt sich die „Stärkung der Erziehung" an Schulen kaum von oben verordnen. Es hängt von den einzelnen Schulen, von den einzelnen Lehrerinnen und Lehrern und ihrem Berufsverständnis, ihrem pädagogischen Engagement, ihrer Reflexivität, ihrer Kreativität, ihrer „pädagogischen Sorgehaltung" ab, ob die Entwicklung an den Schulen tatsächlich „weg von der Belehrungsanstalt, hin zu einer pädagogischen Einrichtung" gehen wird. Die Schulverwaltung kann allenfalls Freiräume schaffen, entsprechende Initiativen durch zusätzliche Ressourcen unterstützen, Bemühungen honorieren – oder aber sie kann die Lehrer durch entsprechende Verschärfungen der Arbeitsbedingungen dazu bringen, sich auf das „Unerlässliche und Nötige", d.h.

auf das „Kerngeschäft des Stundenhaltens" zurückzuziehen. Mit Hartmut von Hentig müsste man dann aber von einem „pädagogischen Resignationssyndrom" sprechen (vgl. v. Hentig 1996, S. 26).

Kapitel 2
Was muss man wahrnehmen und verstehen, um erziehen zu können?

Emotionale Intelligenz als Kultivierung der Intuition und als Voraussetzung für pädagogischen Takt

> *„Die Fähigkeit, Emotionen und deren Bedeutung nicht bloß bei anderen, sondern auch bei sich selbst ausmachen, kontrollieren und zum Gegenstand des inneren Verstehens, ‚Verdauens' und somit bewussten Nachdenkens machen zu können, stellt aus psychoanalytischer Perspektive ... ein unverzichtbares Moment von pädagogischer Professionalität dar."*
> Wilfried Datler

1. Technologie oder Ethik als Grundlage pädagogischer Professionalität?

Die Überschrift dieses Kapitels ist angelehnt an den Titel eines Aufsatzes, den Klaus Prange im Jahr 1998 veröffentlicht hat: „Was muß man wissen, um erziehen zu können? – Didaktisch theoretische Voraussetzungen der Professionalisierung von Erziehung". In seinem Text befasst sich Prange mit dem Problem der Professionalisierung im pädagogischen Kontext und hält ein leidenschaftliches Plädoyer dafür, das Erziehen als eine „Profession im Sinne einer wissensbasierten Technologie" zu verstehen (Prange 1998, S. 49). Vehement wendet er sich gegen traditionelle pädagogische Vorstellungen, das „pädagogische Ethos", die rechte „pädagogische Gesinnung", das „Charisma des Lehrers" als das eigentliche Agens erzieherischer Wirksamkeit und damit die Persönlichkeit des Erziehers oder Lehrers als den Kern pädagogischer Professionalität zu begreifen. Eine wahrhaft professionelle Pädagogik dagegen müsse sich verstehen „als Lehre davon, mit welchen Mitteln und auf welchen Wegen erzieherische Programme realisiert werden" (ebd., S. 45).

Die ziemlich genau entgegengesetzte Position vertritt Heitger (2005). Er kritisiert jene „Schreiber erziehungswissenschaftlicher Provenienz", die das erzieherische Geschäft in Analogie zu einer Technologie begreifen und entsprechend perfektionieren wollen: „Sie übersehen, daß es in der Pädagogik nicht um formbare Gegenstände, auch nicht um steuerbare Lebewesen geht, sondern es sich um denkende und handelnde Subjekte, bzw. Personen handelt. Deren Sinn und Bestimmung ist es, sich von inneren und äußeren determinierenden Einflüssen zu befreien. Wer von Mitteln redet, und Erziehung als deren geplanten und strategischen Einsatz vorschlägt, der verkennt jene Grundlage, auf der Pädagogik überhaupt erst möglich wird" (ebd.). Zentral für die pädagogische Professionalität und damit auch für die pädagogische Ausbildung ist für Heitger deshalb gerade nicht das Verfügungswissen über irgendwelche Techniken, sondern die geistige Orientierung, die Klärung der Sinnfrage, die theoretische Begründung des pädagogischen Sollens und damit Verpflichtung auf ein bestimmtes Ethos. Heitgers Text hätte durchaus auch überschrieben sein können mit der Frage: „Welche ethische Fundierung braucht man, um erziehen zu können?"

Nun ist Heitger einerseits zuzustimmen, dass Erzieher ihre Aufgabe Ernst nehmen und sich ihrer Verantwortung bewusst sein sollten. Zweifellos sollten sie sich mit dem Sinn ihres Tuns auseinander gesetzt haben und sich und anderen Rechenschaft darüber geben können, warum ihnen welche Ziele wichtig sind und inwiefern ihr pädagogisches Tun und Lassen mit diesen Zielen vereinbar ist. Ob die primäre Aufmerksamkeit dabei freilich der „Pädagogizität" ihres Handelns zu gelten hat, der ängstlichen Sorge darum, ob dieses Handeln wohl auch den abstrakten Vorstellungen vom „pädagogisch Eigentlichen" entspricht, welche bestimmte Erziehungstheoretiker formuliert haben, scheint mir dagegen eher fraglich.

Andererseits ist auch Prange zuzustimmen wenn er meint: „Pädagogen von Profession müssen etwas können, was andere nicht können, und dieses ‚Etwas' muß zugleich etwas sein, was gewußt und theoriegestützt gelernt werden kann" (ebd., S. 42). Allein die Berufung auf ein hehres pädagogisches Ethos, die Beschwörung von Prinzipien der Pädagogizität, der Moralität, der Rationalität, des Dialogischen, der Subjektorientierung, der Achtung, der Kinderfreundlichkeit, etc. gibt noch schwerlich eine Grundlage für professionelles Handeln her – so wichtig diese Prinzipien auch sein mögen. Natürlich muss ein Lehrer etwas verstehen von den Fächern, die er unterrichtet und natürlich muss er wissen, wie er die Inhalte und Themen dieser Fächer didaktisch so aufbereitet, dass sie für die jeweilige Adressatengruppe „bekömmlich", d.h. motivierend, übersichtlich, nachvollziehbar und lernwirksam dargeboten werden. Natürlich muss er sich dafür einiges an Wissen angeeignet haben, das über seine Fächer hinaus geht, etwa im Bereich der Entwicklungspsychologie, um die kognitiven Lernvoraussetzungen auf unterschiedlichen

Altersstufen einschätzen zu können; im Bereich der Methodik und Didaktik, um den Stoff so aufzubereiten und zu gliedern, dass die Unterrichtsgestaltung diesen Lernvoraussetzungen, diesen Verständnishorizonten möglichst optimal entgegenkommt; im Bereich der Diagnostik, um zu begreifen worin die besonderen Hürden und Verständnisprobleme einzelner Schüler bestehen. Er wird, wenn er all diese Dinge beherrscht und berücksichtigt, vermutlich guten, spannenden, lernwirksamen Unterricht machen.

Es gibt seit Herbart den Begriff des „erziehenden Unterrichts", der darauf abhebt, dass das Erzieherische nicht neben und außerhalb des Unterrichts passiert, sondern in diesen eingelagert ist. Dennoch lassen sich in der Regel bei der Unterrichtsbeobachtung sehr deutlich eine „Inhaltschiene" (bei der z.B. die Oberflächenberechnung des Quaders, der Konsonantenverdoppelung nach kurzem Vokal, die Geschichte der Industrialisierung oder das Balzverhalten des Stichlings verhandelt werden) und eine „Erziehungs- bzw. Beziehungsschiene" voneinander unterscheiden. (Bei letzterer geht es dann etwa um die von den Schülern geforderte Veränderung der Sitzordnung in der Klasse, um die ästhetische Gestaltung des Klassenzimmers, um das Ziel des nächsten Wandertags, um das ständige Schwätzen und Stören hinten links, um die Ausgrenzung und Hänselei von Sabine, um die Prügelei zwischen Markus und Jussuf in der Pause oder um das häufige Zu-Spät-Kommen von Andreas).

2. Wer hat „erzieherischen Einfluss"?

Sicherlich wissen die Schüler einen Lehrer, der interessanten und abwechslungsreichen Unterricht macht und der „gut erklären kann", zu schätzen. Aber ist damit schon gesichert, dass er „erzieherischen Einfluss" auf seine Schüler nehmen kann? Es gibt Lehrer, die durchaus guten, anspruchsvollen Unterricht machen, den Schülern etwas beibringen und dennoch sehr distanziert bleiben, kaum einen persönlichen Draht finden. Und es gibt Lehrer, deren Unterricht, beurteilt nach wissenschaftlich-didaktischen Kriterien, vielleicht alles andere als perfekt ist und die dennoch von ihren Schülern in besonderer Weise gemocht und respektiert werden weil sie besonders menschlich im Umgang sind, weil sie es irgendwie schaffen, hinter und neben den jeweils vom Lehrplan vorgegebenen Themen elementarere Lektionen über die Welt, über das Leben und über den rechten Umgang miteinander zu vermitteln.

Bittner hat wohl recht wenn er meint: „Wo der Lehrer für das Kind eine ganz ferne, neutrale Person bleibt, die weder Liebe, noch Haß noch Respekt noch sonst ein Gefühl auf sich zieht, kann er auch keinen nennenswerten erzieherischen Einfluß ausüben" (Bittner 1996, S. 189). Mit „erzieherischem Einfluss" soll dabei ganz allgemein die Tatsache umschrieben werden, dass die Art und Weise, wie der Lehrer über Respekt und Toleranz, über Autorität und Disziplin, über Freundschaft und Gemeinschaft, über Fairness und Gerechtigkeit, über Engagement und Leistung, über Sinnfragen und Lebensziele denkt, in irgendeiner Hinsicht für die Schüler bedeutsam wird. Dabei geht es keineswegs darum, dass die Schüler einfach die entsprechenden Überzeugungen und Gesinnungen des Lehrers übernehmen, sondern eher darum, dass die Schüler sich daran reiben, sich damit auseinandersetzen, dass sie die Sichtweisen des Lehrers als mögliche Option ernsthaft durchdenken. Gemeint sind dabei auch weniger die bloß privaten Ansichten und Überzeugungen des Lehrers, die er vielleicht einmal in einer außergewöhnlichen Situation, etwa beim vertraulichen Gespräch beim Wandertag oder auf der Klassenfahrt äußert, sondern entscheidend ist viel mehr, wie all dies in seinen alltäglichen Umgang mit den Schülern einfließt, wie er versucht, eine bestimmte Atmosphäre in seiner Klasse zu schaffen, bestimmte Regeln und Umgangsformen zu etablieren, wie er sich zu den Vorgaben und Zwängen der Institution stellt, wie er mit Widerständen und Provokationen umgeht, wie er sich in Diskussionen und Konflikten verhält, wie er auf Probleme und Nöte Einzelner reagiert.

Man muss also bei diesem Lehrer oder dieser Lehrerin irgendwie noch etwas anderes lernen können außer Mathematik, Erdkunde oder Latein. Etwa wissenschaftliche Neugierde, indem man an seiner persönlichen Begeisterung erlebt, wie spannend und faszinierend der geistige Nachvollzug eines mathematischen Beweises oder einer wissenschaftlichen Entdeckung oder wie lebensbereichernd der Umgang mit Literatur oder Musik sein kann. Oder aber basale Lektionen über „zwischenmenschlichen Umgang", indem man an seinem Beispiel etwa erfährt wie man einen Konflikt entschärfen und fairen Ausgleich schaffen kann, wie man eine Diskussion moderieren und die unterschiedlichen Interessen und Wünsche einer großen Gruppe unter einen Hut bekommen kann, wie man sich als Gruppe selber Regeln für das Zusammenleben und -arbeiten geben und diese dann gegebenenfalls auch wieder modifizieren kann, wie man eine große Aufgabe, ein Projekt, ein Theaterstück engagiert und beherzt in Angriff nehmen, in Teilschritte zerlegen und die verschiedenen Aufgaben koordinieren kann, wie man einen klaren Standpunkt vertreten und doch anderen Meinungen mit Toleranz begegnen kann, wie man seinen Protest gegen ärgerliche Zustände und Zumutungen auf wirksame

Weise artikulieren kann, wie man mit seinen eigenen Schwächen mit Gelassenheit und Humor umgehen kann, wie man Provokationen mit Schlagfertigkeit begegnen kann und wie man Grenzüberschreitungen, Unverschämtheiten, persönliche Verletzungen deutlich machen und mit Entschiedenheit zurückweisen kann.

Manche Erziehungswissenschaftler und Sozialisationsforscher freilich betrachten die Möglichkeit der Erwachsenen in diesem Sinn noch erzieherischen Einfluss auf die nachwachsende Generation zu nehmen, eher skeptisch. Zinnecker hat in einem spannenden Aufsatz zum Thema „Selbstsozialisation" die These vertreten, dass nicht nur die Jugendforschung, sondern zunehmend auch die Kindheitsforschung „vom Paradigma der Peersozialisation beherrscht" sei: „In vielen aktuellen Untersuchungen spiegelt sich die Überzeugung wieder, dass die entscheidenden Impulse zur Sozialisation heute von den Peers und nicht mehr von den Sozialisationsinstanzen der älteren Generation herrühren" (Zinnecker 2000, S. 283).

Meine These ist nun, dass die oben beschriebenen Ansichten und Haltungen des Lehrers heute am ehesten dann noch eine Chance haben, für die Schüler erzieherisch bedeutsam zu werden, wenn etwas Weiteres hinzukommt: Eine Sensibilität für das, was die Schüler innerlich bewegt, eine möglichst genaue Wahrnehmung der Stimmungslagen, der Ängste, Wünsche und Widerstände in der Klasse, ein Gespür für die Dynamik, die innerhalb der Gruppe besteht, ein Verständnis für die Beziehungsprozesse, die sich zwischen dem Lehrer und einzelnen Kindern abspielen. Deshalb ist im Titel dieses Kapitels in bewusster Unterscheidung zu Prange nicht von „Wissen", sondern von „Wahrnehmen und Verstehen" die Rede. Gleichzeitig geht es darum zu zeigen, dass die von Prange hinsichtlich des Kerns pädagogischer Professionalität gemachte Dichotomie zwischen „Ethik, Gesinnung, Charisma" einerseits und einer „wissensbasierten Technologie", also einer gesicherten Kenntnis darüber, mit welchen Mitteln welche erzieherischen Ziele zu erreichen sind, andererseits, in die Irre führt. Es könnte nämlich sein, dass das Spezifikum „pädagogischer Professionalität" auf beiden Wegen verfehlt wird.

Das, was hier gefordert wird, ist einerseits etwas Anderes und Anspruchsvolleres als die Verpflichtung auf die rechte „pädagogische Gesinnung" oder als die Verständigung auf allgemeine „pädagogische Prinzipien". Es ist andererseits etwas Bescheideneres als die Forderung nach „pädagogischem Charisma", also einer quasi naturgegebenen Ausstrahlung der Lehrerpersönlichkeit. Auch wenn ich in erzieherischer Hinsicht Liebaus Formel „das wohl wichtigste schulische Curriculum ist der Lehrer, die Lehrerin selbst" noch zustimmen würde, so ist mir doch seine Bestimmung pädagogischer Professionalität wiederum zu unspezifisch, wenn er meint: „Die besondere Professionalität des Lehrers besteht darin, daß er die eigene Persönlichkeit instrumentalisiert. Ob und in welchem Maße er als Person ernsthaft, mutig, verantwortlich, humorvoll, freundlich, pädagogisch und fachlich kompetent usw. ist und in der Schule entsprechend handelt, entscheidet über seine Wirkung auf die Kinder und Jugendlichen, die zur Schule gehen" (Liebau 1999, S. 176f.). Mut, Humor, Ernsthaftigkeit sind zwar wünschenswerte Persönlichkeitseigenschaften, sie können aber nicht ohne Weiteres zur Voraussetzung für professionelle Berufsausübung erklärt werden. Man kann Mut und Humor wohl auch kaum gezielt schulen und mithin kaum die eigene Persönlichkeit in diesem Sinne „pädagogisch instrumentalisieren". Dagegen erscheint die im Zentrum meiner Überlegungen stehende Kompetenz, die Fähigkeit zum sensiblen Wahrnehmen und einfühlsamen Verstehen dessen, was sich in sozialen Beziehungen ereignet, durchaus verfeinerbar und kultivierbar. Sehr fraglich ist es jedoch, ob sich jene Kompetenz einfach im Sinne einer „wissensbasierten Technologie" theoriegeleitet aneignen lässt, so wie sich etwa die Kompetenzen zur krankengymnastischen Heilbehandlung oder zur korrekten Durchführung und Auswertung eines Intelligenztests in diesem Sinn erwerben lassen!

Die Kluft zwischen „Wissen" (im Sinne der Kenntnis bestimmter psychologischer, kommunikationstheoretischer oder gruppendynamischer Theoriekonzepte, die sich mit jenen Phänomenen des zwischenmenschlichen Umgangs beschäftigen) und „Können" (im Sinne der Verfügung über die beschriebene Sensibilität der Wahrnehmung und Einfühlung) ist gerade hier ziemlich groß. Es ist sehr wohl denkbar, dass jemand eine glänzende Prüfung macht und dabei das Freudsche Persönlichkeitsmodell, die Kommunikationsaxiome Watzlawicks und das System der Gruppenprozesse von Bion differenziert darstellen kann und dennoch in seinem pädagogischen Umgang mit Kindern und Jugendlichen später dann gänzlich unsensibel ist für das, was sich zwischen ihnen und ihm abspielt. Es sind für die Entwicklung solcher Sensibilität offensichtlich Lernprozesse anderer Art maßgeblich als jene, die erforderlich sind, um sich bestimmte Theoriekonzepte „prüfungsadäquat" anzueignen.

Was gemeint ist, wird vielleicht aus einem Brief deutlich, den ein Schüler einer achten Realschulklasse geschrieben hat. Dieser Brief gehört zu einem ganzen Klassensatz entsprechender Briefe und kam dadurch zustande, dass ein Lehrer, der ein berufsbegleitendes Diplom-Aufbaustudium macht und in diesem Rahmen ein Seminar bei mir besuchte, seine Klasse aufforderte, Briefe an die Studierenden des Seminars (und damit an die künftigen Lehrerinnen und Lehrer) zu verfassen, in welchen sie ihre Befindlichkeit als Schüler und ihre Vorstellung davon, wie ein guter Lehrer/eine gute Lehrerin sein sollte, darstellten:

Lieber Mr. X
Ich will ihnen das Schulsystem aus meiner Sicht zeigen. Ich bin ein Schüler der 8. Klasse der A.-Schule in P. Die A.-Schule ist eine Realschule mit einem sehr guten Ruf. Ich gehe nicht gern in die Schule, weil mir der tägliche Stress sehr zusätzt. Dieser Stress kommt von Angst, Angst vor Strengen Lehrern und ihrer Bestraffung bei z.B. vergessenen Hausaufgaben. Hier ist der Unterricht schlecht und langweilig. Bei einem Lehrer wie Herrn T. macht der Unterricht richtig Spass. Man kann mit ihm Witze machen, er reagiert nicht so Wild und er hat das wichtigste, er hat nähe zu seinen Schülern. Ich will ihnen nun sagen, dass sie nicht so Stur ihren Stoff durchziehen sollen und nicht zu Streng reagieren sollen. Ein guter Lehrer hilft seinen Schülern und hat immer nähe zu ihnen. Ich warne sie jedoch eine gewisse Strenge muss sein. Sie müssen immer eine Respektsperson bleiben.
Micha

Auch aus den anderen 26 Briefen geht hervor, dass die Schüler und Schülerinnen ihren Lehrer, Herrn T., besonders schätzen und vor dem Hintergrund ihrer sonstigen Schulerfahrungen durchaus als positive Ausnahme erleben. Er schafft es offensichtlich, einerseits interessanten und abwechslungsreichen Unterricht zu gestalten, andererseits aber auch den richtigen Ton im Umgang mit den Schülern zu treffen, die richtige Mischung aus Engagement, Freundlichkeit, Humor und Respekt zu verkörpern. Vor allem aber: Es gelingt ihm, Nähe, Vertrauen zu den Schülern herzustellen. Sie fühlen sich von ihm Ernst genommen und haben das Gefühl, dass er sich um ihre Probleme und Sorgen kümmert. Entsprechend empfehlen sie den studentischen Adressaten ihrer Briefe mehr oder weniger direkt, sich an seinem Vorbild zu orientieren. Dass ein solches Verhältnis zum Lehrer für Schüler bedeutsam aber keineswegs selbstverständlich ist, geht aus einer Schülerbefragung hervor, bei der Kanders die Erwartungen, die 14–16-jähriger Schüler an ihrer Lehrer haben mit den Einschätzungen des tatsächlichen Verhaltens verglichen hat. Bei dem Item „Zu den Lehrern habe ich großes Vertrauen" gaben 59% der Befragten an, dass dies für einen guten Lehrer besonders wichtig sei. Nur 10% waren jedoch der Meinung, dass dies de facto für die meisten Lehrer zutreffe. Bei dem Item „Die Lehrer kümmern sich darum, wie es den Schülern geht" waren 57% der Meinung, dass dies für einen guten Lehrer besonders wichtig sei, aber nur 19% bezeichneten es als erlebte Realität (vgl. Kanders u.a. 1996, S. 37).

Einen ziemlich entscheidenden Punkt für die Ausbildung eines von gegenseitigem Respekt und prinzipiellem Wohlwollen gekennzeichneten Verhältnisses zwischen Schülern und Lehrern stellt sicherlich die Frage dar, wie der Lehrer mit den unvermeidlichen Konfliktsituationen umgeht, inwieweit dann eher Gefühle von wechselseitiger Empörung, Verachtung und Verbitterung vorherrschen oder inwieweit es auch hier gelingt, trotz des Konflikts, der im Raum steht, ein Grundgefühl von Fairness und gegenseitigem Respekt aufrechtzuerhalten. Hier ein Beispiel für eine alltägliche pädagogische Konfliktsituation, bei der dies vielleicht weniger gut geglückt ist, obwohl der betreffende Lehrer ansonsten durchaus einen „guten Stand" in der Klasse hat, von den Schülern respektiert wird und ihnen seinerseits häufig positive Rückmeldungen bezüglich ihres Könnens, ihrer Mitarbeit und ihres Verhaltens gibt:

Im Rahmen der Praktikumsbetreuung bin ich in einer siebten Hauptschulklasse. Eine Praktikantin hat mit viel Aufwand und Sorgfalt einen Lernzirkel zum Thema Umfang- und Flächenberechnung (Quadrat, Rechteck, Parallelogramm, Trapez, Dreieck...) vorbereitet. An 6 verschiedenen Stationen gibt es unterschiedliche Aufgabenstellungen, die die Schüler jeweils in Partnerarbeit bearbeiten sollen. Eine Station ist ausgelagert. Es geht bei dieser Station darum, dass die Schüler Umfang und Fläche einer auf dem Pausehof aufgestellten Tischtennisplatte berechnen sollen. Die Schüler im Klassenzimmer arbeiten eifrig und konzentriert an den Aufgaben, die sie vorfinden. Plötzlich gibt es eine ziemlich große Aufregung. Der Klassenlehrer berichtet, er hätte die vier Schüler, die gesagt hatten, sie wollen mit der ausgelagerten Station beginnen, dabei ertappt, wie sie sich vom Schulgelände entfernt hätten, statt ihrem Arbeitsauftrag nachzugehen. Er ist so sehr empört darüber, dass er die Schüler für diesen Tag vom Unterricht ausschließt und die Eltern telefonisch darüber informiert. Einer der Missetäter und zwar ausgerechnet Ludwig, von dem offensichtlich der Hauptimpuls für diese Absentierungsaktion ausgegangen war, braucht dann auch noch ziemlich lange, bis er umständlich seine Sachen im Klassenzimmer zusammengesucht hat. Unvermeidlich zieht er dabei die Aufmerksamkeit der anderen Schüler auf sich. Schließlich wird er mit recht lauten Worten, ja mit einem regelrechten „Brüller" vom Lehrer des Klassenzimmers verwiesen. Die Klasse reagiert zunächst ziemlich betreten angesichts dieser ungewöhnlichen Heftigkeit ihres Lehrers, geht dann aber relativ bald wieder zur Tagesordnung, sprich zum Vergleich der Lösungen der Aufgaben des Lernzirkels, über.

Diese heftige pädagogische Reaktion des ansonsten im Umgang mit den Schülern eher freundlichen und respektvollen Lehrers kam für alle sehr überraschend. Offensichtlich hatte sich gerade in seinem Verhältnis zu Ludwig einiges aufgestaut. Auch im Gespräch mit den Praktikanten hinterher wurde nicht so recht verständlich, warum gerade in dieser Situation die Reaktion des Lehrers so heftig ausgefallen ist. Er meinte, bei ihm sei mit diesem Verhalten der Schüler einfach eine Grenze erreicht gewesen, er müsse den Eltern klar machen, dass auch sie dafür verantwortlich seien, dass ihre Kinder die schulischen Regeln ernst nähmen.

Man mag diese pädagogische Intervention für problematisch, überzogen, missglückt halten. Ob sie dazu führen wird, dass die betroffenen Schüler Einsicht in die Problematik ihres Verhaltens entwickeln und den schulischen Regeln künftig mehr Achtung entgegenbringen, dass die Eltern ihren Kindern Sinn und Berechtigung dieser Regeln verdeutlichen und künftig stärker mit den Lehrern „an einem Strang" ziehen, – oder ob sie eher dazu führen wird, dass sich die Schüler über die ungerechte Bestrafung empören, dass sie sich in ihrem Groll gegen den Lehrer weiden und dabei auch noch von ihren Eltern unterstützt werden, weil auch diese die Reaktion überzogen finden, sei dahingestellt.

Das Beispiel macht jedoch eines deutlich: Weder von der Bezugnahme auf ein pädagogisches Ethos, noch von der Anrufung allgemeinster pädagogischer Prinzipien lassen sich eindeutige Handlungsempfehlungen ableiten, wie in einer solchen Konfliktsituation angemessen pädagogisch zu handeln sei. Schon gar nicht stehen einem Lehrer in solchen Situationen „wissensbasierte Technologien" zur Verfügung, die er einfach zur „Anwendung" bringen könnte. Nicht einmal eine klare Konsensregelung des Kollegiums – im Sinne eines: „Wer an dieser Schule dies tut, muss mit jenen Konsequenzen rechnen" – stand für diesen speziellen Fall zur Verfügung. Ganz offensichtlich war es auch nicht so, dass der Lehrer, bevor er handelte, im Geiste all die unterschiedlichen Theorieansätze, die er im Laufe seines Studiums kennen gelernt hatte, durchgegangen wäre und sich dabei überlegt hätte, welche wohl die von den unterschiedlichen theoretischen Perspektiven her jeweils nahe liegenden Handlungsweisen wären und welche davon ihm am plausibelsten erschienen. So leicht wäre dies wohl auch nicht auszumachen gewesen. Seine Reaktion war mit heftiger affektiver Erregung verbunden und erschien direkter, spontaner, unvermittelter, intuitiver.

3. Die Konzepte „Intuition", „pädagogischer Takt" und „emotionale Intelligenz"

3.1 Intuition

Der Begriff „Intuition" hat bisweilen einen fast magischen Beiklang. Es wird dabei verwiesen auf „das Gefühl im Bauch", das einen bestimmte Dinge ahnen ließ, auf den „6. Sinn", der einen für eine bestimmte verborgene Gefahren aufmerksam gemacht hat, auf geniale Ideen, „Eingebungen", die komplizierte Problemsituationen schlagartig kreativen Lösungen zuführten. Typisch ist jedenfalls, dass es sich nicht um das Ergebnis mühsamer bewusster Gedankenarbeit und sorgfältiger Überlegung handelt. In diesem Sinne wird „Intuition" in einem Wörterbuch der Psychologie beschrieben als „ein unmittelbares Gewahrwerden von Einsichten, Wesenheiten und Sachverhalten, das Erkenntnis einleiten oder begleiten kann, verbunden mit starken Evidenzgefühlen. Im Unterschied zum diskursiven Denken ist das *intuitive Denken* einfallartig, im Sinne eines geistigen Schauens, das schlagartig Zusammenhänge aufweist, Wege zeigt, Sachverhalte klärt" (Hehlmann 1974[12] S. 242). Inzwischen hat sich auch die rationale psychologische Forschung und die Kognitionswissenschaft des Themas „Intuition" angenommen. Diese gehen davon aus, dass der Mensch über zwei unterschiedliche Systeme zur Orientierung in der Welt verfügt. Ein „explizites", das dem bewussten rationalen Denken entspricht, das diskursiv, argumentativ, schlussfolgernd – und damit entsprechend langsam arbeitet. Hier wissen wir nicht nur, was wir wissen, sondern auch, woher und warum wir es wissen, aus welchen Quellen unser Wissen stammt und welche Gründe für unsere Annahmen sprechen. Daneben ein „implizites", das eher assoziativ, gefühlsabhängig, „ganzheitlich" arbeitet – und damit zu sehr schnellen Situationsbewertungen kommt, sich aber über das Zustandekommen dieser Bewertungen und Beurteilungen meist selbst nicht im Klaren ist. Eben die Intuition. Gerade in der interpersonalen Wahrnehmung spielen solche intuitiven Urteile, die spontan eher Sympathie oder Antipathie signalisieren, die Vertrauen oder Misstrauen, Mitleid oder Verachtung, Empörung oder Humor angemessen erscheinen lassen, eine große Rolle. In der Gehirnforschung ist die Tatsache, dass es Neuronenbahnen gibt, die schnelle Situationsbewertungen und Reaktionsbereitschaften am Neokortex und damit am Bewusstsein vorbei ermöglichen, inzwischen recht gut belegt (vgl. Le Doux 1986, Damasio 1997). Der Preis für dieses „schnelle Urteilen" unter Umgehung des Bewusstseins ist freilich der, dass die so zustande kommenden „Urteile" oft recht ungenau, deutlich stimmungsabhängig und

eher unkritisch, d.h. anfällig für Klischees, Verzerrungen und Vorurteile sind. In diesem Sinne kommt Ernst zu folgender zusammenfassender Einschätzung: „Intuition hat ein Doppelgesicht. Sie ist eine unerschöpfliche Quelle der Erkenntnis, die in ihrem Wert häufig noch unterschätzt wird und bis jetzt entsprechend unterentwickelt ist. Andererseits ist diese Quelle oft kontaminiert: Stimmungen, Vorurteile und äußere Einflüsse verfälschen die Intuitionen und mindern ihren Nutzen. Den optimalen Gebrauch unserer intuitiven Fähigkeiten machen wir deshalb, wenn wir immer wieder die Synthese aus rationaler Überlegung und ‚Bauchgefühl' versuchen" (Ernst 2003, S. 27).
Dass die Rede vom „Bauchgefühl" übrigens nicht nur eine metaphorische Rede ist, sondern durchaus einen realen Hintergrund hat, dies machen die faszinierenden neueren Forschungen aus dem Bereich der Neurogastroenterologie deutlich. In einer Wissenschaftsreportage darüber wird die Vermutung geäußert, dass die Entdeckung des „Bauchhirns", des enterischen Nervensystems, das den Verdauungstrakt umhüllt, geeignet sein könnte, unser Menschenbild ziemlich tief greifend zu verändern. „Denn das ‚Bauchhirn' produziert Nervenbotenstoffe und reagiert auf Psycho-Drogen. Es arbeitet autonom und sendet viel mehr Signale zum Kopfhirn, als es von dort empfängt. Es kann erkranken und eigene Neurosen entwickeln. Es fühlt, denkt mit und erinnert sich – und es lässt uns intuitiv ‚aus dem Bauch heraus' entscheiden" (Luczak 2000, S. 137).

3.2 Pädagogischer Takt

Pädagogischer Takt wird häufig beschrieben als „die Fähigkeit zum schnellen intuitiv richtigen Handeln" in pädagogischen Situationen (Leonhard 1992, S. 57). Wenn der Begriff „Intuition" einen fast magischen Beiklang hat, so hat der Begriff „pädagogischer Takt" einen höchst verheißungsvollen Beiklang. Das Versprechen liegt darin, dass dieser „pädagogische Takt", wenn man ihn nur erst einmal erworben, angeeignet, ausgebildet hat, das eigene Handeln in der unübersichtlichen pädagogischen Praxis so leiten könne dass dieses stets „dem gleicht, wozu man sich auch nach gründlicher wissenschaftlicher Reflexion entschließen würde" (ebd., S. 58). Der „pädagogische Takt" ist also ein bisschen so etwas, wie der „pädagogische Autopilot", auf den man sich im Nebel der überkomplexen pädagogischen Wirklichkeit mit ihrem permanenten Zwang, schnell handeln und reagieren zu müssen, verlassen kann.
Der Begriff „pädagogischer Takt" wurde von Herbart in seiner Göttinger Antrittsvorlesung von 1802 geprägt. Dort heißt es: „Nun schiebt sich aber bei

jedem noch so guten Theoretiker, wenn er die Theorie ausübt, ... zwischen die Theorie und die Praxis ganz unwillkürlich ein Mittelglied ein, ein gewisser Tact nämlich, eine schnelle Beurtheilung und Entscheidung, die nicht, wie der Schlendrian ewig gleichförmig verfährt, aber auch nicht, wie eine vollkommen durchgeführte Theorie wenigstens sollte, sich rühmen darf bey strenger Consequenz und in völliger Besonnenheit an die Regel, zugleich die wahre Forderung des individuellen Falles ganz und gerade zu treffen" (Herbart 1802, S. 285). Gemeint ist also eine gebildete pädagogische Urteilskraft, die in konkreten Handlungssituationen rasch und sicher entscheiden kann, was in der je konkreten Situation sinnvoll und angemessen ist.

Wie kommt nach Herbart ein solcher pädagogischer Takt zustande, wie kann er in der Ausbildung gefördert werden? Klar ist für Herbart: „Er bildet sich erst während der Praxis; er bildet sich durch die Einwirkungen dessen, was wir in der Praxis erfahren, auf unser Gefühl, diese Einwirkung wird anders und anders ausfallen, je nachdem wir selbst anders und anders gestimmt sind; auf diese unsere Stimmung können wir durch Überlegungen wirken" (ebd., S. 286). Hier kommt nun bei Herbart die Theorie, die Wissenschaft ins Spiel, gewissermaßen als jene Instanz, die unsere „Stimmung", unsere Erwartungen, unsere Wahrnehmung und damit unsere intuitive Beurteilung der Situation beeinflusst: „durch Überlegung, durch Nachdenken, Nachforschung, durch Wissenschaft soll der Erzieher vorbereiten – nicht sowohl seine künftigen Handlungen in einzelnen Fällen, als vielmehr sich selbst, sein Gemüth, seinen Kopf und sein Herz, zum richtigen Aufnehmen, Auffassen, Empfinden und Beurtheilen der Erscheinungen, die seiner warten und der Lage, in die er geraten wird. ... es giebt eine Vorbereitung auf die Kunst durch die Wissenschaft; eine Vorbereitung des Verstandes und des Herzens vor Antretung des Geschäffts, vermöge welcher die Erfahrung, die wir nur in Betreibung des Geschäffts selbst erlangen können, allererst belehrend für uns wird. Im Handeln nur erlernt man die Kunst, erlangt man Tact, Fertigkeit, Gewandtheit, Geschicklichkeit; aber selbst im Handeln lernt die Kunst nur der, welcher vorher im Denken die Wissenschaft gelernt, sie sich zu eigen gemacht, sich durch sie gestimmt, – und die künftigen Eindrücke, welche die Erfahrung auf ihn machen sollte, vorbestimmt hatte" (ebd.).

Es kommt bei Herbart also wesentlich auf die Verbindung von wissenschaftlicher Vorbereitung, Antizipation von Problemlagen, praktischer Erfahrung und theoretischer Reflexion der Erfahrungen an. Herbart geht jedoch noch von *der* Wissenschaft im Singular aus, also von einem Corpus gesicherter Erkenntnisse über welchen weitgehender Konsens herrscht. Dies ist freilich heute im Blick auf die Erziehungswissenschaft keineswegs mehr so der Fall.

54 Was muss man wahrnehmen und verstehen, um erziehen zu können?

Die eingangs zitierten Beispiele von Prange und Heitger haben schon deutlich gemacht, wie konträr die Ansichten angesehener Erziehungswissenschaftler in zentralen Punkten sind. Wer könnte heute, nach Absolvierung eines pädagogischen Studienganges von sich behaupten, dass er „*die* (Erziehungs-)Wissenschaft gelernt, sich zu eigen gemacht, sich durch sie gestimmt" hätte. Er könnte, wenn er ordentlich studiert hat, wohl höchstens sagen, dass er sich mit einigen grundlegenden pädagogischen Problemfragen auseinandergesetzt und dabei unterschiedliche erziehungswissenschaftliche Konzeptionen und Theorietraditionen und einige bedeutsame Kontroversen, bei denen diese argumentativ „aufeinander prallten", kennen gelernt hat. Zweifellos ist dies wichtig – allein schon deshalb, um das historische Bewusstsein und den „Möglichkeitssinn" zu erweitern, um eine Vorstellung von den unterschiedlichen Theorieperspektiven, von den konkurrierenden Deutungen, von den in der Geschichte der Pädagogik bereits erprobten Ansätzen und Modellen zu haben und damit vermeintliche „Innovationen" richtig einordnen zu können, und um einen Argumentationsfundus für die Begründung des eigenen pädagogischen Handelns und für die Kritik pädagogisch fragwürdiger Anordnungen, Ansprüche und Abläufe zu haben. Wer diesen Horizont nicht hat, der ist vermutlich sehr viel mehr dazu geneigt, die Strukturen, Regelungen und Routinen, die er in einem pädagogischen Handlungsfeld vorfindet, einfach als selbstverständliche Gegebenheiten zu übernehmen und er ist sehr viel weniger in der Lage, diese vorgefundene Realität kritisch zu hinterfragen, an begründeten Maßstäben zu messen, und mit alternativen Möglichkeiten zu kontrastieren.

Ob freilich die Auseinandersetzung mit der erziehungswissenschaftlichen Theorievielfalt im Rahmen des Studiums schon ausreicht, „„...sich selbst, sein Gemüth, seinen Kopf und sein Herz, zum richtigen Aufnehmen, Auffassen, Empfinden und Beurtheilen" der Erscheinungen, die einen erwarten und der Problemlagen, in die man geraten wird, ausreichend vorzubereiten, steht noch dahin.

Offensichtlich geht es auch schon Herbart um mehr als um die bloße Fähigkeit, Theorien anzueignen. Es geht ihm nicht nur um den „Kopf", sondern ganz ausdrücklich auch um das „Herz" und das „Gemüth" und es geht ihm nicht primär um die Verfügung über bestimmte Wissensbestände und Kenntnisse, sondern um das richtige „Aufnehmen, Auffassen, Empfinden und Beurtheilen" in pädagogischen Handlungssituationen. Mithin steht seine Position, auch wenn er sich explizit auf die „Wissenschaft" als die entscheidende Vorbereitungsinstanz für den pädagogischen Takt beruft, der Fragestellung „Was muss man *wahrnehmen und verstehen,* um erziehen zu können?" wohl

letztlich näher als der Frage „Was muss man *wissen,* um erziehen zu können?"
Schon bei Herbart ging es im Zusammenhang mit dem pädagogischen Takt weniger um didaktische Probleme, um Formalstufen etc., sondern eher um Aspekte des Umgangs zwischen Lehrer und Zögling, um Fragen der Autorität, der Disziplin, des Gehorsams, der „Zucht". Natürlich kann man „pädagogischen Takt" auch in einem weiteren, alltagssprachlichen Sinn verstehen. Dort wird unter „Takt" in der Regel eine bestimmte Weise des zwischenmenschlichen Umgangs verstanden, die darum bemüht ist, den anderen vor unnötigen Härten und Enttäuschungen, vor seelischen Verletzungen und Kränkungen zu bewahren. In diesem Sinn schreibt Dieter Lenzen im Einleitungskapitel seines „Grundkurs Erziehungswissenschaft" unter der Überschrift: „Wozu braucht man Erziehungswissenschaft?": „Ein professioneller Pädagoge muß wissen, was geschieht, wenn er als Lehrer ein leistungsschwaches Kind lächerlich macht, wenn er ironisiert, wenn er ihm ein Etikett anheftet (,Was sagt denn unser Dummerchen dazu?'), wenn er Verhaltensmerkmale in einer Schülerakte notiert, die der nächste Lehrer liest und sich selbst zum Vorurteil gegen den Schüler macht" (Lenzen 1995, S. 16). Einerseits ist Lenzen Recht zu geben, dass ein professioneller Pädagoge wissen sollte, was durch solches Handeln geschieht und es deshalb tunlichst unterlassen sollte. Andererseits erscheint es etwas befremdlich, dass man angeblich erst die Erziehungswissenschaft braucht um darauf zu kommen, dass diese Verhaltensweisen des Lehrers offensichtlich problematisch sind. Auch ganz ohne Erziehungswissenschaft könnten gesunder Menschenverstand und Taktgefühl einem sagen, dass damit die Würde des Kindes verletzt und seine Leistungsfähigkeit sicherlich nicht gesteigert wird (vgl. Bittner 1996, S. 12). Dennoch kommen solche Verhaltensweisen in Schulen gar nicht allzu selten vor. Viele Menschen tragen ein Leben lang entsprechende bittere Erinnerungen aus ihrer Schulzeit mit sich herum und bisweilen sträuben sich einem als Vater von schulpflichtigen Kindern die Haare, wenn man aus entsprechenden Schilderungen mitbekommt, was sich in dieser Hinsicht auch heute noch manchmal an deutschen Schulen zuträgt.
In einer repräsentativen Umfrage hat Jürgen Zinnecker 10–18-jährigen Kindern und Jugendlichen unter anderem folgendes Item zur Bewertung vorgelegt: „Es gibt Lehrer(innen) bei uns, die einen vor der ganzen Klasse blamieren". Nahezu die Hälfte der Befragten hat dabei angegeben, dass diese Aussage zutreffend sei (25% „stimmt genau", 22% „stimmt eher", 29% „stimmt eher nicht" und 24% „stimmt nicht") (Zinnecker u.a. 2002, S. 149). Obwohl all die Lehrer und Lehrerinnen, die hierbei vor dem geistigen Auge der be-

fragten Schüler und Schülerinnen standen, ein wissenschaftliches Studium durchlaufen hatten, hat dies offensichtlich weder im engeren Herbartschen, noch im weiteren alltagssprachlichen Sinn zur Ausbildung eines „pädagogischen Taktes" geführt. Zu Bedenken geben sollte vielleicht auch, dass im alltagssprachlichen Gebrauch das Attribut „oberlehrerhaft" gerade nicht mit einem besonders ausgeprägten Maß an zwischenmenschlichem Takt assoziiert ist, sondern eher mit dem Gegenteil, nämlich mit der Neigung, andere ungefragt zu belehren, gar zu blamieren oder düpieren.

3.3 Emotionale Intelligenz

Während es sich beim „pädagogischen Takt" um einen altehrwürdigen, „einheimischen" pädagogischen Begriff handelt, ist der Begriff der „emotionalen Intelligenz" ein ausgesprochen junges Konzept mit einer erstaunlichen Karriere: Erst 1990 wurde dieses Konzept von Salovey und Mayer in die Diskussion eingeführt. Sie definierten die „emotionale Intelligenz" dabei als jenen Teilbereich der sozialen Intelligenz, der vor allem die Fähigkeit umfasst, eigene und fremde Emotionen aufmerksam und differenziert wahrzunehmen und diese Informationen bei den eigenen Überlegungen und Handlungen angemessen zu berücksichtigen. Populär gemacht wurde das Konzept dann jedoch erst durch Daniel Goleman, der mit seinem Buch „EQ – Emotionale Intelligenz", in dem er die Ergebnisse der jüngeren Emotionsforschung darstellt und sie auf ihre alltagspraktischen und pädagogischen Implikationen hin diskutiert, einen vielgelesenen Bestseller landete.
Golemans Buch enthält zwei verlockende Kernbotschaften. Einerseits kann er mit einer Vielzahl von Studien belegen, dass dem kompetenten Umgang mit eigenen und fremden Emotionen (und damit auch mit sozialen Situationen) eine erhebliche Relevanz für viele Aspekte des Schul- und Lebenserfolgs zukommt. Zum anderen versucht Goleman deutlich zu machen, dass jener Bereich der „emotionalen Intelligenz" nicht eine bloße Sache von Anlage und Temperament ist, sondern sehr wohl entwickelt und gefördert werden kann. Dabei stellt „emotionale Intelligenz" wiederum ein recht komplexes Konstrukt dar, das nach Goleman, aus folgenden fünf Dimensionen besteht:
- *Selbstbewusstheit, d.h. einer prinzipiellen Achtsamkeit auf die eigene Gefühlslage und eine differenzierte Wahrnehmungsfähigkeit bezüglich der eigenen Gefühle, die Fähigkeit Gefühlsambivalenzen zu erkennen und auszuhalten, sowie die Fähigkeit, die Wirkungen der eigenen Stimmungen und Gefühle auf andere angemessen einzuschätzen.*

- *Selbststeuerung, d.h. die Fähigkeit, überschießende spontane ärgerliche und jähzornige Impulse zu kontrollieren, sich nach Situationen heftiger emotionaler Erregung wieder zu beruhigen, sich nicht von ängstlichen, schwermütigen oder gereizten Stimmungen übermannen zu lassen.*
- *Selbstmotivation, d.h. die Fähigkeit, Gefühle des Eifers, der Zuversicht vielleicht gar der Begeisterung im Hinblick auf die Erreichung realistischer Ziele zu mobilisieren, die Fähigkeit, selbstgesteckte Ziele mit Ausdauer und Hingabe zu verfolgen, Enttäuschungen und Rückschläge auszuhalten und sich nicht von Gefühlen der Verzagtheit und Unentschlossenheit lähmen zu lassen.*
- *Empathie, d.h. die Fähigkeit, sich sensibel in andere Menschen einfühlen zu können, zu verstehen, wie die Welt, wie konkrete Situationen und Probleme aus ihrer Perspektive aussehen.*
- *Soziale Kompetenz, d.h. die Fähigkeit Beziehungen zu anderen Menschen aufzubauen und zu pflegen, Nähe und Distanz je nach Situation angemessen regulieren zu können, in Konflikten die eigenen berechtigten Ansprüche zu vertreten ohne die der anderen zu ignorieren, ein Gespür zu haben für die Dynamik sozialer Situationen und Prozesse (vgl. Goleman 1995, S. 65 f.).*

Im Kern geht es um die Achtsamkeit auf eigene und fremde Gefühle und um angemessene Einschätzung sozialer Situationen. Damit hat das Konzept eine gewisse Nähe zu dem der Intuition. Gleichzeitig ist es natürlich sehr viel umfassender und differenzierter. Es geht um eine entwickelte Sensibilität, um das Wahrnehmen und Verstehen dessen was sich im sozialen Raum, in Beziehungen und im eigenen Inneren abspielt. Während Intuition doch im Allgemeinen eher wie eine wundersame Begabung des ganzheitlichen Erfassens verborgener Realitäten erscheint, geht es bei der emotionalen Intelligenz um das Zusammenspiel einer Vielzahl von benennbaren Einzelkompetenzen im Umgang mit eigenen und fremden Gefühlen. Von daher ist es vielleicht berechtigt, „emotionale Intelligenz" als kultivierte, ausdifferenzierte, geschulte Intuition aufzufassen. Gleichzeitig liegt es auf der Hand, dass dieses Konzept auch in engem Zusammenhang mit der Fähigkeit zum zwischenmenschlichen – und damit letztlich wohl auch zum pädagogischen Takt steht. Vielleicht stellt es sogar eine wichtigere Voraussetzung dafür dar als die Kenntnis der erziehungswissenschaftlichen Theorietradition. Von einem Menschen mit ausgeprägter emotionalen Intelligenz, vor allem mit einer entwickelten Empathiefähigkeit, ist kaum denkbar, dass er sich so verhält, wie in den von Lenzen geschilderten Beispielen: dass er Schüler bewusst blamiert, lächerlich macht oder demütigt.

4. Möglichkeiten der Förderung von „emotionaler Intelligenz" und von „pädagogischem Takt"

Für Lehrer, die mit Kindern und Jugendlichen arbeiten, die ständig darauf angewiesen sind, in komplexen sozialen Situationen Stimmungen einzuschätzen und angemessene Entscheidungen zu treffen – Regeln durchzusetzen, Ausnahmen zu erlauben, Provokationen abzuwehren, Kompromisse auszuhandeln, Konflikte zu schlichten, zur Mitarbeit zu motivieren, zu ermahnen, zu trösten, zu ermutigen.... – ist die Verfügung über ein höheres Maß an „emotionaler Intelligenz" sicher bedeutsamer als etwa für Finanzbeamte oder Bibliothekare. Es macht bei ihnen, ähnlich wie bei Animateuren, Regisseuren, Moderatoren, Mediatoren, Therapeuten, Trainern u.a. durchaus einen Teil ihrer beruflichen Professionalität aus, eine sensible Wahrnehmung für eigene und fremde Gefühle und ein entwickeltes Verständnis für Beziehungsstörungen, Gruppenprozesse und Konfliktabläufe zu haben. Gleichzeitig ist offensichtlich, dass sich diese Kompetenzen nicht so ohne Weiteres vorlesungs- oder seminarmäßig vermitteln lassen wie die „Geschichte der Pädagogik" oder die „Theorien und Modelle der Didaktik". Und erst recht nicht können solche Fähigkeiten im Rahmen einer Klausur oder einer mündlichen Prüfung „abgefragt" werden. Man kann also – selbst wenn man die Sache selbst durchaus für wichtig hält – in Frage stellen, ob es überhaupt Aufgabe der Lehrerbildung an einer wissenschaftlichen Hochschule sein kann, sich diesem Bereich zuzuwenden. Jene geforderte Sensibilität und Empathie gehört sicherlich zu „den Kompetenzen, die gleichsam natürlich mitgegeben sind und sich dann ... noch weiter kultivieren und verfeinern lassen, nicht aber grundständig wie eine Fremdsprache oder die Kenntnisse der fraktalen Geometrie allererst zu erwerben sind" (Prange 1998, S. 43). Wenn man diesen Bereich jedoch grundsätzlich als einen Teilbereich der Aufgabe der Lehrerbildung akzeptiert, welche Möglichkeiten der „Kultivierung und Verfeinerung" bestehen dann im Rahmen eines Lehramtsstudiums?

Ich will abschließend eher unsystematisch einige Punkte aufzählen, die diesem Anliegen förderlich sein könnten:

Auch wenn eine „seminarmäßige", curriculare, lehrplanmäßige Vermittlung jener emotionalen Kompetenzen als unrealistisch eingeschätzt werden muss, so scheint es mir dennoch sinnvoll, Seminarangebote zum Thema „Bildung der Gefühle?" zu machen, um dort etwa das populäre Konzept der „emotionalen Intelligenz" kritisch zu betrachten, um die Ergebnisse der Emotionspsychologie über die Rolle einzelner Gefühle im menschlichen Seelenhaushalt und in der zwischenmenschlichen Interaktion kennen zu lernen, um die typischen Muster der affektbedingten Wahrnehmungsverzerrungen zu untersuchen und um die bestehenden pädagogischen Konzepte der Thematisierung von Konflikten und Gefühlen im schulischen Rahmen zu diskutieren. Nicht, dass ich glaube, dass jemand etwa durch die Lektüre von Golemans Buch tatsächlich „emotional intelligenter" würde, aber es ist doch sicher sinnvoll gewissermaßen den „rationalen Hintergrund" der Diskussion um die „emotionale Intelligenz" zu kennen und auf der Grundlage der vorliegenden Studien die Relevanz des Themas einschätzen zu können.

Gegenüber direkten curricularen Programmen zur Vermittlung von Empathie, Impulskontrolle, Umgang mit Ärger und Wut etc. – also gegenüber einer lehrplanmäßigen, systematischen „Bildung emotionaler Intelligenz" – an Schulen, wie dies etwa im Life-Science-Kurs (vgl. Goleman 1995, S. 328ff.), im Faustlos-Programm (vgl. Cierpka 2000, Schick/Cierpka 2003), im ALF-Training (Allgemeine Lebenskompetenzen und Fertigkeiten) (Kröger u.a. 1998), im Kurs „Fit for Life" (vgl. Jugert u.a. 2002) oder im Programm „Achtsamkeit und Anerkennung" der Bundeszentrale für gesundheitliche Aufklärung versucht wird (Kahlert u.a. 2002), habe ich schon früher skeptische Vorbehalte formuliert (vgl. Göppel 1999, 2003). Ebenso skeptisch bin ich auch gegenüber Fortbildungsangeboten für Lehrer, die durch enge strukturierte Vorgaben, durch einen Satz fester Regeln, durch handfeste Rituale, etc., das Handeln so leiten wollen, dass eine angemessene Berücksichtigung der Gefühle im pädagogischen Kontext und ein angemessener Umgang mit ihnen gewährleistet wird, die also in gewissem Sinne tatsächlich versuchen, diesen Bereich als „wissensbasierte Technologie" zu konzipieren. Ruth Cohns Konzept der „Themenzentrierten Interaktion" mit dem „Postulat, daß Störungen und leidenschaftliche Gefühle den Vorrang haben" und den diversen „Axiomen" und „Hilfsregeln" (Cohn 1975, S. 122) könnte man, wenn man es eng und wörtlich auslegt als solches auffassen. Aber auch das Konzept der „Lehrer-Schüler-Konferenz" von Gordon, mit seinen klaren Anweisungen, wie Konflikte im Klassenzimmer anzugehen und zu regeln sind, oder aber die „lösungsorientierten Konzepte", die unter dem optimistischen Motto einer „Logik des Gelingens" ein ganz bestimmtes Set von Fragen zur Konfliktklärung vorgeben (Spiess 1998), wären hier zu nennen. All diese Programme sind leicht in der Gefahr, dass sie zu schnell, zu direkt auf das Handeln, auf Lösungen zusteuern, dass demgegenüber aber die Dimension des genauen Wahrnehmens und Verstehens tendenziell übersprungen wird. Deshalb erscheinen mir auch im Hinblick auf die Ausbildung „emotionaler Intelligenz" und „pädagogischen Takts" im Rahmen des Studiums indirekte Zugänge, die mehr auf die Förderung entsprechender Sensibilität als auf die Vermittlung von Handlungsregeln abzielen, angemessener.

Da eigenes emotionales Erleben und Reagieren in sozialen Situationen immer auch mit der eigenen Lebensgeschichte zu tun hat, mit biographisch verwurzelten Idealen, Harmonietendenzen und Konfliktverleugnungsstrategien, mit Bedürfnissen nach Anerkennung und Bestätigung, mit individuellen Ängsten, Empfindlichkeiten und Kränkbarkeiten, scheinen mir biographisch-selbsterfahrungsorientierte Angebote, in denen etwa der eigenen pädagogischen Berufsmotivation noch einmal nachgespürt wird, in denen über die zentralen prägenden Einflüsse für das eigene Lehrerbild nachgedacht wird und in denen die inneren Bildern und Phantasien über das künftige Lehrersein bewusst gemacht werden, durchaus sinnvoll. Zugleich kann eine bewusste Erinnerung an Befürchtungen, Schamgefühle, Enttäuschungen, die man selbst als Schüler in bestimmten schulischen Situationen empfunden hat, vielleicht auch dazu führen, entsprechende Situationen später anders zu handhaben. Die Erinnerung an die Gefühle, die man selbst als Schüler dort und damals erlebte also gewissermaßen als Medium der Einfühlung in die Lage der Schüler, die einem später als Lehrer gegenüberstehen werden (vgl. Gudjons u.a. 1986, Homfeld u.a. 1983, Datler 2006).

Als Medium der Einfühlung geeignet sind natürlich auch autobiographische Texte, in denen Schriftsteller über ihre Erfahrungen, ihre Freuden und Leiden an und mit der Schule reflektieren. Von daher haben Baacke und Schulze ihr Buch „Aus Geschichten lernen", mit dem sie die pädagogische Biographieforschung hierzulande maßgeblich angeschoben haben, zu Recht mit dem Untertitel „Zur Einübung pädagogischen Verstehens" versehen. Wer Hesses „Unterm Rad" und vielleicht dazu noch die entsprechende Korrespondenz Hesses aus der Maulbronner Zeit (vgl. Hesse 1984) gelesen hat, wird Schüler, die sich redlich bemühen und doch offensichtlich von den Ansprüchen der Schule überfordert sind, anders betrachten. Wer Thomas Bernhards „Ein Kind" gelesen hat, hat eine Vorstellung davon, was „Schulangst" bedeuten kann und in welch abgrundtiefe Verzweiflung ein Kind durch sein schulisches Versagen und die Ausgrenzung durch die Mitschüler geraten kann. Wer Fritz Mertens „Ich wollte Liebe und lernte hassen!" gelesen hat, wird bestimmte Verdachtsmomente, die dafür sprechen, dass ein Schüler seiner Klasse zu Hause misshandelt und als billige Arbeitskraft ausgebeutet wird, vermutlich sehr Ernst nehmen. Wer Benjamin Leberts „Crazy" gelesen hat, wird vielleicht ein wenig mehr Verständnis dafür haben, was pubertierende Jungen umtreibt und warum sie häufig eine so große Distanz zur Institution Schule haben.

Neben der autobiographischen Literatur, in der vielfältige Beispiele problematischer Schulerfahrungen aus der Sicht der betroffenen Subjekte zu finden sind, sind natürlich auch jene Texte hier bedeutsam, in welchen engagierte Pädagogen in subtiler Weise, ihre Erfahrungen und ihre Verstehensbemühungen im Zusammenhang mit den Begegnungen, den Auseinandersetzungen, den Kämpfen mit einzelnen Problemschülern festgehalten haben. Also der ganze Bereich der kasuistischen pädagogischen Literatur. Hier ist etwa zu denken an Bücher wie Jörg Jegges „Dummheit ist lernbar – Erfahrungen mit ‚Schulversagern'" (Jegge 1976), Wolfgang Neidhardts „Lehrer, Kinder und Konflikte" (Neidhardt 1977), Evelyn Heinemanns Berichte über „Gewalttätige Kinder", die sie als Sonderschullehrerin unterrichtet hat (Heinemann 1992), Karl Gebauers eindringliche Fallschilderungen aus dem Grundschulbereich, die er in seinem Buch „Ich hab' sie ja nur leicht gewürgt..." (Gebauer 1996) festgehalten hat, Heiner Hirblingers differenzierte Beschreibung der Entwicklungsprozesse in einer Gymnasialklasse (Hirblinger 1992), oder aber an Hartmut von Hentigs Schilderung über den prekären Entwicklungsweg seines Patenkindes Nikolaus (v. Hentig 1996), an die von Christoph Ertle und Andreas Möckel zusammengetragenen „Fälle und Unfälle der Erziehung (Ertle/Möckel 1981) oder an die von Gotthilf Hiller und Werner Nestle gesammelten pädagogischen Reflexionen über „Ausgehaltenen Enttäuschungen" (Hiller/Nestle 1997). In all diesen Texten werden auf eindringliche Weise Einzelschicksale vor Augen gestellt, Verstehenszugänge gesucht und Deutungen angeboten. Häufig ist es in jenen Berichten so, dass gerade die bewusste Achtsamkeit auf die gefühlsmäßigen Reaktionen, die bestimmte Verhaltensweisen der Kinder bei den beteiligen Pädagogen auslösten, entscheidende Hinweise für förderliche pädagogische Impulse lieferte.

Bei den oben genannten Punkten ging es stets um die Auseinandersetzung mit schriftlich fixierten Erziehungsgeschichten, mit Texten, die der Einübung in eine sensiblere Problemwahrnehmung und in pädagogisches Verstehen dienen können. Noch herausfordernder und lernintensiver sind sicherlich jene Konzepte, in denen Studierenden im Rahmen der pädagogischen Ausbildung direkte Kontakte mit Kindern und Jugendlichen in problematischen Lebenslagen herstellen und versuchen, hier über einen längeren Zeitraum begleitend, beobachtend, verstehend und unterstützend tätig zu sein und wo dieses Tätigsein wiederum eingebunden ist in einen Reflexions- und Supervisionsprozess im Rahmen der Hochschule. Hier erleben und durchdenken die Studierenden gewissermaßen ihre eigenen Fallgeschichten. Sehr differenziert hat in diesem Sinne Arianne Garlichs unter dem bezeichnenden Titel „Schüler verstehen

lernen" das Kasseler Schülerhilfeprojekt", das im Rahmen einer reformorientierten Lehrerausbildung steht, dargestellt (Garlichs 2000).
Gotthilf Hiller hat in Reutlingen ein Projekt der „Alltagsbegleitung" für Kinder und Jugendliche durch Studierende initiiert, bei dem es darum geht, „sich kontinuierlich und auf lange Sicht mit Gelassenheit, Geistesgegenwart und Kompetenz, also einfallsreich und humorvoll-flexibel auf Kinder, Jugendliche und junge Erwachsene ein(zu)lassen, die in Schwierigkeiten stecken, sie ertragen und aushalten, ihnen Chancen zuspielen und ihnen die Gewißheit vermitteln, daß sie auf uns zählen können, komme was da wolle" (Hiller 1999, S. 252). Ausdrücklich betont Hiller, dass es sich dabei um „Arbeitsbündnisse" handle, bei denen auch die Studierenden profitieren, weil die meist aus wohlbehüteten, wohlintegrierten, gutbürgerlichen Kreisen stammenden Sonderpädagogikstudenten dadurch mit den realen Lebensbedingungen und Problemen jenes Milieus vertraut gemacht würden, aus denen ein großer Teil der künftigen Schülerschaft stammt: „Es spricht vieles dafür, dass auch solche Leute Alltagsbegleitung dringend nötig haben... Und wer könnte diese wohlintegrierten Persönlichkeiten besser fördern als benachteiligte Kinder und Jugendliche?" (ebd., S. 257).
Weniger um direkte Hilfestellungen, dafür aber um sehr subtile Beobachtungen und sehr intensive Reflexionen dieser Beobachtungen geht es in den Projekten, die Wilfried Datler in Wien in Anlehnung an die Tavistock-Methode der Säuglingsbeobachtung für unterschiedliche pädagogische Felder entwickelt hat. Der Fokus ist hierbei auf die Mikrointeraktionsprozesse zwischen den Kindern und ihren Bezugspersonen gerichtet, aber auch hier geht es im Kern darum, die genaue Wahrnehmung und das einfühlsame Verstehen dessen, was sich in Beziehungen zwischen Erwachsenen und Kindern abspielt, einzuüben. Datler hat wiederholt an entsprechenden Beobachtungsprotokollen aufgezeigt, welch interessante Aspekte sich bei dieser Art von mikroskopischem Blick auf zunächst ganz unscheinbar wirkende pädagogische Interaktionssequenzen auftun können. Der Titel eines jüngst erschienen Beitrags macht unmittelbar deutlich, wie sehr in Datlers Konzept pädagogische Professionalität mit entwickelter Sensibilität für emotionale Prozesse verknüpft ist: „Erleben, Beschreiben und Verstehen: Vom Nachdenken über Gefühle im Dienst der Entfaltung von pädagogischer Professionalität (vgl. Datler 2003).
Natürlich sind nicht nur im Rahmen der Ausbildung an der Hochschule solche Übungen des genauen Wahrnehmens, Nachspürens und Nachdenkens im Hinblick auf gemachte Praxiserfahrungen förderlich für die Kultivierung und Verfeinerung des empathischen Verstehens und des pädagogischen Takts, sondern auch während des ganzen späteren pädagogischen Berufslebens.

Denn es handelt sich dabei ja nicht wie beim Parallelschwung oder beim Autofahren um eine Kunst, die irgendwann definitiv beherrscht und dann mühelos und selbstverständlich vollzogen wird. Dass eine solche geleitete reflexive Bearbeitung von Problemen, Spannungen und Konflikten des schulischen Alltags nicht nur der pädagogischen Atmosphäre und der institutionellen Konfliktkultur, sondern auch der Psychohygiene und damit der gesundheitlichen Befindlichkeit der einzelnen Lehrer und Lehrerinnen zugute kommt, ist inzwischen vielfach belegt. In diesem Sinn fasst Schmitz einen Bericht über eine von ihr durchgeführte Untersuchung unter der plakativen Überschrift „Emotionale Kompetenz verhindert Burnout" zusammen (Schmitz 2002, S. 214).

5. Wer kann Erzieher werden?

In der obigen Liste von Möglichkeiten zur Förderung von emotionaler Intelligenz und pädagogischem Takt hätte auch einfach noch der schlichte Punkt „Korczak lesen" aufgenommen werden können. Von wohl keinem anderen pädagogischen Klassiker sind so genaue Wahrnehmungen dessen, wie Kinder denken, fühlen und erleben überliefert, so subtile Schilderungen dessen, was sich in der pädagogischen Beziehung zwischen dem Pädagogen und einzelnen Kindern zuträgt. Gleichzeitig enthalten nur wenige andere pädagogische Texte so viel Respekt vor den Gefühlen der Kinder und so viel Nachdenklichkeit über die Angemessenheit bzw. Unzulänglichkeit des eigenen pädagogischen Handelns. Auch den eigenen Erfahrungen des Misslingens hat sich Korczak in besonders offener Weise gestellt. So lautet etwa das Motto, das dem Kapitel über die Sommerkolonien in seinem Buch „Wie man ein Kind lieben soll", vorangestellt ist: „Sage lieber, welche Hoffnungen du selbst hegtest, welchen Täuschungen du erlagst, auf welche Schwierigkeiten du gestoßen bist, wie sehr du gelitten hast, als du der harten Wirklichkeit begegnetest, welche Fehler du begingst, und, als du sie korrigiertest, wie du dich gezwungen sahst, von geheiligten Grundsätzen abzugehen, auf welche Kompromisse du eingegangen bist" (Korczak 1992, S. 234). Dies wäre durchaus auch heute noch ein schönes Motto für ein pädagogisches Fallbesprechungsseminar! Von Korczak gibt es eine kleine Geschichte mit dem Titel „Wer kann Erzieher werden?". Sie ist zu Recht in den Band „Einführung in pädagogisches Sehen und Denken" von Flitner und Scheuerl aufgenommen worden (Flitner/Scheuerl 2000). In dieser Geschichte geht es um den kleinen Skrulik und seine Familie und es geht um das Problem der Empathie: Der kleine

Skrulik weint, weil er sich vor einem Geist im dunklen Gang fürchtet. Die anderen lachen ihn aus weil sie wissen, dass es dort keinen Geist gibt. Die Schwester kommt von der Schule heim und weint, weil sie von den Klassenkameradinnen enttäuscht wurde, die anderen nehmen ihr Problem nicht ernst. Der große Bruder kommt heim und weint, weil er von einem Mädchen versetzt wurde, die anderen in der Familie mokieren sich über seine pubertären Gefühlswallungen. Die Mutter beklagt sich und weint, weil sie nur ein schäbiges Kleid hat und sich für eine Feier nicht so festlich kleiden kann wie sie gerne wollte. Die anderen erklären sie für eitel. Der Vater weint, weil er mit dem Bus zur Arbeit fahren muss und es nicht zu einem eigenen Auto reicht. Der Großvater wendet ein, dass er selbst stets zu Fuß zur Arbeit gegangen sei. Schließlich fällt dem Großvater im Rollstuhl die Brille zu Boden und da weint auch er, weil er nun nicht weiter lesen kann und für Stunden untätig sitzen muss. Die Geschichte endet mit einem Satz, der in komprimierter Weise die Quintessenz des Problems der emotionalen Intelligenz und des pädagogischen Taktes zusammenfasst und der deshalb nun auch am Ende dieses Kapitels stehen soll: „Alle Tränen sind salzig. Wer das begreift, kann Erzieher sein, wer das nicht begreift, kann nicht Erzieher sein" (ebd. S. 19f.).

KAPITEL 3
Wenn die Wut „hochkocht"... – (wie) kann man emotional aufgeladene Konflikte in der Schule „professionell handeln"?

> *„Ich wurde manchmal derart zornig, daß ich die Kinder mit den Köpfen hätte zusammenstoßen können. Ich tat es nicht, aber diese Gedanken allein dürfte wohl ein Lehrer nicht haben."*
>
> ein angehender Lehrer

1. Worum geht es?

Jeder, der Lehrer oder Lehrerin ist, ja, jeder, der Schüler oder Schülerin ist oder war, weiß, dass in der Schule keineswegs immer eine ruhige, sachliche, harmonische Arbeitsatmosphäre herrscht, sondern dass es dort bisweilen zu heftigen, emotional aufgeladenen Szenen und Konflikten kommt. Sei es, dass Lehrern angesichts des Desinteresses der Schüler und des dauernden Schwätzens „der Kragen platzt" und sie der Klasse eine erzürnte „Standpauke" halten, sei es, dass sie angesichts der gezielten Störmanöver und Provokationen einzelner Schüler entnervt und dem Heulen nahe das Klassenzimmer verlassen und die Türe hinter sich zuwerfen. Sei es, dass Schüler, die sich ungerecht benotet oder behandelt fühlen, „ausrasten" und ihre Enttäuschung lautstark schimpfend, fluchend, beleidigend hinausschreien, sei es, dass ganze Klassen sich in ihrer Entrüstung über bestimmte Ungerechtigkeiten und Zumutungen solidarisieren und ihrer Empörung durch kollektive Verweigerung oder subversive Aktionen Ausdruck verleihen.

Meist aber halten im Klassenzimmer selbst noch die Dämme und die jeweiligen Erwartungen an ein „angemessenes" Rollenverhalten als Lehrer oder Schüler werden halbwegs eingehalten, obwohl es „unter der Decke" heftig brodelt und die Empörung und Verbitterung verschafft sich dann erst nachträglich im Lehrerzimmer unter Kollegen oder auf dem Pausehof, in der Schülerclique, Luft.

Dass es gerade in der deutschen Schulkultur einen besonders ausgeprägten Antagonismus zwischen Schülern und Lehrern gibt, dass sich hier nicht selten wechselseitige Entwertungstendenzen aufschaukeln und ausgeprägte „Kampfverhältnisse" entwickeln, hat Helmut Fend bei seinen vergleichenden Studien festgestellt (vgl. auch Czerwenka u.a. 1988, Helsper/Böhme 2002): „Das Lehrer-Schüler-Verhältnis scheint auf einem mehr oder weniger expliziten Kampfniveau stabilisiert. Möglichst verdeckter und erfolgreicher Widerstand, ja verletzender Umgang der Schüler mit den Lehrern, bringen den ersteren Klassenprestige. Dieses Kampfverhältnis ist aber durchaus ein gegenseitiges. Es ist von Abwehr, ja von gegenseitigen Verletzungen gekennzeichnet. Die Abiturzeitungen legen Jahr für Jahr dafür ein beredtes Zeugnis ab" (Fend 2004, S. 341).

So wie die Schüler die Schule und die Lehrer nicht selten als „Zumutung" erleben, erleben auch die Lehrer ihrerseits die Schüler bisweilen als bedrohlich und belastend. In der großen Studie von Schaarschmidt zu den psychischen Belastungen im Lehrerberuf rangiert von 22 potentiell belastenden Arbeitsbedingungen, die zu bewerten waren, der Faktor „Verhalten schwieriger Schüler" mit Abstand auf dem ersten Platz (vgl. Schaarschmidt 2005).

2. Wie kommt die Problematik in der aktuellen Diskussion über die Bildungsstandards in der Lehrerbildung vor?

Fends Hinweis auf diese Problematik ist aber in der Schulpädagogik eher eine Ausnahme. Jene emotional aufgeladenen Szenen, Kämpfe und Dramen, die in zugespitzter Form in Theaterstücken (Frühlings Erwachen, Klamms Krieg, der Klassenfeind u.a.) und Filmen zum Thema Schule (Dangerous Minds, Der Club der toten Dichter, Ghettokids, Nie mehr 13, Wild Angel, Verlorene Kinder, Svens Geheimnis, Klassenfahrt, Schule des Lebens u.a.) im Mittelpunkt stehen, die den Kern der Schulerinnerungen in autobiographischen Texten ausmachen (Bernhard 1985, Lebert 2000 u.a.), die auch eine herausgehobene Rolle in Lehrertagebüchern einnehmen (Klink 1974, Pauly 1994), kommen in der offiziellen akademischen „Schulpädagogik" und auch in der neueren Diskussion über die pädagogische Professionalität und die Standards der Lehrerbildung kaum vor.

In den von der KMK verabschiedeten „Standards für die Lehrerbildung: Bildungswissenschaften" heißt es unter „Kompetenz 6" eher lapidar: „Lehrerinnen und Lehrer finden Lösungsansätze für Schwierigkeiten und Konflikte in Schule und Unterricht" und in den näheren Erläuterungen dieser Kompetenz kann man dann lesen: „Die Absolventinnen und Absolventen erarbeiten mit den Schülerinnen und Schülern Regeln des Umgangs miteinander und setzen sie um", sie „wenden im konkreten Fall Strategien der Konfliktprävention und -lösung an". Als ob dies so einfach zu leisten wäre! – Das ist überhaupt das Irritierende an den Formulierungen der „Standards", die neuerdings so groß in Mode sind, dass hier so getan wird, als ließen sich all diese höchst wünschenswerten und zugleich höchst anspruchsvollen Dinge, die dort aufgelistet sind, einfach konstatieren oder per KMK-Beschluss dekretieren!

3. Wie kommt die Problematik in der Schulrealität vor? – Beispiele aus einem Lehrertagebuch

Wie schwierig und mühsam diese Aufgabe ist, kann man etwa in dem Lehrertagebuch von Job-Günther Klink nachlesen. Dabei ist Klinks (noch immer) höchst lesenswerter (leider aber im Buchhandel heute nicht mehr erhältlicher) Text noch zu einer Zeit verfasst, als die Schulwelt angeblich noch in Ordnung war, nämlich im Jahr 1974. Klink war als Professor für Pädagogik für ein Jahr als Lehrer in die Schule zurückgegangen mit dem Vorsatz zu prüfen, inwieweit es ihm möglich ist, die Konzepte und Ansprüche, die er im Rahmen der Lehrerausbildung zu vermitteln versuchte, auch selbst in der Praxis umzusetzen. Entsprechend hat er für ein Jahr die Klassenführung der Hauptschulklasse H7/e mit allen Rechten und Pflichten übernommen und seine subtilen Beobachtungen und seine kritischen Reflexionen über die dort gemachten Erfahrungen aufgezeichnet.

Klink ist ein Lehrer mit Anspruch. Diesen formuliert er an einer Stelle folgendermaßen: „Es muß doch gelingen, den Schülern überzeugend einsehbar zu machen, daß Schule auch interessant sein kann, nicht langweilig sein muß; daß Schule etwas ist, das einem wichtig sein kann. Offensichtlich haben meine Schüler das bisher noch nicht, oder noch nicht glaubwürdig und intensiv genug erfahren" (Klink 1974, S. 59). Als zentrale und durchgängige Schwierigkeit stellte sich für Klink bald das Problem heraus, der dauernden Unruhe und Unaufmerksamkeit in der Klasse Herr zu werden. Aufgrund seines Anspruchs kränkt ihn dies verständlicherweise. Zumal er weiterhin den Anspruch hat, Ruhe und Ordnung auf Einsicht und Interesse bei den Schülern zu gründen und nicht einfach mit autoritären Maßnahmen durchzusetzen. Die emotionalen Turbulenzen, die in diesem Ringen um einen angemessenen Rahmen für geordneten Unterricht entstanden, beschreibt er u.a. folgendermaßen:

„Währenddessen ist die Unruhe wieder so angeschwollen, daß die Beiträge der einzelnen nicht mehr zu verstehen sind. Ich fordere laut und scharf Ruhe. Augenblicklich tritt Ruhe ein. Zornig: ‚Könnt ihr denn erst dann so ruhig sein, daß wir uns gegenseitig verstehen, wenn ich laut werde? Dann würdet ihr aus mir einen Brüller machen. Ich finde das nicht richtig, daß die Klasse erst ruhig ist, wenn sie vom Lehrer angeschrieen wird.'
In der Klasse Stille. Benno, er war mir in der letzten Woche noch nicht aufgefallen, macht zum Nachbarn irgendeine Bemerkung; ich kann nicht verstehen, was er sagt. Ich fordere ihn auf, zu mir nach vorn zu kommen.
„Eisiges Schweigen in der Klasse. Aus den Augen einiger Jungen funkelt mir Neugier entgegen. ‚Was wird er jetzt machen'? Rainer flüstert: ‚Jetzt knallt's!' Ich halte Benno an den Schultern: ‚Warum soll es jetzt knallen! Ich halte es für gemein, wenn Lehrer Schüler schlagen. Die können sich ja nicht wehren. Ich halte es aber auch für schäbig, wenn Schüler das ausnutzen und meinen, dem Lehrer auf der Nase herumtanzen zu können.'
Benno geht auf seinen Platz zurück. Wir arbeiten sofort weiter, ohne den Zwischenfall zu besprechen.
Ich hatte den Eindruck, daß die Klasse während der folgenden eineinhalb Stunden ruhiger war" (Klink, 1974, S. 22).

An der Textpassage merkt man, dass der Text schon etwas älter ist. Kein Lehrer könnte es sich heute als Verdienst zuschreiben, dass er Schüler nicht schlägt, weil er dies für gemein halte und im Gegenzug dafür Wohlverhalten von den Schülern einfordern. Heute weiß jeder Lehrer natürlich, dass sich Schüler sehr wohl gegen schlagende Lehrer wehren können, ja, dass ein Lehrer sich größte Probleme einhandelt, wenn er in der affektiven Erregung die Kontrolle verliert und ihm „die Hand ausrutscht". Dennoch kann man dem Lehrer Anerkennung dafür zollen, dass er Benno fair behandelt und es eher mit moralischen Appellen an die Klasse versucht und mit dem Werben um Einsicht in die Regeln eines vernünftigen Zusammenlebens. Auch heute noch gibt es durchaus Lehrer, bei denen es in einer entsprechenden Situation dann eben doch „knallt". Nicht im Sinn von körperlichen Tätlichkeiten, aber doch in dem Sinn, dass derjenige Schüler, der in einer solch aufgeladenen Situation mit seiner unpassenden Bemerkung das „Fass zum überlaufen bringt", dann den geballten verbalen Zornausbruch des gereizten Lehrers auf sich zieht.
In einer anderen Passage wird jedoch deutlich, wie groß in entsprechenden Situationen die emotionale Anspannung auch bei dem engagierten, toleran-

ten, „kinderfreundlichen", reformorientierten, von Emanzipations- und Demokratisierungsidealen durchdrungenen Lehrer Job-Günther Klink ist:

„Ich hatte den Schulleiter, Herrn P., zu mir in die Klasse gebeten. Er hatte mich vor den Ferien einen Tag vertreten. Die Schüler wären damals bei ihm ruhig gewesen.
In Gegenwart von Herrn P. bitte ich die Klasse, sie solle sich so verhalten, als wäre er nicht im Raum. Niko: ‚Dann bestraft uns der P.' Alfred: ‚Letztes Mal als Herr P. drin war, da haben wir uns verstellt. Eigentlich will kein Lehrer in unsere Klasse rein.'
Die Stunde in Gegenwart von Herrn P. verläuft ohne Störungen. Nachdem er den Raum verlassen hat, wird die Klasse ungewöhnlich laut. Ich fahre sie an: ‚Ich finde es schäbig, ruhig zu sein, wenn der Schulleiter da ist und Krach zu machen, wenn ihr meint, daß nun nichts mehr passieren kann. Es ist doch beschämend, daß ihr nur auf Strafandrohungen hin ruhig mitarbeitet. Kollegen raten mir, ich müßte bei euch härter durchgreifen. Ihr selbst liefert mir den Beweis, daß diese Kollegen vielleicht nicht Unrecht haben.'
Erika: ‚Warum geben Sie keine Strafarbeiten auf, Herr Klink? Daß Sie uns nicht schlagen, das begreife ich ja, aber Strafarbeiten? Merken Sie denn nicht, daß wir Sie manchmal geradezu reizen, damit Sie uns bestrafen?'
Elisabeth: ‚Unsere Klasse ist ohne Strafen nicht ruhig zu bekommen. Herrn G. haben wir im letzten Jahr auch geschafft. ...'
Ich mache bewusst, daß sich die Klasse während der letzten Wochen in ihrer Arbeitshaltung schon verändert habe: ‚Der letzte Donnerstag zum Beispiel ist doch so gewesen, dass wir intensiv arbeiten konnten. Im übrigen versuche ich, mich durch euch nicht reizen zu lassen.'
Alfred, tröstend, halblaut, fast vertraulich: ‚Na, das fällt ihnen aber oft schwer. Ihre Finger knacksen manchmal richtig, wenn Sie sauer sind und die Hände auf dem Rücken haben" (ebd., S. 63).

Man sieht an diesem Beispiel, wie genau die Schüler die emotionale Befindlichkeit des Lehrers, sein Ringen um Beherrschung wahrnehmen. Wie genau sie auch das Dilemma erkennen, in dem der Lehrer steckt, dem es einerseits sehr wichtig ist, in einer ruhigen und konzentrierten Atmosphäre unterrichten zu können, der andererseits aber aus prinzipiellen Gründen nicht bereit ist, die entsprechende Disziplin mit autoritären Methoden durchzusetzen. Aber natürlich kann es dem Hochschullehrer, der das Experiment wagt an die Schule zurück zu gehen, um dort die Realisierbarkeit seiner Vorstellungen zu erproben, nicht gleichgültig sein, wie gut dies gelingt. Natürlich weiß er, dass er mit seinem Experiment auch unter einer erhöhten kritischen Aufmerksamkeit der Kollegen steht:

„Die Tüchtigkeit eines Lehrers scheint daran bemessen zu werden, welchen Erfolg er dabei hat, Ruhe in der Klasse zu schaffen und zu halten. Unruhe in der Klasse zeigt, für jedermann durch die geschlossene Klassentür leicht feststellbar, Mißerfolg und Versagen an. Der Erfolg wird dabei nicht bemessen, an den Mitteln, die der Lehrer einsetzt, um Ruhe herzustellen und nicht an der Art der Ruhe bzw. Unruhe – nur an ihrer Größe." (ebd., S. 66).

Während seiner Tätigkeit an der Schule hat Klink auch Lehramtsstudierende der Universität Bremen als Mentor betreut, die nicht selten während ihrer Unterrichtsversuche noch mehr in Bedrängnis gerieten. Aus seinen eigenen Erfahrungen und aus den Erfahrungen in den Gesprächen mit diesen Praktikanten zieht er ein doppeltes Fazit. Zum einen: Die an der Hochschule traktierte Theorie ist den Praktikanten im Moment der konkreten Herausforderung vor der Klasse, des unmittelbaren Handlungszwangs, meist wenig hilfreich. Zweitens:

„Die Lehrerausbildung vernachlässigt die Analyse der ‚Berufsemotionalität' des Lehrers. ‚Ich hatte mir vor dem Praktikum kaum vorstellen können, wie ich im Unterricht über Störungen erregt sein könnte. Jetzt habe ich es erfahren.' ‚Ich weiß, daß die Schüler mich nicht reizen wollten. Trotzdem nahm ich das Schwatzen persönlich. Ich bekam einen roten Kopf, weil ich dachte: Die schwatzen, weil Du so langweilig unterrichtest!' ‚Ich habe mir mit der Vorbereitung große Mühe gegeben. Nach einiger Zeit lief die Stunde anders als geplant, die Schüler arbeiteten nicht mit. Lohnt es sich überhaupt, daß ich mich zeitaufwendig vorbereite?' ‚Ich wurde manchmal derart zornig, daß ich die Kinder mit den Köpfen hätte zusammenstoßen können. Ich tat es nicht, aber diese Gedanken allein dürfte wohl ein Lehrer nicht haben.', In der Pause jibberte ich manchmal so nach einer Zigarette, dass mir alles egal war – bloß schnell raus. Fertig" (ebd., S. 105).

Nicht nur mit den selbst erlebten Kränkungen, Enttäuschungen, Wut- und Rachegefühlen müssen Lehrkräfte im Sinne einer solchen „Analyse (und Bearbeitung) der Berufsemotionalität" konstruktiv und kontrolliert umzugehen lernen. Auch zwischen den Schülern spielen sich nicht selten emotional brisante Szenen ab, die der Lehrer angemessen wahrnehmen und deuten können muss und die bisweilen eine einfühlsame und doch klare Intervention erforderlich machen. Auch dazu noch ein Beispiel für eine solche Zuspitzung:

„Zusammenstoß zwischen Benno und Egon. Wir sprechen über die Einführung der Schulpflicht in Preußen: Soll, darf der Staat Menschen zur Bildung zwingen. Die Meinungen prallen hart aufeinander. Egon, links hinten in der Ecke, redet ständig dazwischen.
Plötzlich brüllt Benno durch die Klasse: ‚Halt die Schnauze. Merkst Du nicht, daß du störst.' Egon lächelt und redet weiter. Ich schicke ihn hinaus. Er könne auf den Schulhof gehen und sich dort aufhalten, bis wir fertig seien. Egon: ‚Bitte Herr Klink, jetzt ist es gerade so interessant, ich möchte bleiben.' Alfred raunzt ihn an: ‚Dann halte aber auch die Klappe.' Minuten später: Egon redet über zwei Tische hinweg auf Ute ein.
Benno steht auf, ganz langsam, blaß, schiebt sorgfältig seinen Stuhl unter den Tisch und geht steif wie ein Stock durch den Raum auf Egon zu. Eisiges Schweigen.
Ich leise: ‚Benno' – Er geht weiter. ‚Benno geh zurück auf Deinen Platz.'
Benno biegt ab, seine Spannung löst sich, er geht an meinem Tisch vorbei auf seinen Platz und schimpft laut: ‚Dem hätte ich die Fresse eingeschlagen.' Ich gebe Egon ein Zeichen, den Raum zu verlassen, er geht sofort" (ebd., S. 108f.).

Die Szene hatte ein nicht unerhebliches Bedrohungspotential. Der Lehrer, ja, die ganze Klasse registriert, dass in Benno etwas Gefährliches vorgeht, dass er sich in einem merkwürdigen Ausnahmezustand befindet. Benno selbst sagt im nachträglichen Gespräch über die Szene: *„Ich weiß nicht, was ich gemacht hätte, wenn Sie mich nicht zurückgerufen hätten."* Offensichtlich bestand inzwischen eine hohe Identifikation Bennos mit den Disziplinforderungen seines Lehrers, die ihn dazu brachte, durch Egons hartnäckige Ignoranz dieser Forderungen so in Rage zu geraten. Natürlich hat die Szene auch eine gewisse Strukturähnlichkeit mit der eingangs geschilderten Szene, wo Benno der Störenfried ist und in einer zugespitzten Situation nach vorn zum Lehrer zitiert wird. Benno selbst verweist auf den Zusammenhang: *„Er sagt, in dieser Sekunde sei ihm durch den Kopf geschossen, wie er damals im Herbst ... vor mir gestanden hätte, ganz dicht gehalten durch meine Hände auf seinen Schultern, er mir nicht ausweichen konnte – und ich ihm nichts getan hätte."* (ebd.).

4. Was macht das Spezifische der emotionalen Herausforderung im Zusammenhang mit der Lehrerprofessionalität aus?

Üblicherweise wird unter „professionellem Handeln" ein abgeklärtes, cooles, unaufgeregtes, sachliches Handeln verstanden, das nicht von starken Affekten, sondern von nüchternen Überlegungen, kompetentem Wissen darüber, was in der konkreten Situation zu tun ist, geprägt ist. Um es an den Musterbeispielen „professionalisierter Berufe" – Ärzten, Juristen, Therapeuten – zu konkretisieren: Ein Notfallarzt, der am Unfallort angesichts der Verletzten in Panik gerät, handelt ebenso wenig professionell wie ein Anwalt, der angesichts der Verbrechen des Angeklagten vor Wut zu schäumen beginnt oder wie eine Therapeutin, die angesichts der Schicksalsschläge ihrer Klientin in Tränen ausbricht.

Auch wenn in der pädagogischen Tradition im Zusammenhang mit dem „pädagogischen Bezug" an entscheidender Stelle von einem „leidenschaftlichen Verhältnis" die Rede ist (Nohl 1988[10], S. 169), wird man auch vom professionellen Pädagogen heute eher eine zwar engagierte, aber dennoch Nüchternheit und Sachlichkeit wahrende Haltung fordern. Jedoch sind die emotionalen Herausforderungen, diese Haltung zu bewahren bei den Pädagogen anders gelagert, als bei den Ärzten, Anwälten oder Therapeuten. Zwar sind die Szenarien, in denen sie sachlich und kompetent handeln sollen, weniger dramatisch und bedrohlich als die des Notfallarztes am Unfallort, zwar sind die „Vergehen", die im Klassenzimmer zur Diskussion stehen, weniger gravierend als diejenigen, die im Gerichtssaal zur Verhandlung anstehen, zwar sind die Offenbarungen eigener Lebensgeschichten und Lebensprobleme und die Aufforderung zur entsprechenden Anteilnahme im Klassenraum seltener und zurückhaltender als im therapeutischen Setting, ... dafür gibt es eine andere Herausforderung: Weder der Chirurg, noch der Staatsanwalt, noch die Therapeutin haben sich in der Regel damit auseinander zu setzen, dass ihre „Klienten" durch Provokationen und subversive Störaktionen den Sinn des Geschäfts, für das sie zuständig sind, hintertreiben. Ärzte, Anwälte und Therapeuten haben in der Regel keine „Disziplinprobleme". Ihre professionelle Tätigkeit wird in der Regel von ihren Klienten als hilfreiche Unterstützung bei Lebensproblemen, mit denen diese alleine nicht mehr zurechtkommen, erlebt. Schüler erleben Lehrer jedoch häufig nicht als freundlich zugewandte „Lernhelfer" und Lehrer erleben eher selten, dass Schüler ihnen für die geistigen „Gaben", die sie zu geben haben, Dankbarkeit erweisen. Schüler und Lehrer stehen sich (speziell an deutschen Schulen) häufig eher in einer ambivalenten oder gar antagonistischen Haltung gegenüber, in dem Sinne, dass jeweils der

Eine das Tun des Anderen als Zumutung, als Gemeinheit, als Unverschämtheit erlebt, gegen die er meint, sich nach Kräften wehren zu müssen. Dennoch bleiben beide Seiten natürlich aufeinander verwiesen. In der Regel kann sich weder der Lehrer andere Schüler aussuchen als die, die er hat, noch können sich die Schüler andere Lehrer auswählen.

Eine weitere Differenz, die vermutlich maßgeblich für diesen Antagonismus und damit für diese spezifische emotionale Belastungsseite verantwortlich ist, kommt hinzu: Zwar gibt es Strukturgemeinsamkeiten, in dem Sinne, dass die „Professionellen" ihren Klienten jeweils etwas zu bieten haben, über das diese selbst nicht im ausreichenden Maße verfügen: die Erfahrung und das medizinische Fachwissen des Arztes, die juristische Fachkenntnis und die argumentative Versiertheit des Anwalts, die Einfühlungsgabe und die Deutungskunst des Therapeuten, das Fachwissen und die didaktischen-methodischen Finessen des Lehrers. Bis auf den Lehrer haben alle anderen Professionen in ihrer Beziehungsgestaltung zu ihren Klienten jedoch den Vorzug, dass sie nicht gleichzeitig in der Rolle sind, die „Leistungen", sprich, die Heilungs- und Lernfortschritte ihrer „Klienten" in Punkt und Komma bewerten zu müssen und sie gar untereinander in eine vergleichende Rangfolge bringen zu müssen. (Man stelle sich einmal vor, was dies für das therapeutische Verhältnis bedeuten würde!)

Schließlich kommt als weitere gravierende Differenz natürlich hinzu, dass der Lehrer in der Regel in einem Gruppenkontext handelt, dass also all seine Reaktionen bzw. Nichtreaktionen auf die Herausforderungen seiner Schüler vor Publikum stattfinden und er somit stets die Wirkungen seiner Handlungen nicht nur auf die unmittelbar betroffene Person, sondern auf die ganze Gruppensituation im Auge haben muss.

Jede menschliche Tätigkeit, insbesondere jede menschliche Berufstätigkeit ist in irgendeinem Sinn auf Anerkennung angelegt. Der Künstler auf der Bühne will Applaus, der Arzt genießt die Dankbarkeit und Zufriedenheit des Patienten, den er erfolgreich behandelt hat, der Anwalt erlebt die Genugtuung, wenn er einen heiklen Prozess gewonnen hat, die Therapeutin freut sich, wenn sie bestätigt bekommt, dass die Gespräche mit ihr für den Klienten hilfreich dafür waren, Selbstsicherheit und Lebensmut zurückzugewinnen. Natürlich gibt es in all diesen Berufen auch Kritik und Vorwürfe sowie bisweilen die Erfahrung des Scheiterns und entsprechende Enttäuschungen oder gar Schuldgefühle. Und natürlich erleben andererseits auch Lehrerinnen und Lehrer manchmal Dankbarkeit und Anerkennung durch ihre Schüler oder gar den „Triumph", einen Problemschüler zum erfolgreichen Hauptschulabschluss

oder einen Leistungskurs zu einer besonders guten Abiturprüfung geführt zu haben.
Aber nur zum Alltag der Pädagogen gehört auch (und gar nicht selten) die offensichtliche und trotzige Verweigerung von Anerkennung durch die „Klienten". Sei es „bloß" durch penetrante Unruhe und Unaufmerksamkeit während des Unterrichts, sei es durch offensiv zur Schau getragenes Desinteresse an dem Stoff, den sie zu vermitteln haben, sei es durch subtilere oder gröbere Provokationen, die direkt ihrer Person gelten: durch Albernheiten und Ablehnungen, durch Bosheiten und Beschämungen, durch Frechheiten und Feindseligkeiten, durch Ungezogenheiten und Unverschämtheiten...
Bei der Frage, wie mit diesen Herausforderungen professionell umzugehen sei, sind viele Lehrer ziemlich schnell „mit ihrem Latein am Ende". In einem, vor einiger Zeit erschienenen Ausgabe des SPIEGEL mit dem Titel: „Horrorjob Lehrer – Nervenkrieg im Klassenzimmer" ist zu lesen, keine andere Berufsgruppe böte „derzeit ein so jammervolles Bild wie die 500000 Lehrer an Deutschlands Schulen. ... Obwohl Wissenschaftler die pädagogischen Techniken ständig verfeinert, die Psyche der Schüler bis ins letzte analysiert und Rezepte für alle Unterrichtslagen entwickelt haben, ist die Lehrerschaft von einer fatalen Unsicherheit im Umgang mit den Schülern geprägt" (DER SPIEGEL 24/1993, S. 35). Hier wird die Schuld an der schwierigen Situation einseitig den Lehrern als Berufsstand aufgeladen, die die von der Wissenschaft entwickelten Techniken, Analysen und Rezepte offensichtlich nicht recht zur Kenntnis nimmt. Es ist jedoch durchaus fraglich, ob das, was hier an beständigem Fortschritt der Wissenschaft zugeschrieben wird, so tatsächlich zutrifft, ob hier wirklich taugliche „Techniken" und „Rezepte" bereit liegen, die es nur anzuwenden gälte und ob die Analyse bestimmter Aspekte der Schülerpersönlichkeit – etwa der Attribuierungsstile, der Leistungsmotivation oder der Entwicklungsstufen der Moral – im Lehrbuch der Entwicklungspsychologie dem Lehrer wirklich helfen kann, zu verstehen, warum Susanne und Katrin ständig tuscheln und kichern oder warum Michael grinsend klarstellt, dass er heute „keinen Bock auf Mathe" habe.
Luhmann, der die Rede vom „Technologiedefizit der Pädagogik" geprägt hat, hat das Dilemma auf die prägnante Formel gebracht, die Erziehung stünde „vor dem Problem, dass sie nicht kann, was sie will. Sie hat es mit psychischen Systemen zu tun, die nur das tun, was sie tun. Ein Schüler, der grinst, grinst. ... Man kann durch Tadel oder Lob darauf kommunikativ reagieren, aber es gibt keine Möglichkeit, die Bewusstseinsverläufe, die sich daraufhin ergeben, durch Kommunikation zu spezifizieren" (Luhman 1991, S. 23).

Nun könnte man diese Perspektive unter der Leitfrage dieses Beitrages entsprechend weiterführen: „Ein Lehrer, der sich über das Grinsen seines Schülers aufregt, regt sich auf. Man kann in der Lehrerbildung darauf kommunikativ vorbereiten, aber es gibt keine Möglichkeit, die Bewusstseinsverläufe (und die affektiven Verläufe – R.G.), die durch das Grinsen eines Schülers ausgelöst werden durch Kommunikation im Kontext der Lehrerbildung zu spezifizieren".

Vielleicht trifft diese letztere Variante sogar noch mehr zu als die ursprüngliche Luhmansche. Lehrer verfügen immerhin in der Regel über allerhand Druckmittel und drohen bisweilen gar damit, dass einem frechen Schüler „das Grinsen schon noch vergehen werde". Die Tendenz, sich schon durch geringfügige Anlässe verunsichert, herausgefordert und bedroht zu fühlen und schnell in affektive Erregung zu geraten, kann dagegen wohl durchaus als eine ziemlich stabile (und damit nicht im „Schnellkurs" oder durch pädagogische Ratgeberliteratur ohne weiteres veränderbare) Persönlichkeitsdisposition gelten.

Den Spezifika der emotionalen Herausforderungen, aber auch der emotionalen Risiken und der bewussten und unbewussten Ressentiments, denen Lehrer ausgesetzt sind, ist Theodor Adorno in seinem klassischen Text „Tabus über den Lehrerberuf" nachgegangen (Adorno 1970). Er spricht dort vom „Aroma des gesellschaftlich nicht ganz Vollgenommenen" (ebd., S. 71), das die Berufsgruppe der Lehrer umgibt und mustert eine ganze Reihe von problematischen symbolischen archaischen „Erbschaften", die diese Berufsgruppe mit sich trägt und die ihre ambivalente gesellschaftliche Stellung ausmachen. Als solche „Erblasten", nennt er die des Schreibers, des Mönchs, des Kerkermeisters und des Henkers. Es ist eine harsche, sicherlich polemisch zugespitzte Darstellung eines Berufsbildes, die Adorno hier formuliert. Es geht ihm dabei freilich nicht um Realitätsbeschreibungen, sondern um die Umkreisung unbewusst mitschwingender Bilder und Vorurteile. Als eine Analyse solcher inoffiziellen, tabuisierten und dennoch unterschwellig wirksamen Bedeutungsaspekte des Lehrerberufs ist seine Studie nach wie vor lesenswert, weil sie in einigen Sätzen doch sehr prägnant zentrale Dilemmata der Lehrerprofessionalität auf den Punkt bringt: Hier einige Zitate als „Kostprobe": „Die Macht des Lehrers wird verübelt, weil sie wirkliche Macht nur parodiert" (ebd., S. 75). „Die Mißachtung des Lehrers hätte demnach auch den Aspekt, daß man ihn, weil er in die Kinderwelt eingespannt ist, die entweder ohnehin die seine ist oder der er sich anpasst, nicht ganz als Erwachsenen betrachtet, während er ein Erwachsener ist und seine Ansprüche aus dem Erwachsensein ableitet. Seine täppische Würde wird weithin als unzulängliche Kompensation dieser

Diskrepanz erfahren" (ebd., S. 79). „Das Infantile des Lehrers zeigt sich darin, daß er den Mikrokosmos der Schule, der gegen die Gesellschaft der Erwachsenen mehr oder weniger abgedichtet ist, ... daß er die ummauerte Scheinwelt mit der Realität verwechselt. ... Lehrer ... stehen im permanenten Verdacht der sogenannten Weltfremdheit" (ebd., S. 81). „Die Schule ist für die Entwicklung des Einzelmenschen fast der Prototyp gesellschaftlicher Entfremdung überhaupt. ... Agent dieser Entfremdung ist die Lehrerautorität und die negative Besetzung der Imago des Lehrers ist die Antwort darauf" (ebd., S. 82). „Es ist deshalb so verzweifelt schwer für die Lehrer, es recht zu machen, weil ihr Beruf ihnen die in den meisten anderen Berufen übliche Trennung ihrer objektiven Arbeit ... vom persönlichen Affekt verwehrt. Denn ihre Arbeit vollzieht sich in der Form einer unmittelbaren Beziehung, eines Gib und Nimm, der sie doch unter dem Bann ihrer höchst mittelbaren Zwecke nie gerecht werden kann. Prinzipiell bleibt, was in der Schule geschieht, weit hinter dem leidenschaftlich Erwarteten zurück" (ebd., S. 82f.). „Solcher Archaismus, der dem Beruf des Lehrers als solchem zukommt, befördert nicht nur die Archaismen der Lehrersymbole, sondern erweckt auch diese Archaismen im Verhalten der Lehrer selbst, in Keifen, Querulieren, Schelten und dergleichen; in Reaktionsweisen, die immer ebenso nahe an der physischen Gewalt sind, wie sie etwas von Unsicherheit und Schwäche verraten" (ebd., S. 83).

Welche Lösungsperspektive sieht Adorno für die von ihm geschilderten tief verwurzelten, archaischen Probleme dieses Berufsstandes? Als überzeugter Intellektueller ist er sich dennoch der Grenzen intellektueller Aufklärung an diesem Punkt sehr bewusst, wenn er meint, man dürfe sich „von der rein intellektiven Aufklärung nicht zu viel erwarten" (ebd., S. 84). Er fordert, dass man die „neuralgischen Punkte schon in der Ausbildung der Lehrer behandeln müsse" (ebd.) und er plädiert für die „Notwendigkeit psychoanalytischer Schulung und Selbstbesinnung im Beruf der Lehrer" (ebd., S. 83). Seine Hoffnung setzt er auf eine dadurch zu verändernde Haltung der Lehrer gegenüber ihren eigenen Affekten: „Sie dürften ihre Affekte nicht unterdrücken und dann rationalisiert doch herauslassen, sondern sie müßten ihre Affekte sich selbst und anderen zugestehen und dadurch die Schüler entwaffnen" (ebd.).

5. Von welchen persönlichen Dispositionen ist der Umgang mit dem Problem abhängig?

Natürlich gibt es große interindividuelle Unterschiede wie Lehrer mit ihren Affekten umgehen, welches Maß an emotionaler Achtsamkeit bzw. an Ignoranz und Verdrängungstendenz sie in dieser Hinsicht haben. Und so gibt es natürlich auch große Unterschiede in der Frage, wie gelassen bzw. wie gereizt sie auf das provokative Grinsen eines Schülers und überhaupt auf herausfordernde, problematische Verhaltensweisen reagieren.
Auch die Schüler nehmen diese Reaktionstendenzen sehr genau wahr und ordnen ihre Lehrer meist in entsprechende Kategorien ein: Da gibt es die „lockeren", „coolen", „gelassenen", „souveränen" Lehrer, die nichts so schnell aus der Ruhe bringt, die freche Sprüche mit Humor nehmen oder schlagfertig kontern und die Lacher auf ihre Seite ziehen, die aber dennoch die Grenzen, an denen „Schluss mit lustig" ist, klar und wirksam markieren. Da gibt es Lehrer, die sehr stark um die Gunst der Schüler werben, die immer wieder ihren guten Willen und ihre freundlichen Absichten betonen, die aber subtil doch ständig auch ihre Unsicherheit, Ängstlichkeit und Abhängigkeit kommunizieren und sehr darunter leiden, wenn sie von den Schülern nicht in dem Maße respektiert und gemocht werden, wie sie es sich wünschen (ein eindrucksvolles Lehrbeispiel dafür ist die Figur der Melanie Pröschle in dem Film „Der Wald vor lauter Bäumen"). Und da gibt es die misstrauischen, misanthropischen, permanent gereizten und übellaunigen Lehrer, die jede Nebenunterhaltung gleich als einen persönlichen Angriff ansehen und wie ein HB-Männchen in die Luft gehen wenn sie Aufmüpfigkeit und Aufruhr in der Klasse wittern.
In der Persönlichkeitspsychologie wird jene Dimension, bei der am einen Pol die selbstsichere, in sich ruhende Gelassenheit und am anderen Pol die ängstliche oder gereizt-feindselige Unsicherheit steht, als „Neurotizismus" bezeichnet. Sie zählt zu den sogenannten „Big Five", den Grunddimensionen der Persönlichkeit, deren jeweilige Ausprägungsgrade durch entsprechende Persönlichkeitsinventare abgefragt werden und die spätestens im Erwachsenenalter als relativ stabile, schwer zu verändernde Persönlichkeitsmerkmale gelten.
In einer entsprechenden Übersichtsdarstellung wird diese Dimension folgendermaßen beschrieben: „Neurotizismus bedeutet einfach emotionale Instabilität. Wer bei einem entsprechenden Test einen hohen Wert erreicht, ist nervös, neigt zu Ängsten und Streß, macht sich viele Sorgen, regt sich leicht auf, und wird schnell zum Hypochonder... Menschen, die sich durch niedrigen Neuro-

tizismus auszeichnen, sind dagegen zufrieden und selbstsicher. Sie neigen nicht zur Aufregung und bleiben auch angesichts von Schwierigkeiten ruhig und entspannt" (Paulus 1999, S. 48).

Insbesondere die folgenden sechs Merkmale machen die Facetten ausgeprägten Neurotizismus aus: Ängstlichkeit, Reizbarkeit, Depression, Befangenheit, Impulsivität und Verletzlichkeit. Von daher stellt „Neurotizismus" in gewissem Sinne auch den Gegenpol zu jenem Bündel von Haltungen, Kompetenzen und Reaktionsweisen dar, die in jüngerer Zeit unter dem Leitbegriff der „emotionalen Intelligenz" eine steile Karriere gemacht haben. Ja, in einer neueren Publikation zum Thema wird sogar explizit und kritisch die Frage gestellt: „Ist emotionale Intelligenz vor allem ein Mangel an Neurotizismus?" (Paulus 2005, S. 30).

Es ist offensichtlich, dass das Leben für Menschen mit niedrigen Neurotizismuswerten (und entsprechend höheren EQ-Werten) grundsätzlich leichter, angenehmer und freudvoller ist. Es ist jedoch auch offensichtlich, dass ausgeprägtere Neurotizismuswerte in unterschiedlichen Berufen von unterschiedlicher Relevanz sind. Als Buchalter oder Programmierer kann man seine Arbeit sicherlich auch mit hohen Neurotizismuswerten solide machen. Für manche Berufe ist vielleicht ein gewisser Grad von Zwanghaftigkeit durchaus von Vorteil. Im Lehrerberuf dagegen, der so stark auf gelingende Kommunikation und auf das Aushaltenkönnen von Unruhe, Enttäuschung und Provokation hin angelegt ist, ist es absehbar, dass hohe Ausprägungen von Neurotizismus früher oder später zu ernsthaften Problemen führen werden.

6. Welche Konsequenzen hat dauerhafte Belastung durch Anspannung, Ärger und Wut für die psychische und physische Gesundheit von Lehrern?

Die Aspekte des ausgeprägten Neurotizismus stellen gleichzeitig auch gewissermaßen den Gegenpol dessen dar, was in den jüngeren Studien zur psychischen Gesundheit trotz Stressbelastung als „Resilienz" bezeichnet wird, als „Widerstandskraft" gegen die Unbillen des Lebens (vgl. Göppel 1996, Wustmann 2005, Gabriel 2005). Als Kern und als Schlüssel für jene besondere seelische Widerstandskraft hat Antonovsky in seinen Studien an Menschen mit besonders belasteten Biographien den „Sense of Coherence", das „Kohärenzgefühl" ausgemacht (vgl. Antonovsky 1987). Eine grundlegende Überzeugung von der Sinnhaftigkeit und Verstehbarkeit des Lebens und eine tief verwurzelte Zuversicht, dass man den Anforderungen des Lebens gerecht werden und den Belastungen standhalten kann. Damit verknüpft ist einerseits ein Zutrauen in die eigenen Kräfte, Einfluss auf die Entwicklung der Dinge nehmen zu können als auch ein Zutrauen, im Bedarfsfall mit Hilfe und Unterstützung durch andere Menschen rechnen zu können, nicht ins Bodenlose zu fallen.

Personen mit hohen Neurotizismuswerten (und entsprechend geringer Resilienz) neigen dagegen unter Belastungen eher zu einem Stil der Hilflosigkeit, des Pessimismus, des Misstrauens und der Projektion von Feindseligkeit. Nicht nur für die psychische Befindlichkeit sind diese Persönlichkeitsdispositionen von Relevanz, sie schlagen auch auf die körperliche Befindlichkeit durch: „Neurotizismusanfällige ... verfügen selten über eine solch robuste Gesundheit. Sie neigen überdurchschnittlich stark zu chronischen Leiden wie Bluthochdruck, Rheuma, Arthrose oder Bandscheibenbeschwerden" (Paulus 2005, S. 49). – Wobei freilich der Zusammenhang in erster Linie zu den „geklagten körperlichen Beschwerden" also zu der subjektiven Krankheitswahrnehmung besteht und zu den objektiven, physiologisch messbaren Parametern weniger deutlich ist. Von daher stellt sich natürlich die Frage: „Sind Jammerer häufiger krank oder jammern sie nur mehr" (ebd.).

Die Berufsbelastungen und der Gesundheitszustand der Lehrerschaft wurden – da sie durch die hohe Zahl von Frühpensionierungen von erheblicher volkswirtschaftlicher Relevanz ist – in jüngster Zeit Gegenstand groß angelegter empirischer Studien. Schaarschmidt hat eine Studie zur psychischen Berufsbelastung durchgeführt, in die 8000 Lehrer und ebenso viele Vergleichspersonen aus anderen Berufen einbezogen waren. Er kommt dabei insgesamt zu folgendem Fazit bezüglich der Belastung dieser viel gelästerten Berufsgruppe: „Lehrerinnen und Lehrer sind keineswegs beneidenswerte Halbtagsjobber! Vielmehr üben sie einen der anstrengendsten Berufe aus. Das betrifft speziell die psychischen Belastungen, die dieser Beruf mit sich bringt" (Schaarschmidt 2005, S. 1). Dabei liegt das berufsbedingte Belastungserleben bei den Lehrern höher als bei den Vergleichsgruppen (Polizisten, Angehörige der Berufsfeuerwehr, des Strafvollzugs bzw. des Sozialamtes, Pflegepersonal in Krankenhäusern, Heimerzieher, Existenzgründer).

Die typischen Belastungen des Lehrerberufs werden dann weiterhin folgendermaßen charakterisiert: „So ist es bei weitem nicht genug, wenn ein Lehrer seinen Unterrichtsstoff beherrscht und ihn didaktisch gut aufzubereiten vermag. Die schwierigeren Aufgaben liegen meist in anderen Bereichen. Es sind insbesondere die sozial-kommunikativen, emotionalen und motivationalen Anforderungen, die sich oftmals als komplex und widersprüchlich und damit schwer erfüllbar erweisen" (ebd.). Es sind spannungsreiche Qualitäten, die

hier gleichzeitig gefordert sind: Sensibilität und psychische Robustheit, Empathie und Selbstbehauptung, Partnerschaftlichkeit und Durchsetzungsvermögen. Lehrer kämen nicht umhin, „...sich mit viel Unvollkommenem und Unerreichtem abfinden und permanent mit dem Gefühl des Nicht-Fertig-Seins leben zu müssen. ... Nicht selten bestimmen Ärger und Frustration sein tägliches Erleben mehr als Erfolgsrückmeldung und Anerkennung des Geleisteten ... Viele der Betroffenen beklagen eine stetige Zunahme ihrer Aufgaben bei gleichzeitiger Verschlechterung der Bedingungen, wobei besonders häufig auf Verhaltensprobleme der Schüler ... verwiesen wird" (ebd.).
Lehrer erleben die potentiellen Belastungen und Freuden ihres Berufs jedoch durchaus unterschiedlich und sie gehen auf unterschiedliche Weise damit um. Dabei haben sich in Schaarschmidts Analyse vier typische Muster herauskristallisiert. Am günstigsten ist das Muster G (für „Gesundheit"), bei dem hohes berufliches Engagement mit positiven Emotionen und erhaltener Distanzierungsfähigkeit kombiniert ist. Für die Gesundheit des Lehrers, nicht aber für seine berufliche Leistung günstig ist das Muster S (für „Schonung"), bei dem die betroffenen Lehrer ihr Engagement und ihre persönliche Bedeutsamkeitszuschreibung weitgehend auf den privaten, außerschulischen Bereich verschoben haben und den „Job in der Schule" eher mit distanzierter Haltung und nicht selten mit „Minimalaufwand" machen.
Als „Risikomuster" gelten dagegen die Muster A und B. Dabei ist das Risikomuster A durch hohe Anstrengungsbereitschaft ohne entsprechende emotionale Gratifikationen gekennzeichnet. Diese Lehrer haben hohe Ansprüche an sich selbst, sind ehrgeizig, engagieren sich sehr stark, können sich jedoch schlecht von den Berufsproblemen distanzieren und zur inneren Ruhe und Entspannung kommen. Am kritischsten, sowohl für die eigene Gesundheit als auch für die „Performance" vor der Klasse, ist freilich das Risikomuster B, das durch ausgeprägte Resignationstendenzen, depressive Gefühle, Misserfolgserleben und allgemeine Lebensunzufriedenheit geprägt ist und weitgehend der klassischen Beschreibung des Burnout-Syndroms entspricht. In Schaarschmidts Analyse wurden 29 Prozent der Lehrer diesem Muster B zugeordnet, 30 Prozent dem Muster A, 23 Prozent dem Muster S und 17 Prozent dem Muster G. Keine andere Berufsgruppe hatte einen so hohen Anteil (59 Prozent) von „Risikokandidaten" aufzuweisen. (korrekter wäre es hier von „Risikokandidatinnen" zu sprechen, denn quer durch alle Schulformen haben die Frauen ungünstigere Werte erzielt). Die Risikomuster A und B gehen mit deutlich vermehrten Beeinträchtigungen des psychischen Befindens und auch mit einem deutlich höheren Maß an körperlich-funktionellen Beschwerden einher.

Unter dem spezifischen Aspekt des Umgangs mit Ärger und Wut ist es interessant, dass die beiden Risikomuster A und B sich in einem Punkt genau gleichen und dass es gerade in diesem Punkt eine maximale Differenz zu den Mustern G und S gibt, nämlich hinsichtlich des Faktors „Innere Ruhe/Ausgeglichenheit". Zudem wird deutlich, dass gerade Lehrer, die dem Muster B entsprechen, besonders unter dem „Verhalten schwieriger Schüler" leiden. Auf einer 5-stufigen Skala haben sie diesem Item im Durchschnitt den Belastungsgrad 4,5 zugeordnet. Entsprechend weisen sie auch die höchsten Werte für das Item „Aversion gegen Schüler" auf. Unschwer kann man auch Zusammenhänge zwischen den Risikomustern bei Schaarschmidt und den Beschreibungen der Merkmale des Neurotizismus erkennen: „Speziell das B-Muster, das wir in der Lehrerschaft stark vertreten vorfinden, geht mit höherem Neurotizismus einher. Es sind insbesondere die Skalen der Widerstandsfähigkeit (Innere Ruhe und Ausgeglichenheit, Resignationstendenz, Offensive Problembewältigung), die mit Neurotizismus zusammenhängen. Und gerade in diesem Bereich zeigen die Lehrer deutliche Auffälligkeiten. Freilich muss das nicht heißen, dass es sich hier ausschließlich um eine in den Beruf eingebrachte Disposition handelt. Es schlagen sich hier selbstverständlich auch die Wirkungen der bisherigen Berufsausübung nieder" (Schaarschmidt, pers. Mitteilung).

Zu dieser Frage, ob es sich eher um Selektions- und Kollusionsprozesse (in dem Sinne handelt, dass Leute mit entsprechenden Dispositionen vermehrt in bestimmte Berufslaufbahnen drängen) oder eher um professionelle Deformationsprozesse, die mit der spezifischen emotionalen Belastung des Lehrerberufs zusammenhängen, vermag vielleicht eine weitere aktuelle Studie von Becker u.a. Auskunft geben. Sie fanden bei ihrer Studie über „Berufliche Belastung, Gesundheit und Gesundheitsförderung von Lehrerinnen und Lehrern" neben einer überdurchschnittlichen Abnahme des psychischen und physischen Gesundheitszustandes von Lehrern mit dem Alter, deutliche Hinweise für berufsbedingte ungünstige Persönlichkeitsveränderungen im Laufe des Lehrerlebens. Diese Tendenzen fassen sie folgendermaßen zusammen: „Mit zunehmendem Alter verlieren Lehrerinnen und Lehrer ihre Fröhlichkeit, reduzieren Lehrpersonen ihre Arbeitsorientierung, reagieren Lehrpersonen verbal aggressiver und gereizter, werden Lehrpersonen rechthaberischer" (Becker u.a. 2005). Becker u.a. haben mit dem Trierer Persönlichkeitsinventar auch ein Instrument verwendet, das die zentralen Persönlichkeitsdimensionen zu erfassen versucht. Dabei erwies sich die Dimension „Neurotizismus" mit Abstand als die bedeutsamste Persönlichkeitsdimension im Hinblick auf die Symptombelastung.

7. Was geht in Ärgersituationen, „wenn die Wut hochkocht", eigentlich im menschlichen Organismus vor? Welche neuronalen, hormonalen Prozesse spielen sich ab?

Schon die im Titel verwendete alltagssprachliche Metapher von der Wut, die „hochkocht", verweist darauf, dass in solchen Situationen etwas mit dem Menschen geschieht, das eine eigene, eruptive Dynamik entfaltet und das nicht so ohne Weiteres der rationalen Kontrolle unterworfen werden kann. Weiterhin ist in alltagssprachlichen Wendungen die Rede davon, dass jemand einen „Wutanfall" bekommt (hier liegt die Assoziation zum epileptischen Anfall nahe – ebenfalls ein Geschehen, das eigenen Gesetzen folgt und der rationalen Kontrolle entzogen ist), dass jemand „ausrastet", dass jemand „explodiert" oder dass jemandem „der Kragen platzt". Keine andere Grundemotion ist so „heiß", so sehr mit dem Erlebnis einer drängenden Impulsivität verknüpft. In Izards Lehrbuch über die „Emotionen des Menschen" findet sich auf die Frage, „was man empfindet, wenn man zornig ist" folgende phänomenologische Beschreibung der Erlebnisqualität dieser Emotion: „Bei Zorn ‚kocht' das Blut, das Gesicht wird heiß und die Muskeln angespannt. Man hat die Empfindung der Kraft und einen Impuls, zuzuschlagen, die Quelle des Zorns anzugreifen. Je stärker der Zorn ist, desto stärker und energiegeladener fühlt sich der Mensch und desto größer ist das Bedürfnis nach körperlicher Aktion. Es wird soviel Energie mobilisiert, dass man meint zu platzen, wenn man nicht irgendetwas beißt, schlägt oder mit dem Fuß tritt oder den Zorn in irgendeiner Weise ‚ausagiert' (Izard 1999[4], S. 370).

Ärger und Zorn gehören zum Umkreis des archaischen und instinktiv verankerten „Kampf-Flucht-Systems". Stresshormone wie Adrenalin, Cortisol und Testosteron werden ausgeschüttet. Sie führen dazu, dass im Organismus innerhalb kürzester Zeit diverse Parameter wie etwa Blutdruck, Atmung, Puls, Blutgerinnung etc. so verändert werden, dass eine erhöhte Kampfbereitschaft entsteht. Gleichzeitig fokussiert sich die Wahrnehmung auf den empörenden Anlass, der die potentielle Bedrohung für das eigene Selbst darstellt und es bilden sich gewissermaßen innerpsychische Scheuklappen, die verhindern, dass relativierende, besänftigende Gedanken und empathische Gefühle überhaupt noch ins Bewusstsein dringen. Man muss davon ausgehen, dass jenes organismische Programm, das hier in entsprechenden Stresssituationen anrollt – auch wenn es bei unterschiedlichen Personen unterschiedlich leicht auszulösen ist – evolutionsbiologisch betrachtet Vorteile mit sich brachte und entsprechend phylogenetisch verankert ist.

Was sich im Einzelnen dabei im menschlichen Gehirn, in den Synapsen und in den beteiligten Hirnregionen abspielt ist hochkomplex und erst in Ansätzen erforscht. Für das psychologische Verständnis wichtig sind dabei vor allem drei Dinge. Zum einen: die primären emotionalen Bewertungen von bedrohlichen Situationen und die entsprechenden organismischen Reaktionen erfolgen zunächst sehr schnell und unbewusst. Es gibt offensichtlich, so die Entdeckung von LeDoux, eine Art von neuronaler „Kurzschlussverbindung" zwischen dem Thalamus und dem Mandelkern, die es ermöglicht, dass emotionale Bewertungen von Situationen noch vor einer differenzierten bewussten und denkenden Verarbeitung durch den Neokortex erfolgen.
Zum anderen: Es gibt so etwas wie ein unbewusstes emotionales Gedächtnis des Mandelkerns: Die frühen basalen Erfahrungen mit emotional aufgeladenen Situationen stellen die Hintergrundfolie dar, vor der aktuelle Bewertungen und Reaktionen erfolgen: „Als Speicher emotionaler Erinnerung prüft der Mandelkern die Erfahrung und vergleicht das jetzige Geschehen mit früheren Erlebnissen. Er geht beim Vergleich assoziativ vor: Ähnelt die gegenwärtige Situation auch nur in einem wichtigen Element der Vergangenheit, kommt es vor, daß er eine Übereinstimmung meldet – und deshalb ist diese Schaltung ungenau. Sie tritt in Aktion bevor die volle Bestätigung da ist. Sie gibt überstürzt den Befehl, auf die Gegenwart in einer Weise zu reagieren, die vor langer Zeit ausgeprägt wurde, und zwar mit Gedanken, Emotionen und Reaktionen, die als Antworten auf Ereignisse erlernt wurden, die vielleicht nur eine schwache Ähnlichkeit mit der Gegenwart haben, aber ähnlich genug sind, um den Mandelkern zu alarmieren" (Goleman 1995, S. 41).
Bei Ärger und Wut sind die typischen auslösenden Situationen in der Regel Situationen der Nicht-Realisierbarkeit eigener Wünsche, der Nicht-Anerkennung subjektiv berechtigt erscheinender eigener Interessen und der Verweigerung des angemessenen Respekts, Situationen also, bei denen die Dinge nicht so „klappen", wie man es sich vorstellt oder bei denen ein Gegenüber durch sein provozierendes, unverschämtes, rücksichtsloses Verhalten die Integrität und die Grenzen des eigenen Selbst gefährdet. Stets geht mit dieser Emotion ein Stück innere Empörung einher über das, was einem durch die „Tücken des Objekts" oder durch die „Gemeinheiten des Gegenübers" zugemutet wird.
Nach der Theorie des Mandelkerns als eines „Speichers emotionaler Erinnerungen" hätte die Art und Weise, wie die persönliche Individualität und wie die eigenen Bedürfnisse einstmals als Kind respektiert oder eben nicht respektiert worden sind, bedeutsamen Einfluss auf den späteren Umgang mit herausfordernden interpersonalen Konfliktsituationen. Besonders „allergisch"

und „alarmiert", und damit vermutlich auch überschießend abwehrend und aggressiv würden dann in aktuellen Situationen vor allem jene Personen auf feine Zeichen der Provokation, der Entwertung und der Verächtlichmachung reagieren, die während ihrer Kindheit gravierende Erfahrungen der Beschämung und der Verletzung der Selbstgrenzen machen mussten.

Zum Dritten: Es braucht nach starker emotionaler Erregung eine ganze Zeit, bis die hormonalen Prozesse die dadurch evoziert werden, wieder ins normale Gleichgewicht kommen. Auch die Prozesse der gedanklichen Nachbearbeitung des Konflikts, des „Bebrütens" der inneren Empörung, halten das Erregungsniveau hoch und damit die Reizschwelle für neue ärgerauslösende Impulse niedrig. Je nachdem auf welchem aktuellen Niveau von emotionaler Erregtheit ein solcher neuer Impuls einen Menschen dann trifft, fallen seine Reaktionen durchaus unterschiedlich aus. Es gibt also einen hirnphysiologischen Hintergrund für den sprichwörtlichen „Tropfen, der das Fass zum Überlaufen" bringt. „Jeder weitere zornerregende Gedanke, jede Wahrnehmung in dieser Abfolge wird zu einem Miniauslöser für die vom Mandelkern angetriebene Ausschüttungen von Katecholaminen, die die hormonale Wucht der vorangegangenen Ausschüttungen verstärken. Ehe die erste abgeklungen ist, kommt schon die nächste, darauf türmt sich eine dritte und so weiter; jede Woge überlagert sich den Nachwirkungen der vorangegangenen, so daß das physiologische Erregungsniveau des Körpers rasch eskaliert. In diesem sich aufschaukelnden Proßeß löst ein Gedanke, der später auftaucht, einen weit heftigeren Zorn aus als einer, der zu Anfang auftauchte. Zorn nährt Zorn, das emotionale Gehirn erhitzt sich" (ebd., S. 86). Und dieses so „erhitzte emotionale Gehirn" führt dazu, dass differenzierte Wahrnehmungen und Bewertungen eher in den Hintergrund treten und primitivere, archaischere Reaktionsmuster, „limbische Antriebe" eher handlungsleitend werden.

8. **Was geht in Ärgersituationen, „Wenn die Wut hochkocht", eigentlich zwischen Lehrern und Schülern vor? Welche kommunikativen, interaktionalen Prozesse spielen sich ab?**

Natürlich geraten Menschen auch in heftige Wut, gehen bisweilen „in die Luft", wenn die Dinge ihnen unerwartete Widerstände entgegensetzen. Sei es der Liegestuhl, der immer wieder zusammenklappt, der Dübel, der nicht halten will oder der Computer, der im entscheidenden Augenblick seinen Dienst versagt. Hier ist es dann letztlich der Ärger über das eigene Unvermögen, die Dinge „in den Griff" zu bekommen, der die emotionale Reaktion auslöst.

Vernünftige Menschen unterstellen den Gegenständen aber in der Regel keine böse Absicht.
Bei interpersonalen Konfliktsituationen sind darüber hinaus jedoch immer auch die kommunikativen Aufschaukelungsprozesse zu beachten, die in die Eskalation und in die emotionale Entgleisung hineinführen. Und dabei spielen Interpretationen von Handlungen und Zuschreibungen von Intentionen eine große Rolle. Das Tun des Einen ist in diesem Sinn immer einerseits Reaktion auf das Tun des Anderen und zugleich Anlass und Legitimation für dessen nächsten Schritt auf der Eskalationsspirale. Es geht hier in den Auseinandersetzungen meist darum, wer sich mit seiner Sichtweise durchsetzt, wer das letzte Wort hat, wer sich was gefallen lassen oder eben auch nicht gefallen lassen muss, wer dem anderen letztlich seinen Willen aufzwingen kann. Zur Diskussion stehen dabei in schulischen Kontexten in der Regel Fragen der „Angemessenheit" von Verhalten, der „Gültigkeit" von Grenzen, der „Fairness" von Regelungen, der „Verlässlichkeit" von Abmachungen, der „Verständlichkeit" von Erklärungen, der „Erwartbarkeit" von Leistungsanforderungen oder der „Gerechtigkeit" von Bewertungen. Dabei handeln die Akteure jedoch nicht im luftleeren Raum und unter den Idealbedingungen eines herrschaftsfreien Diskurses, sondern unter den institutionellen Vorgaben: den Rollenzwängen, den Normalitätserwartungen und den Anstandsregeln der Schule.
Dazu zunächst noch einmal eine kurze Sequenz aus dem Buch Klasse H7e von Job-Günther Klink:

„Käthe redet während des Unterrichts mit ihrer Nachbarin. Da ruft Benno durch die Klasse: ‚Sei still du alte Hure'.
‚Ich will nicht gehört haben, was Du da eben gesagt hast'.
Er: ‚Soll ich es ihnen noch einmal sagen?' Dabei holt er herausfordernd Brot aus der Tasche und ißt. Ich (erregt und zornig): ‚So etwas kannst Du zu Hause Deiner Schwester oder Deiner Mutter sagen, wenn sie sich das gefallen lassen. Aber nicht in der Klasse oder sonst wo Kindern, die sich nicht wehren können'.
Elisabeth: ‚Mensch, Herr Klink, nun nehmen sie doch nicht immer alles so ernst, was wir sagen'. Nein, Elisabeth, irgendwo ist die Grenze! Mit Worten kann man Menschen ebenso verletzen wie mit der Faust. Diese Äußerung von Benno ist gemein und unbeherrscht'" (Klink 1974, S. 123f.).

Zwar gibt Benno noch eine freche Replik und provoziert zusätzlich indem er herausfordernd sein Brot aus der Tasche holt und isst – die typischen Ausgangsbedingungen für eine aggressive symmetrische Konfliktaufschaukelung sind also durchaus gegeben. Die Situation eskaliert jedoch, obwohl der Lehrer in eine zornige Erregung gerät, nicht wirklich. Einerseits, weil die Mitschülerin Elisabeth sich besänftigend einschaltet, andererseits vielleicht auch deshalb, weil der Schüler Benno sich in dieser Situation relativ „cool" gibt und weil er auf einen Lehrer trifft, der seine eigene Erregung weitgehend unter Kontrolle hat, der es sich aus prinzipiellen Gründen versagt, Schüler anzuschreien, zu beleidigen oder zu demütigen und der ganz ausdrücklich den argumentativen Diskurs mit den Schülern sucht:

„Ich versuche, die Schüler daran zu gewöhnen, ihre Wünsche, Vorstellungen, Absichten gegen mich begründend zu vertreten. ... Oft wäre ich vom Intellekt oder dem Erfahrungsstand her in der Lage, die Begründungen der Schüler zu entkräften. Wenn aber Schüler erfahren sollen, daß durch Argumentation Verhältnisse, Standpunkte zu verändern sind: wenn sie geistige Kräfte entwickeln sollen, dann müssen sie sich auch mit mir intellektuell auseinandersetzen können. Das ist nur möglich, wenn ich mich auf das Diskussions- und Argumentationsniveau meiner Schüler einlasse und von ihm ausgehe. Meine Argumente werden nicht um meines Rechtes, sondern um des Rechtes der Sache und um der Kraftentfaltung der Schüler willen formuliert. Absicht ist, meinem Gegenüber im erzieherischen Verhältnis Hilfestellung zu geben, seine geistige Kraft in der Auseinandersetzung auch mit mir zu stärken. ... Voraussetzung für dieses Lehrerverhalten ist, daß sich der Lehrer selber zur Diskussion stellt, daß er den Grundsatz der Umkehrbarkeit des Verhaltens anerkennt, bereit ist, zu versuchen, Konflikte zunächst und solange wie ertragbar und sinnvoll durch Diskussion und nicht kurzschlüssig durch Anordnung zu lösen, daß der Lehrer in der Lage ist, vor Schülern Fehler einzugestehen und seine Meinung zu ändern, wenn er sich durch Argumente überzeugen lassen kann" (ebd. S. 100).

Solch eine pädagogisch anspruchsvolle Haltung und solch ein hohes Maß von Selbstdistanz und Besonnenheit in pädagogischen Konfliktsituationen ist auch heute, mehr als dreißig Jahre später, keineswegs eine Selbstverständlichkeit unter Lehrern. Im Gegenteil mag man es manchmal kaum für möglich halten, was es auch heute noch bisweilen für Ausprägungen von Selbstherrlichkeit, Zynismus und Verächtlichkeit unter Lehrern gibt. In einem Hauptseminar habe ich Studierende aufgefordert, eine konkrete aus ihrer Erinnerung als Schüler oder als Praktikant stammende Episode aufzuschreiben, in der im schulischen Kontext einmal „die Wut hochkochte". Die Mehrzahl

lieferte daraufhin Beschreibungen von zugespitzten Konflikten mit Lehrern, in denen sie aus ihrer Sicht ein hohes Maß an Willkür, Arroganz, Sarkasmus und Geringschätzung erleben mussten und in denen sie selbst dann mit entsprechender innerer, bisweilen auch geäußerter Empörung reagierten.
Das Problem ist, dass man solche Situationen, in denen in der Schule plötzlich „die Wut hochkocht" eigentlich nur in der nachträglichen empörten und damit meist eben auch parteiischen Schilderung der Betroffenen vorliegen hat. In aller Regel läuft kein Tonbandgerät und keine Videokamera mit, die es ermöglichen würde, im Nachhinein eine differenzierte Kommunikationsanalyse anzustellen um herauszufinden, „wie ein Wort das andere gegeben hat", um zu analysieren, wie Lautstärke, Mimik, Gestik allmählich heftiger wurden, um zu rekonstruieren, wer welche Interpunktion im Interaktionsgeschehen vorgenommen und wer welche Beiträge zur Konfliktverschärfung geliefert hat und um zu spekulieren, wie an einzelnen Punkten der Eskalation eine andere Reaktion eines Konfliktpartners zu einem anderen Verlauf geführt hätte. Man wird für ein solches Forschungsprojekt auch kaum „Probanden" finden, die ausgerechnet in solchen Situationen dann immer auf die Play-Taste eines bereitstehenden Aufnahmegerätes drücken.
Zudem ergibt sich das Problem, dass die tiefer liegenden Dimensionen dessen, was sich hier zwischen den Konfliktbeteiligten abspielt, äußerlich gar nicht sichtbar sind, sondern nur deutend erschlossen werden können.
Wie oben dargestellt, neigen wir dazu, gerade Situationen von Unsicherheit, Bedrohung und Scham, Situationen, in denen die Integrität unsers Selbst gefährdet erscheint, auf der Hintergrundfolie basaler frühkindlicher Erfahrungen wahrzunehmen und zu deuten und entsprechend zu reagieren. Lange bevor die *neurologischen Mechanismen* dieses „emotionalen Gedächtnisses" erforscht waren, wurde in der Tradition der Psychoanalyse und der psychoanalytischen Pädagogik mit den Konzepten der „Übertragung" und der „Reinszenierung" Modellvorstellungen entwickelt, die die *psychischen Mechanismen,* durch die frühe Interaktionserfahrungen aktuelle Konfliktsituationen beeinflussen, verständlich machen. Evelyn Heinemann hat die zugrunde liegenden Prozesse folgendermaßen beschrieben: „Das Kind verstrickt die Pädagogen in Szenen, löst bei ihm emotionale Reaktionen aus. Das Kind drängt beispielsweise die Pädagogen, sich so zu fühlen, wie es sich in früheren Szenen fühlte. Das Kind kann aber auch Reaktionen provozieren, in denen der Pädagoge reagiert wie ein früherer Interaktionspartner des Kindes. ... Aus Sicht der Objektbeziehungstheorie können wir auch sagen, daß das Kind in diesen Szenen Selbstrepräsentanzen oder Objektrepräsentanzen auf den Pädagogen projiziert und diesen drängt, sich mit seinen Projektionen zu identi-

fizieren" (Heinemann 1992, S. 43). Aufgabe des Pädagogen ist es in dieser Sicht, diese Inszenierungen und diese Projektionen zu verstehen und entsprechend reflektiert und pädagogisch förderlich darauf zu reagieren.

Nun ist es aber so, dass in pädagogischen Szenen Projektionen und Inszenierungen nicht nur von den Kindern und Jugendlichen ausgehen, sondern dass auch Pädagogen ihre psychischen Konflikte, ihre Kränkbarkeiten und ihre Projektionsneigungen mit sich herumtragen und in Konfliktsituationen ihrerseits häufig in einer überschießenden Art und Weise reagieren, die mit ihrer eigenen labilen Selbststruktur zusammenhängt. Die Neigung zu sehr heftigen impulsiven Reaktionen etwa in Situationen, in denen die anderen einem nicht den angemessenen Respekt entgegenbringen, in denen man sich provoziert fühlt, in denen die Kontrolle über die Situation zu entgleiten scheint, in denen man das Gesicht zu verlieren droht – Situationen, die im schulischen Alltag gar nicht so selten vorkommen – könnte dabei auch etwas mit einem Phänomen zu tun haben, das Heinz Kohut unter dem Stichwort „narzisstische Wut" beschrieben hat:

Kohut hat sehr ausführlich die „Schicksale des Narzissmus", als einer „unabhängigen Entwicklungslinie" in der menschlichen Persönlichkeitsentwicklung nachgezeichnet und dabei vor allem betont, wie sehr eine „gesunde narzisstische Entwicklung", d.h. eine Entwicklung hin zu einer positiven bejahenden, gelassenen Einstellung zu sich selbst, einer Einstellung, die eben auch Schwächen, Einschränkungen und Enttäuschungen ertragen kann, abhängig ist von einer liebevollen, empathisch spiegelnden, verlässlichen Versorgung in früher Kindheit. Diese Erfahrungen während der frühen Periode der Bildung des Selbst werden nach Kohut „zum Prototyp der spezifischen Formen unserer späteren Verletzbarkeit oder Sicherheit im narzisstischen Bereich: d.h. zum Prototyp der Schwankungen zwischen den Höhen und Tiefen unserer Selbstachtung, unserer Bedürfnisse nach Lob, nach Verschmelzung mit idealisierten Figuren und mit anderen Formen narzißtischer Zufuhr" (Kohut 1975, S. 214).

Gibt es nun gravierende Störungen in diesem Regulationsprozess, so werden gewissermaßen schon in diese sich entwickelnde Selbststruktur die Keime spezifischer Vulnerabilität und die Prototypen von Abwehrprozessen eingebaut. Kohut beschreibt die typische Erlebnisstruktur, die damit einhergeht folgendermaßen: „Narzißtische Wut kommt in vielen Formen vor: ihnen allen jedoch ist ein besonderer psychologischer Anstrich gemeinsam, der ihnen eine eindeutige Stellung im weiten Bereich der menschlichen Aggression verleiht. Der Rachedurst, das Bedürfnis, ein Unrecht zu korrigieren, eine Beleidigung auszumerzen, mit welchen Mitteln auch immer, und ein tief eingewurzelter unerbittlicher Zwang bei der Verfolgung all dieser Ziele, der jenen keine Ruhe lässt, die eine narzißtische Kränkung erfahren haben ... (etwa lächerlich gemacht, verächtlich behandelt zu werden oder eine öffentliche Niederlage zu erleiden)" (ebd., S. 227).

Zwar neigt natürlich jeder Mensch dazu, auf entsprechende Kränkungen mit Ärger oder Beschämung zu reagieren, „quälendste Scham und heftigste narzißtische Wut entstehen jedoch bei jenen Individuen, für die das Gefühl absoluter Kontrolle über eine archaische Umgebung unabdingbar ist, weil die Aufrechterhaltung ihres Selbst und ihrer Selbstachtung auf der bedingungslosen Verfügbarkeit der billigend-spiegelnden Funktion eines bewundernden Selbst-Objekts beruht" (ebd., S. 233). Weil sie jene, die diesen Anspruch durch ihr Verhalten irgendwie in Frage stellen, weniger als eigenständige Personen mit eigenen Perspektiven und Interessen wahrnehmen, sondern mehr als Störfaktoren in ihrem Bemühen, das eigene labile Selbstbild aufrechtzuerhalten, mangelt ihnen typischerweise auch jedes einfühlende Verständnis für deren Situation.

Auch im jüngeren Dialog zwischen Psychoanalyse und Bindungstheorie spielt die Frage nach der Genese der Fähigkeiten zur Introspektion, zur Empathie und zur Affektregulation eine zentrale Rolle. So schreibt etwa Peter Fonagy in seinem instruktiven Band „Psychoanalyse und Bindungstheorie": „Die Regulierung von Emotionen hängt von einem Verständnis des inneren Erlebens ab, was am wahrscheinlichsten im Kontext einer frühen dyadischen (Fürsorge-)Beziehung entsteht. ... Negative Affektivität ist offenbar ein Hinweis auf das Fehlen der Kernfähigkeit, negative Emotionen in interpersonalen Beziehungen angemessen zu regulieren. Dies könnte die Folge von angsterfüllten und beängstigenden Bindungserlebnissen in früher Kindheit sein" (Fonagy 2003, S. 52). Menschen mit entsprechend problematischen frühen Erfahrungen seien kaum in der Lage „eine negative Erregung einzudämmen und ihre negativen Reaktionen zu unterdrücken", sie können damit auch nicht „wirksame Bewältigungsreaktionen planen oder ihre Aufmerksamkeit umlenken, um die Konfrontation mit den störenden Reizen abzuschwächen. Sie werden unweigerlich auf erhebliche Schwierigkeiten in sozialen Beziehungen stoßen" (ebd.).

9. Welche Chancen gibt es, solche Ärgersituationen „professionell zu handlen"? – Modelle der Deeskalation

Bei sich zuspitzenden Konflikten zwischen Erziehern und Kindern bzw. Jugendlichen geht es meist auch um Aspekte der Selbstachtung und Selbstbehauptung. Der eine sieht diese gefährdet, wenn er seine (in seinen Augen wohlbegründeten) Forderungen zurücknimmt, der andere sieht seine Selbstachtung gefährdet, wenn er sich den (von ihm als Zumutung empfundenen) Forderungen unterwirft. Ärger- und wutgesteuerte Eskalationsprozesse im Kampf um die Selbstbehauptung gewinnen oft eine beträchtliche Eigendynamik aus der der Ausstieg dann zunehmend schwerer fällt.
Eine systematische Analyse solcher Eskalationsprozesse samt der phasenspezifischen Möglichkeiten der Deeskalation, des Aussteigens aus dem Konflikt, hat Matthias Schwabe versucht (vgl. Schwabe 1996). Er geht dabei von einem Fünf-Phasen-Modell aus:
In der ersten Phase „Das Konfliktfeld abstecken", werden zunächst auf einer noch eher sachlichen Ebene, die aber auch schon in eine zunehmende Erregung übergehen kann, die unterschiedlichen Standpunkte der Konfliktpartner deutlich gemacht, Forderungen und Verweigerungen, Argumente und Gegenargumente in den Raum gestellt. Als „Möglichkeiten der Deeskalation" nennt Schwabe auf dieser Stufe: „Verständnis für den Standpunkt des anderen äußern, Kompromißangebote machen, bzw. aushandeln, Beziehungswünsche thematisieren, ... Kommentare auf einer Meta-Ebene können nützlich sein (‚Ich glaube, wir sind wieder dabei, uns zu verkämpfen...')" (ebd., S. 47). Wichtig ist es hier auch, zu erkennen und eventuell zu benennen, ob es bei dem Konflikt nur um die „vordergründige", „offizielle" Sache geht, oder ob es dabei eventuell auch noch ein „unterschwelliges Thema" gibt.
Die zweite Phase nennt Schwabe „Aufschaukeln – bis an die Grenzen gehen" und er sieht sie durch folgende typischen Merkmale gekennzeichnet: „Beide Interaktionspartner haben sich entschlossen, den Machtkampf zu gewinnen: Jeder glaubt, daß es ihm noch gelingen wird, den anderen argumentativ oder durch Demonstration von Entschlossenheit (Körpersprache) zu überzeugen. Je länger der Machtkampf andauert, umso länger verrennen sich beide Konfliktpartner in ihre Positionen und blockieren sich dadurch wechselseitig durch Angst, ‚das Gesicht zu verlieren'" (ebd.). Als „Möglichkeiten der Deeskalation" sieht er auf dieser Stufe die folgenden Verhaltensweisen seitens des Pädagogen: „Ultimatives Kompromißangebot, thematisieren, wie es dem anderen bzw. einem selbst mit dem Streit/Machtkampf geht. Sich deutlich genervt, ratlos, erschöpft etc. zeigen, ohne dem anderen Schuldgefühle zu

machen. Energisches Wiederholen der eigenen Forderung, dann sich sofort umdrehen und weggehen" (ebd. S. 48).

Die dritte Phase wird als *"Eskalations-Sog/an den Grenzen"* bezeichnet und folgendermaßen charakterisiert: „In dieser Phase beginnt sich ein so dichtes Gewebe von Interaktionen herzustellen, so daß die jeweiligen Reaktionen scheinbar ‚automatisch' und zwangsläufig auseinander resultieren. Die Verantwortung für das jeweilige Handeln wird diffus. Die Kontrolle für das was jeder sagt, ist bereits minimal. Die Körpersprache zeigt deutlich die emotionale Erregung" (ebd.). In dieser Phase sieht Schwabe nur mehr die Möglichkeit, den Schauplatz mehr oder weniger eindrucks- und geräuschvoll zu verlassen oder verzweifelt in Tränen auszubrechen. Alle anderen denkbaren Maßnahmen wirken seiner Meinung nach auf dieser Eskalationsstufe konfliktverschärfend.

Kommt es dennoch zur vierten Phase dem *"Höhepunkt"*, so sieht Schwabe auch hier noch zwei Möglichkeiten. Entweder es kommt tatsächlich zum Verlust der Impulskontrolle und zu körperlichen Attacken, die immer einen „schlechten Höhepunkt" darstellen, weil sie unweigerlich weitere Konflikte nach sich ziehen. Oder es ist möglich, im letzten Augenblick die Situation doch noch umzubiegen und zu einem „guten Höhepunkt" zu führen, wenn es gelingt, „einen dramatischen und/oder überraschenden Endpunkt" zu setzen, „der nicht mehr überboten werden kann, aber den anderen auch nicht zu sehr demütigt". Hier setzt Schwabe vor allem auf den Überraschungseffekt, der den Konfliktgegner so sehr verblüfft, dass dieser aus dem Konzept kommt. Als solche unerwarteten Gesten nennt er „Zigarette anbieten", „Einladung zum Eis", „Rückkehr zu einem völlig ruhigen und sachlichen Tonfall" (S. 49). Diese Wendung muss man freilich auch als Pädagoge in der entsprechenden Situation erst einmal zustande bringen.

In jedem Fall sollte auch noch eine fünfte Phase folgen, d.h. eine *nachträgliche Klärung des Konflikts* innerhalb einem Zeitraum von 2–24 Stunden, also wenn der Zorn einigermaßen verraucht, aber die Situation doch auch noch aktuell ist.

Schwabe hat zur Vermittlung seines Konzepts, d.h. zur Sensibilisierung für die typischen konfliktverschärfenden Handlungsmuster und zur Erprobung von kreativen Deeskalationsstrategien in kritischen pädagogischen Handlungssituationen, ein videogestütztes Deeskalationstraining entwickelt, bei dem unterschiedliche Varianten einer Konfliktlösung im Rollenspiel durchgespielt werden und im Anschluss daran dann eine gemeinsame Mikrointeraktionsanalyse der aufgezeichneten Handlungsverläufe stattfindet.

Schwabes Vorschläge sind aus dem Kontext der Jugendhilfe und der Heimerziehung heraus entstanden. Dort sind die Handlungsspielräume meist größer als in den doch formalisierten schulischen Strukturen, bei denen der Lehrer in der Regel vor der versammelten Klasse auf Herausforderungen und Verweigerungen seitens der Schüler reagieren muss.

Inzwischen gibt es auch idealtypische Darstellungen der Eskalationsverläufe im Klassenzimmer mit entsprechenden Beschreibungen der „optimalen" pädagogischen Handlungsstrategie auf jedem Level der Eskalation. Eine solche stammt etwa von Geoffrey Colvin (2000). Er hat ein siebenstufiges Eskalationsmodell mit einer entsprechenden „Erregungskurve" beschrieben, dessen einzelne Phasen die Bezeichnung: 1. Ruhe, 2. Auslöser, 3. Erregung, 4. Akzeleration, 5. Höhepunkt, 6. Deeskalation und 7. Erholung tragen. Als didaktisches Anschauungsbeispiel hat er dabei folgende Sequenz an den Anfang seiner Ausführungen gestellt:

„*Michael, es wird Zeit, dass du mit deinen Aufgaben beginnst.*
Was für Aufgaben?
Die Aufgaben, die du heute Morgen nicht beendet hast.
Ich bin fertig!
Dann lass mal sehen!
(Michael hat zwei Aufgaben bearbeitet)
Gut, das sind zwei, du solltest aber zehn Aufgaben bearbeiten.
Das wusste ich nicht.
Das habe ich doch vorher klar und deutlich gesagt.
Daran kann ich mich nicht erinnern.
Schau an die Tafel, da steht es: Aufgabe eins bis zehn.
Das wusste ich nicht.
So, jetzt reicht es, eins bis zehn, sie zu, dass du fertig wirst. Das mach ich nicht, das ist unfair. ... Sie können mich nicht zwingen!
Wenn du das jetzt nicht machst, machst du es in der Pause.
L..... mich!
Das lasse ich mir nicht bieten. Hier haben Sie Ihre Hausaufgaben! (Wirft das Matheheft durch den Raum)
Das geht zu weit! Ich werde deine Eltern benachrichtigen.
Wenn Sie das tun....
Geht zum Schüler, versucht ihn aus der Klasse zu ziehen. Tritt nach dem Lehrer." (ebd., S. 6)

Colvin geht es um die Vorbeugung und Behandlung des „ausagierenden Verhaltens". Zwar geht er prinzipiell davon aus, dass das Problemverhalten des Jungen „Teil einer eskalierenden Interaktion ist, in die beide, Lehrer und Schüler verwickelt sind. Für jede Reaktion des Schülers gibt es eine typische korrespondierende oder reziproke Reaktion des Lehrers" und er stellt sich die Frage: „Was würde geschehen, wenn der Lehrer dieses Wechselspiel nicht mitmachen würde" (S. 8). In seiner weiteren Darstellung der Eskalationsschritte und der angemessenen pädagogischen Handlungsstrategien geht er jedoch ganz selbstverständlich davon aus, dass sich auf der einen Seite ein „Schüler mit antisozialen Verhaltensweisen" der in zunehmende Erregung gerät und auf der anderen Seite eine Lehrperson, die trotz Provokation ruhig, sachlich und überlegt bleibt, gegenüberstehen. Wie letztere dies schaffen kann, davon ist kaum die Rede. Dies unterscheidet sein Konzept deutlich von dem Schwabes, der davon ausgeht, dass solche pädagogischen Konfliktverläufe in der Regel die Struktur einer „symmetrischen Eskalation" haben, bei dem beide Seiten mit ihren Verhaltensweisen und Äußerungen immer mehr in den Sog der Eskalation geraten.

Colvins sehr konkrete Empfehlungen zu den „eskalationsstufenspezifischen pädagogischen Handlungsstrategien" die hier exemplarisch für die Stufe vier: „Akzeleration" wiedergegeben werden sollen, sind sehr konkret und differenziert und enthalten sicherlich viel Richtiges und Wichtiges. Sie setzen jedoch, wie gesagt, immer schon den kühlen Kopf des Pädagogen voraus:
„Bewahren Sie Ruhe, Respekt, Gelassenheit und Abstand. Wenn man sich in dieser Phase dem Schüler nähert, um ihn auf sein Verhalten anzusprechen, ist es sehr wahrscheinlich, dass das Verhalten eskaliert. Das Verhalten des Lehrers in dieser Situation muss extrem kontrolliert sein, um eine weitere Verschärfung des Konflikts zu vermeiden. Im Folgenden einige Richtlinien für den Umgang mit Schülern in dieser Situation:
- *Bewegen Sie sich langsam und überlegt auf den Schüler zu. Gehen Sie langsam und vermeiden Sie schnelle Bewegungen und Verhaltensweisen, die auf Panik oder Angst schließen lassen.*
- *Sprechen Sie leise. Nehmen Sie den Schüler zur Seite und vermeiden Sie Aussagen vor der Klasse und eine laute Stimme.*
- *Sprechen Sie ruhig. Benutzen Sie eine leise, kontrollierte Stimme. Seien Sie so sachlich wie möglich. Vermeiden Sie Drohungen.*
- *Minimalisieren Sie die Körpersprache. Verhalten Sie sich so ruhig wie möglich. Vermeiden Sie es, mit dem Zeigefinger auf etwas hinzuweisen, den Schüler anzustarren oder sich vor ihm ‚aufzubauen'.*
- *Halten Sie eine vernünftige Distanz ein. Kommen Sie dem Schüler nicht*

zu nahe.
- *Sprechen Sie respektvoll. Vermeiden Sie eine harte, ärgerliche Sprache. Benutzen Sie den Namen des Schülers und sprechen Sie in einer sanften, gelassenen und respektvollen Weise.*
- *Lassen Sie sich auf Blickhöhe des Schülers herab. Wenn der Schüler sitzt, setzen oder hocken Sie sich neben ihn. Wenn der Schüler steht, bleiben Sie auch stehen.*
- *Reden Sie kurz. Benutzen Sie eine knappe und einfache Sprache. Vermeiden Sie langatmige Ausführungen oder ärgerliches Herummeckern. Solche Verhaltensweisen führen in der Regel zu weiteren negativen Reaktionen des Schülers.*
- *Bleiben Sie bei der Sache. Konzentrieren Sie sich auf das aktuelle Problem. Lassen Sie sich nicht ablenken und besprechen Sie andere Probleme später.*
- *Ziehen Sie sich zurück, wenn das Problemverhalten eskaliert. Beenden Sie die Diskussion, wenn das problematische Verhalten weiter eskaliert, ziehen Sie sich von dem Schüler zurück und folgen Sie den Verfahrensweisen für Notfälle (s.u.).*
- *Vermeiden Sie Machtkämpfe. Bleiben Sie bei der Sache. Lassen Sie sich nicht in ‚Du sollst – Nein!' – Auseinandersetzungen hineinziehen.*
- *Reagieren Sie mit Anerkennung auf kooperatives Verhalten. Wenn der Schüler sich kooperativ verhält, reagieren Sie anerkennend auf dieses Verhalten und halten Sie die Kooperationsbereitschaft in einem späteren Bericht oder bei einer späteren Besprechung fest.*

Insgesamt: Benutzen Sie ihren gesunden Menschenverstand und behandeln Sie das Problem auf eine ruhige, gelassene, wenig hastige, respektvolle Weise" (ebd. S. 33).

Wenn man den Kontext nicht kennen würde, dann könnte man vermuten, dass viele der Empfehlungen für die Art sich zu bewegen und zu sprechen aus einer Anleitung für „Pferdeflüsterer" stammen und dazu dienen sollen, scheue Pferde zu beruhigen. Dennoch erscheinen die eher rezeptartigen Handlungsempfehlungen von Colvin durchaus vernünftig und beherzigenswert, wenn es darum geht, Konfliktsituationen mit Schülern nicht weiter aufzuheizen. Der „gesunde Menschenverstand" sagt einem, dass die geschilderten Verhaltensweisen durchaus zur Deeskalation und Konfliktentschärfung geeignet sind. Der „gesunde Menschenverstand" bzw. die allgemeine Menschenkenntnis und Lebenserfahrung sagt einem aber auch, dass Lehrer und Erzieher in Konfliktsituationen üblicherweise anders reagieren, dass es eher eine kleine Minderheit sein dürfte, die in der Lage ist, in Konfliktsituationen

das geforderte Maß an Ruhe, Gelassenheit und Respekt aufrechtzuerhalten. (Als ich einmal eine zu rascher Erregung neigende Person in einem pädagogischen Zusammenhang aufforderte, doch lieber Gelassenheit zu bewahren und sich nicht gar so sehr aufzuregen, hat diese mit hochrotem Kopf erwidert, es gäbe überhaupt keinen Grund, sich *nicht* aufzuregen!)
Bräuchte man also zunächst eine Art „Coolness-Training" für Lehrer? Nach Goleman ist Wut „jene Stimmung..., die die Menschen am schlechtesten unter Kontrolle bringen. Die Wut ist von allen negativen Emotionen die verführerischste; der selbstgerechte innere Monolog, der sie antreibt, liefert uns die überzeugendsten Argumente dafür, unserer Wut freien Lauf zu lassen. Wut wirkt, anders als die Traurigkeit, anspornend, ja sogar belebend" (Goleman 1995, S. 83).
Kann man die Wut dennoch unter Kontrolle bringen? Kann man lernen, sich nicht oder zumindest nicht über Gebühr aufzuregen – oder ist Temperament hier „Schicksal"? Sicherlich sind meditative Übungen zum Finden der eigenen Mitte und der inneren Ruhe grundsätzlich sinnvoll, um insgesamt auf eine entspanntere Lebensspur zu kommen. Vermutlich haben auch simple Kniffe des „Mood-Managements" und der Impulskontrolle, bewusste innere Stopp-Signale wie z.B. „Dreimal tief Durchatmen" oder „Rückwärts bis 10 zählen" bevor man etwas sagt oder tut ihre begrenzte Wirksamkeit (wenn man sie denn tatsächlich so verinnerlicht hat, dass sie im akuten Bedarfsfall auch als selbstverständliche Reaktion verfügbar sind!).
Hilfreich dürfte auch eine bewusste Achtsamkeit auf die eigene momentane Gefühlslage sein. Ein klar und deutlich wahrgenommenes, innerliches oder sogar ausgesprochenes „Ich fühle mich tief verletzt und bin jetzt richtig wütend" verhindert in den meisten Fällen schon, dass die Tassen oder gar die Fäuste fliegen und ist für das weitere Konfliktgeschehen in der Regel auch konstruktiver als ein „Du meinst wohl, dass du mich mit deinen Unverschämtheiten beeindrucken kannst. Du wirst Dich noch wundern".
In Situationen, in denen dies machbar ist und in denen in aufgeheizter Stimmung eine sinnvolle Konfliktlösung kaum möglich scheint, ist auch ein zeitweiliges „Aus-dem-Feld-Gehen" zur emotionalen Abkühlung und zur Vermeidung der Eskalationsspirale sinnvoll. Freilich sollte dann ein späterer „Klärungsprozess" versucht werden, damit es nicht stattdessen zu einem langfristigen „Gärungsprozess" kommt.
Emotionen wie Ärger, Wut und Empörung sind nicht einfach psychische Reaktionen auf objektive Situationen, sondern sind in der Regel die Folge von bestimmten *Urteilen* über Situationen, von *Einschätzungen* bezüglich der Motive von Personen und von *Überzeugungen* bezüglich dessen, was ein

„angemessenes", „normales" und „erwartbares" Verhalten in der gegebenen Situation wäre. Ein weiterer und vielleicht überhaupt der aussichtsreichste Weg innere Ruhe in kritischen Situationen zu bewahren ist wohl der, diese Urteile, Einschätzungen und Überzeugungen zu überdenken und gegebenenfalls zu revidieren. D.h. heißt, zu einem „Reframing" der Situation, zu einer kreativen Umdeutung zu kommen: Ein Grinsen muss nicht zwangsläufig als Provokation wahrgenommen, sondern kann auch als Ausdruck von Verlegenheit oder Schalkhaftigkeit interpretiert werden. Eine freche Antwort muss der Lehrer nicht notwendig als Angriff auf die eigene Autorität erleben, sondern er kann auch über die Schlagfertigkeit und Unbekümmertheit staunen. Die Unruhe und das dauernde Schwätzen mögen zwar nerven, man muss es dennoch nicht unbedingt als Gemeinheit oder Interesselosigkeit sehen, sondern kann es auch als Ausdruck des besonderen Bewegungs- und Mitteilungsdrangs der Schüler deuten. Das Nichterledigen von gestellten Aufgaben muss nicht als Arbeitsverweigerung interpretiert werden, sondern kann auch als Zeichen pubertätsbedingter Desorientiertheit und Desorganisiertheit betrachtet werden. – All diese Umdeutungen sind freilich leichter vorgeschlagen, als in der konkreten Situation realisiert. Sie sollen auch keineswegs bedeuten, dass man nicht mehr auf bestimmte Standards angemessenen Verhaltens und vernünftigen Arbeitens pocht, sie helfen vielleicht aber dabei, dies nicht mehr mit einem so hohen Maß an Verbissenheit und innerer Empörung zu tun.

Anspruchsvoller als solche allgemeinen „Umdeutungskniffe" zu gängigen Problemverhaltensweisen sind Versuche, die konkrete Beziehungsdynamik zu verstehen, die sich zwischen dem Lehrer und einzelnen Problemschülern oder aber zwischen dem Lehrer und der ganzen Klasse entwickelt hat. Die Auseinandersetzung also mit Fragen wie: „Was spielt sich eigentlich zwischen Benno und mir ab?", „Welche Übertragungsprozesse finden hier statt?", Was bedeutet es, wenn Erika und Elisabeth von mir als Lehrer Strafarbeiten einfordern?", „Warum reagiere ich so gekränkt, wenn ich weiß, dass die Klasse von autoritären Lehrern eingeschüchtert und zur Ruhe gebracht werden kann, bei mir aber, der ich kein solch autoritärer Lehrer sein will, der Lärmpegel höher ist?", „Warum nehme ich bestimmte Schimpfworte, die die Schüler im Umgang untereinander verwenden, als schlimme Beleidigung wahr, obwohl die Schüler selber sie offensichtlich gar nicht besonders Ernst nehmen?", „Warum reagiere ich auf Michaels chaotisches Arbeitsverhalten immer wieder so gereizt?", „Warum reagiert er so aversiv gegen jede Art von Zwang oder Drohung"?

Hilfreich für ein vertieftes Verstehen solcher Beziehungsprozesse und solcher emotionaler Reaktionen sind sicherlich Fallbesprechungsgruppen, in denen in entspannter Atmosphäre, entlastet vom unmittelbaren Handlungsdruck und unter Hilfe des Resonanzraums der Gruppe und der zusätzlichen Deutungskompetenz des Leiters ein differenzierter Blick auf die zunächst oft schwer verständlichen inter- und intrapersonalen Vorgänge geworfen werden kann (vgl. Garlichs 1984, Hirblinger 2003). Zugleich wird in solchen Fallbesprechungsgruppen sicherlich auch ein Stück weit eine Kultur der Reflexivität, des genauen Blicks, der Empathie, der Achtsamkeit auf unbewusste Prozesse, der Offenheit für eigene Konfliktanteile und des Verständnisses für komplizierte Motivlagen gepflegt. All dies mag dazu beitragen, in künftigen herausfordernden Situationen nicht dem ersten Impuls der Empörung und der spontanen Aufwallung von Wut zu folgen, sondern gewissermaßen einen „Filter" der Reflexivität und der distanzierten Situationsbetrachtung einzubauen, der die Aufregung in Grenzen hält.

10. Welche Möglichkeiten gibt es, künftige Lehrer auf einen „angemessenen", „förderlichen" Umgang mit Ärger- und Konfliktsituationen vorzubereiten?

Welche Konsequenzen für die Lehrerbildung ergeben sich aus den obigen Ausführungen? Kann man Studierende auf den Umgang mit störendem, unaufmerksamem, provozierendem Schülerverhalten im Rahmen des Lehramtsstudiums sinnvoll vorbereiten? Wohl nicht, indem man einfach ein gewöhnliches Seminar zum Thema „pädagogisches Konfliktmanagement" oder „Affektkontrolle in pädagogischen Arbeitsfelder" anbietet und dort über einschlägige Texte diskutiert. Denn es stimmt eben nicht, dass wissenschaftlich abgesicherte „verfeinerte Techniken" und „Rezepte für alle Unterrichtslagen" bereit lägen, die man nur gründlich vermitteln müsste, um die künftigen Lehrer vor der „fatalen Unsicherheit im Umgang mit den Schülern" zu bewahren, wie der SPIEGEL schreibt.

Im Gegenteil: Gerade das Aushalten von Unsicherheit und der Umgang mit Unbestimmtheit selbst ist von der Erziehungswissenschaft bisweilen zum Kerncharakteristikum der pädagogischen Professionalität hochstilisiert worden. In diesem Sinne meint Benner, Pädagogen müssten „Experten in einem doppelten Nicht-Wissen und Nicht-Wissen-Können sein (Benner 1991, S. 19) und Wimmer postuliert, dass das „wissende Nicht-Wissen" den „Kern der pädagogischen Professionalität" ausmache (Wimmer 1996).

Lässt sich ein prophylaktisches „Coolness-Training" für Lehrer durchführen, um künftige Lehrer in die Geheimnisse der „Affektkontrolle" einzuführen? Der gestandene Pädagogik-Professor Job-Günther Klink hatte, als er das Experiment wagte, an die Hauptschule zurückzugehen, ja seine liebe Not damit und hat deshalb gefordert, die Lehrerbildung müsse der „Berufsemotionalität des Lehrers" mehr Aufmerksamkeit schenken. Von einem der Studierenden, die in seiner Klasse ein Praktikum absolvierten, stammt der Satz: „Ich hatte mir vor dem Praktikum kaum vorstellen können, wie ich im Unterricht über Störungen erregt sein könnte. Jetzt habe ich es erfahren".

Vermutlich ist auch die Reichweite rein theoretischer Aufklärung über die "Neuroanatomie und -physiologie der Wut" und über die „Sozialpsychologie von Eskalationsprozessen" begrenzt. Sicherlich kann man im Rollenspiel etwa die Konfliktepisoden von Colvin durchspielen, kann dies mit der Videokamera aufnehmen und dann darüber diskutieren, inwieweit die von Colvin empfohlenen Strategien realisiert wurden. Aber Rollenspiele sind letztlich eben doch „Trockenschwimmkurs", weil die entscheidende affektive Dynamik dabei eben nicht präsent ist. Auch Fallbesprechungsseminare haben noch keine rechte Basis, wenn der reale, selbstverantwortliche Erfahrungshintergrund noch fehlt.

Eine weitere denkbare Richtung wäre jene, die nicht auf die direkte Vermittlung von Wissen oder von Rezepten und Techniken setzt, sondern die eher den indirekten Weg über die Bildung der Lehrerpersönlichkeit geht. Adorno hat in diesem Sinne die „Notwendigkeit psychoanalytischer Schulung und Selbstbesinnung im Beruf der Lehrer" gefordert, die eine bewusstere Haltung der Lehrer gegenüber ihren eigenen Affekten zum Ziel haben sollte. Die Bedeutung und die Reichweite autobiographischer Selbstreflexion im Hinblick auf die pädagogische Professionalität ist in jüngster Zeit wiederholt zum Thema gemacht worden und es wurden unterschiedliche Konzepte zur konkreten Anleitung hierzu im Rahmen der Lehrerausbildung vorgestellt (vgl. Datler 2006, Neuß, 2006, Merkelbach/Schön 2006 u.a.). Unter dem hier im Zentrum stehenden Aspekt müsste es in einer solchen autobiographischen Selbstreflexion in pädagogischer Absicht dann um Fragen gehen, wie die folgenden: Welche Form des Emotionsausdrucks und der Affektkontrolle war in dem Milieu, in dem ich aufgewachsen bin, typisch? Wie hat dies mich geprägt? Welche Situationen aus meiner Schulzeit haben sich als besonders emotional belastend, als besonders angstvoll, schambeladen, empörend, in mir „festgebrannt"? Wie sehen meine typischen spontanen emotionalen Reaktionsweisen auf Provokation, Enttäuschung, Überheblichkeit, Ungerechtigkeit, Unaufrichtigkeit, Unzuverlässigkeit, Unordentlichkeit, aus? Wo liegen meine speziellen Empfindlichkeiten, d.h. worauf lege ich besonderen Wert und auf welche Verhaltensweisen reagiere ich aus welchen Gründen besonders „allergisch"? Was stört, „nervt" mich am meisten? Neige ich eher zu schnellen und heftigen affektiven Reaktionen und ist der Zorn dann ebenso schnell wieder verraucht oder neige ich eher dazu, Dinge in mich „hineinzufressen" und dann mit langfristiger Bitterkeit und mit Beleidigtsein darauf zu reagieren? Wie stehe ich prinzipiell zum Ausdruck von Affekten: Bin ich der Meinung, „dass die Wut raus muss", dass ein „klärendes Donnerwetter" heilsam ist oder bin ich eher der Ansicht, dass „Unbeherrschtheiten", „Kontrollverluste" peinlich und verachtenswert sind? Welche Strategien, Maßnahmen, Kniffe der „Affektkontrolle" in kritischen Situationen habe ich bisher erprobt und wie waren meine Erfahrungen damit?

Es ginge also um ein Stück Selbsttransparenz bezüglich der eigenen emotionalen Reaktionsweisen, mit Homburger-Erikson zu sprechen, um die „heilende Macht des Von-sich-Wissens" (Homburger 1930, S. 216). Diese erhöhte Selbstbewusstheit bezüglich der eigenen emotionalen Erlebnisweisen und Reaktionsmuster stellt einen Teilaspekt dessen dar, was mit dem Konzept der „emotionalen Intelligenz" gefasst wird. Zur Frage, wie diese im Rahmen der Ausbildung gefördert werden können, finden sich am Ende des vorigen Kapitels einige Vorschläge.

Eine andere, vielleicht noch fundamentalere Frage, die sich einerseits prinzipiell stellt und die sich, angesichts der Tendenz, dass Hochschulen zunehmend selbst Einfluss auf die Auswahl der Studierendenanfänger nehmen können, immer mehr auch ganz konkret und praktisch stellt, ist die, ob es Möglichkeiten gibt, „für den Lehrerberuf ungeeignete BewerberInnen" schon vor oder bei Beginn der Ausbildung zu erkennen und gegebenenfalls abzuweisen. Sollte man also eine Art „Persönlichkeits-TÜV" einführen, um etwa Personen mit einem besonders hohen „Neurotizismuswert" vom Lehramtsstudium fernzuhalten? Dies ist natürlich ein besonders heikles Thema. In dem Buch „Der Lehrer und seine Bildung" (Becker/v. Hentig 1984) bin ich auf zwei ganz entgegen gesetzte Positionen hierzu gestoßen, die mich beide auf ihre Art nachdenklich gestimmt haben. In Jürgen Gidions Text „Lehrer – Anmerkungen zu einem ‚unmöglichen Beruf', ist zu lesen:

„Kinder und Jugendliche, ... haben ein Recht darauf, nicht Narziß am Pult zu begegnen, nicht von orientierungslosen, leicht kränkbaren Neurotikern, dogmatischen Ideologen, blinden Idealisten oder schlicht in ihre Position hineingeratenen Halbwissenschaftlern ‚unterrichtet' zu werden."

In Hartmut von Hentigs Text „Vom Verkäufer zum Darsteller – Absagen an die Lehrerbildung" heißt es:

„Wie soll ein Lehrer sein? – Wie er ist, nicht anders. Wenn ihn der liebe Gott bucklig gemacht hat, bucklig; wenn er humorlos ist, lieber humorlos als krampfhaft heiter; wenn er autoritär ist, dann auch das – vorausgesetzt, dass Autoritärsein wirklich eine Eigenschaft, ein Schicksal, ein gegebenes Verhältnis ist und nicht ein überwindbares Verhalten. – An dem, der so wenig anders sein kann, wie der Bucklige, werden die Kinder etwas lernen, was sie an einem, der gerade geht, nicht lernen können und an einem, der buckelt, falsch lernen.
Mit anderen Worten: Es gibt keine negativen Eigenschaften, die einen Menschen vom Lehrerberuf ausschließen, es sei den Krankheiten wie Sadismus oder Idiotie oder Subalternität (ein Defekt, der sich als unheilbar erweist). Alle anderen ,schlechten Eigenschaften' gehen in der Gesamtbilanz von Anstrengung und Erfolg auf. Für Ungeduld, Pedanterie, Eifersucht, Eitelkeit, Inkompetenz muß der Lehrer mit seinen Wirkungen zahlen. ...
Die positive Bestimmung davon, ,wie der Lehrer sein soll' führt sich selbst ad absurdum: Jede Tugend lässt sich steigern, und zu jeder Ansammlung von Tugenden lassen sich immer noch weitere hinzufügen... Allen Bestimmungen des ,guten Lehrers' durch einen Katalog von guten Eigenschaften, die er mitzubringen habe, sollte man misstrauen. Wo die Pädagogik solche Kataloge aufstellt, erklärt sie ihren Bankrott. Sie sollte nicht mit Ausnahmemenschen ausgedachte Konzeptionen erfüllen und alles andere den unvollkommenen Voraussetzungen anrechnen – als Panne der Natur oder der Gesellschaft – sie sollte der mittelmäßigen Wirklichkeit helfen, sich selbst zu helfen – sich vielleicht zu übertreffen und auf jeden Fall, sich zu ertragen."

Beide Autoren haben auf ihre Art und Weise Recht. Einerseits haben Schüler einen Anspruch darauf, dass die Personen, die sie unterrichten, nicht nur von ihren Fächern etwas verstehen, sondern zudem auch einigermaßen reife, verantwortliche, faire und umgängliche Menschen sind. Andererseits hat v. Hentig Recht, dass es keinen Sinn macht, umfassende Kataloge von wünschenswerten Persönlichkeitseigenschaften zu formulieren und damit so zu tun, als sei ein besonderer „geistiger Adel" oder ein „Ausbund von Tugendhaftigkeit" Voraussetzung für den Lehrerberuf.
Bisweilen begegnet man manchmal in Seminaren oder im Praktikum Studierenden, die immense Probleme damit haben, sich einigermaßen selbstbewusst vor eine Gruppe von Schülern oder von KommilitonInnen hinzustellen und

die Dinge, die sie vorbereitet haben, zu präsentieren. Oder andere, die in der Sprechstunde oder in Prüfungen einen so „verhuschten", „verdrucksten" Eindruck hinterlassen, es etwa kaum schaffen, den Kopf zu heben und Blickkontakt herzustellen, dass man sich als Hochschullehrer schon ernstlich fragt, wie sie später einmal vor einer Gruppe Halbwüchsiger bestehen wollen und ob sie sich selbst wirklich etwas Gutes damit getan haben, diese Berufslaufbahn einzuschlagen.

Von daher ist es sicherlich eine sehr vernünftige Idee, dass die Gruppe um Schaarschmidt in der Konsequenz ihrer großen Studie zu der psychischen Belastungssituation von Lehrern nun an einer Checkliste arbeitet, die einen langen Fragenkatalog zur Selbsteinschätzung enthält, mittels derer junge Leute, die Interesse an einem Lehramtsstudium haben, noch einmal ernsthaft in sich gehen und überprüfen können, ob sie sich diesen Beruf zutrauen und ob sie die notwendigen persönlichen Voraussetzungen dafür mitbringen. Die „Ermahnungen zur pädagogischen Gewissenserforschung", die im „Selbstcheck für den Lehrberuf" (Herlt/Schaarschmidt 2005) auftauchen und bei denen die Probanden dann jeweils ihre Zustimmung zu unterschiedlichen Antwortvarianten auf Skalen einschätzen sollen, lauten dabei etwa folgendermaßen:

- *Als Lehrer hat man nicht selten Misserfolge zu verkraften. Gefordert ist also die Fähigkeit, mit Misserfolg gut umzugehen. Wie ist das bei Ihnen? (Frage III)*
- *Nicht selten muss ein Lehrer auch mit ungerechtfertigter Kritik, Kränkungen und Beleidigungen umgehen können. Das erfordert neben viel Liebe zum Beruf auch ein dickes Fell. Wie ist das bei Ihnen? (Frage VII)*
- *Als Lehrer muss man nicht nur Wissen vermitteln, sondern auch jungen Menschen Orientierung geben. Dabei sind nicht selten Auseinandersetzungen zu führen und Widerstände zu überwinden. Deshalb sollte man in der Lage sein, sich durchzusetzen und auch in konfliktreichen Situationen entschieden aufzutreten. Wie ist das bei Ihnen? (Frage XII)*
- *Als Lehrer hat man insbesondere im zwischenmenschlichen Bereich viele schwierige Situationen zu meistern. Wer da leicht zu verunsichern ist und ein solches Gefühl lange mit sich herumträgt, hat es in diesem Beruf nicht leicht. Wie ist das bei Ihnen? (Frage XXI)*
- *Als Lehrer ist man oft Stress ausgesetzt, der sich aus unvorhergesehenen Ereignissen im Unterricht, aus vielfältigen Wünschen und Forderungen von Schülern, Eltern, Kollegen und der Schulleitung oder auch aus Zeitdruck und zu großem Arbeitspensum ergeben kann. Deshalb sollte man*

als Lehrer unterschiedliche Arten von Stress gut bewältigen können. Wie ist das bei Ihnen? (Frage XXVI)

Hier wird also durchaus den Aspekten des Umgangs mit Misserfolgen, Frustrationen, Kränkungen, Provokationen, widersprüchlichen Erwartungen und Konflikten, damit also auch der Thematik der Affekte und der Affektkontrolle, beträchtlicher Raum eingeräumt.

Aber man wird vernünftigerweise den „Kreis der Berufenen" nicht zu eng ziehen und in spezieller Hinsicht auf die Anforderungen der „Affektkontrolle" die Ansprüche nicht zu hoch schrauben dürfen. Denn immerhin gibt es ja auch von großen Klassikern der Pädagogik Beispiele dafür, wie sie in Situationen besonderer Bedrängnis und Provokation auf dem „hohen Seil der Pädagogik ausgeglitten" sind und die Beherrschung verloren haben. So schildert Makarenko im „Pädagogischen Poem" jene berühmte Episode, in der er angesichts der frechen Verweigerung eines Jugendlichen ihm zu helfen, die Kontrolle verliert: „In einem Anfall von Wut über die erlittene Beleidigung, aufgepeitscht bis an die Grenzen der Verzweiflung und Raserei durch all die vorhergehenden Monate, holte ich aus und schlug Sadorow ins Gesicht" (Makarenko 1980, S. 46). Und Korczak schildert seine innere Empörung, als die Jungen einer Sommerkolonie sich einen Spaß daraus machen, seine Aufforderung zur Ruhe im Schlafsaal zu unterlaufen und ihn mit einer nächtlichen „Katzenmusik" zu provozieren: „Einer begann spitz zu pfeifen, einer krähte, andere bellten und muhten, wieder pfiff einer, mit Unterbrechungen, in verschiedenen Ecken des Saales. Ich begriff. ... Das war also die Antwort auf mein Wohlwollen, meinen Eifer, meine Mühe? Anfangs empfand ich einen brennenden Schmerz. Das gesamte Kristallgebäude meiner Träume stürzte ein, fiel in Trümmer. Zorn und beleidigter Ehrgeiz: Ich werde zum Gespött derer, die ich an Gemüthswerten weit überrage, die ich überzeugen, durch mein Beispiel hinanziehen, denen ich vielleicht auch imponieren wollte" (Korczak 1967, S. 244f.). Er droht in seiner hilflosen Wut, da er sich mit seinen Bitten und Ermahnungen nicht durchsetzen kann, dem nächsten, der Geräusche macht, Schläge an und erwischt prompt den Falschen. Entsprechend fühlt er sich tief beschämt über den Verlust seiner Selbstbeherrschung. Die offene Aussprache am nächsten Tag bringt dann freilich eine Wendung in der Beziehung zu den Kindern.

Auch die Auseinandersetzung mit solchen plastisch geschilderten Episoden, mit den „Fällen und Unfällen in der Pädagogik" (Ertle/Möckel 1981) und mit den „ausgehaltenen Enttäuschungen" (Hiller/Nestle 1997) im Sinne einer „narrativen", „kasuistischen Pädagogik" stellt sicherlich einen wichtigen Beitrag dar, künftige Pädagogen auf die möglichen Herausforderungen und emotionalen Verwicklungen ihres Berufes vorzubereiten. Wichtig ist letztendlich nicht die perfekte Affektkontrolle (und damit die emotionale Unberührtheit?), sondern die Bereitschaft, sich in der Reflexion immer wieder mit jenen Gefühlen auseinander zu setzen, die in pädagogischen Interaktionen ausgelöst werden und das eigene erzieherische Handeln entsprechend zu prüfen.

Kapitel 4
Was macht die Schule mit „schwierigen Schülern"? – Was machen „schwierige Schüler" mit der ihnen zugeschriebenen „Eigenverantwortung"?

> „Was bringt das Projekt den Lehrerinnen und Lehrern?"
> „Die Möglichkeit, sich der Schüler, die nerven, zu entledigen."
> aus einem Interview mit Lehrern zum „EV-Projekt"

1. Der Ausgangspunkt: Die Zunahme von Disziplinproblemen an den Schulen

Die Klage über die Zunahme von Disziplinschwierigkeiten und Verhaltensstörungen an den Schulen ist vielfältig und in den Medien immer wieder Thema: vom „Tollhaus Schule", vom „Horror-Job Lehrer" und von den „kleinen Monstern" war in Spiegel-Titeln der letzten Jahre die Rede. Natürlich kann man sagen, dass es sich dabei um medientypische Übertreibungen handelt, dass Klagen dieser Art so alt sind wie die Schule selbst und dass „Jammern" in diesem Sinne eben einfach zum Geschäft gehört. Aber es gibt durchaus auch härtere Indizien, die darauf hindeuten, dass die Situation an den Schulen tatsächlich schwieriger geworden ist. Das Leiden der Lehrer an den bestehenden Verhältnissen dokumentiert sich vielleicht am deutlichsten in der Zunahme krankheitsbedingter Frühpensionierungen. Zwei größere Studien hierzu wurden in jüngster Zeit vorgestellt. Schaarschmidt kommt zu dem Ergebnis, dass es vor allem drei Bedingungen sind, die von Lehrerinnen und Lehrern als besonders belastend angegeben werden: Das Verhalten schwieriger Schüler, die Klassenstärke und die Anzahl der zu unterrichtenden Stunden (Schaarschmidt u.a. 1999).

In der Regel reichen schon einige wenige schwierige Schüler in einer Klasse aus, um das Ziel des ruhigen und gelassenen Unterrichtenkönnens nachhaltig in Frage zu stellen. Natürlich ergibt sich daraus nicht nur ein Problem für die Lehrer, sondern auch für den Rest der Klasse, sprich für die im Prinzip lernbereiten Schüler. In diesem Sinn heißt es bei Giesecke: „Der eigentliche

Skandal an vielen Schulen ist, dass eine kleine Minderheit von undisziplinierten Schülern die Mehrheit der lernwilligen Schüler terrorisieren darf und dafür dann nicht nur besondere Aufmerksamkeit der Lehrer erhält, sondern auch noch als prototypisch für die Probleme aller Schüler bzw. Jugendlichen ausgegeben wird" (Giesecke 1995, S. 96). Entsprechend fordert er, die Schule müsse wieder wirksamere Sanktionen gegen solche störenden Schüler verhängen können. Dieser Aufsatz Gieseckes hat bekanntlich ziemlichen Wirbel und Unmut ausgelöst, auf den ich aber hier nicht näher eingehen will. Ich teile auch nicht Gieseckes Auffassungen von Schule. Aber ich denke, es besteht ein reales Problem, es gibt eine echte Not bei vielen Lehrerinnen und Lehrern.

Viele von ihnen stellen sich heute die Frage, wie sie es wohl anstellen könnten, wieder mehr in Ruhe und Gelassenheit zu unterrichten. Es scheint so zu sein, dass der „Autoritätsvorrat", den die Lehrkräfte früher gewissermaßen gratis, d.h. allein Kraft ihres Amtes, also qua Lehrerrolle, zuerkannt bekamen, ziemlich geschmolzen ist. Gerade in Schulen in sozialen Brennpunkten müssen sich Kollegien heute zwangsläufig mit der Frage auseinandersetzen, wie sie gemeinsame Strategien entwickeln können, um die Disziplinprobleme „in den Griff zu bekommen". Natürlich steht dabei implizit immer auch die Frage „Wohin mit den Störern?" (Gerspach 1998) zur Diskussion. Die Nachfrage nach brauchbaren Konzepten, die die Situation an den Schulen erträglicher machen können, ist also groß.

Ich möchte im Folgenden ein solches Konzept und seine konkrete Realisierung an einer Schule zunächst vor- und dann zur Diskussion stellen. Ich schicke dabei gleich voraus, dass meine eigene Position ambivalent ist, dass ich einige Aspekte daran durchaus interessant finde, dass ich andererseits aber auch erhebliche Zweifel habe, ob unter der Hand aus diesem Programm nicht doch ganz leicht etwas anderes wird als die schönen Beschreibungen versprechen[1].

---

[1] Diese Ambivalenz in der Beurteilung, also die differenzierende, abwägende, sondierende Diskussion von Chancen und Risiken, ist mir von Bründel und Simon, die 2003 ein begeistertes Werbebuch für die Trainingsraum-Methode verfasst haben, übel genommen worden. Sie verwiesen auf die etwas abgedroschene Metapher vom Glas Wasser, das als halb voll oder halb leer angesehen werden könne und sehen in meiner Argumentation ein „Paradebeispiel dafür, dass das Programm im Ganzen ... negativ oder auch positiv gesehen werden" könnte – „je nach Standpunkt und theoretischer Ausrichtung und Ausbildung" (Bründel/Simon 2003, S. 133). (Wobei es mir freilich gerade nicht um eine solche pauschale Gesamtbewertung als nur positiv oder negativ geht, sondern um die Benennung von Möglichkeiten und Gefahren einer solchen, „pädagogischen Innovation", die als US-Import bei uns zunehmende Verbreitung findet).

2. Das EV-Konzept

Das Konzept läuft hier auch unter dem Titel „Arizona-Programm", weil es von seinem „Erfinder", Edward E. Ford 1994 zunächst an einer Schule in Phoenix, Arizona eingeführt wurde. Es handelt sich also ähnlich wie bei Weidners „Anti-Aggressionstraining" (vgl. Weidner 1996) um einen USA-Import. Wie andere amerikanische Konzepte zur Konfliktregulation (etwa das „Second Step®" Programm, das dem deutschen Faustlos-Konzept zugrunde liegt, oder Gordons „Teacher Effectiveness Training, „TET®") ist es mit einem eingetragenen Markenzeichen geschützt und wird entsprechend als „Responsible Thinking Process", „RTP®" promoted. Unter www.responsiblethinking.com kann die entsprechende Internetseite der „Responsible Thinking Incorporation" aufgerufen werden. Gleich auf der Homepage kommt einem dabei eine Warnung entgegen, die den Exklusivitätsanspruch für die Rechte an dem Konzept unterstreicht: „Warning: Both in the U.S. and in other countries, there are some educators teaching RTP, that are not accredited by RTP, Inc.".

Das Konzept wird derzeit offensichtlich (mit oder ohne offizieller Akkreditierung durch RTP?) von den Oberschulämtern in Baden-Württemberg propagiert und den Schulen nachdrücklich zur Adaption empfohlen. Es hat inzwischen wohl auch schon eine beträchtliche Verbreitung erfahren. Stefan Balke, der das Konzept hierzulande bekannt gemacht hat, fasst die Grundintention des Ganzen folgendermaßen zusammen: „Das Programm zielt darauf ab, für LehrerInnen ein ungestörtes Unterrichten und für SchülerInnen einen störungsfreien Unterricht zu ermöglichen. Als Voraussetzung dafür muss die Schule die Einhaltung vernünftiger sozialer Umgangsregeln gewährleisten können" (Balke 1998, 46). Dies hört sich recht verheißungsvoll an, verspricht es doch präzise die Lösung der eingangs beschriebenen Grundproblematik.

Wenn die Autorinnen dagegenhalten, das Programm sei „durch und durch von einer positiven, humanistischen Denkweise durchdrungen aber nicht gefeit, gegen Pädagogen, die einen eher negativistischen pädagogischen Stand- und Ausgangspunkt einnehmen bzw. eine tiefe Skepsis gegenüber Neuem aufweisen", dann halte ich dies für einen wenig dienlichen Umgang mit Nachdenklichkeit und Kritik. Wenn sie dann fortfahren: „Die Mehrzahl der Schulleiter/innen, Lehrerinnen und Lehrer, auch der Eltern sind auf Anhieb begeistert, wollen es (das Programm) am liebsten sofort einführen" (ebd.), dann offenbart auch dies eher eine Tendenz zur Problemverdrängung. In meinen Gesprächen mit Schulleitern und mit Lehrerinnen und Lehrern und eben auch mit Schülerinnen und Schülern, waren die Einstellungen zum Trainingsraum-Modell durchaus ambivalenter und ich weiß inzwischen auch von Schulen, die das Trainingsraumprogramm wieder aufgegeben haben, weil es sich nicht bewährt hat.

Im Kern besteht das Konzept aus vier Bestandteilen: Den Klassenregeln, dem „Eigenverantwortungsraum", aus der Idee der Verträge und Verhandlungen für die Rückkehr ins Klassenzimmer und aus einem Katalog gestufter Konsequenzen für die wiederholte Nichtbeachtung der Regeln. Hinzu kommen zwei Prinzipien, die die Haltung der beteiligten Personen bestimmen und die gleichzeitig ihrerseits durch das ganze Konzept bei den Schülern gefördert werden sollen: *wechselseitiger Respekt* und *Verantwortlichkeit für das eigene Handeln*.

Die Grundregeln, die in der Klasse eingeführt werden sollen, sind sehr schlicht und prägnant. Ausdrücklich sollen sie auch nur vorgestellt, bzw. bekannt gemacht, nicht aber zur Diskussion oder gar zur Disposition gestellt werden. Sie lauten:

- *Jede Schülerin und jeder Schüler hat das Recht, ungestört zu lernen.*
- *Jede Lehrerin und jeder Lehrer hat das Recht, ungestört zu unterrichten.*
- *Jede/r muss stets die Rechte der anderen respektieren.*

Stört ein Schüler durch sein Verhalten den Unterricht, so soll er zunächst an die Regeln erinnert und aufgefordert werden zu entscheiden, ob er sich im weiteren Verlauf der Stunde an die Regeln halten will, oder aber ob er die Klasse verlassen und in den „Trainingsraum" bzw. in den „EV-Raum" gehen will. Weiteres Störverhalten wird dann als implizite Entscheidung *gegen* die Regeln und *für* das Verlassen des Klassenraumes gewertet. Auch diese „Entscheidung" soll der Idee nach vom Lehrer akzeptiert werden. D.h. es geht gewissermaßen darum, den so häufigen, Nerven und Zeit raubenden „kommunikativen Kampf", das eskalierende Wechselspiel von Stören, Ermahnen, Schimpfen, Provozieren, Drohen, Entwerten, Aufbrausen, Sich-Empören, Vorwürfe machen, Sich-Rechtfertigen, Beleidigt-Sein, etc... zu vermeiden, indem man sich möglichst respektvoll und sachlich quasi auf eine gemeinsame „Geschäftsordnung" beruft und Verstöße gegen diese Geschäftsordnung eher formal und ohne große Aufregung „abhandelt". In diesem Sinn heißt es bei Balke: „Der Lehrer hat nicht die Aufgabe und nicht die Macht, einen störenden Schüler gegen dessen Willen zum Einhalten der Klassenregeln zu bewegen. Der Lehrer hat aber die Aufgabe, die Klasse vor den Störungen zu bewahren und den störenden Schüler vor die Entscheidung zu stellen, entweder im Sinne der Klassenregeln auf die Störung zu verzichten oder die Klasse zu verlassen und in den Trainingsraum zu gehen" (ebd., S. 49).

Im Regelfall besteht ja für den Lehrer immer eine Spannung zwischen dem Auftrag, mit der gesamten Klasse auf der *„Inhaltsschiene"* den „Unterrichtsstoff durchzunehmen" und der Notwendigkeit, sich auf einer eher „*erzieherischen Schiene*" mit einzelnen störenden Schülern auseinander zu setzen. Interventionen auf der zweiten Schiene unterbrechen natürlich immer den Fluss des Geschehens auf der ersten. Deshalb werden sie in diesem Konzept gewissermaßen „ausgelagert" an einen anderen Ort, wo sie mit mehr Zeit, Ruhe und Sachlichkeit bearbeitet werden können. Im „Trainings- bzw. Eigenverantwortungsraum", einem eigens dafür an der Schule eingerichteten Raum, soll über den ganzen Schulvormittag ein Pädagoge für klärende Gespräche zur Verfügung stehen. Wenn man so will, handelt es sich hier also um eine Art „Outsourcing" des schulischen Konfliktmanagements. Ein Schüler, der von einem Lehrer wegen der wiederholten Verletzung der Regeln aus dem Klassenzimmer verwiesen wurde, erhält einen „Laufzettel", auf dem die Art der Regelverletzung, die Zeit und die Unterschrift des Lehrers vermerkt sind. Mit diesem muss er sich dann beim „EV-Lehrer" im „EV-Raum" melden.

Um in den Klassenraum zurückzukehren, ist es erforderlich, dass der Schüler einen „Plan" erstellt, in dem er darlegt, wie er solche Störungen künftig vermeiden will. Dabei geht es jedoch nicht nur um vage Absichtserklärungen, sondern um möglichst konkrete, nachvollziehbare Handlungspläne. Dieser Plan soll dann zunächst mit dem Lehrer des Trainingsraumes besprochen werden, um schließlich auf der Basis dieses Plans mit dem Lehrer der Klasse über die Rückkehr ins Klassenzimmer zu verhandeln. Auch für diesen Plan gibt es ein Formular, in dem der Schüler aufgefordert wird, zu verschiedenen Aspekten des Vorfalls, zu seinem grundsätzlichen Verhältnis zu dem betroffenen Lehrer und zu seinen Vorstellungen hinsichtlich seines künftigen Verhaltens in der Schule Stellung zu beziehen. Dabei ist freilich auch eine Sparte vorgesehen, in der der Schüler begründen kann, warum er der Meinung ist, dass er ungerecht behandelt wurde, weil er aus seiner Sicht gar keine Regelverletzung begangen hat. In jedem Fall wird dem Schüler eine relativ ausführliche und differenzierte Reflexion der Konfliktsituation und seines eigenen Verhaltens abverlangt.

Prinzipiell haben die Schüler auch das Recht, aus eigenem Antrieb – etwa wenn sie sich besonders angespannt, geladen, unruhig oder unkonzentriert fühlen, das Klassenzimmer zu verlassen und in den EV-Raum zu gehen, um dort für sich alleine zu arbeiten. Der EV-Lehrer steht der Idee nach auch jederzeit als Gesprächspartner und Berater für Sorgen und Nöte der Schüler zur Verfügung. Auch Schlichtungsgespräche im Rahmen eines Streitschlichterprogramms, können in diesem Raum stattfinden.

Wenn Schüler trotz erstellter Pläne und gefasster Vorsätze wiederholt in den Trainingsraum kommen, dann sollen dort in Beratungsgesprächen die Ursachen für die Probleme analysiert werden und neue, bessere Vorschläge und Pläne erarbeitet werden. In der konkreten Schule, von der ich berichten will, ist das ursprüngliche Arizona-Konzept um einen abgestuften Katalog von „verschärfenden Maßnahmen" ergänzt worden, die bei sich wiederholenden „Zwangsbesuchen" des EV-Raums in Kraft treten. Dieser Maßnahmenkatalog sieht so aus:

Ein Schüler hält sich *nicht* an die Regel	Laufzettel „Mein Plan"
Ein Schüler hält sich *wieder nicht* an die Regel	Laufzettel „Mein zweiter Plan" Beobachtungsbogen
Ein Schüler kommt zum *3. Mal* in den EV-Raum	Laufzettel „Mein dritter Plan" 1. Vertrag mit Lehrern
Ein Schüler kommt zum *4. Mal* in den EV-Raum	Laufzettel 2. Vertrag mit Unterschrift der Eltern Sozialtraining
Ein Schüler kommt zum *5. Mal* in den EV-Raum	Laufzettel Montag 7. Stunde vor das EV-Team
Ein Schüler kommt zum *6. Mal* in den EV-Raum	Laufzettel Schulleiter-Eltern-Gespräch Androhung des zeitweiligen Unterrichtsausschlusses
Ein Schüler kommt zum *7. Mal* in den EV-Raum	Unterrichtsausschluss

Ein Schüler der Schule, der den EV-Raum schon mehrfach besucht hatte und mit dem ich über das Konzept gesprochen habe, konnte mir diesen komplexen Katalog haarklein in allen Details aufsagen. „Verschärfung" heißt dabei vor allem, dass der Schüler sein störendes Verhalten und seine Änderungsvorsätze vor einem zunehmend größeren Kreis von Personen erklären muss und dass die Eltern involviert werden. Auf Stufe fünf etwa muss ein Schüler am Montag in der 7. Stunde vor dem versammelten EV-Team, d.h. vor einer Gruppe von 10–12 Lehrern erscheinen und sich dort einem Gespräch über sein Verhalten stellen.

Die beteiligten LehrerInnen betonen jedoch ausdrücklich, dass die geschilderte Stufenleiter von verschärfenden Maßnahmen nicht zwangsläufig und unerbittlich Stufe für Stufe so durchgesetzt würde, sondern dass durchaus die Möglichkeit bestehe, sie im Einzelfall flexibler zu handhaben und individuelle Sondervereinbarungen zu treffen.

Inzwischen werden manche Leser vielleicht dennoch schon ganz entsetzt sein angesichts dieser doch zunächst sehr rigiden und formalistisch und bürokratisch erscheinenden Weise des Umgangs mit störenden Schülern. Sie widerspricht nahezu in allem dem, was aus der psychoanalytisch-pädagogischen Tradition im Umgang mit schwierigen Kindern und Jugendlichen bekannt ist.

Ich selbst habe einmal am Beispiel verschiedener Episoden von Aichhorn, Zulliger, Erikson und Redl unterschiedliche Strategien zum Umgang mit aggressiv aufgeladenen Konflikten unter den Stichworten „Ignorieren", „Ritualisieren", „Informieren" und „Rekonstruieren" dargestellt und bin dabei, auf der Suche nach den übergreifenden Gemeinsamkeiten etwas scherzhaft auf die Formel gekommen, dass das Gemeinsame dieser Beispiele aus der Tradition der psychoanalytischen Pädagogik vor allem darin bestünde, dass die entsprechenden Interventionen a) unkonventionell und b) erfolgreich gewesen seien. In der Regel sind es gerade die genialen, spontanen, intuitiven Einfälle und die unerwarteten Reaktionen der Pioniere psychoanalytischer Pädagogik, die überraschende Wendungen zustande brachten und zum Erfolg führten (vgl. Göppel 1998/99).

Hier, in diesem neuen Konzept, ist nun nichts von Originalität und Kreativität im Umgang mit Konflikten (Zulliger) und oder von „absoluter Milde und Güte" (Aichhorn) zu erkennen. Auch nichts vom Versuch, die unbewussten individuellen lebensgeschichtlich geprägten Motive provokativen, störenden Schülerverhalten zu entschlüsseln oder sie als Übertragungsphänomene zu analysieren (Erikson, Redl), sondern hier wird den Schülern sehr klar und bestimmt dargestellt, welche Regeln im Kontext des Unterrichts gelten, welches Verhalten erwartet wird und welche Konsequenzen das Nichteinhalten dieser Regeln nach sich zieht. Von daher könnte man dieses Konzept, zumal da es sich, wie gesagt, um einen USA-Import handelt, leicht mit Begriffen wie „Law-and-Order", „Nulltoleranz", „neue harte Linie", „rigides Durchgreifen", etc. assoziieren. Dagegen hat es sich selbst ausdrücklich die Schlüsselbegriffe „*Respekt*" und „*Eigenverantwortung*" auf die Fahnen geschrieben. Ist dies bloßer Etikettenschwindel? Oder, noch schlimmer: Handelt es sich gar um ein malignes unbewusstes einseitiges Bündnis der Pädagogen mit der Institution?

Von Seiten der Psychoanalytischen Pädagogik ist in jüngster Zeit am deutlichsten wohl Bernd Ahrbeck der modernen Tendenz entgegengetreten, Erziehung einseitig als Bedürfnisbefriedigung und Selbstwertförderung aufzufassen. Erziehung in unserer Gesellschaft sei, so formuliert er überspitzt, „weitgehend zur narzisstischen Wachstumsförderung geworden, ... Grenzsetzungen und Einschränkungen kindlicher Wünsche gelten deshalb als gefährlich und werden häufig vermieden" (Ahrbeck 1998, S. 129). Er schreibt diese Tendenz überwiegend den Einflüssen der Humanistischen Psychologie (Rogers, Maslow) und ihrem Credo der Selbstverwirklichung zu. Dies verkennt freilich, dass die (popularisierten) psychoanalytischen Erziehungslehren bzw. die psychoanalytisch inspirierte Antipädagogik (Alice Miller) daran wohl mindestens ebenso großen Anteil hieran hatten.

3. Evaluation: Das Konzept im Urteil von Schülern und Lehrern

Doch vor einer solchen kritischen Diskussion soll zunächst dargestellt werden, wie diese „Neuerung" von den Lehrerinnen und Lehrern sowie von den Schülerinnen und Schülern einer Hauptschule in Mannheim, an der das Konzept vor einigen Schuljahren eingeführt wurde, bewertet wurde. Ich beziehe mich dabei auf die Ergebnisse einer Evaluationsstudie die von Kathrin Weigel im Rahmen ihrer Zulassungsarbeit durchgeführt wurde. Sie hat in dieser Arbeit jedoch nicht nur eine Befragung bezüglich der Akzeptanz und der Effekte des „EV-Projekts" durchgeführt, sondern sie hat den ganzen Schulentwicklungsprozess, der an dieser Schule stattgefunden hat, differenziert dargestellt und zudem selbst an dieser Schule für eine Gruppe häufiger „EV-Raum-Kandidaten" ein „Sozialtraining" angeboten (vgl. Weigel 2001). Ich möchte zugleich betonen, dass ich grundsätzlich großen Respekt vor der Arbeit der Gruppe engagierter Lehrerinnen und Lehrer dieser Schule habe, die aus einer von allen als sehr belastend erlebten Krisensituation heraus versucht haben, neue Konzepte und Strukturen für einen verträglicheren Umgang und einen erträglicheren Alltag an ihrer Schule zu entwickeln. In persönlichen Gesprächen konnte ich mich davon überzeugen, dass es sich bei ihnen durchaus um einfühlsame und besonnene Pädagogen und keineswegs um „disziplinversessene Hardliner" handelt.

Von den im Rahmen dieser Evaluationsstudie an alle 297 Schüler der Schule ausgegebenen Fragebögen wurden 262 ausgefüllt zurückgegeben. In den Fragebögen wurden die Schüler auf einer fünfstufigen Einschätzskala u.a. um Stellungnahmen zu folgenden Statements gebeten:

- *Ich finde, wenn ein Schüler oder eine Schülerin während der Stunde in den EV-Raum geschickt wird, dann wird es anschließend ruhiger in der*

Klasse.
- *Ich habe den Eindruck, dass ich mich besser auf den Unterricht konzentrieren kann, seit es den EV-Raum gibt.*
- *Ich fühle mich besser, wenn ich im EV-Raum war.*
- *Ich finde der Lehrer im EV-Raum ist ein guter Gesprächspartner.*
- *Ich habe das Gefühl, dass mir im EV-Raum geholfen wird.*
- *Ich glaube, dass die Gespräche mit dem Lehrer im EV-Raum mir helfen.*

Daneben gab es auch noch zwei offene Fragen, bei denen die SchülerInnen einfach zur Ergänzung der Sätze „Ich finde den EV-Raum gut, weil..." bzw. „Ich finde den EV-Raum nicht gut, weil..." aufgefordert waren. Das Ergebnis der Schülerbefragung lässt sich in seinen Grundtendenzen folgendermaßen zusammenfassen:

- *Die Schüler sind überwiegend der Meinung, dass das Konzept gewisse Effekte im beabsichtigten Sinne der Beruhigung der Klassensituation und der Förderung einer konzentrierten Arbeitsatmosphäre hat.*
- *Obwohl der Lehrer im EV-Raum von den allermeisten Schülern durchaus als guter Gesprächspartner anerkannt wird, erleben die betroffenen Schüler den Aufenthalt im EV-Raum doch ganz überwiegend als unangenehme Angelegenheit. Vermutlich eben doch als Strafe oder als schambesetzte Ausgrenzungsmaßname. Dieses Unbehagen nimmt in den höheren Jahrgangsstufen auch kontinuierlich zu.*
- *Entsprechend haben fast nur die Schüler der Unterstufe das Gefühl, dass ihnen im EV-Raum geholfen wird, bzw. dass ihnen die Gespräche dort nützlich sind, um ihre Probleme in den Griff zu bekommen.*
- *Obwohl nur eine Minderheit angab, den EV-Raum bisweilen auch freiwillig, aus eigenem Antrieb, aufzusuchen, fand es doch die überwiegende Mehrheit der Schüler sehr gut, dass sie prinzipiell das Recht haben, dies zu tun.*
- *Nach den eigenen Angaben nehmen die meisten Schüler die Vorsätze in ihren Plänen und Verträgen durchaus Ernst, d.h. sie geben an, dass sie sich meistens bemühen, ihre Pläne und Verträge einzuhalten. Etwa ein Drittel der Schüler gibt dabei zu, dass ihnen dies eher schwer fällt. Allerdings ist auch hier wieder ein deutlicher Alterstrend feststellbar, und zwar in dem Sinn, dass die Ernsthaftigkeit dieses Bemühens mit wachsendem Alter nachlässt. Immerhin ein Viertel bis ein Drittel der 8- und 9-Klässler gibt an, dass sie sich selten oder nie darum bemühen, ihre Pläne und Verträge einzuhalten. Die Hoffnung der Lehrer richtet sich freilich*

darauf, dass dieser Alterstrend nachlässt, wenn erst einmal die ersten Jahrgänge, die seit der fünften Klasse an das Programm gewöhnt sind, die gewissermaßen mit ihm „aufgewachsen" sind, die Abschlussklasse erreichen.
- *Insgesamt also eine relativ große Akzeptanz des Konzepts in der Unterstufe und eine deutlich größere Reserviertheit in der 8./9. Klasse. Dies entspricht dem generellen Trend einer zunehmenden Distanzierung der Schüler von den Ansprüchen und Forderungen der Schule im Verlauf der Pubertätsentwicklung (vgl. Ziehe 1997, Fend 2000, Bittner 2002).*

Von den 27 an die Lehrer der Schule ausgegebenen Fragebögen wurden nur 17 ausgefüllt zurückgegeben. Hier ging es um die Beteiligung der Lehrkräfte an dem Programm und um die subjektive Einschätzung der damit gemachten Erfahrungen. Dabei fallen die Ergebnisse relativ günstig aus, d.h. die befragten Lehrer berichten überwiegend von einem Beruhigungseffekt und von einer Entspannung der Unterrichtssituation seit der Einführung des Konzepts. Aber sie schätzen auch die Wirkungen auf die Problemschüler durchaus positiv ein. Eine Lehrerin hat im direkten Gespräch mit mir ihre Sicht der Veränderung auf die prägnante Formel gebracht: „Seit wir das Programm haben, musste ich nie mehr ins Klassenbuch eintragen ‚Unterricht war heute nicht möglich'".

Soweit in knapper Zusammenfassung die Grundideen und -bestandteile des Konzepts sowie die Einschätzungen durch die betroffenen Schüler und Lehrer.

4. Diskussion

Was soll man nun als Erziehungswissenschaftler von dem Ganzen halten? Natürlich könnte man sagen, dass dieses doch sehr formalistische Programm mit Laufzetteln, Verträgen, Maßnahmenkatalogen, Schülerakten, etc. Ausdruck einer pädagogischen Verlegenheit sei. Was in der alltäglichen persönlichen Verständigung und Auseinandersetzung nicht mehr klappt, – die Einhaltung bestimmter Regeln, die Einigung auf sozialverträgliche Weisen des Miteinander-Umgehens – soll nun durch bürokratische Prozeduren und detaillierter Sanktionskataloge geregelt werden. Die LehrerInnen müssten eben einfach ihren Unterricht so spannend und attraktiv gestalten, dass die SchülerInnen so motiviert und fasziniert sind, dass sie gar nicht auf die Idee kommen den Unterricht zu stören oder aber die LehrerInnen müssten einfach einen so

vertrauensvollen individuellen „pädagogischen Bezug" zu ihren SchülerInnen aufbauen, dass diese sich schon aus Respekt und Zuneigung zu ihnen Störungen und Provokationen verkneifen. – Aber wie realistisch sind solche Forderungen und wem wäre damit gedient?
Was macht dieses Konzept andererseits mit den betroffenen LehrerInnen und Lehrern? Welche neue, besondere Note bekommt die Institution Schule durch dieses Programm? Welche unbewussten Tendenzen, Hoffnungen, Abwehrprozesse sind damit eventuell verknüpft?
Mit Fürstenaus berühmtem Aufsatz „Zur Psychoanalyse der Schule als Institution" könnte man von „Entpersönlichung" sprechen. Die Schüler werden einem rigiden und abstrakten Ritual der Verhaltenssteuerung unterworfen um organisationskonformes Verhalten zu erzwingen. Insbesondere hat Fürstenau auf den Abwehrcharakter von Ritualen hingewiesen und seine diesbezügliche Warnung ist gewiss nicht einfach von der Hand zu weisen: „Alle Rituale und Zeremonien haben einen Spielraum von Strenge und Genauigkeit ihrer Ausführung. Dies Variable kann leicht für die Befriedigung von Macht- und Herrschaftsbedürfnissen manipuliert werden" (Fürstenau 1964, S. 74). Fürstenau sympathisiert implizit mit den Widerstandsbestrebungen der Schüler (und fand wohl auch deshalb Ende der sechziger Jahre so große Resonanz): „Wo Kinder sich einer völlig vorgegebenen – noch dazu widersprüchlichen Ordnung im wesentlichen nur einzufügen haben, entsteht als einzig möglicher Ausdruck ihres Freiheits- und Selbständigkeitsstrebens und ihrer Initiative ‚Disziplinschwierigkeiten'" (ebd., S. 77). Sein Aufsatz endet mit den Sätzen: „Unsere Schule teilt abwehrende (apotropäische) und austreibende (exorzistische) magische Züge mit ältesten Erziehungsritualen. Sie ist in mancher Hinsicht ein Stück archaischer Menschenbehandlung" (ebd., S. 78). Im Hinblick auf das vorgestellte Konzept müsste man dann wohl eher von moderner, technokratisch-fortschrittlicher Menschenbehandlung sprechen. Von daher könnte man das EV-Programm auch als einen besonders perfiden pädagogischen Trick ansehen, den Schülern auch noch den „einzig möglichen Ausdruck ihres Freiheits- und Selbständigkeitsstrebens und ihrer Initiative" zu rauben.
Es fragt sich jedoch, ob eine solche psychoanalytische Fundamentalkritik dem ernsthaften Bemühen der Lehrer und Lehrerinnen gerecht wird, an ihrer Schule das Recht auf ungestörtes Lernen für die Schüler und auf ungestörtes Unterrichten für die Lehrer zu verteidigen. Dann wäre in diesem Zusammenhang natürlich auch die Frage zu diskutieren, ob die in den Grundregeln formulierten „Rechte" überhaupt Bestand haben. Gibt es daneben vielleicht auch so etwas wie ein „Recht des Schülers auf Eigensinn" (vgl. Voß 1989), auf

Widerstand gegenüber den schulischen Zumutungen, auf Subversion der ihm aufgezwungenen institutionellen Ordnung? Muss man realistischerweise von einem antagonistischen Verhältnis der Schüler zur Schule, von einem „natürlichen Dissidententum", einem „Differenzverhältnis" (Ziehe 1997) ausgehen? In Fürstenaus Kritik geht es ja insbesondere auch um die irrationalen, aus den Kindheitserfahrungen der Pädagogen herrührenden Macht- und Beherrschungsmotive. Man kann dem EV-Konzept immerhin zugute halten, dass die Verhältnisse, die geltenden Regeln, die zu erwartenden Konsequenzen hier recht klar und transparent sind. Durch die ausdrückliche Betonung der Prinzipien des Respekts und der Eigenverantwortung sind die Schüler, zumindest der Idee nach, vor den Stimmungen und Zornesausbrüchen, den situativen Genervtheiten und überschießenden Reaktionen der Lehrkräfte geschützt. Gleichzeitig wird versucht, die „heiße Konflikteskalation", bei der meist eher die irrationalen Impulse die Oberhand gewinnen, zu vermeiden und zu einer möglichst sachlichen und nüchternen Klärung zu gelangen. Weiterhin können die Schüler aus dem Feld gehen und sie treffen im EV-Raum auf einen empathisch-wohlwollenden, in Gesprächsführung speziell fortgebildeten Gesprächspartner, der nicht direkt in den Konflikt verwickelt ist und mit Zeit und Ruhe zur Verfügung steht.

Grundsätzlich kann man vielleicht sagen, dass durch dieses Konzept, vor allem durch die Institution des EV-Raumes, die Grundrelation der Schüler im Verhältnis zur Schule ein Stück weit verändert wird. Denn, wenn die Schüler prinzipiell die Option haben, statt am Unterricht teilzunehmen in den EV-Raum zu gehen, dann wird ein zentrales Bestimmungsstück von Schule, nämlich die Präsenzpflicht im Unterricht, relativiert. Der Unterricht ist nun nicht mehr einfach eine Zwangsveranstaltung, der man beiwohnen muss, ob man will oder nicht, sondern man hat im Prinzip eine Alternative dazu. Gleichzeitig ist der Sinn und Zweck der Veranstaltung Unterricht durch die Grundregeln für alle noch einmal sehr klar ins Bewusstsein gebracht. Es geht um das gemeinsame Lernen. Dafür sind gewisse Verhaltensstandards notwendig. Wer diesen Zweck boykottieren oder torpedieren will, wer meint, dass Clownerie oder Provokation unterhaltsamer seien, der verliert gewissermaßen seinen Anspruch auf Teilhabe am Geschehen und muss erst durch entsprechende Reflexionen und Vorsätze unter Beweis stellen, dass er wieder bereit ist, den Zweck der Veranstaltung anzuerkennen. Unterricht wird also in gewisser Hinsicht von der drögen Zumutung zum erstrebenswerten Gut.

Von daher kommt es ein ganzes Stück weit dem nahe, was Oevermann einmal „zur Lösung aller schulischen Disziplinprobleme" gefordert hat: die Abschaffung der Schulpflicht. In seiner „Theoretischen Skizze einer revidierten

Theorie professionalisierten Handelns" heißt es dazu: „Würde die gesetzliche Schulpflicht entfallen, dann hätte sich schlagartig die Strukturlogik des pädagogischen Handelns geändert. Dann gäbe es keine prinzipielle Disziplinierungsproblematik mehr, dann entfiele das ‚Dompteurs'-Syndrom, dann gäbe es keine pädagogischen ‚Zampanos' mehr in den Lehrerzimmern in punkto Geschicklichkeit in der Bewältigung der Disziplinierungsproblematik ... Dann würde der Schüler sich auf der Basis von Vertrauen, Wohlwollen und Sachangemessenheit an den Lehrer als einen sokratischen Partner wenden, statt sinnlos Energien in eine strukturlogisch falsch gelagerte Widerständigkeit zu ‚investieren'" (Oevermann 1996, S. 168). Dies ist wohl allzu optimistisch gedacht, aber im Prinzip ist schon etwas dran. Kursleiter an Volkshochschulen oder Professoren an der Universität klagen in der Regel nicht über Disziplinprobleme. Wenn man aus eigenem Antrieb und Interesse in einem Kurs oder Seminar sitzt, dann macht es wenig Sinn, das Ganze mit Störmanövern zu hintertreiben. Für Oevermann stellt das „Arbeitsbündnis" gewissermaßen den Kern professionalisierter Tätigkeit dar und entsprechend fordert er in Analogie zum psychoanalytischen Arbeitsbündnis auch ein „pädagogisches Arbeitsbündnis" als den Kern der Professionalisierung des Lehrerberufs (ebd., S. 163).

Auf das Konzept „Arbeitsbündnis" bezieht sich auch Günther Bittner in seinem Aufsatz „Der Mensch – ein ‚Geschöpf des Vertrages'". Darin versucht er die folgende allgemeine Aufgabenbestimmung der Sozialpädagogik zu begründen: „Ziel der Sozialpädagogik soll es sein, Kinder und Jugendliche (insbesondere gefährdete Kinder und Jugendliche) zur Teilnahme am Sozialvertrag tauglich zu machen – tauglich als verlässliche und zugleich kritische Vertragspartner" (Bittner 1985, S. 615). Diesem Ziel entsprechend, bestünde der Kern der sozialpädagogischen Methode eben darin, entsprechende „Übungsräume" für das Aushandeln von Verträgen und „Übungssituationen" für die Erfahrung von Verlässlichkeit und Bewährung zu gestalten: „Dieses Angebot eines Sozialraumes mit überschaubaren Rechten und Pflichten in einem sozialvertraglich geregelten Verhältnis, bei dem jeder weiß, was er darf und was er nicht darf, und bei dem er über die Rechte und Pflichten mitzubefinden hat, stellt eines der Charakteristika sozialpädagogischer Methodik dar" (ebd., S. 623).

In diesem Sinn könnte man das EV-Konzept geradezu als prototypische Veranstaltung zur Einübung von Vertragsfähigkeit ansehen, denn hier werden in besonders prägnanter und expliziter Form die Verhältnisse des Sozialraums Schule sozialvertraglich geregelt. Und zwischen Schülern und Lehrern wer-

den ganz konkrete Verträge abgeschlossen, schriftlich fixiert und mit Unterschriften besiegelt.
Die heikle Frage dabei ist freilich die: Haben die Schüler in diesem Konzept tatsächlich auch die Möglichkeit, „über die Rechte und Pflichten mitzubefinden" oder werden sie einfach einem rigiden Sanktionssystem unterworfen? Die „Verträge", die sie schließen (müssen), sind doch recht einseitig, weil sie eigentlich nur für sie selbst bindend sind. Sie verpflichten sich darauf, künftig Störungen im Unterricht zu unterlassen und Wohlverhalten an den Tag zu legen. Die Lehrer verpflichten sich allenfalls darauf, sie unter diesen Bedingungen wieder in der Klasse zu tolerieren und zu unterrichten. Und auch die „Rückkehrverhandlungen" sind eigentlich mehr Bittstellungen als wirkliche Verhandlungen, denn die Schüler selbst haben ja kaum Verhandlungsspielraum und erst recht nichts zu fordern.

5. Erziehung zum „eigenverantwortlichen Denken und Handeln"?

Kann man annehmen, dass dieses Konzept tatsächlich das „eigenverantwortliche Denken und Handeln" der Schüler stärkt? In den Einschätzungen der Lehrer und Lehrerinnen ist dies durchaus der Fall. Aber was genau ist eigentlich „eigenverantwortliches Denken und Handeln"? – Es kann ja wohl nicht per se identisch sein mit „schulkonformem", „angepasstem", „unauffälligem" Denken und Handeln. Sind Schüler nicht sowieso „eigenverantwortlich" in ihrem Denken und Handeln? Ist der Begriff „eigenverantwortlich" nicht immer schon „doppelt gemoppelt"? „Verantwortlichkeit" ist nicht eine bestimmte Handlung und auch nicht eine bestimmte Tugend, Eigenschaft oder Kompetenz wie etwa „Ordentlichkeit", „Genauigkeit" oder „Freundlichkeit", sondern „Verantwortlichkeit" ist zunächst eine Kategorie zur Interpretation, zur Bewertung, ja vor allem zur „Zurechnung" von Handlungen. Man ist *für etwas verantwortlich* bzw. *man wird von jemandem für etwas verantwortlich gemacht*.
In diesem Sinne wird etwa vor Gericht zu klären versucht, ob und in welchem Maß bestimmte Personen verantwortlich sind für bestimmte Taten oder für bestimmte Unterlassungen – etwa dafür, dass Menschen durch Steinwürfe von Autobahnbrücken oder durch Vernachlässigung der Aufsichtspflicht zu Schaden kamen. Maßgeblich für eine solche Verantwortungszuschreibung ist natürlich zunächst einmal, ob eine Person überhaupt an der fraglichen Sache beteiligt war. Aber wenn dies erwiesen ist, dann spielen natürlich auch noch all die anderen Faktoren wie „Tatumstände", „kognitive und sittliche Reife",

„Affektlage", „Wissen um die möglichen Folgen", „Einsicht in die Zusammenhänge", „Zurechnungsfähigkeit", „Vorsatz", „bewusste Inkaufnahme" etc. eine Rolle. Wenn jedoch die entsprechenden objektiven und subjektiven Voraussetzungen gegeben sind, dann ist jemand verantwortlich für das was er getan hat, auch wenn er sich dagegen sträubt, dies einzusehen und sich verantwortlich zu fühlen.

Dennoch ist die Rede von „verantwortlichem Schülerverhalten" durchaus geläufig und findet sich in unzähligen Schülerakten. Was ist damit eigentlich gemeint?

- *Geht es vor allem um ein Stück Nachdenklichkeit und Reflektiertheit? – Um die Fähigkeit, die möglichen Risiken und problematischen Konsequenzen bestimmter Handlungen abzuschätzen? Um eine Fähigkeit zur Kosten-Nutzen-Analyse im Hinblick auf das eigene Verhalten?*
- *Geht es um Impulskontrolle, um die Fähigkeit, sich nicht von momentanen Launen, von situativen Verlockungen und gruppendynamischem Druck hinreisen zu lassen?*
- *Geht es um die Fähigkeit, realistische Handlungspläne zu entwerfen, gefasste Vorsätze auch einzuhalten?*
- *Geht es um Ehrlichkeit und Offenheit, sich selbst und den anderen die eigenen Fehler und Konfliktanteile einzugestehen? Darum, zu dem zu stehen, was man getan hat und nicht ständig nach Ausflüchten zu suchen?*
- *Geht es um Engagement, um die grundsätzliche Bereitschaft, irgendwelche Dienste, Ämter oder Aufgaben für andere, für das Gemeinwohl zu übernehmen (etwa das Amt eines Klassensprechers)?*
- *Geht es um Verlässlichkeit bei Absprachen und eingegangenen Verpflichtungen?*
- *Geht es um Selbständigkeit bei der Planung und Durchführung bestimmter Aktivitäten (etwa bei der Organisation eines Schülercafés)?*
- *Geht es um Genauigkeit und Sorgfalt (etwa bei der Führung der Klassenkasse)?*
- *Geht es um eine Haltung des Sich Sorgens und Kümmerns um andere, vor allem um Schwächere, Kleinere (etwa im Rahmen eines Tutorenprogramms?)*
- *Geht es um Achtsamkeit und Empathie für die Gefühle anderer und um einen Sinn für Fairness und Gerechtigkeit, wenn Konflikte zu regeln sind (etwa als Streitschlichter in einem entsprechenden Programm)?*
- *Geht es um Zivilcourage (etwa darum, im Namen der Klasse gegen bestimmte Missstände oder Ungerechtigkeiten zu protestieren – vielleicht sogar gegen möglichen Machtmissbrauch im Zusammenhang mit dem A-*

rizona-Programm)?
Man sieht, „Verantwortlichkeit" als „Persönlichkeitsqualität" ist eine recht schillernde, facettenreiche Angelegenheit. Dass es hinsichtlich all dieser Aspekte durchaus ausgeprägte Unterschiede zwischen den Menschen gibt, ist offensichtlich. Es dürfte Lehrern und Lehrerinnen vermutlich gar nicht allzu schwer fallen, ihre Schüler und Schülerinnen bezüglich all dieser Aspekte in einem Polaritätenprofil zwischen einer sehr hohen und einer sehr niedrigen Ausprägung der entsprechenden Merkmale einzuordnen. Wäre das Maß der „Verantwortlichkeit" dann so etwas wie der erreichte „Gesamtscore", die Summe der Einzelaspekte?
Was aber kann „Erziehung zu eigenverantwortlichem Denken und Handeln" dann überhaupt heißen? Ich meine, man sollte so ehrlich sein und sich eingestehen, dass der *Hauptzweck* des dargestellten Konzepts tatsächlich die Etablierung und. die Aufrechterhaltung von Disziplin[2] ist, bzw. eben der Versuch, jene wünschenswerte Situation des „in Ruhe und Gelassenheit Unterrichtenkönnens" wieder herzustellen. Insofern ist der Name „Projekt Eigenverantwortung" wohl tatsächlich ein Stück weit ein Euphemismus. – Dies heißt jedoch keineswegs, dass ich das Bemühen um diesen Hauptzweck für illegitim halte!
Als *Nebeneffekt* aber mögen dabei bisweilen tatsächlich auch Reflexionsprozesse angestoßen werden, die etwas mit dem Ziel der „Eigenverantwortung" zu tun haben. Denn es geht schon auch darum, den Schülern ein klareres Bewusstsein von sich selbst als handelnden und entscheidenden Subjekten zu vermitteln. Vieles von dem, was in der schulischen Interaktion passiert, auch vieles von dem, was dann von Lehrern als Störung wahrgenommen wird, entsteht eher spontan und situativ und wird nicht von den Schülern bewusst geplant und mit Bedacht inszeniert. Meist wissen Schüler selbst nicht recht zu sagen, was sie eigentlich zum Störverhalten motiviert hat oder wie es eigentlich zu einer plötzlichen hitzigen Konflikteskalation gekommen ist. Bei entsprechenden Ermahnungen und Vorwürfen haben sie in der Regel einen fast instinktiven Impuls zur Verantwortungsabwehr. Schüler bieten bisweilen alle möglichen Gründe und Argumente dafür auf, warum sie erstens, an der frag-

---

2 Der „Erfinder" des Konzepts, E. Ford, geht übrigens sehr viel unbefangener mit dem Begriff Disziplin um, als das hierzulande heute üblich ist. Er würde vermutlich in der Titelfrage dieses Kapitels überhaupt keinen Gegensatz sehen. Sein Hauptwerk hat ja den Titel: „Dicipline for Home and School und die Kapitelüberschriften darin lauten u.a.: „What Is Discipline?", „When Should Discipline Be Used?", Establishing Discipline, When Are Children Willing to Learn Discipline?....

lichen Sache gar nicht beteiligt waren, warum sie zweitens, überhaupt nicht wissen konnten, dass ihr Handeln gleich solche Folgen haben würde und warum es drittens, dem Betroffenen eigentlich ganz Recht geschieht, was ihm widerfahren ist. Oft sehen sie selbst sich nur als Reagierende, die sich gegen Herausforderungen und Provokationen zur Wehr setzen mussten. Redl und Wineman haben die vielfältigen „Alibi-Tricks", die gerade delinquente Kinder aufbieten, detailliert beschrieben (vgl. Redl/Wineman 1984) und jeder Lehrer kennt die gängigen Formen des Verleugnens, Verharmlosens, Sich-Herausredens und „Auf-andere-Schiebens". Von daher geht es zunächst einmal um das bescheidenere Ziel einer differenzierteren und ehrlicheren Wahrnehmung der eigenen Anteile an Konflikten.

Es soll nicht bestritten werden, dass durch dieses Programm und den damit verbundenen Zwang zur ausführlichen Reflexion auf das eigene Verhalten und auf künftige Verhaltensvorsätze eine differenziertere Selbst- und Situationswahrnehmung und damit durchaus auch eine Voraussetzung „eigenverantwortlichen Denkens und Handelns" gefördert wird. Dennoch muss man sich wohl davor hüten, alle Verantwortung für Störungen und Konflikte im Unterricht einseitig auf der Schülerseite unterzubringen. Von daher wäre gerade unter psychoanalytisch-pädagogischen Perspektiven zu fordern, dass es an Schulen, die dieses Konzept einführen, auch entsprechend institutionalisierte Reflexionsräume gibt, in denen die *Lehrer* sich offen und differenziert mit *ihren* Konfliktanteilen und mit *ihren* emotionalen Verstrickungen in die entsprechenden Szenen auseinandersetzen können.

Vielleicht müsste dann den drei Grundregeln auch noch eine vierte hinzugefügt werden, die die wechselseitigen Ansprüche und Anforderungen der Interaktionspartner im schulischen Kontext etwas besser ausbalanciert und durch welche das Programm auch für Lehrerinnen und Lehrer zu einer echten Herausforderung würde. Etwa in folgendem Sinne: „Schüler und Schülerinnen haben das Recht auf einen wohlvorbereiteten, interessanten, individualisierenden Unterricht."

Kapitel 5
Zur Kultur des pädagogischen Konfliktgesprächs

> *"Wir kennen zahllose Beispiele dafür, wie Kinder sich selbst nach kurzer Zeit wirklich nicht daran erinnern, welchen Anteil sie am Zustandekommen eines Streits oder einer aggressiven oder destruktiven Situation gehabt haben, und dafür, daß gewöhnlich mühsame Arbeit und ein rasches Aufnehmen im Gespräch nötig waren, um solche Dinge ins Gedächtnis zurückzurufen."*
>
> Fritz Redl

1. Konfliktgespräche als soziale Lernchancen – 4 Thesen vorweg

In jüngerer Zeit haben in der Pädagogik neue Konzepte zum schulischen Konfliktmanagement und zur schulischen Gewaltprävention einige Popularität erlangt. Dabei handelt es sich, wie im vorigen Kapitel beschrieben, einerseits um Versuche, schulische Konflikte durch klare Regelvorgaben, durch Unterrichtsausschluss bei wiederholtem Regelverstoß und durch genau festgelegte Prozeduren der Rückkehr in den Klassenraum, zu bearbeiten (vgl. Ford 1994, Balke 1998, Balke/Hogenkamp 2000), andererseits um Bemühungen, die für eine friedliche Konfliktlösung notwendigen Basiskompetenzen der „emotionalen Intelligenz", wie Empathie, Impulskontrolle, Umgang mit Ärger und Wut etc. in systematischer, curricularer Form zum Gegenstand von Unterricht zu machen (vgl. Goleman 1995, Krannich u.a. 1997, Cierpka 1999, 2001, Schick 2003).

Demgegenüber soll hier die These vertreten werden, dass das vom Lehrer oder von der Lehrerin initiierte spontane Konfliktgespräch im unmittelbaren Anschluss an Situationen, in denen es zu emotionsgeladenen Auseinandersetzungen zwischen Schülern gekommen ist, nach wie vor das wichtigste Medium der Konfliktbearbeitung und des sozialen Lernens im schulischen Feld darstellt. Werden solche Situationen angemessen „aufgefangen" und im Gespräch aufbereitet, können sie zu sozialen Lernchancen par excellence, zu „fruchtbaren Momenten" im Bildungsprozess, werden.

Eine zweite These schließt sich direkt daran an: Die Art und Weise, *wie* solche Konfliktgespräche in einer Klasse geführt werden, kann als spezifischer Aspekt der Kultur einer Klasse bzw. einer Schule betrachtet werden und bedarf, wie jeder Aspekt von Kultur, der bewussten Aufmerksamkeit, der Einübung und Pflege. Mit seinem persönlichen Stil, diese Gespräche zu leiten bzw. zu moderieren, den Rahmen und die Regeln dafür zu bestimmen, prägt vor allem der einzelne Lehrer bzw. die einzelne Lehrerin diese Kultur des pädagogischen Konfliktgesprächs.

Dritte These: Solche Konfliktgespräche lassen sich nicht wie die Lektionen des Faustlos-Curriculums detailliert vorausplanen und sie lassen sich auch nicht wie die Sanktionen im Arizona-Programm in einem technisch-bürokratischen Sinn in ihrem Ablauf genau festschreiben, sondern sie erfordern stets „pädagogischen Takt", Kreativität und ein Gespür für das, was situationsangemessen sinnvoll ist. Dennoch bedürfen auch sie einer theoretischen Orientierung, einer „Strategie" bzw. einer „Philosophie", die das Vorgehen leitet. Musterhaften Ausschnitten aus konkreten Gesprächsprotokollen kommt in diesem Sinne eine wichtige didaktische Funktion bei der Darstellung und Vermittlung entsprechender „Strategien der Gesprächsführung" zu.

Und schließlich noch eine vierte These vornweg: Die Frage, welche Konfliktlösungskonzepte jeweils Konjunktur haben, beim Publikum ankommen und als angemessen, fortschrittlich, pädagogisch sinnvoll etc. betrachtet werden, ist ihrerseits vom „pädagogischen Zeitgeist" einer Epoche abhängig und damit Ausdruck und Teil jener übergreifenden Kultur der „intergenerationalen Kommunikation" innerhalb einer Gesellschaft. Neue pädagogische „Konfliktlösungsmodelle" finden vermutlich immer dann besondere Aufmerksamkeit, wenn sie sich ein Stück weit von den jeweils etablierten, „gewöhnlichen" Formen der Kommunikation im Umgang mit Regelverletzungen und Konflikten unterscheiden, wenn sie neue, überraschende, unkonventionelle Aspekte ins Spiel bringen und damit auch die gängigen Erwartungen der Kinder und Jugendlichen unterlaufen.

2. Konflikte im schulischen Alltag

Dass Konflikte zwischen Schülern zum schulischen Alltag gehören, ist hinlänglich bekannt. Dass die Formen der Konfliktaustragung zwischen Kindern häufig ziemlich weit von unseren pädagogischen Idealen entfernt sind, ebenfalls. Krappman und Oswald haben solche Episoden der „mißlingenden Aushandlung", Situationen, wo es zu „Gewalt und andere(n) Rücksichtslosigkeiten zwischen Kindern" kam, in ihrer schönen Beobachtungsstudie „Alltag der Schulkinder" (1995) systematisch gesammelt und ausgewertet. Sie haben die entsprechenden Interaktionen dabei in die Kategorien „Rangeln im Einvernehmen", „Rangeln ohne Einvernehmen", „Prügeln", „Ausstoßen", „Bedrängen, Eindringen" sowie „Einmischen, Bloßstellen" eingeteilt. Die letzten beiden Kategorien machten dabei jeweils etwas mehr als ein Viertel der beobachteten Konfliktepisoden aus, handfeste Prügeleien dagegen nur 7,3%. Wie nicht anders zu erwarten, fanden die meisten aggressiven Interaktionen, gerade was das Rangeln, Prügeln und Ausstoßen anbelangt, zwischen Jungen als Konfliktbeteiligten statt. Die Mädchen-Mädchen-Interaktionen waren dagegen sehr viel friedfertiger. „Bedrängen-Eindringen" und „Einmischen-Bloßstellen" jedoch waren jene Konfliktkategorien, die in den geschlechtsübergreifenden Interaktionen vorherrschend waren und hier waren es typischerweise die Jungs, die die Mädchen bedrängten. Oswald und Krappmann konnten auch recht klar eine begrenzte Anzahl von Themen ermitteln, denen als „gewaltauslösende Aspekte in der Kinderinteraktion" eine zentrale Rolle zukommt. So reagierten Kinder (Jungs?!) typischerweise dann besonders heftig,

- *wenn ihr Selbstbild in Gefahr war, d.h., „wenn sie den Eindruck gewinnen mußten, die anderen glaubten, sie können sich gegen Erniedrigungen und Übergriffe nicht wehren" (ebd., S. 133);*
- *wenn sie ihre Selbstbestimmung in Gefahr sahen oder wenn das Territorium, der Eigenbereich, der Besitz, den sie für sich beanspruchten, bedroht schien;*
- *wenn die Gleichbehandlung in Frage stand bzw. wenn die Reziprozität, das Verhältnis zwischen Geben und Nehmen nach ihrer Wahrnehmung aus der Balance geraten war;*
- *wenn Grenzen überschritten wurden und wenn zunächst spielerisch gemeinte Rangeleien außer Kontrolle gerieten.*

Krappmann und Oswald waren als Interaktionsforscher primär an den autonomen Prozessen der Aushandlung innerhalb der Gleichaltrigengruppe interessiert, denen sie in der Tradition von Piaget eine große sozialisatorische Bedeutung zumessen und weniger an Konzepten und Wirkungen pädagogischer Intervention durch Erwachsene. (De facto wurden auch nur 11% der von Krappmann und Oswald beobachteten Konfliktepisoden zwischen Kindern durch die Intervention von Lehrerinnen oder Lehrern beendet.) Insgesamt waren die Autoren jedoch offensichtlich eher überrascht und ernüchtert angesichts der Häufigkeit und der Heftigkeit der Konflikte, die sie im schulischen Feld beobachten konnten. In diesem Sinne schreiben sie: „Die Aushandlungen der Kinder sind, wie unsere Protokolle belegen, oft keineswegs

jenem ‚herrschaftsfreien Diskurs' ähnlich, in dem einander Gleiche sich in gegenseitiger Achtung um Lösungen bemühen, denen alle Beteiligten frei zustimmen können, sondern Kinder versuchen immer wieder, andere mit Bestechung, Manipulation und Drohung zu beeinflussen" (ebd., S. 22).
Auch Krappmann und Oswald würden jedoch – bei aller Anerkennung der sozialisatorischen Bedeutung der autonomen Aushandlungsprozesse innerhalb der Gleichaltrigengruppe – kaum bestreiten, dass es bisweilen notwendig und pädagogisch geboten erscheint, dass Lehrerinnen und Lehrer in solchen Situationen intervenieren. Die Frage ist freilich: *wie* sollen Lehrkräfte hier intervenieren? Sollen sie einfach ihrer Intuition, ihrem subjektiven Gerechtigkeitsempfinden, vielleicht auch ihrer spontanen Empörung folgen oder gibt es Kriterien, Konzepten, Leitlinien, an denen sie sich in solchen Situationen orientieren können?

3. Die Vielfalt der möglichen Handlungsoptionen angesichts pädagogischer Konflikte

In exemplarischer Weise hat Jürgen Henningsen in seinem Text „Peter stört" die Vielfalt unterschiedlicher Interventionsmöglichkeiten angesichts einer konkreten Situation des Störverhaltens eines Jungen vor Augen geführt. In diesem klassischen Einführungstext in pädagogisches Sehen und Denken lässt Henningsen drei fiktive Lehrerinnen, Fräulein Pohl, Fräulein Werner und Fräulein Carstens, auf je unterschiedliche Weise auf das provokative Störverhalten eines Schülers reagieren.
Die Lehrerinnen verfolgen dabei je unterschiedliche Ziele und Gesprächsstrategien: Fräulein Werner äußert moralische Empörung und schickt Peter ins Rektorzimmer, Fräulein Carstens enthält sich jedes Vorwurfs und versucht Peter bei seinem schulischen Ehrgeiz zu „packen", Fräulein Pohl schließlich delegiert das Problem als Verhandlungsgegenstand an das Kollektiv der Klassengemeinschaft. Nicht nur der Fortgang der fiktiven Geschichte wird in drei unterschiedlichen Varianten erzählt, vielmehr lässt Henningsen die einzelnen Lehrerinnen in ebenfalls fiktiven Gesprächen mit anwesenden studentischen Praktikanten ihr Vorgehen auch noch jeweils ausführlich erläutern und begründen. Gleichzeitig macht Henningsen daran in eindrucksvoller Weise den Charakter erziehungswissenschaftlicher Reflexion deutlich, welche in seinem (geisteswissenschaftlichen) Verständnis „in wesentlichem Umfang Hermeneutik pädagogischen Handelns" ist (Henningsen 1967, S. 55).

Dabei wird auch klar, dass angesichts solcher pädagogischer Problemlagen nicht einfach von einem „richtigen" oder einem „falschen" pädagogischen Handeln gesprochen werden kann, sondern dass es stets verschiedene mögliche Handlungsalternativen gibt, die sich plausibel begründen und legitimieren lassen und die ihre jeweiligen Vorzüge und Probleme haben.

Ich will im Folgenden etwas Ähnliches versuchen wie Henningsen: Unterschiedliche Varianten des pädagogischen Konfliktgesprächs im Anschluss an eine gewalttätige Auseinandersetzung zwischen zwei Schülern sollen vor Augen geführt und daran die je unterschiedlichen Gesprächsstrategien sowie die implizit enthaltenen Grundannahmen expliziert und kommentiert werden. Ich werde dabei freilich nicht wie Henningsen ein eigenes fiktives Beispiel samt Lösungsvariationen entwerfen, sondern ich werde mich auf relativ ähnlich gelagerte Beispiele aus der Literatur zur pädagogischen Konfliktlösung beziehen. Auf Beispiele, die in den entsprechenden Texten jeweils in modellhafter, didaktischer, paradigmatischer Absicht präsentiert werden, um die besonderen Charakteristika und die Vorzüge des jeweiligen Konzeptes für den Leser anschaulich zu machen.

Es gibt ja inzwischen durchaus einen Markt konkurrierender Konzepte für die pädagogische Gestaltung solche Konfliktlösungsgespräche. Diese werden nicht nur in einschlägigen Büchern dem Leser präsentiert, sondern es gibt auch jeweils zugehörige Fortbildungsangebote, Kurse, Workshops, Zertifizierungen – damit natürlich auch entsprechende Werbung, Vermarktung für das „Produkt pädagogische Konfliktlösungsstrategie".

Die Ausgangslage in den im Folgenden geschilderten Beispielen der Konfliktbearbeitung ist dabei jeweils relativ ähnlich: Zwei Jungen sind in der Schule miteinander in einen heftigen Konflikt geraten, bei dem es zu körperlicher Aggression und zu entsprechender Wut, Empörung und Verletzung kam. Ein Lehrer/Pädagoge tritt jeweils im Nachhinein dazu und versucht das Ganze pädagogisch angemessen aufzufangen und aufzuarbeiten. Deutliche Unterschiede bestehen indes hinsichtlich des gewählten Settings für das Konfliktgespräch sowie hinsichtlich der Gesprächsstrategien, die für die Konfliktgespräche leitend sind und damit auch hinsichtlich der impliziten Botschaften, die den Schülern durch die jeweilige Art der Gesprächsführung vermittelt werden sollen. Diese Beispiele, die aus den Jahren 1959, 1974 bzw. 1994 stammen, können zugleich vielleicht auch als typisch und repräsentativ für den pädagogischen Zeitgeist unterschiedlicher Epochen angesehen werden.

4. Strategien des pädagogischen Konfliktgesprächs

4.1 Fritz Redl und das „Life Space Interview"

Das erste Beispiel stammt von Fritz Redl und er kann ja mit seinem Konzept des „Life-Space-Interview" vielleicht überhaupt als der erste „Erfinder", der Gründervater eines solchen expliziten Konzepts für pädagogische Krisen- und Konfliktgespräche gelten. Das Konzept wurde von Redl erstmals 1959 im Journal for Orthopsychiatry ausführlich beschrieben (vgl. Redl 1959). Er hat es damals jedoch noch nicht, wie bei heutigen Konzepten üblich, mit einer „Trademark" versehen und mit einer entsprechenden Promotion, sowie mit geschützten Ausbildungsgängen und Zertifikaten kombiniert. Von daher mag es vielleicht ein wenig wie ein „Relikt" aus vergangenen Zeiten erscheinen. Inwieweit Redls Konzept heute hierzulande außerhalb des engeren Kreises der Psychoanalytischen Pädagogik noch eine Rolle spielt, scheint tatsächlich fraglich. So ist es zum Beispiel doch etwas überraschend, wenn in dem von Brinkmann herausgegebenen aktuellen Einführungs- und Überblicksband zur „Differenziellen Pädagogik", in welchem die diversen pädagogischen Aufgabenfelder präsentiert werden, zwar „Krisenpädagogik" von Adl-Amini als eine neue Subdisziplin der Erziehungswissenschaft vorgestellt wird, in dem Beitrag sogar ein Unterkapitel über „Krisenpädagogische Gesprächsführung" enthalten ist, der Name Redl dabei aber gar nicht auftaucht (vgl. Adl-Amini 2001).

Aber immerhin gibt es Reinhard Fatke in Zürich, der das Andenken Redls hochhält und es gibt offensichtlich auch in den USA nach wie vor eine gewisse Aufmerksamkeit für Redl. So hat etwa die sozialpädagogische Zeitschrift „Reclaiming Children and Youth" Redl im letzten Jahr, anlässlich des 50. Jahrestages des Erscheinens von „Children Who Hate" (1951) eine Sonderausgabe gewidmet. Auch an den Ideen von Redl wurde weitergearbeitet und auch seine Konzepte sind in modifizierter Form heute auf dem Fortbildungsmarkt zu finden. So gibt es z.B. ein „Life Space Crisis Intervention Institute" unter Leitung von Nicolas Long, das sich ausdrücklich auf Fritz Redl bezieht und auf seiner Homepage ein zertifiziertes Fortbildungsprogramm in „Life Space Crisis Intervention" anbietet (vgl. Long, 1990). Gemeinsam mit Mary Wood und Franc Fecser hat Long ein Buch mit dem Titel: „Life Space Crisis Intervention: Talking with Students in Crisis" verfasst, in dem das Redlsche Konzept weiterentwickelt und für unterschiedliche Zielgruppen ausdifferenziert wird (Long/Wood/Fecser 2001).

Redl ging es darum, im Rahmen seiner Arbeit mit hyperaggressiven und schwer traumatisierten Kindern ein „Verbindungsglied" zwischen der Kinderanalyse einerseits und der Milieutherapie andererseits zu entwickeln. Die analytischen Sitzungen fanden zu regelmäßigen, festgelegten Terminen im „abgedichteten Raum" des Behandlungszimmers statt. Hier war durch das Setting der Focus auf das Erleben und auf die Gefühle des Kindes sowie das Medium des Gesprächs vorgegeben. Die Idee des „therapeutischen Milieus" bestand darin, alle Aspekte, die die Organisation der Schule und des Heimes betreffen, von der Raumgestaltung über die Rituale, die Mahlzeiten, den Tagesablauf und die Freizeitgestaltung bis hin zur Gruppenzusammenstellung im Hinblick auf die Förderung der angestrebten kindlichen Entwicklungsprozess zu durchdenken und zu optimieren.

Dabei zeigte sich, dass im Alltag immer wieder Situationen vorkamen, in denen plötzlich heftige Konflikte mit entsprechenden Frustrationen und Aggressionen entstanden. Die Kinder mit ihren eingeschränkten Bewältigungskompetenzen gerieten in solchen Situationen schnell an ihre Grenzen und damit bisweilen auch in hilflose Wut und in paranoide Muster der Weltdeutung, in denen sie die ganze Umwelt nur noch als verfolgend und ungerecht betrachteten. Hier schien es Redl geboten, nicht erst die nächste reguläre Therapiesitzung abzuwarten, um solche Konfliktsituationen mit den Kindern aufzuarbeiten und entsprechend definiert er: „In all den Fällen, in denen ein Erwachsener es für notwendig hält, das Erlebnis eines Kindes sofort aufzunehmen und mit ihm darüber zu sprechen, in der Absicht, den Einfluss des Erlebnisses auf das Kind zu regulieren, haben wir das vor uns, was wir als ‚situationsbezogenes therapeutisches Gespräch im aktuellen Lebenskontext', als Life Space Interview, bezeichnen" (Redl 1987, S. 52).

Redl nennt zwei zentrale Zielperspektiven für das Life Space Interview: die therapeutische Auswertung von Ereignissen aus dem alltäglichen Leben und die emotionale „Erste Hilfe". Im Sinne der „therapeutischen Auswertung von Ereignissen aus dem täglichen Leben" unterscheidet Redl – als leidenschaftlicher Systematiker, der er war – wiederum eine ganze Reihe von pädagogischen Chancen, die sich gerade in solchen Situationen bieten können. Als kreativer Begriffschöpfer bringt er diese Aspekte auf einprägsame Formeln wie „Einmassieren des Realitätsprinzips", „Entfremdung von Symptomen", „Wiederbelebung eingeschlafener Wertgefühle", „Anbieten neuer Anpassungstechniken" und „Erweiterung der Grenzen des Selbst". Auch im Hinblick auf die verschiedenen Aspekte der emotionalen „Ersten Hilfe" findet er prägnante Formulierungen: „Ablassen von Frustrationssäure", „Unterstützung bei der Bewältigung von panischer Angst, Wut und Schuldgefühlen",

"Aufrechterhaltung der Kommunikation bei drohendem Abbruch der Beziehungen", „Regulierung von Verhaltensabläufen und sozialen Beziehungen", „Schiedsrichterliche Hilfe – bei schwierigen Entscheidungen und risikoreichen Abmachungen".

Nicht nur über die unterschiedlichen Zielaspekte macht sich Redl in seinem Konzept ausführliche Gedanken, sondern auch über „Strategie und Techniken". Wie häufig in seinen Schriften, verwendet er dabei medizinisch-pharmakologische Analogien und spricht von „Indikation und Gegenindikation" und fast meint man, er will einen „Beipackzettel" für jenes Remedium des Life Space Interviews schreiben. Letztlich handelt es sich jedoch einfach um Gesichtspunkte, die bei der Durchführung solcher Gespräche zu beachten sind. So fordert er etwa, dass diese Gespräche auf ein zentrales Thema zu konzentrieren seien, dass das Prinzip der „Ich-Nähe" gewahrt bleiben und sich der Pädagoge deshalb mit spekulativen Deutungen tunlichst zurückhalten sollte, dass die Rollenerwartungen bezüglich der unterschiedlichen Personen im pädagogischen Feld ebenso beachtet werden müssen wie die Grenzen der Beherrschung von Gefühlen und Stimmungen bei den Pädagogen selbst. In diesem Sinne geht es darum, zu überlegen, wer gegenüber den Kindern am besten in der Lage ist, die „Rolle als derjenige (einzunehmen), der die Regeln des Lebens ‚verdolmetscht' (ebd., S. 70). Schließlich müssen natürlich auch der Zeitpunkt und der Ort, an dem solche Gespräche geführt werden, mit Bedacht gewählt werden. Selbst wenn es in diesem Konzept prinzipiell darum geht, *aktuelle* Konfliktsituationen zeitnah zu bearbeiten – manchmal ist eine Gesprächsbereitschaft des Kindes erst nach einer gewissen „Abkühlungsphase" gegeben.

Obwohl Redl sich reichlich Mühe gibt, die Aspekte des Konzepts systematisch zu entfalten, einen wirklichen Eindruck von dieser spezifischen Form des Gesprächs, um die es ihm geht, bekommt man letztlich erst aus den konkreten Beispielen, die er schildert:

Zwischen Fritz Redl, dem Direktor des Pioneer House und einem Jungen, der vom Lehrer des Klassenzimmers verwiesen worden war, entspinnt sich folgender Dialog:

„Direktor: Nun Bill, es tut mir leid zu hören, dass du heute während des Unterrichts nach Hause geschickt werden mußtest. Wie kam das?
Bill: Dieser verdammte Lehrer – was fällt dem bloß ein, mich herumzuschubsen, mich auf meinen Stuhl zu drücken und so.
Direktor: Was hat er mit dir gemacht?
Bill: Ach, er kam auf mich zu, packte mich und warf mich raus auf den Gang.

Direktor: Warum hat er das getan?
Bill: Woher soll ich denn wissen, warum er das getan hat?
Direktor: Was ich meine ist: hatte er einen Grund dafür, sich dir gegenüber so zu verhalten?
Bill: Zum Teufel, natürlich nicht.
Direktor: Es fällt mir schwer zu verstehen, warum dein Lehrer ganz plötzlich so auf dich zukommt, dich packt und dich aus der Klasse wirft.
Bill: Er hat's eben getan.
Direktor: Bill, ich sage nicht, daß er es nicht getan hat. Was ich herauszufinden versuche, ist ob er einen Grund dafür gehabt hat. Fällt dir irgend etwas ein, das zur gleichen Zeit geschehen ist und das das alles erklären könnte?
Bill: Nein
Direktor: Schau Bill, es macht einfach keinen Sinn, daß dein Lehrer dir das aus heiterem Himmel antut. Irgend etwas muß passiert sein.
Bill: Dieser verdammte Joe (ein Kind aus der Klasse) fing an, an meinen Schulsachen herumzumachen. Ich sagte ihm gerade, er solle abhauen, und da kam K. (Lehrer) auf mich zu und zieht mich raus auf den Gang.
Direktor: Das ist alles, was passiert ist?
Bill: Ja.
Direktor: Ging Joe weg, als du es ihm sagtest?
Bill: Was?
Direktor: Hat Joe deine Sachen in Ruhe gelassen, nachdem du ihn dazu aufgefordert hattest?
Bill: Zum Teufel, nein. Deshalb habe ich ihn ja geschubst und er kam trotzdem zurück. Dann habe ich ihm eine in die Fresse gegeben und er fing an zu heulen.
Direktor: Und was geschah dann?
Bill: K. kam her und sagte zu mir, ich solle damit aufhören. Er sagte, ich solle mich hinsetzen.
Direktor: Hast du's getan?
Bill: Ich sagte, ich würde es nicht zulassen, daß dieser blöde Joe mit meinen Sachen rummacht und K. sagte, ich soll mich hinsetzen.
Direktor: Hast du's getan?
Bill: Was getan?
Direktor: Dich hingesetzt.
Bill: Ja.
Direktor: Warum hast du dann vorher gesagt, er habe dich auf den Stuhl gedrückt?

Bill: Er hat's getan.
Direktor: Ich dachte, du hast gerade gesagt, daß du dich freiwillig hingesetzt hast, als er dich darum bat. Wenn du es getan hast, warum hätte er dich auf den Stuhl drücken sollen?
Bill: (Schweigen)
Direktor: Irgendetwas stimmt hier nicht Bill."
(aus Redl/Wineman 1952, 264 ff.; zit. n. Fatke 1988, 133ff).

Im weiteren Gespräch stellt sich dann noch heraus, dass es, neben den Prügeln für Joe, die Tatsache war, dass Bill seinen Lehrer vor der ganzen Klasse als „Arschloch" titulierte, die schließlich zu diesem Rausschmiss führte.
Schon die Eröffnung des Gesprächs signalisiert einerseits Mitgefühl für die Situation des Betroffenen andererseits Interesse, die Zusammenhänge zu verstehen. Der wütenden und offensichtlich einseitig verzerrten Darstellung Bills wird nicht widersprochen, stattdessen wird die Botschaft transportiert, dass Menschen (sogar Lehrer!) im Allgemeinen verständliche Gründe für ihr Handeln haben und dass es darum geht, diese Gründe zu verstehen. Subtile Nachfragen bringen Bill schließlich nach und nach dazu, eine plausiblere, vollständigere Version der Geschichte zu rekonstruieren und sich dabei seiner eigenen Anteile am Konflikt wohl auch bewusst zu werden. In gewissem Sinn ist die pädagogische Gesprächssituation der analytischen Therapiesituation nachgebildet: Der Gesprächspartner dient als eine Art Katalysator mit dessen Hilfe Einsicht in die Hintergrunddynamik eigenen Handelns gewonnen und die „Wahrnehmungsverzerrung" und „Sprachzerstörung" rückgängig gemacht werden kann.

4.2 Thomas Gordon und die „Lehrer-Schüler-Konferenz" (TET®)

Thomas Gordons „Lehrer-Schüler-Konferenz – Wie man Konflikte in der Schule löst", kann sicherlich als ein „Klassiker" unter den Konfliktlösungskonzepten angesehen werden. Erstmals 1974 erschienen ist es zugleich Ausdruck eines optimistischen, reformorientierten pädagogischen Zeitgeistes, der auf die schöpferischen Selbstaktualisierungstendenzen des Menschen und die demokratischen Selbstregulierungskräfte von Gruppen vertraute. Zugleich kann es jedoch auch als Musterbeispiel hinsichtlich der Vermarktung eines entsprechenden Programms angesehen werden. Schon Gordons Buch „Familienkonferenz" war ein Bestseller und weitere Titel zur Anwendung der „Gordon-Methode" in unterschiedlichen Praxisfeldern wie „Managerkonferenz" oder „Arzt-Patient-Konferenz" folgten. In gewissem Sinn also eine Universalmethode zur Lösung zwischenmenschlicher Konflikte. Die Grundidee ist denkbar einfach und schlicht und sie drückt sich schon in dem Titelbegriff „Konferenz" aus: die Beteiligten setzen sich zusammen, erörtern ihren Konflikt, ihre Meinungs- und Interessensgegensätze, sammeln Lösungsvorschläge und einigen sich schließlich auf einen Kompromiss, der allen Interessen möglichst optimal gerecht wird. Gordon selbst nennt die Verhandlungen zwischen Gewerkschaftern und Managern als vorbildlich für die Art von Konfliktlösungsprozess, den er im Klassenzimmer installieren will.

Plakativ wird diese „Methode III", der „Konfliktlösung ohne Niederlage" als bessere Alternative, der „Methoden I" (der autoritären Durchsetzung des Mächtigeren) und der „Methode II" (dem resignativen Laissez-Faire) – deren negative Folgen jeweils ausführlich geschildert werden – gegenübergestellt. Die Nähe zur klassischen Unterscheidung zwischen den drei Erziehungsstilen „autoritär", „laissez-faire" und „demokratisch" (vgl. Levin/Lippitt/White 1939) drängt sich unmittelbar auf und natürlich ist mit Gordons Konzept der Anspruch des Abbaus von Macht, Herrschaft und Unterwerfung und damit der Demokratisierung erzieherischer Verhältnisse und Institutionen verknüpft.

Die Worte, mit denen der Lehrer die neue Methode nach Gordon einführen soll, spiegeln recht schön den Kern der ganzen Philosophie wieder: „Ich weigere mich, aufgrund meiner Machtposition auf eure Kosten zu gewinnen, aber ich weigere mich gleichermaßen, euch auf meine Kosten gewinnen zu lassen. Ich respektiere eure Bedürfnisse, aber ich muss auch meine eigenen Bedürfnisse wahrnehmen. Versuchen wir also eine neue Methode, die uns hilft, eine Lösung zu finden, die sowohl eure als auch meine Bedürfnisse zufriedenstellt. Wir suchen eine Lösung, bei der jeder gewinnt" (Gordon 1981, S. 196).

Gordon zitiert Shelly mit den Worten: „Macht ist eine vernichtende Seuche; sie vergiftet alles, was mit ihr in Berührung kommt" (ebd. S. 168) und im knappen Literaturverzeichnis wird vor allem auf die Autoren aus dem Umfeld der „antiautoritären Pädagogik" wie Alexander Neill, George Dennison, John Holt, James Herndon oder Herbert Kohl verwiesen.

Im Hinblick auf die gesuchte Methode der Konfliktbearbeitung ist es im Kern einfach das Deweysche Konzept für den allgemeinen Problemlösungsprozess, mit den sechs Prozessstufen: 1.) Definition des Problems, 2.) Sammlung möglicher Lösungen, 3.) Wertung der Lösungsvorschläge, 4.) Entscheidung für die beste Lösung, 5.) Richtlinien für die Realisierung der Entscheidung und 6.) Bewertung der Effektivität der Lösung, welches hier nun von

Sachproblemen auf zwischenmenschliche Probleme und Konflikte übertragen wird. Das Ganze wird angereichert durch Elemente aus Rogers klientzentriertem Beratungskonzept, wie etwa dem „aktiven Zuhören" und den „Ich-Botschaften".

Dass dieses Modell geeignet sein kann, mehr Mitspracherecht auf Schülerseite zu etablieren, und dass es damit wohl auch der Förderung demokratischer Haltungen dienlich ist, dass es helfen kann, eine Kultur des fairen Umgangs und der rationalen Aushandlung von Interessensgegensätzen zu befördern, all dies soll nicht bestritten werden: Die Frage ist jedoch, ob es auch geeignet ist, mit emotional aufgeladenen Konflikten, die sich zwischen Schülern entzündet haben, förderlich umzugehen. Die Aushandlungen der Kinder untereinander sind ja, wie die eingangs zitierten Beobachtungen von Krappmann und Oswald belegen, oft recht weit entfernt von jenem angestrebten Ideal des ‚herrschaftsfreien Diskurses'!

Gordon beansprucht dabei durchaus, dass sein Konzept nicht nur für Interessensgegensätze zwischen Lehrern und Schülern, sondern auch für Konflikte, die Schüler untereinander haben, eine echte Lösungsperspektive bietet. Er bringt in diesem Zusammenhang das folgende instruktive Beispiel dafür, wie eine in seiner Methode geschulte Lehrerin einen aggressiv aufgeladenen Konflikt zwischen zwei Schülern auf vorbildliche Art und Weise gelöst hat:

Die Lehrerin schreibt an die Tafel, als sie sich umdreht, sieht sie, wie Peter zu Michael hinübergeht und ihn mehrmals schlägt. Sie versucht, die Kontrahenten zu trennen, doch da wird Peter erst recht wütend, verliert alle Selbstkontrolle und setzt sich körperlich gegen sie zur Wehr. Sie schickt ihn für eine Weile nach draußen, damit er sich beruhigt und setzt die Stunde fort. Kurze Zeit darauf bringt der Rektor Peter in die Klasse zurück. Mit geballten Fäusten sitzt er am Tisch. Er verweigert die Mitarbeit und wird zunächst in Ruhe gelassen. Schließlich entscheidet sich die Lehrerin doch, der Bearbeitung des schwelenden Konflikts den Vorrang vor der Fortführung des Unterrichts zu geben. Sie bittet die Schüler, ihre Stühle im Kreis aufzustellen und, da Peter nicht mitmacht, schlägt sie vor, einen Platz für seinen Stuhl freizulassen, damit er sich jederzeit dazu setzen kann. Zunächst äußert die Lehrerin ihre eigene emotionale Betroffenheit angesichts der Situation und fordert die Mitschüler auf, auch ihre Eindrücke zu schildern. Ein Mitschüler (Robert) vertritt den Standpunkt, dass Peter nicht alleine Schuld sei, weil Michael ihn vor der Stunde geärgert habe. Auch andere Schüler beklagen sich über Michaels verdeckte Attacken. Zu diesem Zeitpunkt setzt sich Peter dann schließlich doch noch mit in den Kreis. Im Weiteren wird dann zunächst Michaels Gefühl, beim Spielen von den Klassenkameraden ausgegrenzt zu werden, besprochen, bis die Lehrerin erkennt, dass es sich dabei eigentlich um ein anderes Problem handelt und wieder zum Ausgangskonflikt zwischen Peter und Michael zurücklenkt:

Lehrerin: ... Wollt ihr etwas zu dem Vorfall vor der Stunde sagen, Michael und Peter?
Peter: Er soll bloß nicht wieder meine Sachen wegnehmen.
Lehrerin: Wenn Michael ohne zu fragen dir etwas wegnimmt, wirst du böse.
Peter: Ich hau' ihm eine runter!
Lehrerin: Du wirst böse, daß du ihm eine runterhauen willst.
Peter: Ja.
Lehrerin: Es ist nichts dagegen einzuwenden, wütend zu sein, du weißt aber, daß Schlägereien in unserer Schule verboten sind. So wirst du dir etwas anderes einfallen lassen müssen, um deinem Ärger Luft zu machen.
Peter: Das ist schwierig. Meine Eltern sagen, ich solle mich wehren, und die Schule sagt, ich darf nicht schlagen.
Lehrerin: Das klingt, als ob du nicht weißt, was du tun sollst.
Peter: Ich glaube, in der Schule kann ich mich nicht prügeln, dann kriege ich Ärger.
Berthold: Er könnte es der Lehrerin sagen.
Jürgen: Er könnte Michael etwas von seinem Frühstück abgeben, dann brauchte Michael es ihm nicht wegzunehmen.
Klaus: Er könnte ihn auf anständige Art bitten, ihn in Ruhe zu lassen.
Peter: Er kann von meinem Frühstück abhaben, wenn er aufhört, mich zu ärgern und mich zuerst darum bittet.
Michael: Das Frühstück ist mir eigentlich ganz egal. Vielleicht darf ich ja in der nächsten Pause mit Fußball spielen.
Lehrerin: Du meinst, du würdest vergnügter sein, wenn du mit Peter und den anderen spielen könntest. Du würdest sie nicht ärgern wollen, wenn sie deine Freunde wären.
Michael: Ja, ich möchte zum Team gehören."(ebd., S. 98)

Zunächst wird auch hier der „Übeltäter", der ein anderes Kind geschlagen hat, des Klassenzimmers verwiesen. Der Rektor dieser Schule sieht es jedoch nicht wie Redl als seine Aufgabe an, in einem solchen Fall zunächst „emotionale Erste Hilfe" zu leisten, sondern er bringt den grollenden, schmollenden Schüler zurück ins Klassenzimmer. Damit ist die Lehrerin, die ihn aus der Klasse verwiesen hatte, für die weitere Bearbeitung des Konflikts zuständig.

Auch sie hätte die Option gehabt, zunächst das Ende der Stunde abzuwarten und dann mit Peter ein „Zweiergespräch" im Sinne des „Life-Space-Interviews" zu führen. Sie wählt jedoch einen anderen Weg und ein anderes Setting: Sie organisiert den Sitzkreis und damit gewissermaßen eine klasseninterne Krisenkonferenz. D.h., sie setzt auch im Hinblick auf die Lösung eines solchen Konflikts auf die „Vernunft des Kollektivs", bzw. mit Rogers gesprochen, auf die „Selbstaktualisierungstendenz" der Klassengruppe, ihre Fähigkeit, selbst die angemessenen Problemlösungen zu finden.

Sie eröffnet diese Konferenz mit der Bekundung ihrer eigenen Betroffenheit, also mit einer „Ich-Botschaft" und fordert die Mitschüler zunächst ebenfalls auf, ihre Gefühle zu äußern. Diese kommen jedoch sehr schnell auf die Schuldfrage und bringen neue Aspekte über den Ablauf des Konflikts ins Spiel. Auch hier geht es also zunächst um die Rekonstruktion des Konfliktgeschehens.

Während sich Redl durch skeptische Rückfragen und durch den Verweis auf Widersprüche darum bemüht, Bill eine realitätsadäquatere Form seiner Darstellung zu entlocken, beschränkt sich die Lehrerin in Gordons Beispiel auf „aktives Zuhören", auf empathisch spiegelnde Umformulierungen dessen, was die Schüler sagen. Sie lässt auch zu, dass sich die Diskussion zunächst von Peters konkreter Aggression gegenüber Michael, die der Auslöser für die ganze Episode war, ab- und stattdessen generalisierten Vorwürfen gegenüber Michael zuwendet. Plötzlich steht damit ein neues Thema, nämlich Michaels problematische Verhaltensmuster und die damit zusammenhängenden Ausgrenzungstendenzen seitens der Mitschüler im Raum. Schließlich lenkt die Lehrerin auf den Ausgangskonflikt zurück. Bis auf den schlichten Hinweis, dass Schlägereien an der Schule verboten seien, beschränkt sie sich auch weiterhin auf den Part des „aktiven Zuhörens" bzw. der Moderation.

Die Schüler jedoch sind offensichtlich schon soweit mit dem Konzept der „Lehrer-Schüler-Konferenz" vertraut, dass sie nun von sich aus beginnen, konstruktive Vorschläge zu sammeln, wie das Problem künftig gelöst werden könnte. Man ist als Leser fast etwas überrascht, wie schnell und komplett die anfänglich vorhandene Wut und Verbitterung zum Ende der Episode in vernünftige Einsicht, in allseitiges Wohlwollen und in engagiertes Lösungsbemühen umschlägt.

Darin drückt sich vielleicht ein wenig die Gordon-Rogersche Harmonietendenz, der Glaube an die „Kraft des Guten" aus: Im Prinzip sind alle daran interessiert, dass es allen gut geht. Auch kann man von der durchgehenden Vernünftigkeit aller Handelnden ausgehen. Es müssen nur im Gespräch die Lösungen gefunden werden, bei denen die Bedürfnisse aller in optimaler

Weise befriedigt werden, dann lösen sich negative Gefühle wie Wut, Hass und Verletzung sofort in Wohlgefallen auf und es ergibt sich die versprochene „Win-Win-Situation", bei der alle Beteiligten profitieren.
In seiner Kommentierung fasst Gordon selbst die positiven Effekte des Vorgehens zusammen und in dieser Zusammenfassung werden gleichzeitig die Grundannahmen und die zentralen Komponenten des von ihm favorisierten Konzepts noch einmal sehr deutlich: „Diese Diskussion führte zu sehr wichtigen Ergebnissen: Peters Zorn ließ nach; Michael lernte von seinen Klassenkameraden; die ganze Klasse beteiligte sich bei der Lösung des Problems, sie zeigte Verständnis für Michaels Gefühl, ausgestoßen zu sein, usw. ... Klugerweise ... regte die Lehrerin die Gruppendiskussion an, weil sie von der Fähigkeit der Schüler überzeugt war, das Problem selbst zu bewältigen. Wieder erwies sich aktives Zuhören als das wichtigste Instrument des Lehrers, und das Resultat, von niemandem vorherzusagen, war wirklich bemerkenswert" (Gordon 1981, S. 96ff.).

4.3 Edward E. Ford und der „Responsible Thinking Process" (RTP®)

Hatte die empathisch-spiegelnde, auf Harmonie und Demokratie bedachte pädagogische Haltung Gordons in den siebziger Jahren vielleicht noch etwas Neues und Aufregendes, so ist sie heute sehr weit verbreitet und damit natürlich auch ein Stück weit banalisiert. Wenn Lehrer und Erzieher sich heute um eine entsprechende Haltung bemühen, dann entspricht dies eher den Normalitätserwartungen heutiger Kinder und Jugendlicher und hat nichts Überraschendes oder gar Revolutionäres mehr. Bisweilen wird es sogar als „pädagogisches Getue" von den Schülern entwertet.
Aber auch von Seiten der Psychoanalytischen Pädagogik sind in jüngster Zeit Vorbehalte gegen diese Erziehungsmentalität formuliert worden. Am deutlichsten vielleicht von Bernd Ahrbeck. Die folgenden Sätze aus der Einleitung zu seinem Buch „Konflikt und Vermeidung" passen ziemlich präzise auf Gordons Konzept (auch wenn dieses nicht direkt genannt wird): „Eine ‚moderne Erziehung' wollte die Beziehung der am Erziehungsprozess Beteiligten demokratisieren. Ihre Autoritätsfeindlichkeit und ihr naiver Glaube an die inneren Wachstumskräfte des sozial befreiten Menschen haben die beklagten Zustände (der extremen Selbstbezogenheit und der Gewaltbereitschaft vieler Jugendlicher - R.G.) nicht unwesentlich gefördert. ... Kindliche Bedürfnisse sollen gefördert werden, damit sich die Persönlichkeit in einer angstfreien Atmosphäre ungestört entfalten kann. Anerkennung und Spiegelung gelten

als zentrale Mittel der Erziehung. ‚Lernen in Freiheit' ist die offizielle Devise, Konfliktvermeidung die untergründige" (Ahrbeck 1997, S. 8).
Entsprechend gibt es heute Tendenzen, gerade im Umgang mit aggressiven Jugendlichen eher wieder eine entschiedenere, härtere, konfrontativere Haltung einzunehmen. Ich möchte deshalb noch einmal auf das Arizona-Modell zurückkommen, das im vorausgegangenen Kapitel bereits ausführlich dargestellt wurde. Dort standen die bürokratischen Prozeduren dieses Modells im Vordergrund. Ein weiterer Aspekt dieses Modells, der dort nicht zur Sprache kam, ist eine ganz spezifische Gesprächs- bzw. Fragetechnik, die Edward E. Ford, der Erfinder des Arizona-Programms, für solche Konfliktgespräche empfiehlt. In seinem Buch „Discipline for Home and School" findet sich ein in didaktischer Absicht präsentiertes paradigmatisches Beispiel für diese besondere Frage- und Gesprächstechnik:
Christian hat gerade seinem Mitschüler Brandt während eines Basketballspiels im Rahmen des Sportunterrichts ins Gesicht geschlagen. Da er sich weigert das Spielfeld zu verlassen, wird schließlich ein „Administrator", eine Person, die offensichtlich speziell für die Bearbeitung solcher Konflikte zuständig ist, hinzugezogen und es entwickelt sich der folgende Dialog:

„Administrator: Christian, du musst mit mir in mein Zimmer kommen.
Christian: (keine Antwort)
Administrator: Christian, wenn du nicht mit mir kommst, was denkst du, wird passieren?
Christian: (keine Antwort)
Administrator: Christian, wir werden deine Eltern anrufen müssen, und wenn sie nicht ausfindig gemacht werden können oder sich weigern zu kommen, dann müssen wir die Polizei rufen. Ist es das, was du willst?
Christian: Das kümmert mich nicht.
Administrator: Glaubst du, dass die Tatsache, dass es dich nicht kümmert und dass wir deine Eltern verständigen müssen, die Dinge für dich besser oder schlechter macht?
Der Administrator geht und sagt im Weggehen: „Ich sehe, du hast dich dafür entschlossen, dass ich deine Eltern oder die Polizei anrufe". Christian ist zwar noch immer wütend und aufgeregt, aber folgt schließlich doch schweigend dem Administrator.
Administrator (in seinem Zimmer mit Christian): Christian, ich sehe, du bist wütend. Willst du jetzt hier daran arbeiten, dein Problem zu lösen oder willst du in das RTC (Responsible Thinking Center) gehen um dich zu beruhigen, und wir sprechen dann später.

Christian: Er hat mich zuerst geschlagen und er hat sich über mich lustig gemacht.
Administrator: Wer hat dich geschlagen und sich über dich lustig gemacht?
Christian: Brandt.
Administrator: Und was hast du dann getan?
Christian: Ich habe ihn zurückgeschlagen. Mein Vater hat mir gesagt, ich kann mich verteidigen, wenn mich jemand schlägt.
Administrator: Wie lautet die Regel für das Schlagen anderer Leute hier an der Schule?
Christian: Keiner darf den anderen schlagen und jeder soll seine Hände und Füße bei sich behalten. Aber er hat mich zuerst geschlagen. Was passiert mit ihm?
Administrator: O.k. ich werde als nächstes mit Brandt sprechen. Aber Christian, wer ist es, den du kontrollieren kannst?
Christian: Ich.
Administrator: Wer ist dafür verantwortlich, was du tust?
Christian: Ich.
Administrator: Was passiert, wenn du jemanden an der Schule schlägst?
Christian: Ich bekomme Ärger.
Administrator: Was meinst du mit „Ärger kriegen"?
Christian: Ich muss ins RTC und könnte von der Schule ausgeschlossen werden.
Administrator: Ist es das, was du willst?
Christian: Nein, aber was soll ich tun? Immer wenn ich Basketball spiele, lacht er über mich und wenn ich daneben werfe, sagt er meinen Mannschaftskameraden, dass sie blöd sind, weil sie mich in ihre Mannschaft genommen haben.
Administrator: Wenn du Brandt schlägst, denkst du, dass es ihn davon abhalten wird, dich zu ärgern und zu schlagen?
Christian: Nein.
Administrator: Wenn du Mitschüler schlägst, bekommst du dann Ärger?
Christian: Ja.
Administrator: Ist es das, was du willst?
Christian: Nein.
Administrator: Was wirst du das nächste Mal tun, wenn Brandt dich ärgert oder schlägt?
Christian: Ich weiß nicht.
Administrator: Willst du damit weitermachen, Ärger zu bekommen?
Christian: Nein, aber was ist mit Brandt?

Administrator: Mit wem spreche ich im Augenblick?
Christian: Mit mir.
Administrator: Bist du bereit, Verantwortung zu übernehmen für das, was du tust und deine Probleme zu lösen?
Christian: Ich denk' schon.
Administrator: Meinst du das ernst oder nicht?
Christian: Ja.
Administrator: Was wirst du das nächste Mal tun, wenn Brandt dich ärgert und schlägt?
Christian: Ich weiß wirklich nicht. Nichts scheint zu funktionieren.
Administrator: Wenn ich dir einen Weg zeige, wie du dein Problem lösen kannst und keinen Ärger bekommst, wärst du interessiert?
Christian: Ja.
Administrator: O.k. Ich möchte gerne, dass du jetzt ins RTC gehst und an einem Plan arbeitest. Herr Johnson ist dort, falls du Hilfe brauchst. In der Zwischenzeit werde ich mit Brandt sprechen. Wenn ich mit dem Gespräch mit Brandt fertig bin, werde ich euch beide zusammenbringen und euch helfen, eine Lösung für euer Problem auszuarbeiten, so dass ihr beide nicht ständig fortfahrt, Ärger zu bekommen. Christian, wie findest du das?
Christian: O.k.
(vgl. Ford 1994, Kap. 18, übersetzt und leicht gekürzt R.G.)

Es ist ganz reizvoll, die von Ford mit diesem Beispiel propagierte Strategie der Gesprächsführung mit der zu vergleichen, die Fritz Redl geschildert hat. Bei dem obigen Beispiel handelt es sich um eine ähnliche Konfliktsituation wie bei Redl. Auch hier ist ein Junge mit einem anderen heftig aneinander geraten, auch hier wird entschieden, dass der Junge den Klassenverband verlassen muss, auch hier ist derjenige, der das Gespräch führt, nicht der verantwortliche Lehrer selbst, sondern eine dritte Person, die speziell für das Konfliktmanagement zuständig ist, auch hier geht es darum, trotz der Wut und Empörung des Jungen bestimmte Einsichten im Gespräch zu vermitteln. Trotz dieser Gemeinsamkeiten in der Ausgangssituation sind die Unterschiede in der Art und Weise, *wie* diese Konfliktgespräche geführt werden, offensichtlich.

Während es bei Redl primär darum geht, *„emotionale Soforthilfe"* in einer *Krisensituation* zu leisten, bei der ein Junge des Klassenzimmers verwiesen wurde, geht es in dem Beispiel von Ford zunächst darum, *die Entscheidung,* dass der Junge den Unterricht verlassen muss, überhaupt *erst einmal durch-*

zusetzen. Während bei Redl *das Bemühen um einfühlsames Verstehen* dessen was passiert ist, im Vordergrund steht, ist es bei Ford der *Verweis auf die Bestimmungen und die Androhung von Konsequenzen*. Während es bei Redl eher darum geht, den *Hergang der Dinge zu rekonstruieren* und Bill vorsichtig *auf Ungereimtheiten und Widersprü*che in *seiner* Darstellung der Geschichte hinzuweisen, blockt der Administrator in Fords Beispiel alle Versuche der Darstellungen des Geschehens, die die eigene Aggression als legitime Reaktion auf die Aggression eines anderen beschreiben, ab und verweist auf *die geltenden Regeln und auf die Konsequenzen der Regelverletzung*. Vor allem aber besteht der Pädagoge hier ganz beharrlich darauf, dass jeder primär *für sein eigenes Handeln verantwortlich* ist und dass der Verweis auf das, was ein anderer getan hat und somit auch die leidige Frage, wer angefangen hat, irrelevant sei. In Anlehnung an Redl könnte man hier von einer „Einmassierung des Verantwortlichkeitsprinzips" sprechen.

Selbst die Forderung nach Gleichbehandlung der Streitbeteiligten („... aber was ist mit Brandt?) wird nicht akzeptiert (... Mit wem spreche ich im Augenblick?"). Während bei Redl die möglichst detaillierte *Rekonstruktion des vergangenen Geschehens* im Vordergrund steht, ist es bei Ford eher der prospektive *Ausblick auf die zukünftigen Handlungsweisen* und die *Einforderung expliziter und ernst gemeinter Besserungsabsichten*. Erst als hier ein glaubhafter Vorsatz von Christian formuliert wird, signalisiert der Administrator Unterstützung sowie die Bereitschaft, im Sinne der ausgleichenden Gerechtigkeit, auch mit dem anderen am Konflikt beteiligten Jungen ein entsprechendes Konfliktgespräch zu führen. Freilich gibt er sich nicht mit einer Absichtserklärung zufrieden, schon gar nicht mit einer, deren Ernsthaftigkeit fragwürdig scheint, sondern einerseits wird Christian aufgefordert, einen „Plan" auszuarbeiten, andererseits bietet der Administrator an, mit beiden Kontrahenten eine tragfähige und dauerhafte Lösung für ihren Konflikt auszuarbeiten.

Während die Haltung des Direktors in Redls Beispiel eher als *behutsam und empathisch-haltend* zu charakterisieren ist, kann man die des Administrators in Fords Beispiel eher als *resolut und appellativ-fordernd* bezeichnen. Wobei freilich auch von Ford immer wieder ausdrücklich betont wird, dass jede Aggression, Drohung, Klage, Verächtlichmachung seitens des Erwachsenen tunlichst zu vermeiden und den Entscheidungen des Schülers grundsätzlich mit Respekt zu begegnen sei. Dennoch bleibt in Fords Beispiel etwas das Gefühl, dass der Schüler „in die Enge getrieben" wird. Alle seine Versuche, seine Empörung auszudrücken, die Umstände und Kränkungen, die zu seiner Aggression geführt haben zu erläutern, die „Schuldfrage" zu diskutieren oder auch nur eine Gleichbehandlung der Kontrahenten einzufordern, prallen mehr oder weniger ab. Er wird strikt auf die geltenden Regeln und auf seine Verantwortlichkeit für sein eigenes Verhalten verwiesen. Seine „Entscheidungsfreiheit" reduziert sich somit auf die Alternativen, „Wohlverhalten zeigen" oder „Ärger bekommen".

5. Pädagogen als „harmlos-nutzlose Plauderer"?

Welche Gesprächsstrategie nun die „angemessenere", die „bessere", die „effektivere" ist, ist schwer zu entscheiden. Letztlich ist dies eine Frage, die empirisch zu klären wäre. Natürlich erheben alle Autoren den Anspruch, dass sich ihre Methode vielfach in der Praxis bewährt habe. Aber auch bei einer strengeren empirischen Prüfung der „Effektivität", müsste zunächst geklärt werden: effektiv im Hinblick worauf? Geht es vor allem um die Herstellung von Disziplin und um die Sicherung einer Atmosphäre, in der ruhiges und ungestörtes Unterrichten möglich ist? Geht es um oberflächliche Anpassung und „Dressur"? Geht es primär darum, bestimmten Regeln Geltung zu verschaffen? Geht es zentral um die Förderung von „Eigenverantwortung", um das „Einhämmern" der Kernbotschaft: „Ich bin für mein Handeln verantwortlich", oder geht es darum, zunächst eine förderliche und vertrauensvolle Beziehung zu einem Kind herzustellen, indem man im Gespräch der Verletztheit und Empörung des Kindes Raum gibt, indem man versucht, seine Sicht der Dinge empathisch nachzuvollziehen und sich dann vorsichtig darum bemüht, gemeinsam eine realitätsgerechtere Sicht zu erarbeiten? Geht es letztlich um subjektiv bedeutsame Bildungsprozesse, vielleicht sogar darum, Einsicht in typische, wiederkehrenden Mustern des eigenen Verhaltens zu gewinnen oder verborgenen Motiven und Zwecke in den eigenen Handlungsweisen auf die Spur zu kommen? Weil ich letztere Aspekte für zentral halte, gilt meine persönliche Sympathie nach wie vor eher dem Vorgehen Redls. Gegenüber den Harmonieversprechungen der Gordon-Methode war ich seit jeher eher skeptisch eingestellt.

Andererseits ist auch klar: Die Angemessenheit und Wirksamkeit einer spezifischen Gesprächsstrategie bei der Bearbeitung von Konflikten ist immer auch vom kulturellen Umfeld, von der jeweiligen Ausprägung der intergenerationalen Streitkultur abhängig. Der Leiter eines Jugendzentrums hat mir kürzlich berichtet, ein Jugendlicher habe sich ihm mit den Worten „Ey Sozialbimbo, drück mir jetzt bloß kein Gespräch rein", einer Auseinandersetzung wegen seines Verhaltens zu entziehen versucht. Angesichts solcher Ausweichtendenzen und angesichts der gängigen Einschätzung Jugendlicher, dass professionelle Pädagogen eher zur „harmlosen Gruppe der nutzlosen Plauderer" (Rauschenbach 1994, S. 253) zu rechnen seien, die fürs empathisch-verständnisvolle Zuhören und für freundlich-unverbindliche Gespräche bezahlt werden, haben in der heutigen Zeit, vielleicht tatsächlich stärker konfrontative, herausfordernde Momente im pädagogischen Umgang mit Jugendlichen ein Stück weit ihre Berechtigung.

KAPITEL 6
Die Krise der Lernkultur in der Pubertät

Warum haben es die Jugendlichen und die Schule oft so schwer miteinander?

*"Wenn irgendetwas nicht zusammenpasst,
dann ist es Pubertät und Schule."*

Barbara Sichtermann

1. Die Perspektive der Schülerinnen und Schüler

Eines der markantesten, von Pädagogen hierzulande meistbeklagten, in seinen Ursachen aber bisher nur unzulänglich verstandenen jugendtypischen Phänomene ist die Tendenz zum Verlust von schulischer Lernfreude und zur Zunahme von schulischen Disziplinkonflikten im Verlauf des Jugendalters. Vor kurzem habe ich im Rahmen eines Seminars an der Pädagogischen Hochschule Heidelberg Studierende aufgefordert, in schriftlicher Form über ihre eigene Schullaufbahn zu reflektieren. Sie sollten ihre Erfahrungen in und mit der Schule im zeitlichen Verlauf Revue passieren lassen und dabei prägende Einflüsse, wichtige Lehrerpersönlichkeiten, markante Gruppenkonstellationen, bedeutsame Schlüsselerfahrungen, sich verändernde innere Haltungen zum Lernen etc. zu beschreiben versuchen. Es handelte sich bei diesen überwiegend weiblichen Lehramtsstudierenden vermutlich um eine nicht ganz repräsentative Auswahl mit eher überdurchschnittlich positiven Lernbiographien und mit Schulkarrieren die zumindest insofern erfolgreich waren, als sie im Erwerb der Hochschulreife gipfelten. Auch die Tatsache, dass sie sich allesamt für die Aufnahme eines Lehramtsstudiums entschlossen hatten, kann man wohl als Indiz dafür werten, dass ihnen aus ihrer Schulzeit keine vollkommen negativ besetzten inneren Bilder der Institution Schule als einem Ort der Öde und Unterdrückung, der Angst und Qualen zurückgeblieben sind, wie dies etwa in autobiographisch inspirierten Texten über Schulerfahrungen von Herrmann Hesse, Thomas Bernhard oder Robert Musil der Fall ist. (Es sei denn, man nähme überwiege Wiederholungszwänge und Rachebedürfnisse, das unbewusste Verlangen danach, passiv erlittene Erfahrungen in ak-

tive Handlungen umzusetzen, als Berufswahlmotive bei den Lehramtsstudierenden an!)
Besonders auffallend an den Texten, die im Rahmen dieses Seminars entstanden, ist das folgende Muster: Die Grundschulzeit wird überwiegend als sehr schöne Zeit, geprägt durch Neugierde, Lernfreude, einem positiv-vertrauensvollem Verhältnis zu den Lehrerinnen und Lehrern sowie durch Stolz auf die guten eigenen Leistungen geschildert. Eine deutliche Verunsicherung bezüglich des Selbstvertrauens und der eigenen Kompetenzeinschätzung ergab sich für viele mit der fünften bzw. sechsten Klasse, also beim Übertritt ins Gymnasium. Zu einem deutlichen Bruch hinsichtlich der Lernmotivation, der Schulleistungen und der prinzipiell positiven Einstellung der Schule gegenüber kam es bei vielen in der Mittelstufe. In der Oberstufe dagegen verbesserte sich bei der Mehrzahl der Studierenden das Verhältnis zur Schule wieder deutlich. Sie hatten nun von sich aus den Entschluss gefasst, dass sie das Abitur wirklich machen wollten, hatten ein neues Verhältnis zum Lernen gewonnen und hatten sich aus der Verstrickung in antagonistische Kampf- oder Verweigerungshaltungen gelöst. Als exemplarisches Beispiel mag der folgende Bericht dienen.

„Die gesamte Grundschulzeit erlebte ich als völlig unproblematisch und lernte ganz begeistert. Für mich war der Begriff ‚Lernen' nie negativ besetzt, meine Eltern mussten mich nie zum Hausaufgabenmachen oder Üben antreiben. Ich hatte eine große innere Motivation, weil meine Leistungen immer mit sehr guten Noten belohnt wurden und mir das Lernen an sich Freude bereitete. Es machte mir auch immer viel Spaß, meiner Freundin zu helfen, die oft Verständnisprobleme hatte. Ich spürte sicherlich auch, dass meine Eltern stolz auf mich waren.
Als ich dann ins Gymnasium kam, änderte sich die Situation ein bisschen. Unser Klassenlehrer war so streng, dass wir wirklich Angst vor ihm hatten. Einmal haute er sogar einer Klassenkameradin mit seinem Schlüsselbund auf den Kopf. Ich war nicht mehr Klassenbeste, hatte aber trotzdem noch gute Noten. Ich ging immer noch recht gerne in die Schule, aber so sorglos, wie in der Grundschule war mein Schulalltag nicht mehr. Der Unterrichtsstoff wurde schwieriger, und ich musste jetzt viel mehr Lernen.
Als ich in die Pubertät kam, änderte sich meine Einstellung zur Schule drastisch. Ich empfand es plötzlich nicht mehr als selbstverständliche Tatsache, gut in der Schule sein zu müssen. Ich zweifelte auch den Sinn des zu erlernenden Stoffes an. Meine Interessen verlagerten sich auf außerschulische Aktivitäten. Der Vormittag war nur noch ein notwendiges Übel, den es so un-

problematisch wie nur irgend möglich zu überstehen galt. Ich saß im Unterricht, träumte von meinem Schwarm, plante meinen Nachmittag oder dachte über andere Probleme nach, während ich versuchte, dabei so interessiert und konzentriert wie möglich auszusehen. Wenn ein Lehrer in die Klasse schaute, um den nächsten Schüler aufzurufen, fing ich an, in meiner Tasche nach Taschentüchern zu suchen, zu husten oder ähnliches, was ihn davon abhalten könnte, mich auszuwählen. Ich schaffte es nämlich tatsächlich, den gesamten Unterricht über noch nicht einmal mitzubekommen, was für ein Thema eigentlich gerade behandelt wurde. Von der achten bis einschließlich zehnten Klasse habe ich kein einziges mal Hausaufgaben gemacht. Ich hatte nachmittags einfach ganz andere, in meinen Augen viel wichtigere Dinge zu tun. Ich hatte glücklicherweise eine sehr fleißige Freundin, die mich regelmäßig in der Pause ihre Aufgaben abschreiben ließ. Vor den Klausuren versuchte ich dann, den gesamten Unterrichtsstoff innerhalb von zwei Tagen nachzuarbeiten, was mir natürlich nicht mehr gelang. Meine Leistungen wurden kontinuierlich schlechter und die Lehrer hatten es bald auf mich abgesehen. Ich wurde dann nämlich demonstrativ desinteressiert. Ich war nie wirklich frech, gab mich aber absolut cool, maulte laut über Aufgabenstellungen und schwätzte ständig mit meinen Mitschülerinnen. Je öfter ich getadelt wurde, um so unkooperativer wurde ich. Ich hatte bald ein sehr schlechtes Verhältnis zu meinen Lehrern und überhaupt keinen Spaß mehr an der Schule. Ich blieb dem Unterricht auch immer öfter fern. ...
Als ich dann die Versetzung in die elfte Klasse fast nicht geschafft hätte, wurde mir bewusst, dass ich etwas ändern musste. Mein Selbstbewusstsein litt sehr unter meinen schlechten Noten. Ich hatte mir lange eingeredet, dass ich sofort wieder gute Leistungen erbringen könnte, wenn ich mir bloß ein bisschen Mühe geben würde, aber als mir klar wurde, dass ich schon zu viel verpasst hatte, bekam ich Angst, das Abitur nicht zu schaffen. Daraufhin wechselte ich auf eine leichtere Schule. Hier konnte ich jetzt noch einmal ganz von vorne anfangen und nutzte diese Chance auch. Ich musste erst einmal wieder lernen, zu lernen, was mir anfänglich nicht leicht fiel, aber die ersten guten Noten motivierten mich sehr. Ich machte dann auch ein sehr gutes Abitur.

Das Gefühl, im inneren Widerstreit mit der Institution Schule zu liegen und doch Tag für Tag gezwungen zu sein, dorthin zu gehen, der Eindruck, dort mit Lernstoffen konfrontiert zu werden, deren Sinn man kaum einzusehen vermag, die Empörung, von den Lehrern bevormundet und gegängelt zu werden, all dies sind, wenn auch keineswegs durchgängige, so doch ziemlich weit verbreitete Empfindungen, gerade unter den Schülern der Sekundarstufe I. Gelegentlich finden sie eine entsprechend kreativ-künstlerische Verarbeitung in schulkritischen Schülergedichten:

*„Sei schön angepasst, fang bloß nicht an zu denken,
der Lehrer wird dir seine Meinung schenken.
Schleime mit, dann kriegst du gute Noten.
Andernfalls kriegst du was auf die Pfoten.*

*So wird der letzte Mist in dich hineingestopft,
das geht so weiter bis du nur noch kotzt.
Was dich interessiert kümmert kein Schwein,
du guckst mal wieder in die Röhre rein.*

*Verdammt ich bin ein Mensch, ich habe auch Gefühle,
die gehen alle kaputt in dieser Mühle.
In der Schule läuft es kalt und rational,
schluck nur die Scheiße, der Rest ist ganz egal!"*

(zit. n. Zinnecker 1982, S. 44f.)

Bisweilen werden diese Empfindungen in mehr oder minder provokativen, rebellischen, subversiven Aktionen auch ausagiert. Häufiger jedoch führen sie jedoch nur zur inneren Distanzierung, zum Versuch, die Zumutungen der Schule mit minimalem Aufwand zu überstehen, ohne sich all zuviel Stress einzuhandeln. Zu einer coolen, lethargischen, demonstrativ desinteressierten Haltung also, und damit zu jener zähen grauen Lustlosigkeit, die den Schulalltag in jenen Klassen oft kennzeichnet.

Diese Tendenzen des Absinkens der Lernfreude und des Wohlbefindens in der Schule, der gleichzeitigen Zunahme von Störungen und Disziplinkonflikten, ist in der empirischen Schulforschung inzwischen recht gut belegt. Schon im Verlauf der Grundschulzeit kann man einen Rückgang der ursprünglich sehr ausgeprägt vorhandenen Begeisterung an der Schule feststellen. Nach Fend findet der eigentliche Einbruch der Lernfreude und des schulischen Wohlbefindens jedoch vom 6. zum 7. Schuljahr statt und diese erreichen ihr Minimum in der Regel in der 9. Schulstufe. Parallel damit einher bzw. komplementär dazu verlaufen die Kurven für die Leistungsbereitschaft und für die Zunahme der Disziplinprobleme (Fend 2000, S. 352).

Die Frage nach den Veränderungen im Hinblick auf das subjektive Wohlbefinden der Schüler in der Schule ist nicht nur im Hinblick auf den individuellen ontogenetischen Entwicklungsverlauf, sondern auch in generationsspezifischer, epochaler Hinsicht gestellt worden. Nach den einschlägigen empirischen Befunden scheint es tatsächlich so etwas wie eine Steigerung der Schulunlust in den letzten Jahrzehnten zu geben. Helsper und Böhme haben die Studien hierzu folgendermaßen zusammengefasst: „Zugespitzt kann festgestellt werden: In dem Maße, wie die Schulzeit verlängert wird, der Alltag Jugendlicher verschult wird, die Relevanz der Schule für künftige Lebenschancen wächst und gleichzeitig schulische Abschlüsse immer weniger eine Garantie für berufliche Chancen darstellen, die Schule immer stärkere Konkurrenz aus medialen und jugendkulturellen Erlebnisräumen erhält, um so negativer wird die Schule erlebt. So sinkt der Anteil Jugendlicher, die gern oder sehr gern zur Schule gehen von 1962 bis 1983 von 75% auf 43% (Allerbeck/Hoag 1985). In den 1990er Jahren gehen nur noch 32% gern zur Schule (Schröder 1995, S. 81ff.). Zentral aber ist, worauf sich die Kritik an der Schule richtet: Auf den Unterricht (1953: 5%, 1984: 20%), auf Tests und Leistungsdruck (6% zu 41%) und auf das Verhältnis zu den Lehrern (11% zu 47%). Damit sind gerade die institutionellen Kernzonen der Schule von einer Zunahme der Kritik betroffen" (Helsper/Böhme 2002, S. 581).

Auch die jüngste Shell Jugendstudie von 2002 hat die Frage nach dem schulischen Wohlbefinden an die Schüler gestellt. Dabei kam heraus, dass von den befragten Schülerinnen und Schülern nur gut ein Drittel gerne oder sehr gerne zur Schule gehen. Ein Fünftel gab explizit an, ungern zur Schule zu gehen. Leider erfährt man dort nicht über die Altersverteilung der Antworten. Dafür treten deutlich schulspezifische Tendenzen hervor: Fast doppelt so viele Hauptschüler wie Gymnasiasten gaben eine ausdrückliche Abneigung gegen die Schule an (vgl. Linsen/Leven/Hurrelmann 2002, S. 72).

In diesem Kontext ist auch noch ein spezieller Befund aus der PISA-Studie von Interesse, der durch die Fokussierung der medialen Aufmerksamkeit auf die schlechten Ergebnisse in den mathematischen und naturwissenschaftlichen Kompetenzen sowie beim Lesen eher untergegangen ist. Die Zielgruppe waren bei der PISA-Studie ja die 15-Jährigen, also gerade jene Altersgruppe, die erfahrungsgemäß das distanzierteste, kritischste Verhältnis zur Schule hat. Sie wurden unter anderem aufgefordert pauschal ihre allgemeine Schulzufriedenheit *(„Ich gehe gern zur Schule", „Wenn ich könnte, würde ich lieber in eine andere Schule gehen", „Ich fühle mich in unserer Schule gut aufgehoben")* sowie ihre Wahrnehmung der pädagogischen Zugewandtheit ihrer Lehrer einzuschätzen *(„Die meisten meiner Lehrer/Lehrerinnen interessieren sich für das, was ich zu sagen habe", „Den meisten Lehrern/Lehrerinnen ist es wichtig, dass die Schüler/innen sich wohl fühlen")*. Außerdem sollten sie die Qualität des Deutsch- und des Mathematikunterrichts, den sie erlebten, hinsichtlich bestimmter Dimensionen bewerten. Die Antworten fielen eher ambivalent bzw. „mittelprächtig" aus. Sicherlich waren sie nicht durchweg so negativ, wie es das oben zitierte Schülergedicht nahe legt. Aber sie waren auch keineswegs so, dass man von einem überwiegend zufriedenstellenden, positiven Schulklima sprechen kann. Im Bezug auf den Vergleich der Schulformen war besonders auffällig, dass die Schüler der Gymnasien sowohl ihre Deutsch- als auch ihre Mathematiklehrer als deutlich weniger unterstützend erlebten als die Schüler sämtlicher anderen Schulformen. Erstaunlicherweise hatte übrigens das von den Schülern erlebte Schulklima keinen systematischen Zusammenhang mit deren fachlicher Leistungsfähigkeit bei den Testaufgaben, wohl aber mit Aspekten devianten Verhaltens an der Schule wie etwa Schulschwänzen oder Gewalthandlungen (Baumert u.a. 2001, S. 490ff.). Schließlich noch ein interessantes Ergebnis, das aus einer Studie von Kanders u.a. stammt, bei der eine repräsentative Gruppe 14-16-jähriger Schülern und Schülerinnen einerseits danach befragt wurde, welche Merkmale sie für einen guten Lehrer für besonders wichtig hält, andererseits danach, inwieweit sie diese Merkmale bei den meisten „real existierenden Lehrern" verwirklicht sehen. Wunsch und Wirklichkeit, d.h. die Erwartungen an die Lehrkräfte und die Einschätzungen des tatsächlichen Verhaltens, lagen dabei ziemlich weit auseinander (vgl. Kanders u.a. 1996 S. 37):

Schüler/innen-Erwartungen an Lehrkräfte im Vergleich mit den Einschätzungen des tatsächlichen Verhaltens		
	Stimmt für die meisten Lehrer	Ist für einen guten Lehrer besonders wichtig
Die Lehrer behandeln alle Schüler gleich	27	77
Die Lehrer können schwierige Sachverhalte gut erklären	20	76
Zu den Lehrern habe ich großes Vertrauen	10	59
Die Lehrer kümmern sich darum, wie es den Schülern geht	19	57
Die Lehrer lassen die Schüler mitbestimmen, wie im Unterricht vorgegangen wird	8	52
Die Lehrer bestimmen im Großen und Ganzen, was wir im Unterricht machen sollen	74	16

Gerade in der Dimension „Vertrauen" besteht hier offensichtlich eine große Diskrepanz zwischen Wunsch und Wirklichkeit. Dabei dürfte sich bei der obigen Fragestellung das gemeinte Vertrauen noch weitgehend auf die faire Weise des Umgangs und die gerechte Benotung bezogen haben. Dass die Vertrauensbasis hier gar so groß ist, dass Schüler und Schülerinnen sich mit ihren persönlichen Problemen hilfe- und ratsuchend an ihre Lehrer und Lehrerinnen wenden, dürfte eher selten der Fall sein. In Fends großer Jugendstudie etwa, war es nur eine verschwindend kleine Minderheit der Jugendlichen, die bei der Beantwortung der Frage: *„Wenn Du Schwierigkeiten oder Probleme mit Dir selbst (bzw. mit anderen) hast, mit wem redest Du dann am ehesten?"* auf Lehrer bzw. Lehrerinnen verwies. (Fend 2000, S. 293).

2. Die Perspektive der Lehrerinnen und Lehrer

Alle paar Jahre bekommt die gesamte Lehrerschaft vom Nachrichtenmagazin DER SPIEGEL in entsprechenden Titelstorys ordentlich eines „übergebraten". Im Frühjahr 2006 war es wieder soweit: „Gewalt im Klassenzimmer. Wenn Lehrer nicht mehr weiterwissen" lautete die Titelstory der Ausgabe 14/2006. Zweieinhalb Jahre zuvor war ein Heft mit dem Titel „Klassenkrampf" erschienen, in dem der Anspruch erhoben wurde, zu erklären „Warum Lehrer und Schüler in Deutschland versagen" (46/2003). Vor zehn Jahren gab es eine ziemlich ähnliche Ausgabe mit dem Titel: „Nervenkrieg im Klassenzimmer – Horrorjob Lehrer" (24/1993). Und noch einmal 5 Jahre länger zurück war gar vom „Tollhaus Schule" die Rede (15/1988). Eingeleitet werden die entsprechenden Artikel meist mit Impressionen aus dem Schulalltag, die einen Eindruck von der desolaten Lage vermitteln sollen. Seit knapp 20 Jahren klingt hier das Lamento über die angeblich massive Verschlimmerung der Zustände an den Schulen in Deutschland ziemlich ähnlich. Die '93er Titelstory über einen „Berufsstand in der Krise" begann mit folgenden Sätzen:

„Pausenklingeln, das Lehrerzimmer füllt sich. Vor der Kaffeemaschine bildet sich ein Pulk, einige pfeffern ihre Mappen auf den Tisch und lassen sich mit einem Stöhnen erst einmal auf ihren Stammplatz plumpsen. Das übliche Geschnatter zwischen zwei Einsätzen: ‚Junge, Junge, die 9a geht mir so was von auf den Senkel.' Eine Kollegin pflichtet bei: ‚Die könnt' ich manchmal auch an die Wand klatschen'. Schweigende Zustimmung, als eine Lehrerin mit einer Stimmlage kurz vor der Heulschwelle auf ‚diesen Dennis aus der 8c'

flucht, der ‚mal wieder die ganze Stunde geschmissen' habe mit seiner ‚coolen Rumpöbelei'" (DER SPIEGEL 24/1993, S. 34).
Es sei dahingestellt, ob DER SPIEGEL in seinen entsprechenden Titelstorys ein realistisches Bild der Problemlage an den Schulen zeichnet oder ob es sich um medientypische Übertreibungen handelt. Was in jedem Fall symptomatisch ist, ist die Tatsache, dass die Hauptklagen der Lehrer in dieser einleitenden Sequenz sich auf Klassen und Schüler aus der Mittelstufe beziehen. Die Erfahrung, dass es gerade in diesen Klassen oftmals sehr anstrengend und schwierig wird wohlgeordneten Unterricht zu machen, dürfte wohl zum pädagogischen Allgemeingut gehören. Natürlich gibt es auch problematische Grundschul- und Unterstufenklassen. Dennoch gewinnen die pädagogischen Herausforderungen bei den pubertierenden Schülern eine neue Qualität. Sie sind jetzt nicht mehr nur unruhig, zappelig, lernschwach und vorlaut, sondern sie geben sich nun häufig betont cool und demonstrieren bisweilen geradezu ihr Desinteresse an den Unterrichtsinhalten. Sie erproben ihr Talent zur Provokation und suchen gezielt und gekonnt nach empfindlichen Stellen, an denen sie die Lehrer treffen können. Einzelne Schüler, die hierfür besonderes Talent haben und die sich mit besonderer Respektlosigkeit gegenüber den Lehrern hervortun, können in der Regel mit heimlicher oder auch offener Bewunderung durch ihre Klassenkameraden rechnen. Sie haben die Lacher auf ihrer Seite. Es macht von der psychischen Situation des Lehrers her jedoch durchaus einen Unterschied, ob der Unterricht dadurch gestört wird, dass ein Schüler wegen seiner motorischen Unruhe vom Stuhl fällt oder ob man das Gefühl hat, ein Schüler legt es gezielt darauf an, „mit cooler Rumpöbelei" die Stunde zu schmeißen", oder durch seinen gesamten Habitus zu demonstrieren, wie sehr ihm „das ganze Gelaber in Deutsch am Arsch vorbei geht". Zumal dann, wenn dabei noch spürbar wird, dass er dabei die heimliche oder offene Bewunderung seiner Klassenkameraden genießt.
Michael Maas, der in diesem Feld als teilnehmender Beobachter forschend tätig war, fasst seine Eindrücke von den typischen Konfliktkonstellationen in den Mittelstufenklassen folgendermaßen zusammen: „Viele Jugendliche suchen geradezu die Konfrontation mit Erwachsenen und können dann am wenigsten einen harmoniesüchtigen und konfliktscheuen Lehrer gebrauchen, der die adoleszente Suche nach Konfrontation letztlich ins Leere laufen lässt. Innerhalb der Sekundarstufe I werden besonders die Jahrgänge 7 und 8 von vielen Lehrerinnen und Lehrern als besonders schwierig und konfliktträchtig empfunden. Während die Jugendlichen zum Ende ihrer Schulzeit in aller Regel den Eindruck machen, wieder ‚zur Vernunft' gekommen zu sein, und zielgerichtet auf ihren jeweiligen Schulabschluss hinarbeiten, wird die Ge-

duld der LehrerInnen in den Jahrgängen 7 und 8 oft genug bis aufs Äußerste strapaziert. Wasser- und Essensschlachten beim Mittagessen, ein nicht enden wollender Strom provozierender bis beleidigender Äußerungen der Schüler, ihr Zur-Schau-Stellen der eigenen Uninteressiertheit, die sonderbare Mischung von extremen Ansprüchen und extrem kindlichen Betragen, der verantwortungslose Umgang mit Tischen, Heften oder Büchern, zähe Diskussionen, penetrante Albernheiten – all dies kann Lehrerinnen und Lehrern ihre Arbeit gründlich verleiden und wirft die Frage auf, ob schulischer Unterricht, so wie er heute üblicherweise praktiziert wird, überhaupt dem Jugendalter angemessen ist" (Maas 2000, S. 4f.).

In einer weiteren jüngeren SPIEGEL-Titelstory war vom „süßen Horror Pubertät" und von der „Entmachtung der Eltern" die Rede. Das entsprechende Titelbild bringt in sehr eindrucksvoller Weise die typische jugendliche Protestpose zum Ausdruck. Ob man entsprechend auch von einer „Entmachtung der Lehrer" sprechen kann, scheint mir dagegen nicht so sicher. Natürlich gibt es die oben geschilderten subversiven und rebellischen Tendenzen. Gleichzeitig empfinden die Jugendlichen sich in der Regel über die Noten doch sehr der Machtposition der Lehrer ausgeliefert und beklagen sich oft leidenschaftlich über deren Machtfülle. Zumindest muss man davon ausgehen, dass Empörung und Ohnmachtgefühle auf beiden Seiten ziemlich häufig vorkommen.

Das Leiden der Lehrer an den bestehenden Verhältnissen dokumentiert sich vielleicht am deutlichsten in der Zunahme krankheitsbedingter Frühpensionierungen. Zwei größere Studien hierzu wurden in jüngster Zeit vorgestellt. Schaarschmidt kommt zu dem Ergebnis, dass es vor allem drei Bedingungen sind, die von Lehrerinnen und Lehrern als besonders belastend angegeben werden: Das Verhalten schwieriger Schüler, die Klassenstärke und die Anzahl der zu unterrichtenden Stunden (Schaarschmidt u.a. 1999). Der Arbeits- und Sozialmediziner Andreas Weber hat 7103 Gutachten zur Frage einer vorzeitigen Dienstunfähigkeit ausgewertet. Dabei war neben einer stetigen Zunahme der Dienstunfähigkeitsquote über die letzten Jahre hinweg vor allem die Tatsache auffällig, dass psychische und psychosomatische Erkrankungen mit 52% die mit Abstand häufigsten Diagnosen in den entsprechenden Gutachten darstellten. Diese Quote ist auch deutlich höher als bei anderen Sozialberufen (Weber u.a. 2001). Sicherlich wäre es übertrieben, zu behaupten, dass all diese Leiden allein auf das Konto der „unbotmäßigen", „rumpöbelnden", Mittelstufenschüler gingen. Aber man kann vielleicht doch sagen, dass sich hier diese schulspezifischen Belastungsmomente in besonderer Art und Weise zuspitzen.

3. Mögliche Erklärungen

Warum ist das so, wie es ist? Warum gibt es diese Tendenz zur zunehmenden Distanzierung von den Erwartungen und Ansprüchen der Schule im Zusammenhang mit der Pubertät? Warum gibt es gleichzeitig diese Zunahme von Provokation und Konfrontation? Ich möchte im Folgenden fünf mögliche Erklärungshypothesen anbieten.

3.1 „Reifungsprozesse"/„Hormonschwankungen"/„Triebschub"/ „Gehirnumbau" etc.

Dies ist natürlich die gängigste Erklärung: Es sind einfach die natürlichen körperlichen und seelischen Reifungsprozesse, die diese Belastungen mit sich bringen. Es ist der Anstieg des Hormonpegels, insbesondere des Testosterons, der aggressive Tendenzen befördert, der zu Reizbarkeit, Unsicherheit, Stimmungslabilität führt und der besonders empfindlich macht gegen alle Formen der Kritik und der Fremdbestimmung. Es ist der Triebschub, der Anstieg der Es-Energien, der die Jugendlichen impulsiver, schwieriger, herausfordernder macht.

In jüngerer Zeit ist diese altehrwürdige biologische Erklärungsschiene durch einen interessanten neuen Aspekt erweitert worden. Dieser hebt weniger auf die hormonalen Vorgänge als vielmehr auf entwicklungsneurologische Prozesse ab: Das Gehirn der Teenager sei eine große „Baustelle". Gerade in jenen Hirnregionen, die für komplexere Entscheidungen, Handlungsplanungen und soziale Wahrnehmung zuständig seien, finde in jenen Jahren ein bedeutsamer, bisher nicht erkannter neuronaler Restrukturierungsprozess statt. Es käme in der Pubertät somit zu einer „entwicklungsbedingten Unterfunktion" des präfrontalen Kortex und der damit verbundenen Fähigkeiten zu Impulskontrolle, Risikoabschätzung und Handlungsplanung.

Die aufregenden neuen Forschungen aus diesem Bereich wurden kürzlich von einer Wissenschaftsjournalistin der New York Times in dem Buch „Warum sie so seltsam sind. Gehirnentwicklung bei Teenagern" (Strauch 2003) zusammengefasst. Bisher herrschte in der Entwicklungsneurologie weitgehender Konsens darüber, dass die wesentlichen Prozesse der Gehirnentwicklung in den ersten fünf Lebensjahren stattfinden. Neuerdings geht man in der Gehirnforschung jedoch von einem „zweizeitigen Ansatz" der Gehirnentwicklung aus: „Die Entwicklungsphasen des Gehirns selbst sind zeitlich gestaffelt und erfolgen in zwei großen Wellen. Die eine beginnt mit der Geburt und entwickelt sich etwa bis zum fünften Lebensjahr, die zweite begleitet die Pubertät. In diesen Phasen wird die Verknüpfung von Nervenzellen kräftig forciert; nicht benötigte Verbindungen werden entsprechend stark eingeschmolzen". Jene zweite Welle der Gehirnentwicklung sieht Singer durch folgende Merkmale charakterisiert: „Die Bereiche der Großhirnrinde, die sich erst spät in der Evolution entwickelt haben, werden auch individuell spät ausgebildet. Diese erbringen die komplexen kognitiven Leistungen, die beim Menschen ihre höchste Differenzierung erreicht haben. Dazu zählen die Fähigkeiten, die eigene Existenz in der Zeit zu begreifen, Handlungen aufzuschieben und von vorausgehenden Überlegungen abhängig zu machen, ein Konzept vom eigenen Ich zu entwickeln, sich in soziale Wertgefüge einzuordnen und moralische Verbindlichkeiten anzuerkennen" (Singer 2002, S. 175).

Diese Befunde passen natürlich recht gut zu dem etwas chaotischen, unstrukturierten Eindruck, den Jugendliche bisweilen machen und über den Lehrer vielfach klagen: zu ihrer Schwierigkeit mit Ordnungen, langfristigen Planungen und Zeitstrukturen klarzukommen. Und sie passen zu der jugendtypischen Tendenz zu unbedachtem, spontanem Handeln aus der momentanen Situation heraus, zu Verhaltensweisen, die bei sorgfältiger Abwägung von möglichem Gewinn und möglichem Risiko eigentlich nicht passieren dürften – seien es Unfälle aus Leichtsinn beim rasanten Skaten über Treppen, Geländer und Rampen ohne Helm, seien es das Experimentieren mit Drogen, die nachlässige Verhütung oder der spontane Ladendiebstahl.

Hinzu kommt, dass das Risikoverhalten, das Austesten von Grenzen, also jene Aspekte des Explorationsverhaltens, die für Jugendliche zunehmend attraktiv werden, offensichtlich auf komplexe Weise mit dem Dopaminstoffwechsel und damit mit dem körpereigenen Lust- und Belohnungssystem zusammenhängen. Die These geht hier dahin, dass Jugendliche anscheinend stärkere „Kicks" brauchen als Kinder oder Erwachsene um einen vergleichbaren inneren Belohnungszustand durch die Ausschüttung der entsprechenden Botenstoffe zu erleben.

3.2 Verschiebung der psychischen Energie, der Aufmerksamkeit und der Relevanzkriterien

Diese Erklärungshypothese hängt ein Stück weit mit der vorigen zusammen: Durch die körperlichen und seelischen Reifungsvorgänge, durch die neurologischen und kognitiven Umstrukturierungsprozesse ergeben sich demnach

so viele spannende neue Empfindungen, Herausforderungen, Entdeckungsgebiete und Bewährungsfelder für die Jugendlichen, dass die psychische Energie, die für schulisches Lernen zur Verfügung steht, zwangsläufig geringer wird. Damit natürlich auch die Aufmerksamkeit für das, was im Unterricht passiert, die Motivation für häusliche Vor- und Nachbereitung sowie die Bedeutungseinschätzung von Schulaufgaben und Noten. Es geht also zunächst einfach um Verschiebungen in Bezug auf das, was im Horizont der Jugendlichen Relevanz und Priorität hat. Die Schule wird in diesem Sinne dann zum lästigen, nervigen, zeitraubenden „Störfaktor", der von dem, was eigentlich ansteht, was als persönlich wichtig und bedeutsam erlebt wird, eher ablenkt und unangemessen viel Zeit und Energie kostet. Die Lehrer geraten damit in die negative Rolle derjenigen, die diesen „Zeit- und Energieraub" autoritär durchsetzen. Der innere Widerstand läuft dann in etwa nach folgendem Motto: Was kümmert mich der Strahlensatz, solange ich nicht weiß, ob meine Eltern mich zur LAN-Party am Wochenende gehen lassen? Wie soll ich die Anwendungsregeln des Subjonctifs lernen, wenn ich nicht weiß, wie ich die herausfordernden Blicke und das Getuschel der Mädchen in der Fensterreihe hinten rechts deuten soll? Was interessieren mich die Reaktionsgleichungen der Alkali-Halogen-Verbindungen, wenn ich die merkwürdigen Eifersuchtsreaktionen und Ausgrenzungstendenzen in der eigenen Clique nicht verstehe? Wozu soll ich mich mit dem Spannungsabfall am Kondensator beschäftigen, wenn die Spannungen bei mir zu Hause immer unerträglicher werden?
Hartmut von Hentig hat betont, dass die Pubertät zu jenen Lebensphasen gehöre, in denen schulisches Lernen bei den meisten Menschen nicht anschlage. Er hat der Schule vorgeworfen, dass sie diese natürliche und gesellschaftliche Tatsache einfach ignoriere und hat seinerseits gerade für jene Phase eine radikale Veränderung der Schule gefordert:

„Auf der Mitte des 7. Schuljahres, wenn die Schüler 12½ oder 13 Jahre alt sind, sollte die Schule, soweit wie möglich, „entschult" werden. Der Unterricht im Klassenzimmer setzt für zwei Jahre fast ganz aus – auch in den systematischen Fächern: in den Fremdsprachen, in der Mathematik, im Deutschunterricht, in den Naturwissenschaften. Stattdessen gibt es Kurse im Maschinenschreiben, Kochen, Buchbinden, Tischlern, Töpfern, Mechanik, Setzerei, Umgang mit Computern. Die Schüler lernen Musikinstrumente zu spielen und zu tanzen; sie machen ihren Mofa-Führerschein und einen Erste-Hilfe-Kurs, sie bauen ein Haus und ‚überleben' im Wald. Sie gehen auf eine Skihütte und lernen neben dem Skifahren miteinander zu leben und sich selbst zu versorgen. Sie bereiten eine Reise nach England oder Frankreich

vor und führen sie durch. Sie spielen Theater – auch in Fremdsprachen! –, sie schneidern die Kostüme dafür, malen die Kulissen, denken sich die nötige Technik aus und bedienen sie, drucken die Einladungen und erklären das Programm – und dies alles in höchstmöglichem Maß ‚professionell', weil man ihnen Zeit und Anleitung dazu, nein, Unterweisung darin gibt. ... Die Lehrer sind jetzt nicht die Instrukteure, Abfrager, Beurteiler, sondern lebenserfahrene Gefährten, die durchaus etwas mit den Schülern zusammen lernen. Die Schüler werden gewiß in diesen zwei Jahren viel vergessen, etwa in den Fremdsprachen oder in der Mathematik. Aber sie werden nicht dem Schlimmsten anheimfallen: der notorischen Lernunlust dieses Alters, die sich aus der unangemessenen Lernform ergibt. In diesem Lebensabschnitt sind die Beziehungen zu anderen Menschen ‚dran', Verselbständigung, das Beobachten der eigenen Körperlichkeit und die Erprobung eines neuen Arrangements mit ihr" (v. Hentig 1987, S. 38f.).

Ich denke nicht, dass dieser Vorschlag eine Realisierungschance hat. Heute, angesichts der PISA-Debatte wohl noch sehr viel weniger als im Jahr 1987, als v. Hentig ihn formulierte. Aber ich denke, dass es dennoch sinnvoll ist, auch solche radikalen, utopischen Ideen zu bedenken, um sich zumindest ein Bild davon zu machen, wie Lernprozesse, die Jugendliche, „hinter dem Ofen hervorlocken" und wirklich berühren würden, eigentlich aussehen müssten. Und um aus der entsprechenden Diskrepanz vielleicht manche der jugendlichen Abwehr- und Vermeidungstendenzen besser verstehen zu können.

3.3 „Hauptsache Action, Hauptsache Spaß" – der jugendspezifische Drang zu Komik und Blödelei

Wenn es denn so ist, dass die Schule als Institution zwangsläufig die Jugendlichen einem bestimmten Kanon von Themen, einer beträchtlichen Leistungsanforderung, einer festgefügten Ordnung, Disziplin und Zeitroutine unterwirft, einem Rahmen also, der zunächst nicht der ihre ist und dem sie sich nur unter einer ziemlich starken Anstrengung der Unterdrückung ihrer inneren spontanen Impulse und der Hintanstellung dessen, was sie eigentlich bewegt, fügen können, dann ist es nicht verwunderlich, dass sie nach Lücken suchen, nach Möglichkeiten, diesen Rahmen partiell immer wieder aufzuheben und auszuhebeln. In diesem Sinne ist dann alles willkommen, was die Langeweile des normalen Unterrichtsalltags durchbricht.

Wenn Schüler der Mittelstufenklassen sich gegenseitig im Bus oder am Mittagstisch zu Hause den Eltern von den Begebenheiten des Schulvormittags erzählen, dann rücken die Inhalte, die Themen, um die es dort im Rahmen des Unterrichts gegangen ist, meist ganz in den Hintergrund. Was erzählenswert ist, was im Zentrum der Aufmerksamkeit steht, das sind vor allem die Zwischenfälle und Konflikte. Sei es, dass man sich lauthals über einen Lehrer empört, der in autoritärer Manier seine Macht ausgespielt und Schüler ungerecht behandelt hat, sei es, dass man sich über die individuellen Eigentümlichkeiten und Verschrobenheiten einzelner Lehrer lustig macht, sie parodiert und karikiert oder sei es, dass man einzelne Schüler als Helden feiert, weil sie es gewagt haben, mit besonders gewitzten, provokativen, schlagfertigen Kommentaren den Zumutungen der Lehrer Paroli zu bieten. Alles, was in diesem Sinn die bestehenden starren Rollenverhältnisse und den institutionellen Sinn der Schule in Frage stellt, was den Hauch von Rebellion und Subversion an sich hat, was den geregelten Alltagstrott der Schule aufbricht, was die vermeintliche „Autorität und Würde" der dort tätigen Erwachsenen ankratzt, was dazu geeignet ist, den Ernst der Situation ins Lächerliche oder Groteske zu ziehen, ist den Schülern dieses Alters in der Regel willkommen.
Man kann Schule, von der sozialen Zusammensetzung der dort Versammelten her, ja auch als ein „großes Jugendzentrum" auffassen, als ein „Jugendzentrum" allerdings mit einem lästigen Pflichtprogramm namens Unterricht. Die Schüler bemühen sich nach Kräften, in dieses Pflichtprogramm zumindest zwischendurch ein paar Actionszenen bzw. Comedy-Spots einzubauen. Michael Maas hat im Rahmen seiner Beobachtungsstudien an der Freien Alternativschule Bochum diesen in der Praxis mit Jugendlichen recht bedeutsamen, in der Jugendtheorie dagegen kaum thematisierten Aspekt der „adoleszenten Komik" im Hinblick auf typische Formen und Funktionen analysiert. Er unterscheidet dabei folgende Spielarten: „Satirische Verfremdung der schulischen Anforderungen", „Pointierte Veralltäglichung bzw. Verspottung der Hochkultur", „Verspottung des (reform-)schulischen Regel- und Wertesystems", „charmanter Infantilismus" und „regressives Agieren in der Gruppe". Eine wichtige Funktion im gruppendynamischen Gefüge von Schulklassen haben oft jene Schüler, die eine spezielle Begabung für das Komische haben, denen es besonders gut gelingt, den Sprachstil oder die Marotten einzelner Lehrer übertrieben nachzuäffen oder die dazu neigen, sich bisweilen selbst auffallend „schräg", „merkwürdig", „unangepasst" zu verhalten, die etwa besonders grotesk grimassieren, erstaunlich laut rülpsen oder ungehemmt schrill lachen. Lebhafte Phantasien darüber, was man als Schüler einmal Verrücktes machen könnte oder sollte, wenn der Lehrer wieder dieses

oder jenes Verhalten zeigt, gewinnen eine wichtige entlastende Funktion, auch wenn sie nie in die Realität umgesetzt werden. „Der blödelnde, bzw. in der peer-group regressiv agierende Schüler negiert situativ auch all das, was die Institution Schule repräsentiert, nämlich zivilisierte Umgangsformen, Ordnung, Erwachsenheit, Tradition, vernünftige Realitätsverarbeitung" (Maas 2000, S. 175).

Natürlich ist zu bedenken, dass es bei diesen Akten jugendlicher Albernheit, Blödelei und Komik neben dem Unterhaltungswert immer auch um eine sublimierte Abfuhr aggressiver Impulse geht. Besonders dann, wenn diese nicht in den Pausen und Zwischenräumen stattfinden, sondern mitten im Unterricht selbst. Für den Lehrer ist es dann immer ein schmaler Grat, ob er seinerseits mit Humor und Witz oder aber mit Ernst und Verärgerung darauf reagiert. Häufig machen Lehrer hier auch dann, wenn sie die Albernheiten der Schüler eigentlich nicht besonders originell und vor allem nicht mehr altersgemäß finden, „gute Miene zum bösen Spiel", weil sie wissen, dass sie sich mit rigiden Maßnahmen gegen gekonnt komische Inszenierungen, an denen die Klasse ihren Spaß hat, leicht ins Unrecht setzt und unbeliebt machen. „Indem ein komisch agierender Schüler den Unterrichtszweck des Lehrers vereitelt, nimmt er im Beziehungsgefüge der Klasse eine machtvolle Position ein, verkehrt also die strukturell gegebene Ohnmacht der Schülerrolle situativ in ihr Gegenteil. Als ‚Rache' für die erlittene demütigende Erfahrung der Ohnmacht kann das Komische somit auch kompensatorische Funktionen erfüllen" (ebd., S. 178).

3.4 Reaktivierung des Ödipuskomplexes, Befreiung von Autoritäten, stellvertretende Machtkämpfe

Jugendliche haben in der Regel einen ausgesprochenen Widerwillen gegen Bevormundung. Sie kämpfen um Selbstbestimmung. Sie sind in Ablösungskämpfen mit ihren Eltern verwickelt, sie versuchen durch permanente Diskussionen und bisweilen auch durch bewusste Übertretungen die noch existierenden Vorgaben und Beschränkungen, was ihre Lebensführung, ihre Ordnung, ihren Umgang, ihre Ausgehzeiten, ihren Medienkonsum etc. anbelangt, immer mehr zu minimieren.

Nach klassischer psychoanalytischer Theorie des Jugendalters kommt es mit der Pubertät zu einer Wiederbelebung des Ödipuskomplexes mit entsprechender Auflehnung und Rebellion gegen die Elternfiguren. Nach Freud wird in diesem Kontext „eine der bedeutsamsten, aber auch schmerzhaftesten,

psychischen Leistungen der Pubertätszeit vollzogen, die Ablösung von der Autorität der Eltern, durch welche erst der für den Kulturfortschritt so wichtige Gegensatz der neuen Generation zur alten geschaffen wird" (Freud 1905, S. 130). Es ist nicht verwunderlich, dass dieser so bedeutsame und schmerzliche Prozess ausstrahlt auch auf andere Erwachsenenpersonen, denen es bisher aufgrund ihres Alters, ihrer Position, ihrer Rolle recht selbstverständlich gestattet war, dem Kind Anweisungen und Belehrungen zu geben. Zu diesen Personen zählen nun einmal primär die Lehrer. Freud hat in seinem Aufsatz „Zur Psychologie des Gymnasiasten", der in einer Festschrift des „K. Erzherzog Rainer Realgymnasiums", das er selbst einst besucht hatte, erschienen ist, auf diese Übertragungsprozesse hingewiesen, die dazu führen, dass die Gefühlsbeziehungen der Schüler und Schülerinnen zu ihren Lehrern und Lehrerinnen immer auch von den Gefühlsbeziehungen zu den eigenen Eltern affiziert sind: „Wir warben um sie oder wandten uns von ihnen ab, imaginierten bei ihnen Sympathien oder Antipathien, die wahrscheinlich nicht bestanden, studierten ihre Charaktere und bildeten oder verbildeten an ihnen unsere eigenen. Sie riefen unsere stärkste Auflehnung hervor und zwangen uns zur vollständigen Unterwerfung; wir spähten nach ihren kleinen Schwächen und waren stolz auf ihre großen Vorzüge, ihr Wissen und ihre Gerechtigkeit" (Freud 1914, S. 238).
Zwar sind die Beziehungen zu den Lehrern partikularer und in der Regel nicht so dicht emotional aufgeladen wie die zu den Eltern. Zugleich sind diese Beziehungen natürlich auch weniger existentiell. Hier kann man im Einzelfall leichter schwärmen und besonders „tolle", beliebte Lehrer als Inbegriff des weisen, verständigen, gerechten Erwachsenen, aufs Schild heben und man kann sich andererseits unbefangener der ganzen Bandbreite der negativen Gefühle, der Wut und dem Ärger gegenüber einem „autoritären Sack" hingeben, kann ihn (oder sie) als Ausbund altmodischer, überkommener Denkweisen und selbstgefälliger tyrannischer Haltungen verachten. In den Beziehungen zu den Eltern ist doch immer mehr Ambivalenz und damit im Prozess der Entidealisierung immer auch ein beträchtlicher Anteil von Trauer mit im Spiel. Zugleich steht man in der Schule jenen Personen, in denen sich diese negativen Autoritätsaspekte verdichten und personifizieren, in einer anderen Konstellation gegenüber als in der familiären Situation, nämlich als Klassengemeinschaft und somit gewissermaßen als solidarische, gleichermaßen unterdrückte und sich gegen die Unterdrückung auflehnende „Brüderhorde".
Der jugendtypische Horror vor Bevormundung und Reglementierung hängt auch noch mit einem anderen Entwicklungsaspekt des Jugendalters zusam-

men: der Bewusstwerdung der individuellen Einzigartigkeit und dem noch tastenden, unsicheren Bemühen, diese Einzigartigkeit auch zur Geltung zu bringen und Respekt und Anerkennung dafür zu finden. „Pubertierende Kinder", so hat es Barbara Sichtermann formuliert, „sind einem regelrechten Individualisierungsschub ausgesetzt. Sie ertragen es einfach nicht mehr, kollektiviert, eingeteilt, zusammengeschweißt, dirigiert, verwaltet, hier- und dorthin geschickt, in ihren Leistungen und in ihrem Ausdruck quantifiziert und benotet zu werden – sie entwickeln einen starken Affekt gegen dieses In-Schubladen-gesteckt-Werden, gegen das Vergleichen und Begutachtet-Werden" (Sichtermann 2002, S. 157). Und dies, obwohl sie selbst gerade in diesem Alter durchaus dazu neigen, sich zu Gruppen und Cliquen zusammenzuballen, bisweilen auch dazu, sich selbst bestimmten Gruppierungen und Szenen zuzuordnen. Wichtig ist ihnen dabei freilich, dass sie dies in eigener Wahl und in freier Entscheidung tun können.

3.5 Ich-Labilität, hohe narzisstische Kränkbarkeit und Abwehr von Beschämungsgefahr durch kollektive Abwertung der Relevanz schulischer Leistungen

Das „Selbst", für das die Jugendlichen Anerkennung und Respekt suchen, ist noch in Arbeit, ihr Selbstwertgefühl in diesem Alter ist äußerst labil und verletzlich. „Der übelste Schrecken der Pubertät ist die Unsicherheit. Das kindliche Weltbild zerbricht, das erwachsene ist noch nicht fertig, und diese Verlorenheit zwischen den Welten teilt sich auch der Peergroup mit. Man möchte Spaß haben und cool sein und weiß doch im Grunde nicht, wohin mit sich. Unsicherheit auszuhalten ist sehr schwer, die wenigsten Menschen sind dazu imstande, Pubertierende sind es zuallerletzt – schon weil sie ihre Unsicherheit nicht Unsicherheit nennen wollen und sie konsequent verleugnen" (ebd., S. 133). Jugendliche sind in einem gewissen Sinn „süchtig nach Anerkennung". Andererseits sind sie aber auch „süchtig nach Selbstbestimmung". Sie sträuben sich also zunehmend gegen jede Form von Anerkennung, die einfach auf Gehorsam und Gefügigkeit basiert, die also (wie noch in der Grundschule durchaus möglich) einfach durch lieb und nett und freundlich sein, erreicht wird.
Gleichzeitig – und darin steckt der strukturelle Kern der Problematik – ist die Schule eine Institution, die reichlich Erfahrungen der Nichtanerkennung, der Bevormundung, der Kränkung, der Beschämung, der Demütigung, des Versagens bereithält. Ich will ein besonders eindringlich beschriebenes Beispiel

aus der subjektiven Perspektive eines Schülers hier wiedergeben, das deutlich macht, welches Maß an Spannung und Beschämung bisweilen in schulischen Situationen aufgebaut wird. Es stammt aus dem Jugendroman „Crazy" von Benjamin Lebert:

„Ausgerechnet jetzt muß ich an Mathematik denken. An Falkenstein. Meinen Lehrer. Er sagt, er sehe für meine Zukunft schwarz. Das könne ich gleich vergessen, meint er. Die Nachhilfe sei unnötig. Ich wäre einfach zu blöd. Vielleicht hat er recht. In letzter Zeit nimmt er mich häufig beim Ausfragen dran. Weil er weiß, daß ich nichts verstehe. Das befriedigt ihn irgendwie. Es ist schon ein richtiger Psychokrieg geworden. Aber so ist eigentlich die ganze Schule. Das hat mit dem Internat nichts zu tun. Die Schule an sich ist ein reiner Psychokrieg. Da muß man es ja schwer haben. Für einen Sechzehnjährigen ist das ziemlich hart. Man ist noch ziemlich jung und wird schon derartig verarscht. Von einem Typen, der sich Lehrer nennt. In Bayern ist das besonders schlimm. Da zählen nur kleine, programmierte Computerkinder, die von morgens bis abends für die Schule lernen. Die werden gefördert. Der Rest wird fallengelassen. Wissen ist nicht Weisheit zählt bei denen nicht. Es sind einfach alles Wichser wie Falkenstein. An einem ganz normalen Ausfragetag befiehlt er uns, die Bücher zu schließen. Mit stechendem Blick sucht er ein Opfer. Schon dann habe ich eigentlich genug. Er droht an, er werde nun jemanden befragen. An der Tafel. Vor allen. Wehe, einer könne das nicht. Langsam erhebt er sich von seinem Lehrerstuhl. Der Schweiß läuft mir über die Stirn. Ich will nicht ausgefragt werden. Warum sagt er nicht gleich, wer drankommt? Oder warum trägt er mir nicht gleich einen Sechser ein? Das wäre einfacher. Warum muß er mich so quälen? Ich hasse es, vor der Klasse zu rechnen. Ich blamiere mich immer. Ich zittere. Bin nervös. Falkensteins Finger tippeln über Franzens Tisch. Franz ist mindestens genauso nervös wie ich. Das Zeug ist ohnehin schwierig. Und Falkenstein kann so richtig gemeine Aufgaben stellen.
‚Na, Franzi?' fragt er. ‚Hast du dich gut vorbereitet?' Franzi lehnt sich zurück. Streckt seine Arme vor. ‚Doch' sagt er flüsternd. Doch ist gut. Mit Nein wäre er drangekommen. Mit Ja wahrscheinlich auch. Mit Doch ist die Gefahr noch einmal an ihm vorübergegangen. Falkenstein geht weiter. Er spielt mit der Federmappe von Melanie. Jeder Schüler hier will die Last des Ausfragens auf einen anderen schieben. Ist der Name des Pechvogels schließlich verkündet, so sind die Restlichen meistens ziemlich froh. Erleichtertes Seufzen macht dann die Runde. Für den Pechvogel jedoch ist es dann doppelt schwer. Alles Teil des Plans, würde ich sagen. Falkenstein blickt auf. Ich zit-

tere. Weiß gar nichts mehr. Die wenigen gespeicherten Brocken aus dem Unterricht sind der Aufregung zum Opfer gefallen. Ich scheiße mir schon fast in die Hosen. Mein Magen bläht sich auf. Gänsehaut huscht über meinen Körper. Ich komme dran. Es muß ja so sein. Falkenstein sagt mit einer tiefen, kräftigen Stimme: ‚Lebert! So zeigen Sie uns, wofür ich so lange geredet habe.' Das sagt er immer so. Ich hasse es, wie er es sagt. Wie er Lebert sagt. So, als wolle er mich erschießen. Als brächte er mich zum Galgen. Und das tut er auch. Wie in Trance erhebe ich mich. Schwitze. Bin leer. Meine Gedanken drehen sich um nichts. Nur um das Stück Kreide, das ich in die Hand gedrückt bekomme. Die anderen Schüler atmen hörbar auf. Ich schlucke, spiele mit der Kreide. Sie fühlt sich rau an. Trocken. Ich lasse sie auf meiner Handfläche wandern. Sie färbt ab. Meine ganzen Finger sind schon weiß. Ich schaue zur Tafel hinüber. Ich mag diese Tafel nicht. Alles, was an sie geschrieben wird, muß man behalten. Für immer. Man darf es nicht vergessen. Und alles, was man beim Ausfragen an die Tafel schreibt, muß schon einmal dort gestanden haben. Falkenstein macht ein paar Angaben. Ich schreibe sie auf. Horche dem streichenden Laut der Kreide. Jetzt muß ich die Aufgabe lösen. Warum stehe ich eigentlich hier? Ich weiß es nicht. Male ein Zeichen. Zwei. Einen Kreis. Falkenstein ist nicht zufrieden. Er entläßt mich wieder auf meinen Platz. Als ich an den anderen Schülern vorbeigehe, schauen sie zu mir auf und machen ein verzerrtes Gesicht. Ein paar wenige lachen. Ich schaue zu meiner Zeichnung an der Tafel hinüber. Sie sieht schrecklich aus. Wie das Werk eines Fünftklässlers. Ich schäme mich (Lebert 2000[25], S. 123ff.).

Sicher sind nicht alle Lehrer so, dass sie ihre Macht in solchen Situationen so auskosten, wie es dieser Herr Falkenstein offensichtlich tut. Und natürlich gibt es all die institutionellen Zwänge, die es den wohlgesonnenen Lehrerinnen und Lehrern unmöglich machen, stets so kinder- bzw. jugendfreundlich zu sein, wie sie es gerne sein wollten. Aber es gibt, so hat die Studie von Kanders gezeigt, in der Wahrnehmung der Schüler schon eine ziemlich große Diskrepanz zwischen dem, was sie von einem guten Lehrer erwarten und dem, was sie bei der Mehrzahl der Lehrer real erleben. In einer anderen aktuellen repräsentativen Studie von Zinnecker haben fast die Hälfte der Befragten zwischen 10 und 18 Jahren das Item „Es gibt Lehrer(innen) bei uns, die einen vor der ganzen Klasse blamieren" als genau oder eher zutreffend angekreuzt (Zinnecker u.a. 2002, S. 149).
Eine große Zahl der Schüler in diesem problematischen Alter schützt sich vor diesen strukturell vorprogrammierten Selbstwert-Kränkungen durch die

Schule, indem sie sich dort eher desinteressiert, ignorant, abwesend geben und schlechte Noten, Belehrungen, Ermahnungen, Verweise etc. scheinbar cool an sich abgleiten lassen. So setzen sich häufig auch in der Klasse, in der Peergroup Normen durch, die allzu großes Engagement für die Schule und allzu bereitwillige Erfüllung der schulischen Verhaltensanforderungen eher mit Verachtung strafen, rebellischem, widerspenstigem, subversivem Verhalten aber Anerkennung und Bewunderung entgegenbringen. Dieser Schutzmechanismus ist durchaus verständlich. Wenn sich alle stillschweigend darauf verständigen, dass es cool ist, die schulischen Leistungsanforderungen nicht so ernst zu nehmen, sich von den Lehrern nichts sagen und von schlechten Noten nicht beeindrucken zu lassen, dann sind Situationen wie die oben geschilderte nicht mehr ganz so prekär für das eigene Selbstwertgefühl. Dann kann man mit lockeren Sprüchen und aufmüpfigem Verhalten vor den Mitschülern mehr Eindruck machen als mit differenzierten Rechen- oder Lateinkünsten.

4. Das Strukturdilemma der Schule

Die Notwendigkeit, in modernen, industrialisierten, fortschrittsorientierten Gesellschaften den Nachwuchs mit einer Vielzahl von Kenntnissen und Qualifikationen auszustatten, die nicht unmittelbar gegenwärtig im Alltag der Jugendlichen anwendbar und „brauchbar" sind, sondern deren potentielle Bedeutsamkeit, deren „Nützlichkeit" und „Anschlussfähigkeit" sich erst in einer unbestimmten Zukunft erweisen muss, steht außer Frage. Sie hat mit der entsprechenden Ausgestaltung des Bildungswesens und mit der kontinuierlichen Verlängerung der durchschnittlichen Schulbesuchszeiten überhaupt erst zur Ausprägung einer eigenständigen „Jugendphase" als einem dem Nachwuchs zugestandenen „Bildungsmoratorium", geführt.
Aber nicht nur Kenntnisse und Qualifikationen, die die gemeinsame Basis für die diversen Ausbildungs- und Studiengänge und damit für die unterschiedlichsten Berufslaufbahnen – von der Bankkauffrau bis zum Kfz-Mechaniker, vom Arzt bis zum Architekten – darstellen sollen, werden in den verschiedenen Schulen vermittelt, sondern indirekt natürlich auch bestimmte grundlegende Haltungen und Persönlichkeitsdispositionen, die für das Leben und Arbeiten in einer hochkomplexen Leistungsgesellschaft (die immer stärker auch den Charakter einer Informations- und Wissensgesellschaft hat) funktional sind. Ein zentrales Moment davon ist die Selbstdisziplin und die Langsicht, die Fähigkeit, momentane Wünsche, spontane Launen, aktuelle Be-

dürfnisse, situative Unlust, zurückzustellen und sich mit seiner Aufmerksamkeit und seiner Energie möglichst intensiv und beharrlich den Aufgaben zuzuwenden, die gerade anstehen. Für die Schüler bedeutet dies eben, sich jenem Pensum zuzuwenden, das gerade auf dem aktuellen Lehrplan steht: Weil es für eine anstehende Prüfung wichtig ist, weil die anstehende Prüfung für das Zeugnis wichtig ist, weil die Aneignung des Stoffes, ganz unabhängig vom aktuellen persönlichen Interesse daran, eine Grundlage für künftige Prüfungen und Zeugnisse und damit letztlich irgendwie auch für die späteren persönlichen Lebenschancen darstellt. Das schulische Lernen und Arbeiten spielt sich ganz überwiegend in der Dichotomie von „richtig" und „falsch" ab. „Eine ständige Selbstbeobachtung und Selbstkontrolle, ob man etwas richtig gemacht hat, wird systematisch eingeübt. In unzähligen Interaktionsschleifen von Leistungserbringung und Erfolgs-Mißerfolgs-Rückmeldung entstehen Selbstbelohnungs- und Selbstbestrafungsstrategien, die das lernbezogene Handeln lenken und vorantreiben" (Fend 2000, S. 331). Von jenem Idealbild des Schülers, das dem ganzen System zugrunde liegt, sind die realen Schüler in der Regel ebenso weit entfernt wie die realen Lehrer vom Idealbild des Lehrers, das in den geäußerten Schülererwartungen zum Ausdruck kommt. „Der ‚ideale Schüler' mit ‚idealen Bewältigungsstrategien' ist demnach der ausdauernd lernende, der sich selber Ziele setzt, diese durch Eigenplanung realisiert, sich dabei selbst beobachtet, antreibt, kontrolliert und schließlich auch selbst ‚belohnt'. Es bedarf am Ende keiner externen Kontrolle mehr, er hat diszipliniertes und selbstbestimmtes Lernen internalisiert" (ebd., S. 335).

Dieses Ideal der Konzentration, der Selbstdisziplinierung und der Langsicht, der Zurückstellung von „Fun" und „Action" steht jedoch quer zu jenen Idealen und Prinzipien, die den Jugendlichen in der Konsum- und Medienwelt sowie im Bereich der Peergroup begegnen. Diese Lebenssphären sind ja ausgesprochen gegenwarts- und bedürfnisorientiert. Dort wird beständig suggeriert, dass der Spaß und der Genuss im Hier und Jetzt das maßgebliche Kriterium sei, und gerade in den Medien – denkt man etwa an bestimmte Talk-, Casting- oder Containershows – wird eher die Botschaft vermittelt, dass für soziale Aufmerksamkeit, Anerkennung und Erfolg vor allem Schönheit, Sportlichkeit, Lockerheit und Spontaneität, vielleicht auch noch Originalität, Frechheit und Schamlosigkeit maßgeblich seien, nicht aber Strebsamkeit, Ausdauer und Fleiß. Für den Erfolg in der Medienwelt mag dies auch weitgehend zutreffen. Für die Welt außerhalb dagegen nur sehr begrenzt.

In den Video-Clips und Computerspielen werden immer raffiniertere Inszenierungen und technisch brillantere Umsetzungen ersonnen, um durch eine

Intensivierung der Reize sowie durch eine Beschleunigung ihrer Abfolge die Aufmerksamkeit der Spieler zu fesseln. Es geht in jenen Medien, die sich insbesondere bei den Jugendlichen so großer Beliebtheit erfreuen, natürlich nicht um die Aneignung geordneten, systematischen Wissens über die Welt, auch nicht um die Erzählung kohärenter Geschichten. Es sind in den Videoclips eher kaleidoskopartige Bilderfluten voller Andeutungen und Verfremdungen und es sind in den Computerspielen eher phantastische Szenarien, durch die sich die mausgesteuerten virtuellen Kämpfer bzw. Kämpferinnen bewegen, ständig auf der Suche nach Lösungen für Rätsel, die ins Spiel programmiert sind oder ständig auf der Hut vor Feinden, die im virtuellen Raum plötzlich auftauchen und die möglichst schnell „eliminiert" werden müssen. Zwar sind dies „Freizeitbeschäftigungen", denen die Jugendlichen meist mit der subjektiven Intention nachgehen, sich vom „Schulstress" zu entspannen. Zugleich erfordern sie aber hohe Konzentration und binden Zeit und geistige Energie. Zu vermuten ist weiterhin, dass diese Spiele unterschwellig die Rezeptionsgewohnheiten der Jugendlichen, die generellen „Reizintensitätserwartungen" hinsichtlich dessen, was einem geboten werden muss, damit über längere Zeit die Aufmerksamkeit auf eine Sache gerichtet bleibt, doch nachhaltig beeinflussen.

Der schulische Unterricht kann hier trotz mancher Tendenzen zum „Edutainment" in Sachen „Reizintensität" und „Unterhaltungswert" kaum konkurrieren. Die Schule hat aber unabweisbar den Auftrag der Kulturvermittlung. Sie hat den Jugendlichen die bedeutsamen Aspekte der abendländischen Kultur nahe zu bringen: vom Satz des Pythagoras über Goethes Faust bis hin zu den Funktionsprinzipien der parlamentarischen Demokratie. In dieser Hinsicht muss die Schule die Jugendlichen zwangsläufig als „Noch-nicht-Könner", als „Kulturneulinge" als „Novizen" definieren. Im Hinblick auf die profaneren Kulturgegenstände wie Rechtschreibung, Rechengesetze und Vokabelkenntnis müssen sich die Schüler angesichts der rotgefärbten Schularbeiten, die sie zurück bekommen und der entsprechenden Lehrerklagen, mit denen sie konfrontiert werden, zusätzlich häufig als „Immer-noch-nicht-Könner" erleben, was vielleicht noch kränkender ist. Solche Zuschreibungen und Bewertungen sind natürlich gerade dann besonders problematisch, wenn man sich in einem Lebensalter befindet, in dem das eigene Selbst eher mit Grandiositätsphantasien beschäftigt ist und in dem nichts sehnlicher gewünscht wird als Bestätigung und Anerkennung. Und sie wird noch schwieriger angesichts eines gesellschaftlichen und medialen Umfeldes das „Jugendlichkeit" zunehmend zum Ideal erhoben hat, angesichts einer technischen Entwicklungsdynamik, die dazu geführt hat, dass Jugendliche in manchen Bereichen

der Nutzung der technischen Neuerungen (Handys, Computer, MP3-Player...) kompetenter sind als ihre Eltern oder ihre Lehrer.
Auf dieses strukturelle Dilemma der Schule hat Winterhager-Schmid hingewiesen: „Die Definition des Jugendlichen als Novizen steht in auffälligem Kontrast zu den Avantgardekompetenzen, die den Jugendlichen – außerhalb der Schule z.B. in der Werbung und den Medien – allenthalben zugeschrieben werden. Sind Jugendliche in der Schule definiert durch Defizite ihrer Kompetenzen, so gelten sie außerhalb ihrer Schülerrolle eher als die avantgardistischen, kompetenteren Boten des Neuen, bekommen sie die Rolle der ‚Trendsetter' zugewiesen. Betreten Jugendliche aber die Schule, so müssen sie sich gefallen lassen, eher als inkompetent – d.h. als Schüler – behandelt zu werden. Damit entsteht eine konfliktreiche Situation" (Winterhager-Schmid 2000, S. 149).
Vielleicht wäre es auch für den Bereich der Schule wichtig, dass Lehrerinnen und Lehrer sich um jene Haltung der „verantworteten Schuld" bemühen, die Figdor für einen ganz anderen Kontext als zentral beschrieben hat, nämlich für den Umgang von Eltern mit ihren Kindern nach der Scheidungs- und Nachscheidungsphase. Figdor meint, dass es zunächst wichtig sei, dass Eltern sich klar machen und ehrlich eingestehen, welches Leid sie mit ihrer Trennung ihrem Kind zufügen und dass sie nicht zu Verleugnungs- und Verharmlosungsstrategien nach dem Motto: „Mein Kind kam da relativ schnell drüber weg, es ist erstaunlich gut damit zurechtgekommen" Zuflucht nehmen (Figdor 1991).
Ähnlich wäre es vielleicht auch notwendig, dass Lehrerinnen und Lehrer sich erst einmal wirklich bewusst machen und ehrlich eingestehen, wie viel an Beschränkungen, an Enttäuschungen, an Kränkungen, sie ihren jugendlichen Schülern mit ihrem häufig so labilen Selbst Tag für Tag zumuten. Ein großer Teil davon ist wohl gar nicht vermeidbar, ist strukturell durch Lehrplanfülle, Notenzwang etc. bedingt. Jeder Lehrer und jede Lehrerin sollte sich aber, gerade angesichts einer solchen Bewusstmachung, nach Kräften zumindest darum bemühen, *zusätzliche*, das heißt *vermeidbare* Kränkungen, Beschämungen und Bloßstellungen der Schüler und Schülerinnen tunlichst zu vermeiden.

5. Verlust von Lernfreude und Zunahme von schulischen Disziplinkonflikten als universelles oder als kulturspezifisches Pubertätsphänomen?

Gewöhnlich geht man davon aus, dass das Phänomen der Distanzierung von den schulischen Lernanforderungen so genuin zum Jugendalter gehört wie der Stimmbruch und die erste Menstruation. Man kann aber auch die Frage stellen, ob diese Distanzierung der Jugendlichen von der Schule und diese Tendenz zu Zunahme von Konflikten ein quasi natürliches, entwicklungsbedingtes, unvermeidliches Phänomen ist, oder ob es eher eine Folge von spezifischen Merkmalen der deutschen Schultradition und des deutschen Schulsystems darstellt. Das Phänomen könnte sich auch als ein typisches „Luxusproblem" herausstellen, das ausschließlich in westlichen „Überflussgesellschaften" vorkommt und das in weniger entwickelten Ländern, in denen schulische Bildungsangebote von den Jugendlichen noch in einem ganz anderen Maße als knappes, kostbares Gut und als individuelle Chance verstanden werden, in denen zudem in der Regel das Generationenverhältnis noch wesentlich traditioneller und hierarchischer organisiert ist, vielleicht gar nicht vorkommt und daher eher Kopfschütteln hervorruft[3].

Die reifungsbedingten Veränderungsprozesse der Pubertät finden natürlich in allen Kulturen statt und betreffen alle Jugendlichen. Das geschilderte Strukturdilemma zwischen dem Anspruch der Jugendlichen, gesellschaftliche Avantgarde zu sein und der Rollenzuschreibung durch die Schule als Unfertige und Unwissende betrifft zumindest alle Schulen in dynamischen, fortschrittsorientierten modernen Gesellschaften. Dennoch ist die Frage von Interesse, ob auch die Haltungen und Einstellungen der Jugendlichen gegenüber der

---

3 In diesem Sinne haben diese Ausführungen über die Lehrer-Schüler-Beziehungen in Deutschland tatsächlich eine gewisse Verwunderung hervorgerufen, als ich sie vor marokkanischen Lehrerbildnern vorgetragen habe. Dass es in der generellen Haltung gegenüber Bildungsangeboten beträchtliche interkulturelle Differenzen gibt, geht auch aus den folgenden Zeilen hervor, mit denen ein deutscher Professor in dem Hochschulmagazin „Forschung und Lehre" nach einem Gastaufenthalt an der Universität von Dhaka in Bangladesh seine Wahrnehmung bezüglich der Unterschiede zwischen den studentischen Haltungen, die er hier und dort erlebt hat, auf den Punkt bringt: „Noch nie in dreißig Jahren als Hochschullehrer habe ich in derart wissbegierige und erwartungsvolle Gesichter geschaut. Diese jungen Menschen wollten etwas lernen, sie wollten wissen. Und sie sahen es als Chance und Privileg an, etwas lernen zu dürfen" (Kaesler 2004, S. 148). Ähnliche eindrucksvolle Wissbegier und ergebene Dankbarkeit für gebotene Lernchancen konnte ich selbst einmal bei einem Besuch an Schulen und Berufsbildungszentren in Äthiopien bei Jugendlichen beobachten.

Schlüsselinstitution Schule, in der sie einen so großen Teil ihrer Zeit verbringen, auch in diesen Ländern überall die Gleiche ist. Es gibt Indizien dafür, dass gerade das deutsche Schulsystem nicht nur im Hinblick auf den Leistungsstand der 15-Jährigen und auf die enge Verklammerung von sozialem Hintergrund und Bildungschancen der Schüler – Probleme, die seit PISA im öffentlichen Bewusstsein präsent sind – besonders ungünstig abschneidet, sondern auch im Hinblick auf die ausgeprägte Distanzierung der Jugendlichen von „ihrer" Bildungsinstitution und dem eher angespannten Verhältnis zur Lehrerschaft. Diese atmosphärischen und motivationalen Probleme dürften vermutlich auch in beträchtlichem Maße für die eher bescheidenen Ergebnisse auf der Leistungsseite mit verantwortlich sein. Helmut Fend ist unter der Leitfrage „Was stimmt in deutschen Bildungssystemen nicht?" (Fend 2004) der Problematik nachgegangen, wie die Schüler in ihrer subjektiven Perspektive die staatlichen Bildungsangebote wahrnehmen. Er kommt bei der Beschreibung der Lage zunächst zu einem ernüchternden Fazit: „Die vielen empirischen Untersuchungen in meinem Umkreis zeigen sehr deutlich, dass in der Wahrnehmung der jungen Generation aus dem mit großen öffentlichen Mitteln geschaffenen Angebot eine ‚Zumutung' geworden ist. Es wird nicht als großartige gesellschaftliche Sorge für eine bestmögliche Vorbereitung auf das Leben wahrgenommen. Die Binnensicht der schulischen Angebote ist häufig von Fremdheit, von Desinteresse, ja von Ablehnung gekennzeichnet" (Fend 2004, S. 341).

Als systemimmanente Ursachen für diese problematische Entwicklung beschreibt er vor allem den bürokratischen, zentralistisch gesteuerten Charakter des deutschen Schulwesens, den dort herrschenden hohen Grad von Selektivität und die damit zusammenhängende Tendenz zur Homogenisierung der Lerngruppen, die eine „gewisse Entsorgungsmentalität" (ebd., S. 336) bei der Lehrerschaft nach sich ziehe und eine Förder- und Unterstützungskultur kaum aufkommen lasse, die mangelnde „Kundenorientierung" und Qualitätskontrolle, sowie die Tendenz des deutschen Schulsystems, „die Unterrichtszeiten auf Vormittage und kurze Schulwochen mit langen Ferienzeiten zu kompaktieren" (ebd., S. 340). Durch diese Beschränkung auf eine reine „Unterrichtsanstalt" gehen der Schule all die attraktiven Möglichkeiten des gemeinsamen entspannten Erkundens, Erforschens, Erörterns, Erprobens, Gestaltens, jenseits der Vermittlung und Abprüfung des notenrelevanten schulischen „Stoffs" verloren.

Dass Schulsysteme, die diesen Bereichen durch eine andere Organisationsstruktur mehr Spielraum einräumen, auch im Urteil ihrer Schüler besser abschneiden, haben Czerwenka u.a. schon vor einiger Zeit bei einer ländervergleichenden Studie unter dem Titel: „Was Schüler von der Schule halten" (Czerwenka u.a. 1988) festgestellt. Dieses Forschungsprojekt ging von Schüleraufsätzen über die Schule aus und wollte herausfinden, welches Verständnis Schüler unterschiedlicher Nationen und Regionen von ihrer schulischen Wirklichkeit haben, welchen Sinn sie der Schule zuweisen, wie sie das Verhältnis zu ihren Lehrern sehen und wie zufrieden bzw. unzufrieden sie insgesamt mit ihrer schulischen Situation sind. Neben der Bundesrepublik Deutschland waren die USA, Schweden und Großbritannien an dieser Studie beteiligt.

Für die deutsche Stichprobe wurden 1200 Schüleraufsätze von Schülern aus den Klassen 4-13 einer inhaltsanalytischen Auswertung unterzogen. Für die Aufsätze wurde dabei folgender Erzählimpuls vorgegeben: „Neulich hatte ich einen seltsamen Traum. Ich sprach darin mit einem merkwürdigen Lebewesen, das nicht wie ein Mensch aussah, aber auch nicht wie ein Tier, ein Fisch oder ein Vogel. Es kam offenbar von einem anderen Stern. Trotzdem verstand es meine Sprache und fragte mich nach allem möglichen. Irgendwie kam die Rede auch auf die Schule. ‚Schule? Was ist das? Was macht ihr da? Und gefällt es Dir dort?' fragte das Lebewesen außerordentlich neugierig. Ich dachte einen Augenblick nach und erklärte dann: ‚...'". Die Aufsätze wurden dann von je zwei unabhängigen Ratern u.a. im Hinblick darauf eingeschätzt, ob die generelle Tendenz des Verfassers gegenüber der Schule betont freundlich und bejahend, ausgeprägt kritisch und negativ oder aber eher neutral bzw. ausbalanciert war. Dabei ergab sich ein deutlicher Trend, dass die betont positiven Urteile über die Schule mit der „Höhe" der Schule ab- und die ausgeprägt negativen Urteile entsprechend zunahmen. Waren es bei den Grundschülern noch 57%, die ein klar positives Urteil über die Schule abgaben, so waren es bei den Realschülern nur 17,8% und bei den Gymnasiasten 20,2%. Die eindeutig negativen Urteile lagen bei letzteren bei 27,6% bzw. 26,6%, bei den Grundschülern waren sie dagegen mit 7% ziemlich selten.

Spezifischer wurden dann auch noch Einschätzungen vorgenommen, ob die Schüler gerne zur Schule gingen und Freude an der Schule hatten und ob eher positive oder eher negative Gesamturteile über die Lehrer gefällt wurden. Bei den Auswertungen ergab sich wiederum eine prägnante alterstypische Verteilung in dem Sinne, dass explizite Aussagen, wie die Schule mache keine Freude, ebenso wie klar negative Gesamturteile über die Lehrer mit höherem Alter, immer häufiger vorkamen. Ein Maximum erreichten sie in den Klassen 9-11.

Es fällt auf, dass die Gesamturteile der deutschen Schüler über die Schule dabei noch verhältnismäßig günstiger ausfallen als die Einschätzungen bezüglich der Lehrer oder die Angaben über die Freude an der Schule. Weiterhin fällt auf, dass im Hinblick auf die „Freude an der Schule" auch keine rechte Erholung nach dem „Tief" der Mittelstufe zu erkennen ist. Im Laufe der Schulzeit wird das Bild bei den deutschen Schülern also tendenziell immer ungünstiger. Entsprechend kommen Czerwenka u.a. zu der Deutung, „daß die Schule als Institution in ihrer gesellschaftlichen Funktion der Vorbereitung auf das Leben in der Gesellschaft wohl anerkannt wird, aber in ihrer konkreten Ausprägungen und Erscheinungsformen vielfach auf Ablehnung stößt" (ebd., S. 138). Das heißt, die Schüler der Oberstufe fügen sich einfach klagloser in ihr Schicksal, für die Schule viel Zeit und Energie investieren zu müssen, sie rebellieren weniger gegen die Institution weil sie deren gesellschaftlichen Zweck sowie den persönlichen Nutzen, den sie aus ihr langfristig ziehen, deutlicher sehen und anerkennen. Mit Freude gehen sie deswegen noch lange nicht in die Schule. Die negativen Urteile über die Lehrer hellen sich in der Oberstufe etwas auf. Auch die Lehrer werden nun vermutlich stärker in den Zwängen ihrer institutionellen Rolle wahrgenommen und nicht mehr so stark als willkürliche Peiniger und Unterdrücker. Insgesamt bleiben aber die Schülerurteile in ihrer Gesamttendenz doch recht negativ.

Im Hinblick auf die Frage, ob dies einfach ein unausweichliches Schicksal der Schule und der Lehrer ist, von den Schülern zunehmend kritisch beurteilt zu werden, ist nun der internationale Vergleich von besonderem Interesse:

Freude an der Schule im internationalen Vergleich		
Land	Schule macht Freude (in %)	Schule macht keine Freude (in %)
BRD	22,0	15,8
GB	24,1	9
SWE	23,3	13,5
USA	43,3	6,7

Urteile über Lehrer im internationalen Vergleich		
Land	positiv	negativ
BRD	13,5	42,6
GB	12,4	32,4
SWE	4,5	16,3
USA	15,7	9,7

Einschätzung von Zensuren und Zeugnissen im internationalen Vergleich		
Land	positiv	negativ
BRD	3,4	27,8
GB	3,4	2,1
SWE	0,8	10,6
USA	4,7	4,3

Hier fallen vor allem die besonders ungünstigen Urteile, der deutschen Schüler ins Auge. In keinem der anderen untersuchten Länder kam in den Schüleraufsätzen so häufig explizit zum Ausdruck, dass die Schule keine Freude mache, in keinem anderen Land waren die Urteile über die Lehrer so negativ und in keinem anderen Land äußersten sich die Schüler so kritisch über den Druck, der durch Zensuren und Zeugnisse auf sie ausgeübt wird. Das mag mit dem dreigliedrigen Schulsystem und dem relativ hohen Anteil von „Sitzenbleibern" und von „Schulwechslern" in Deutschland zu tun haben. Denn gerade diese Einschnitte sind es wohl, die die tiefgreifendsten psychische Kränkungen für die betroffenen Schüler bedeuten und die zugleich für alle anderen Schüler das Damoklesschwert symbolisieren, das theoretisch über jedem von ihnen hängt. Bis zum 15. Lebensjahr ist im deutschen Schulsystem insgesamt etwa jeder vierte Schüler von der doch ziemlich bitteren Erfahrung des „Sitzenbleibens" betroffen. Von den Schülern, die mit 15 an der Hauptschule sind, sind es 35%, von den Realschülern 22,9% und von den Gymnasiasten 9,6% (Baumert u.a. 2001, S. 471). Die vermeintliche „Durchlässigkeit" des dreigliedrigen Schulsystems ist gerade in der Mittelstufe vor allem eine Durchlässigkeit von „oben nach unten": 15,6% aller Schülerinnen und Schüler der Hauptschule sind seit dem 7. Schuljahr aus den Realschulen oder Gymnasien zugewandert, 9,4% aller Schülerinnen und Schüler an den Realschulen hatten sich vorher erfolglos am Gymnasium versucht (ebd., S. 476).

Dass die deutschen Schülerinnen und Schüler die Schule in internationalen Vergleich als besonders belastend und stressig erleben, wurde auch in der Klieme-Expertise zu den Bildungsstandards vermerkt. Dort heißt es: „Diese Expertise sieht die Funktion von Bildungsstandards nicht darin, den individuellen Leistungs- und Selektionsdruck auf Schülerinnen und Schüler zu verstärken. Im Vergleich mit anderen Staaten bzw. Kulturen zeichnet sich Deutschland ohnehin dadurch aus, dass die Schüler mehr Leistungsdruck als Unterstützung wahrnehmen, während die Schulen in den nordischen und den angelsächsischen Ländern, wo Standards und Schulevaluation vertraut sind, eher als unterstützend und anerkennend erlebt wird" (Klieme u.a. 2003, S. 49).

Wahrscheinlich erfahren die Zensuren und Noten, aber auch die Lehrer, die diese verteilen, in jenen Ländern, deren Bildungssysteme nicht wie das deutsche eine terminale Struktur aufweisen, (d.h. wo nicht die abgebenden Schulen die Berechtigung erteilen in aufnehmende Bildungsgänge einzutreten), eine weniger kritische Beurteilung. Sie werden dort eher als Lernhelfer für die angestrebten Aufnahmeprüfungen (an die weiterführende Schule, an die Universität) erlebt und somit weniger als Richter, die mit ihrer Notengebung über Schulkarrieren und Lebensschicksale entscheiden.

Besonders hervorstechend ist in der Studie von Czerwenka u.a die vergleichsweise positive Haltung zur Schule, welche die amerikanischen Schüler in ihren Aufsätzen zum Ausdruck brachten. Dies mag einerseits mit dem Gesamtschulcharakter der amerikanischen High-School zusammenhängen, der auch sehr viel an sozialen und sportlichen Aktivitäten sowie an lebenspraktischen Kursen und Interessengruppen umfasst, andererseits aber wohl auch mit dem Engagement und dem Ethos der amerikanischen Lehrer, das in den Schüleraufsätzen offensichtlich häufig eine durchaus hohe Wertschätzung fand. So zitieren Czerwenka u.a. etwa folgendes Beispiel als durchaus exemplarisch: „The students learn from their teachers. A very high percentage of the teachers teach because they truly enjoy sharing their knowledge with their students. The teachers are very dedicated to helping more the students and giving them a chance for a bright future" (S. 141). Ein solch positives allgemeines Urteil über die Lehrer dürfte aus der Feder eines deutschen Schülers wohl eher eine Rarität sein – was eigentlich sehr schade ist!

Dies mag auch mit den in Deutschland gesamtgesellschaftlich besonders intensiv ausgeprägten Ambivalenzen gegenüber dem Berufsstand der Lehrer zusammenhängen. Denn nicht nur in der Schülerschaft, sondern auch in breiten Schichten der erwachsenen Bevölkerung (die sich freilich aus lauter ehemaligen Schülern und aus vielen Eltern mit schulpflichtigen Kindern zusammensetzt) gibt es heftige Ressentiments gegenüber den Lehrern. Das „Lehrer-Bashing" ist in vielen Gesprächsrunden und beileibe nicht nur an Stammtischen ein beliebter Volkssport. Nicht nur Magazine wie DER SPIEGEL tragen mit entsprechenden Titelstorys immer wieder dazu bei, auch aus dem Mund von Politikern und Prominenten gibt es immer wieder abfällige Äußerungen. Neuerdings kann sich jeder in einem eigenen „Lehrerhasser-Buch" (Kühn 2005) mit argumentativer Munition versorgen. Das merkwürdige Geflecht der zum großen Teil unbewussten Motive, die in der Tendenz mitschwingen, dem Lehrerberuf das „Aroma des gesellschaftlich nicht ganz

Vollgenommenen" (Adorno 1965, S. 71) anzuhängen, hat Adorno in seinem berühmten Aufsatz „Tabus über den Lehrerberuf" schon 1965 unter die Lupe genommen.
Es fragt sich freilich, ob eine Gesellschaft sich selbst und ihrem Nachwuchs etwas Gutes tut, wenn sie jene Berufsgruppe, die sich um die Vermittlung des kulturellen Erbes an die nachwachsende Generation bemüht, dermaßen der Verächtlichkeit preisgibt!

KAPITEL 7
Ermöglicht oder verhindert die Schule „Bildungserfahrungen"?

> „Inwiefern ich durch die Schule Bildung erfahren habe, ist schwer zu sagen. ... Ich würde sagen, dass ich die Dinge des Lehrplans mehr oder weniger vermittelt bekommen habe, doch leider nichts darüber hinaus."
>
> eine ehemalige Schülerin und künftige Lehrerin

Der Titel dieses Kapitels stellt eine nicht geringe Provokation dar. Vielleicht mögen ihn manche gar als Zumutung erleben. Denn es wird darin allen Ernstes die Frage aufgeworfen, ob die Schule eventuell Bildungserfahrungen verhindere. Ausgerechnet jene Institution, die gemeinhin als die wichtigste „Bildungseinrichtung" gilt, die sich von ihrem ganzen Selbstverständnis her als „Bildungsanstalt" versteht und die diesen Anspruch in zahlreichen bildungspolitischen Reden, Beschlüssen, Erlassen, Präambeln und in unzähligen schulbezogenen „Leitbildern" und „Leitlinien" immer wieder bekräftigt, soll also kritisch daraufhin gemustert werden, ob sie „Bildungserfahrungen" eventuell auch erschwert, behindert, ja gar verhindert? Die Fragestellung ist fast so ketzerisch als wenn man Frage aufwürfe: „Ermöglicht oder verhindert die Kirche Glaubenserfahrungen"? – Und dieser Vergleich ist vielleicht gar nicht so schlecht. Denn er macht deutlich, dass ketzerische Fragen bisweilen durchaus einen heiklen Kern treffen und dass das Verhältnis von offiziellem Anspruch und realer Wirkung einer Institution durchaus prekär sein kann.

1. Bildung als Produkt von Schule?

Wenn hier nun die Frage gestellt wird, ob Schule Bildungserfahrungen eventuell verhindere – soll dann damit unterstellt werden, dass es ohne Schulen um die die Bildung des Nachwuchses eventuell besser bestellt wäre? Das hört sich heute, wo die ganze Diskussion um Schule und Bildung ausschließlich unter der Frage läuft, wie Schule besser, effektiver, lernwirksamer gestaltet werden könnte, wo aber eine Alternative zu ihr völlig undenkbar erscheint, etwas bizarr an. Es soll nur daran erinnert werden, dass es vor dreißig Jahren eine schulkritische Diskussion gab, die sehr viel radikaler angesetzt hat als alle heutige Schulkritik. Einer der Hauptvertreter der damaligen „Entschulungsbewegung" war Ivan Illich. Er zählte den Glauben an die segensreichen Wirkungen der Schule zu den problematischen „Fortschrittsmythen" der modernen Welt. Ja, er vergleicht den Glauben an die Schule mit einer „neuen Religion": „Ihre Lehre besagt, daß Bildung ein Produkt der Schule sei, ein Produkt, daß sich mit Zahlen definieren lässt. Da gibt es Zahlen, die angeben, wie viele Jahre ein Schüler unter der Obhut von Lehrern verbracht hat, während andere Zahlen den Anteil von richtigen Antworten in einer Prüfung wiedergeben. Mit dem Empfang des Diploms erhält das Bildungsprodukt Marktwert. ... Die Schule wird heute mit Bildung identifiziert, wie einst die Kirche mit der Religion." Entsprechend sei heute „das Verlangen nach Bildung ... dem Zwang zur Schulung gewichen" (Illich 1972, S. 13). Illich konnte damals noch nicht absehen, welche Bedeutung der Messung des „Schulprodukts Bildung" und der Auflistung in entsprechenden international vergleichenden Ranking-Tabellen bald zukommen würde. An anderer Stelle hat den heimlichen Lehrplan, der mit dem Besuch der Schule unterschwellig vermittelt wird, folgendermaßen beschrieben: „Sie vermittelt die unaustilgbare Botschaft, daß der einzelne nur durch Schulung such auf das Leben als Erwachsener in der Gesellschaft vorbereiten könne, daß das, was in der Schule nicht gelehrt wird, völlig wertlos sei daß das, was außerhalb der Schule zu lernen ist, nicht wissenswert sei" (Illich 1978, S. 14f.).

Ich betone sogleich, dass ich hier nicht die Illichsche Forderung nach einer „Entschulung der Gesellschaft" reaktivieren möchte, dass ich die Schule tatsächlich für eine bedeutsame kulturelle Errungenschaft halte und dass meine Phantasie nicht ausreicht, mir Alternativen zur Schule als Kerninstitution moderner Gesellschaften vorzustellen (alternative Schulen wohl!). Die Erinnerung an die Entschulungsdebatte sollte nur deutlich machen, dass die Leitfrage, die zu Beginn dieses Beitrags als provokativ und ketzerisch bezeichnet wurde, so gesehen auch wieder eher harmlos und zurückhaltend erscheint. Dass alle gesellschaftlichen Einrichtungen auch auf ihre unbeabsichtigten Folgen und Nebenwirkungen hin zu befragen sind, das wird man kaum bestreiten können. Und dass es durchaus vorkommt, dass Menschen ihre Schulzeit im Hinblick auf die Bildungserfahrungen, die sie dort gemacht haben, eher kritisch bilanzieren, davon wird später noch die Rede sein.

Es ist nicht zu bestreiten, dass Kinder und Jugendliche in den 15.000 und mehr Stunden, die sie während ihrer Schulzeit in der Schule verbringen, allerhand lernen. Von den Grundrechenarten über das Lesen und Schreiben bis hin zur Textformatierung, vom Aufbau der Tulpenzwiebel bis zu Goethes „Heideröslein", von den deutschen Mittelgebirgen bis zur französischen Revolution, von der Kommasetzung bis zum Satz des Pythagoras, von den Hebelgesetzen bis zur Elektrolyse, vom Felgumschwung bis zur Zentralperspektive und zur C-Dur-Hauptkadenz.... Es ist ein ziemlich komplexer Kanon von „Themen" und „Stoffen", die da in den einzelnen Fächern „durchgenommen" und „abgeprüft" werden und der im Ergebnis dann einen ziemlich umfangreichen Fundus von „Wissensbeständen" und von „Kenntnissen" hervorbringt, welcher sich im Laufe einer durchschnittlichen Schulkarriere in durchschnittlichen Schülerköpfen „ablagert". Natürlich kann man nun – gerade angesichts der Schwächen, die 15-jährige deutsche Schüler bei den PISA-Untersuchungen zeigten – fordern, dass all diese Lernprozesse an deutschen Schulen künftig noch rationaler, effektiver, intensiver, vernetzter, anschaulicher, praxisorientierter, problembezogener und nachhaltiger organisiert werden müssten. Aber dass der Besuch der Schule prinzipiell dem Erwerb von vielfältigen Wissensbeständen und Kenntnissen zugute kommt, – dies wird man nicht bestreiten können.

2. Die Differenz von „Wissen" und „Bildung"

Dennoch ist auch bei durchaus vorhandenem Schulerfolg noch keineswegs gesichert, dass es in der Zeit, in der man sich mit all diesen Themen befasst hat, auch zu bedeutsamen Bildungserfahrungen gekommen ist. Man kann als „wohlfunktionierender Schüler" alle möglichen Themen, die im Unterricht vorkommen, bereitwillig lernen und getreulich memorieren, sie bei mündlichen und schriftlichen Prüfungen detailliert reproduzieren und damit gute Zensuren erzielen, ohne dass irgendetwas davon wirklich persönliche Bedeutung bekommt. Man kann sogar anspruchsvolle kognitive Aufgabenstellungen erfolgreich bearbeiten, Abstraktionsfähigkeit, Transferkompetenz und problemlösendes Denken demonstrieren, ohne dass einen die entsprechenden Themen näher berühren und innerlich betreffen müssen.
„Bildung" meint jedoch mehr als die bloße Aneignung von Wissensstoff oder von Methoden und Kompetenzen der Problembearbeitung. Sie hat vielmehr immer damit zu tun, dass Dinge persönliche Bedeutung gewinnen. Und sie hat damit zu tun, dass Personen in wesentlichen Bereichen Stellung beziehen, dass sie sich ihre leitenden Werte bewusst machen und ihre Haltungen und Standpunkte begründen können. „Eigenständige Urteilskraft, intrinsische Motivation, Stärke der Persönlichkeit, Empathie, kulturelle Offenheit, Spra-

chen als Schlüssel zu zeitgenössischen und vergangenen Lebenswelten, historisches Bewusstsein, Orientierungswissen ... statt Vielwisserei" – so hat Nida-Rümelin kürzlich die Essentials dessen, was in der Tradition Humboldts Bildung ausmacht, zusammengefasst (Nida-Rümelin 2005). In einer klassischen Formulierung von Nohl, wird „Bildung" als die „subjektive Seinsweise der Kultur" (Nohl 1935, S. 177) gefasst.

„Bildung" ist freilich ähnlich wie „Kultur" kein klar und präzise definierter wissenschaftlicher Terminus, sondern ein typisch deutsches „Container-Wort", das zwar eine spezifische und schon häufiger rekonstruierte Geschichte hat (vgl. Menze 1970, Klafki 1985, Böhm 1982, 1988), das aber inzwischen „eine breite Palette von semantischen Konnotationen in sich aufgenommen und hervorgebracht" hat (Lenzen 1997, S. 949). Schulze meint gar, der Bildungsbegriff habe sich zu einer „vielfältig verwendbaren Hohlform entwickelt", in dem man ganz verschiedene Bedeutungen transportieren kann" und spricht deshalb auch von einem „Joker-Begriff" (Schulze 2006, S. 29). Er kann sowohl auf den Prozess der Aneignung von Wissen verweisen als auch auf bestimmte Resultate, Niederschläge, Ergebnisse dieses Prozesses. Er kann sich sowohl auf die Summe der kulturell bedeutsamen materialen Inhalte beziehen als auch auf die individuelle Entwicklung und Ausdifferenzierung der geistigen Kräfte.

Am häufigsten ist wohl nach wie vor die Verwendung des Bildungsbegriffs im Sinne eines umfassenden Ziel- und Wunschbegriffs: als „Container", in den immer wieder alles pädagogisch Wünschbare, Förderungswürdige, Erstrebenswerte hineingepackt wird, was in den Augen des jeweiligen Autors eine perfekt geglückte Persönlichkeitsformierung ausmacht, in den also alle Vorstellungen davon eingehen, „... wie der Gipfel des Menschentums, der pädagogisch beförderbar ist, aussehen sollte" (Fend 1984, S. 137). Als solcher idealer Gipfelpunkt dient er dann als Orientierungsmarke und Zielprojektion pädagogischen Handelns.

Wenn „Bildung" in einem tieferen Sinn des Wortes gemeint ist, dann geht es jedenfalls – im Gegensatz zum „Lernen" – nicht primär um Wissensanhäufung, sondern um „Lebensorientierung", darum, Maßstäbe und Standpunkte für die eigene Lebensgestaltung, für das Handeln im zwischenmenschlichen Bereich, für die Urteile und Entscheidungen im politischen Bereich und für die Wertungen und Präferenzen im ästhetischen Bereich zu gewinnen. Dann geht es weniger um das „Lehrplangemäße", „Durchgenommene", „Prüfungsrelevante", sondern in einer altertümlichen Formulierung, die über manchen Schulportalen steht, letztlich doch eher um das „Wahre", „Gute", „Schöne", vielleicht bisweilen auch um das persönlich „Faszinierende", „Irritierende",

"Sinnstiftende", bzw. im gesellschaftlich-kulturellen Bereich um das "Geschichtserhellende", "Gegenwartsklärende", "Zukunftsbedeutsame". Bildung hat also einerseits stets mit einer gewissen "Tiefe" und "Bedeutsamkeit" der gemachten Lernerfahrungen und der dabei gewonnenen Erkenntnisse zu tun, zum anderen auch mit einer gewissen Nachhaltigkeit. Die Sache muss Spuren im Denkhorizont und in der Weltorientierung des Subjekts hinterlassen. Was nach Absolvierung der Prüfungen gleich wieder vergessen wird, hat nichts zur Bildung beigetragen, auch wenn die Prüfung selbst glänzend bestanden wurde.

Mit der Differenz von gängiger Schulerfahrung und potentiell möglicher Bildungserfahrung und damit mit einer bitteren Klage einerseits und mit einer werbenden verlockenden Verheißung andererseits setzt auch Schwanitz vielgekauftes (aber vermutlich nicht ebensoviel gelesenes) Buch "Bildung – alles was man wissen muss" ein. Dort heißt es in den ersten Sätzen: "Wer hat nicht das Gefühl von Frustration gekannt, als ihm in der Schule der Lernstoff wie tot erschien, wie eine Anhäufung uninteressanter Fakten, die mit dem eigenen pulsierenden Leben nichts zu tun hatten? Diejenigen, deren Schulzeit durch solche Erfahrungen geprägt wurde, entdecken den Reichtum unserer Kultur dann oft viel später und reiben sich die Augen. Wieso ist ihnen das nicht schon früher aufgegangen, daß das Studium der Geschichte die eigene Gesellschaft erst verständlich macht und, wie geistiges Menthol, den Sinn dafür weckt, wie unwahrscheinlich sie ist? Daß große Literatur kein öder Bildungsstoff ist, sondern eine Form der Magie, bei der man an Erfahrungen teilnehmen und sie gleichzeitig beobachten kann? Wer hat nicht schon erlebt, daß ein Gedanke, der einen ehemals kalt gelassen hat, plötzlich zu leuchten beginnt, wie ein explodierender Stern" (Schwanitz 1999, S. 7).

3. Was sind "Bildungserfahrungen"? – Biographische Annäherungen

Im Weiteren geht es mir in erster Linie um den Prozesscharakter von Bildung. Und dabei wiederum nicht um den Gesamtprozess der allmählichen lebenslangen Anreicherung, Ausweitung, Differenzierung von Wissen, von Einsicht und Urteilsfähigkeit, sondern um benennbare, herausgehobene Momente, in denen in einem bestimmten Bereich plötzlich ein Gedanke zu leuchten beginnt und ein neues Licht auf die bisherige Sicht der Dinge wirft, in denen ein Problem bewusst wird, eine Erkenntnis aufspringt, eine Faszination spürbar wird. Ich spreche deshalb, um diesen eher partiellen bzw. punktuellen Aspekt hervorzuheben, von Bildungs*erfahrungen*. Es geht mir darum, was sich in solchen Momenten eigentlich ereignet und welche pädagogischen Situationen und Konstellationen dem Auftreten solcher Momente förderlich sind.

Das Subjekt muss irgendwie innerlich herausgefordert, berührt und angesprochen sein, von dem Phänomen oder dem Problem, das da im Unterricht „behandelt" wird. Es muss zumindest als „staunenswert", „interessant", „spannend", „aufregend" empfunden werden. Bildungserfahrungen" ereignen sich also nicht einfach durch die Anzahl der Schuljahre, die jemand „absitzt" und auch nicht automatisch durch die Inhalte, die in der Schule präsentiert und „durchgenommen" werden, sondern sie konstituieren sich erst durch das Verhältnis, in welches sich das lernende Subjekt zu diesen Inhalten setzt, durch die Resonanz die diese Inhalte im Subjekt finden, durch die Fragen, die Neugier, die Nachdenklichkeit, die diese Inhalte im Subjekt auslösen. Von daher lässt sich im Prinzip auch nur aus der Innenperspektive der betroffenen Subjekte beschreiben, was passiert, wenn Bildungserfahrungen stattfinden. Diese Innenperspektive kommt am prägnantesten in autobiographischen Texten zum Ausdruck. Ich möchte deshalb zwei solche autobiographischen Reflexionen über Bildungserfahrungen im Rahmen der Schule hier zitieren, die aus zwei ganz unterschiedlichen Bereichen stammen, dem mathematisch-naturwissenschaftlichen und dem musisch-literarischen:

3.1 Werner Heisenberg:

In einer biographischen Anmerkung zu seinen Schulerfahrungen heißt es bei Werner Heisenberg:

„...daß Mathematik in irgendeiner Weise auf die Gebilde unserer Erfahrung passt, empfand ich als außerordentlich merkwürdig und aufregend. ... Gewöhnlich läßt der Schulunterricht die verschiedenen Landschaften der geistigen Welt ... vorbeiziehen, ohne daß wir in ihnen recht heimisch werden. Er beleuchtet sie, je nach den Fähigkeiten des Lehrers in einem mehr oder weniger hellen Licht, und die Bilder haften längere oder kürzere Zeit in unserer Erinnerung. Aber in einigen seltenen Fällen, fängt ein Gegenstand, der so ins Blickfeld getreten ist, plötzlich an, im eigenen Licht zu leuchten ... schließlich füllt das von ihm ausgestrahlte Licht einen immer größeren Raum in unserem Denken, greift auf andere Gegenstände über und wird schließlich zu einem wichtigen Teil unseres Lebens. – So ging es mir damals mit der Erkenntnis,

daß Mathematik auf die Dinge unserer Erfahrung passt..." (Heisenberg 1984, S. 39).

Es ist die Erkenntnis der prinzipiellen Möglichkeit, natürliche, physikalische Abläufe in mathematischer Formelsprache zu beschreiben, die den Schüler Heisenberg fasziniert, die Tatsache also, dass die Abläufe, wie sie in der Natur stattfinden, (etwa die Beschleunigung eines Körpers beim freien Fall oder aber die Brechung des Lichts an der Wasseroberfläche) und die vom menschlichen Geist ersonnene Mathematik irgendwie zueinander passen. Die Rätselhaftigkeit dieses „Zusammenpassens", ist uns, die wir im Physikunterricht so selbstverständlich nach bestimmten Formeln bestimmte Zusammenhänge zwischen physikalischen Größen berechnet haben, meist gar nicht mehr recht bewusst. Hier deshalb noch einmal eine andere Formulierung, die den realen Hintergrund jenes Staunens, das den jungen Heisenberg ergriffen hatte, beschreibt: „Es gehört zu den unerklärlichen Wundern der Welt, daß sich die Natur in der Sprache der reinen Mathematik ausdrückt. Ein Wunder ist es deshalb, weil die Mathematik eine Grammatik hat, die an sich auf die äußere Welt gar keine Rücksicht nimmt, sondern ihre Regeln allein aus der Logik interner Relationen (Beziehungen) gewinnt. Sie ist also das Gegenteil der Natur, nämlich reiner Geist. Und doch tut die Natur so, als ob sie alle Gesetze der Mathematik beherrsche und sich nach ihr richte" (Schwanitz 1999, S. 359).

3.2 Marcel Reich-Ranicki

In Marcel Reich-Ranickis Autobiographie „Mein Leben" sind seine persönlichen Lebenserfahrungen sehr eng verwoben mit seinen Leseerfahrungen. Er geht dabei auch auf bestimmte Erfahrungen ein, die er in der Schule mit der deutschen Literatur gemacht hat:

„Reinhold Knick war nicht nur ein vielseitiger und hervorragender Pädagoge – er lehrte Mathematik und Physik, Chemie und Biologie ebenso wie Deutsch –, sondern auch ein musischer Mensch, ja ein Künstler, nämlich ein Regisseur, ein Schauspieler und ein Musiker. Von seiner Rezitationskunst haben wir Schüler häufig profitiert, da er uns, ob es der Lehrplan vorsah oder nicht, gern literarische Texte vortrug, zumal humoristische. So amüsierte er uns mit Wilhelm Buschs Poem ‚Balduin Bählamm'. Als er den ersten Akt des ‚Biberpelz' vorlas, lachte die ganze Klasse. Mehr noch: Wir verstanden

sofort, was der Begriff ‚Naturalismus' bedeutete. Zugleich übte Knick damit Einfluß auf meine Lektüre aus: Begeistert vom ‚Biberpelz', las ich gleich etwa ein halbes Dutzend der Dramen Hauptmanns. Mehr noch: Ich begriff, daß Literatur unterhaltsam sein darf – und sein sollte. Ich habe es nie vergessen" (Reich-Ranicki 1999, S. 49f.).

Keinem anderen Lehrer aus den Jahren 1930 bis 1938 hat Marcel Reich-Ranicki nach seinem eigenen Urteil so viel zu verdanken, wie diesem Doktor Knick. Er hat den literarisch interessierten Knaben immer wieder zu privaten Audienzen in seiner Wohnung empfangen, um mit ihm literarische Fragen zu diskutieren und er hat als Klassenlehrer gegen den damaligen Zeitgeist eine engagierte und von Zivilcourage geprägte Haltung gegenüber den jüdischen Schülern der Schule eingenommen. Reich-Ranicki entwickelt dann als Fazit seiner schulischen Erfahrungen eine interessante Lehrertypologie. Er meint, dass er nahezu alle Lehrer, mit denen er es in der Schule zu tun hatte in zwei große Gruppen einteilen könne:

„Die einen waren ordentliche, pflichtbewußte Beamte – nicht mehr und nicht weniger. Ob sie Latein unterrichteten oder Mathematik, Deutsch oder Geschichte, es war ohne Bedeutung. Sie kamen in der Regel gut präpariert in die Stunde und erledigten das vorgeschriebene Pensum. Wenn sie uns Schüler nicht ärgerten oder überforderten, benahmen auch wir uns korrekt. Auf beiden Seiten dominierte eher Gleichgültigkeit.
Die anderen Lehrer waren ebenfalls nicht unbedingt passionierte Pädagogen. Trotzdem fühlte man bei ihnen eine starke Leidenschaft. In ihrer Jugend hatten sie wohl von einem ganz anderen Beruf geträumt: Sie wollten Wissenschaftler oder Schriftsteller werden, Musiker oder Maler. Es war nichts daraus geworden, aus welchen Gründen auch immer. So waren sie schließlich im Schuldienst gelandet oder steckengeblieben. Aber sie hörten nicht auf, die Musik oder die Literatur zu lieben, sie sehnten sich nach der Kunst oder der Wissenschaft. Sie bewunderten den französischen Geist oder die englische Mentalität.
Daraus eben, aus dieser Liebe, aus dieser Sehnsucht und Bewunderung schöpften sie, die sich täglich mit Kindern und Halbwüchsigen mühen mußten, die Kraft, ihre Bitterkeit zu verdrängen und ihre Resignation zu überwinden. Gewiß, sie waren nicht immer sorgfältig vorbereitet, und sie hatten auch keine Bedenken, gelegentlich vom offiziell vorgeschriebenen Lehrstoff abzuweichen. Meist waren wir ihnen dafür dankbar. Denn was sie uns

gleichsam am Rande des Unterrichts erzählten, war nicht langweilig und regte unsere Phantasie an" (ebd. S. 70f.).

Dies ist nun eine Darstellung des „guten Lehrers", die gängigen aktuellen Forderungen und Standards zur Lehrerprofessionalität ziemlich zuwiderläuft: Der gescheiterte Wissenschaftler oder Künstler, der schließlich im Schuldienst gelandet ist, sich dort täglich mit Kindern und Halbwüchsigen abmühen muss, dem aber Leidenschaft für die Kunst oder die Wissenschaft hilft, Resignation und Bitterkeit (angesichts seines bloßen Lehrerdaseins) zu überwinden. – Gewiss wird ein solcher primär am Fach orientierter, „logotrop" ausgerichteter Lehrer nicht für alle Schüler die günstigste Wahl sein. Jürgen Gidion hat sogar einmal gemeint, Kinder und Jugendliche hätten „ein Recht darauf, nicht ... von schlicht in ihre Position hineingeratenen Halbwissenschaftlern ‚unterrichtet' zu werden" (Gidion 1984, S. 76). Aber für besonders aufgeweckte und interessierte Schüler (wie etwa den jungen Marcel Reich-Ranicki) hat er vermutlich tatsächlich mehr zu bieten als ein Lehrer, der primär „paidotrop", am pädagogischen Umgang mit Kindern, interessiert ist und dem die fachlichen Inhalte eher Material, Medium im pädagogischen Verhältnis sind.

4. Welchen Bildungsauftrag hat die Schule?

Man mag gegen die Argumentationsweise, am Beispiel der autobiographischen Erinnerungen von bedeutenden Personen des Geisteslebens deutlich zu machen, worin das Charakteristikum von Bildungserfahrungen liegt, einwenden, dass diese ja nicht repräsentativ seien. Man dürfe nicht von den Schulerfahrungen späterer Nobelpreisträger oder Literaturpäpste ausgehen, wenn man etwas darüber herausfinden will, welche Art von Unterricht für „durchschnittlich begabte" Kindern und Jugendlichen bekömmlich und bildend ist. Man könnte auch einwenden, dass Bildung im Alltag mehr mit dem „Bohren dicker Bretter" mit dem ausdauernden, fleißigen Lernen (etwa von Vokabeln, den Nebenflüssen der Donau, den binomischen Formeln) bzw. mit dem intensiven Üben (etwa von Dreieckskonstruktionen, von Lateinübersetzungen oder von Klavieretüden) zu tun habe und weniger mit „Aha-Momenten", in denen „ein Gedanke zu leuchten beginnt wie ein explodierender Stern" und dadurch der „Funke der Genialität" zum Zünden gebracht wird.
Andererseits kann man aber auch sagen, dass die in den Episoden geschilderten Bildungserfahrungen eher bescheiden und zurückhaltend sind, eben des-

halb weil sie ganz eng auf bestimmte Interessensgebiete und Erkenntnisphären zugespitzt sind und nicht beanspruchen, das Gesamt der in der Schule wirksam gewordenen persönlichkeitsbildenden Einflüsse, Kräfte und Erfahrungen zu benennen oder sich gar anmaßen zu beschreiben, wie und wodurch so etwas wie eine vielseitig interessierte, „wohlproportionierte", harmonische Persönlichkeit zu befördern ist.

Hier sind die meisten aktuelle Bildungskonzepte, die Bildung weniger situativ und deskriptiv von den konkreten individuellen persönlichen Erfahrungsprozessen her beschreiben, sondern die versuchen, Bildung eher normativ von den damit gesetzten allgemeinen Idealen und Zielen her zu bestimmen, durchaus anspruchsvoller und umfassender. So hat Hartmut von Hentig in seiner Einleitung zum neuen Bildungsplan für Baden-Württemberg folgende Kriterien formuliert:

„Jeden Bildungsplan wird man künftig daran messen, ob die ihm zugrunde liegenden Vorstellungen und die von ihm veranlassten Maßnahmen geeignet sind, in der gegenwärtigen Welt
- die Zuversicht junger Menschen, ihr Selbstbewusstsein und ihre Verständigungsbereitschaft zu erhöhen,
- sie zur Wahrnehmung ihrer Aufgaben, Pflichten und Rechte als Bürgerinnen und Bürger anzuleiten,
- sie in der Urteilsfähigkeit zu üben, die die veränderlichen, komplexen und abstrakten Sachverhalte unseres Lebens fordern,
- ihnen die Kenntnisse zu erschließen, die zum Verstehen der Welt notwendig sind,
- sie Freude am Lernen und an guter Leistung empfinden zu lassen,
- ihnen Unterschiede verständlich zu machen und die Notwendigkeit, diese unterschiedlich zu behandeln: die einen zu bejahen, die anderen auszugleichen" (Hentig 2004, S. 8).

Die ehemalige Kultusministerin Baden-Württembergs, Annette Schavan, die Hartmut von Hentig als Verfasser der Einleitung zu dem von ihr verantworteten Bildungsplan gewonnen hat, hat die ganze Bildungsplanreform unter das Motto gestellt: „Bildung stärkt Menschen" und sie hat in ihrer Ulmer Grundsatzrede klar gestellt: „Bildung meint mehr als das schulische Curriculum. Bildung ist nicht schon identisch mit vielfältigen Lernprogrammen. Bildung ist von ihrer Ursprungsgeschichte her eine Lebenskunst, zu der unsere Bildungsinstitutionen ihren Beitrag leisten, nicht mehr und nicht weniger" (Schavan 2002, S, 5f.).

Ausdrücklich betont denn auch Hentig in seiner Einleitung zum Bildungsplan, dass es in der Schule um mehr gehen müsse als um jene „Bescheid-

Wissens-Bildung" (ebd., S. 10), zu der sich die schulische Bildung im Laufe des 20. Jahrhunderts abgewandelt habe. Er beruft sich auf Humboldts Bildungstheorie und hält an einem umfassenden Anspruch fest: „In den Schulen werden die Menschheitserfahrungen und die in ihnen erworbenen Maßstäbe für das ‚gute Leben' weitergegeben" (ebd., S. 9).

Entsprechend ist Hartmut von Hentig sehr kritisch mit der zunehmenden Verengung der öffentlichen Bildungsdiskussion im Gefolge von PISA ins Gericht gegangen. Denn dort wurden jene Kompetenzen im Bereich Lesen, Mathematik und Naturwissenschaften, die bei PISA getestet und in den Ergebnissen international verglichen wurden, ziemlich umstandslos mit Bildung schlechthin gleichgesetzt. Von Hentig hat eindringlich vor einer solchen Engführung des Bildungsbegriffs gewarnt und er hat auf all das hingewiesen, was in den PISA-Aufgaben *nicht* gefragt war. „Nirgends geht es ihnen um die für die persönliche und die politische Bildung kennzeichnenden Anforderungen: Zusammenhang herstellen, Sinn geben, bewerten (nicht nur begründen), etwas Tradiertes aneignen und bewahren, etwas auf sich beziehen, etwas genießen können, Vergangenes rekonstruieren, Künftiges entwerfen, Einzigartiges verstehen, Ambiguität und Aporie aushalten" (v. Hentig 2004, S. 293). Das, was bei PISA gemessen und verglichen wurde, sind formale, instrumentelle Kompetenzen; als solche sind sie sicherlich nützlich und wichtig, aber sie stellen eben nur einen Teil der Bildungsaufgabe dar. Die Schule jedoch hat nach v. Hentig die Pflicht, ihren Schülern auch für die anderen, vielleicht noch wichtigeren Aspekte der Bildungsaufgabe Anregung und Unterstützung zukommen zu lassen: „in der Entfaltung und Verfeinerung ihres Wahrnehmungs- und Gestaltungsvermögens; in der Beobachtung und Beachtung ihrer Mitmenschen, der zwischen ihnen waltenden bekömmlichen Regeln, ihres eigenen politischen Verhaltens, des Gemeinwohls; in der Ausbildung eines Bewusstseins ihrer Herkunft, den Bedingungen und Bedingtheiten ihrer Lebensweise; beim Vordringen zu und beim verständigen Umgang mit ‚letzten Fragen'" (ebd., S. 294).

5. Welche Anlässe sind geeignet, diesen Bildungsauftrag zu realisieren?

In seinem bekannten Essay „Bildung" hat von Hentig vielzitierte elementare „Bildungskriterien" entwickelt, Maßstäbe, die erfüllt sein müssen, wenn die Bildung eines Menschen geglückt sein soll (Hentig 1996). Nicht auf diese kommt es mir hier jedoch an. Hentig hat in diesem Buch auch noch zehn „geeignete Anlässe" für die von ihm gemeinte und geforderte Bildung benannt.

Diese „geeigneten Anlässe" stellen somit auch Situationen dar, die eine besondere Chance dafür bieten, dass sich „Bildungserfahrungen" in dem hier gemeinten Sinn ereignen können. Interessant ist nun, wenn man das Ganze auf den schulischen Kontext bezieht, was in dieser Hentigschen Liste „geeigneter Anlässe" vorkommt und was darin *nicht* vorkommt". *Nicht* kommen darin vor die Stichworte: „Unterricht", „Schulbuch", „Lehrervortrag", „Arbeitsblatt", „Lernstation", „Stillarbeit", ‚Tafelbild", „Hefteintrag", „Hausaufgabe", „Referat", „Schulaufgabe" etc.. Es geht Hentig bei seiner Liste um „bildende *Lebens*tätigkeiten", um „ganz normale Lebenstätigkeiten" also, die nicht exklusiv in der Schule vorkommen. Hentig stellt jedoch klar: „Meine zehn Quellen von bildender Wirkung sind freilich so gewählt, daß sie in der Schule veranstaltet werden können" (ebd. S. 103).

Hier nun also Hentigs Liste „geeigneter Anlässe": 1. Geschichten, 2. Das Gespräch, 3. Sprache und Sprachen, 4. Theater, 5. Naturerfahrung, 6. Politik, 7. Arbeit, 8. Feste feiern, 9. Die Musik, 10. Aufbruch.

Hentig stellt klar, dass auch seine Liste zur Antwort auf die Frage „aus welchen Anlässen ereignet sich Bildung?" keineswegs vollständig oder abschließend ist. Aber er beansprucht doch, dass diese Liste „verständig" und „umfassend" in dem Sinne ist, dass sie für alle Heranwachsenden und alle Schulformen Gültigkeit beanspruchen kann. Kontrastiert man Hentigs Liste mit der durchschnittlichen Schulrealität, so wird man zu dem Fazit kommen, dass die von Hentig genannten Aspekte durchaus bisweilen an Schulen vorkommen: Natürlich werden Geschichten gelesen, natürlich finden Gespräche im Rahmen des Unterrichts statt (auch wenn freilich Hentig hierbei wohl etwas anderes im Sinn hat als den gängigen „fragend-entwickelnden Unterricht"), natürlich geht es in der Schule auch um Sprache und Sprachen, gelegentlich gibt es Schultheateraufführungen, Schulchöre, Schulgärten, Schulfeste, Klassenfahrten, SMV-Versammlungen ... Dennoch: Wenn man rein quantitativ Zeitbudgetstudien darüber anstellen würde, wofür im durchschnittlichen Schülerleben welches Maß an Zeit aufgewendet wird, dann dürften all die von Hentig benannten „geeigneten Anlässe" zusammen wohl nur einen ziemlich kleinen Bruchteil der in der Schule verbrachten Zeit ausmachen.

6. Sind schulische Organisationsformen und klassische Bildungsansprüche letztlich inkompatibel?

Eine ziemlich konträre Position zur Frage nach dem Bildungsauftrag der Schule hat Jürgen Oelkers eingenommen. In einem Artikel mit dem Titel

„Und wo, bitte, bleibt Humboldt", geht er genau auf die Art von Kritik in der Nach-PISA-Debatte ein, die auch von Hartmut von Hentig vorgetragen wurde: „Die Pisa-Studie, so lautet ein oft gehörtes Argument, prüfe doch nur Kompetenzen, Regelwissen, ‚sozialökonomisch relevante Fertigkeiten'. Wo, bitte schön, bleibe da die ‚Bildung'? Sie sei es doch vor allem, die staatliche Schulen vermitteln sollten, insbesondere die Gymnasien. Tatsächlich hat der Ausdruck Bildung einen magischen Klang und wird in Deutschland unweigerlich mit dem Namen Humboldt in Verbindung gebracht, insbesondere, wenn von ‚höherer Bildung' die Rede ist. Wahre Bildung müsse im Geiste Humboldts geschehen, heißt es dann" (Oelkers 2002, S. 36). Oelkers jedoch hält diese Forderungen für gänzlich antiquiert und unrealistisch. Sie stellen für ihn letztlich mehr eine Ausweichtendenz ins Nebulöse, Blumige, Pathetische dar, die nur von der berechtigten Forderung ablenken soll, schulischen Unterricht in Deutschland effizienter und lernwirksamer zu organisieren und dessen messbare Ergebnisse künftig regelmäßiger zu evaluieren.
Gymnasien, Gesamtschulen, Real- und Volksschulen unterrichten seiner Meinung nach „Schulwissen, aber nicht – oder nicht zwingend – Bildung. Denn der Auftrag der Schulen ist begrenzt. Wenn es gut geht, vermitteln sie kulturelle Fertigkeiten, Basiswissen und Kompetenz in bestimmten Fächern ... Schulen vermitteln ein spezifisches und nach Schulformen differenziertes Angebot, nicht weniger, aber auch nicht mehr. Bildung dagegen, wenn man den Begriff emphatisch versteht, hat vor allem mit der persönlichen Akzeptanz kultureller Niveaus zu tun. Und diese lassen sich nicht nach Schuljahren und Unterrichtsfächern verteilt erschließen" (ebd.). „Bildung" im Humboldtschen Sinne lasse sich nur schwerlich mit den typischen Organisationsmerkmalen des alltäglichen Schulbetriebs wie etwa große Klassen, staatliche Lehrpläne, vorgegebene Lehrbücher, geregelten Unterrichtszeiten, aufgezwungene Prüfungen etc. vereinbaren. Ja, er sieht einen ausgesprochenen Gegensatz zwischen der hehren Idee der Bildung und den eher profanen, begrenzten Lehr- und Lernaufgaben der Schule. „Nicht ohne Grund war die klassische Theorie der Bildung immer schulkritisch und sind Bildungsromane immer gleichbedeutend gewesen mit der Befreiung von den Zumutungen der Schulerfahrung. Demgegenüber verfolgen staatliche Schulen pragmatische Zwecke, die mit universellen Erwartungen der allgemeinen Menschenbildung nicht sehr weit in Einklang gebracht werden können." (ebd.).
Bildung ist nach Oelkers vor allem „kultivierter Geschmack und am Objekt geschulte Urteilskraft. Beides sind Lernaufgaben des Lebens und nicht der Schule. Wenn es gut geht, dann ist Schulbildung dabei eine Hilfe und kein

Hindernis, aber es wäre fatal, Bildung einfach mit Schulerfahrung gleichzusetzen" (ebd.).

7. Wie bilanzieren Lehramtsstudierende die Bildungserfahrungen, die ihnen in der Schule zuteil wurden?

Ich will der Frage, ob und inwiefern heutige Schülerinnen und Schüler das, was ihnen die Schule bietet eher als Hilfe oder eher als Hindernis auf dem Weg zur Bildung wahrnehmen, wiederum unter einer biographischen Perspektive nachgehen.
Seit einiger Zeit befasse ich mich dem Jugendalter und ich habe im Rahmen meiner Lehrveranstaltungen an der Pädagogischen Hochschule Heidelberg mehrfach Seminare mit dem Titel „Entwicklungsaufgaben und Probleme des Jugendalters" angeboten. Dabei ging es mir u.a. auch darum, die Studierenden zur selbstreflexiven Auseinandersetzung mit ihren eigenen Jugenderfahrungen anzuregen und sie gleichzeitig dazu aufzufordern, ihr Alltagswissen zur Jugendphase zu überprüfen und weiterzuentwickeln. Deshalb bestand die Leistung, die die Studierenden im Rahmen dieses Seminars erbringen mussten unter anderem darin, dass sie in anonymisierter Form sechs persönliche autobiographische Statements zu ihrer je individuellen Form der Auseinandersetzung mit den zentralen Entwicklungsaufgaben des Jugendalters formulieren sollten. Eine der „Entwicklungsaufgaben", über die sie reflektieren sollten, hieß: „Bildung – einen eigenständigen Standpunkt hinsichtlich weltanschaulicher, ästhetischer, politischer und religiöser Fragen gewinnen".

7.1 Gesamtbilanzen

Wie schätzen junge Menschen, die einerseits die Schule noch nicht sehr lange hinter sich haben und die andererseits als Studierende an der Pädagogischen Hochschule darauf hinarbeiten, als Lehrer bald wieder an die Schule zurückzukehren, ihre eigenen Schulerfahrungen in dieser Hinsicht ein? Inweiweit handelte es sich dabei tatsächlich auch um „Bildungserfahrungen"? Welche speziellen Stoffe, Erlebnisse, Personen haben in diesem Zusammenhang für die Betroffenen besondere Bedeutung erlangt? Inwieweit waren die Schule, der Lehrplan, der Unterricht aber vielleicht auch eher irrelevant bzw. gar hinderlich für die eigentlichen persönlichen „Bildungsprozesse", die in jener

Zeit stattgefunden haben? Hier einige bilanzierende Statements der Studierenden:

Inwiefern ich durch die Schule Bildung erfahren habe, ist schwer zu sagen. Natürlich habe ich rechnen und schreiben gelernt, doch auf dem Gymnasium hatte ich von Beginn an sehr schlechte und unmotivierte Lehrer, die auch immer häufig gewechselt haben. Ich würde sagen, dass ich die Dinge des Lehrplans mehr oder weniger vermittelt bekommen habe, doch leider nichts darüber hinaus. (B8w)

Oft wurde ich in der Schule von den Lehrern einfach zur der Ruhe gewiesen, wenn ich Fragen stellte, die mir auf der Seele brannten. Viele Aussagen der Lehrer in den verschiedenen Fächern kamen mir widersprüchlich vor und keiner konnte mir helfen einen Bogen zu spannen, so dass ich mir ein abgerundetes Bild machen konnte. (B26m)

Im Bereich der Schule hat mich der Inhalt des Unterrichts nicht direkt geprägt. Es waren eher einzelne Lehrer, genauer deren Persönlichkeiten, die mich sehr in diesem Bereich beeindruckt hatten. Es waren die Lehrer, die in meinen Augen Persönlichkeit zeigten und eigene Meinungen vertraten. Hier habe ich im Gegensatz zu meinem Elternhaus „erwachsene" Vorbilder gesehen. Aber auch die Begegnung mit Kants kategorischem Imperativ und die Auseinandersetzung mit einiger klassischer Schulliteratur haben mich in meiner Auffassung sehr bestätigt. (B66w)

Mit den von der Schule vermittelten Informationen, die mir helfen sollten, die Welt kennen und verstehen zu lernen, konnte ich nie viel anfangen. Wahrscheinlich war auch mir die dort gebotene Information zu „symbolisch". Wieso das Gymnasium bei der Vermittlung von Bildung einen so hohen Rang einnimmt, kann ich nicht verstehen, die vermittelten Weltbilder, religiöse Deutungsmuster etc. waren mir einerseits zu abstrakt, andererseits lehnte ich die Schule als solches und somit auch all das, was sie mir nahe zu bringen versuchte, vehement ab. Meisterwerke der Literatur interessierten mich immer sehr, ich las mit 15 oder 16 Jahren die gesamte Bibel, ich musste ursprünglich irgendeinen Teil davon als Hausaufgabe erledigen und kam von der symbolischen Kraft und Wirkung dieses Buches nicht mehr los. Auch las ich viele Werke Hesses, Frischs u.s.w., mich faszinierte der Umgang dieser Autoren mit der Sprache sowie die Philosophie, die in diesen Werken steckt. Auch Fremdsprachen gegenüber war ich nie abgeneigt, in der Schule wenig erfolgreich, lernte ich zu Hause für mich alleine Französisch, indem ich Bücher las. (B70m)

7.2 Lebensorientierung durch die Schule?

Geht man von dem oben skizzierten Verständnis von Bildung als „Lebensorientierung" aus und mustert man sämtliche expliziten Stellungnahmen zur Frage nach der „bildenden Wirkung" der Schule, so ergibt sich, dass die Zahl derer, die die Meinung vertreten, dass der schulische Unterricht, den sie erlebt haben, dafür mehr oder weniger irrelevant war, etwa doppelt so groß ist wie die Zahl derer, die eine solche bildende Erfahrung im positiven Sinn bestätigen. Die kritischen Einschätzungen sind dabei oftmals durchaus deutlich und umfassend: Der Schulbesuch habe im persönlichen Fall *„die Orientierungsfähigkeit ... in keiner Weise gefördert"*, Die Schule sei, *„was die politische Meinungsbildung angeht, ... eher passiv"* gewesen, Man habe *„nur die Dinge des Lehrplans mehr oder weniger vermittelt bekommen ... doch leider nichts darüber hinaus"*, zur *„Identitätsentwicklung"* und zur *„Entwicklung der politischen Weltorientierung"* hätten die Lehrer nichts beigetragen, *„die kulturellen, politischen und religiösen Meinungen und Einstellungen"* hätten sich weitgehend durch Einflüsse außerhalb der Schule entwickelt, die in der Schule behandelten Themen seien mit *„den Werten und der Sinngebung"* des eigenen Lebens *„absolut nicht in Verbindung"* zu bringen gewesen, die *„Bildung in der Schule"* sei *„nicht von großer Bedeutung"* gewesen, sie sei vielmehr *„einfach so nebenher gelaufen"*, man habe in der Schulzeit *„eher wenig mitgekriegt, was die politische Bildung betrifft"*, Die Schule habe auf die eigene Meinungsbildung *„keinen großen Einfluss nehmen können, da vieles, gerade im Geschichts-, Gemeinschaftskunde-, Deutsch-, Religions- und später Ethikunterricht, wo Politik, Religion und Lebensführung thematisiert werden, viel zu oberflächlich abgehandelt wurde"*. *„Wenn ich mich an meine Schulzeit zurückerinnere"*, resümiert schließlich ein ehemaliger Schüler, dann *„fällt es mir schwer zu sagen, dass die Schule mir half, mich in der Welt zu orientieren, mir den Sinn des Lebens aufzuzeigen"*. Und noch drastischer formuliert es ein anderer, dessen Haltung zur Schule insgesamt durch eine sehr ablehnende Haltung charakterisiert war: *„Mit den von der Schule vermittelten Informationen, die mir helfen sollten, die Welt kennen und verstehen zu lernen, konnte ich nie viel anfangen"*.

Diese Sammlung von negativen Urteilen zur Frage nach der bildende Wirkung der Schule macht in dieser Verdichtung natürlich sehr nachdenklich, zumal dann, wenn man im Blick hat, dass die große Mehrzahl der Personen, die sich hier äußerten, sich gleichzeitig selbst durchaus als erfolgreiche und lernwillige Schülerinnen und Schüler beschrieben hatten. In der Schule erfolgreich zu sein und dort persönlich bedeutsame Bildungserfahrungen zu machen, das sind offenbar jedoch zwei durchaus unterschiedliche Dinge.

Wie äußert sich nun aber jene kleinere Fraktion, die im Blick auf die eignen Schulerfahrungen zu dem Gesamturteil kommt, dass sie dort durchaus bedeutsame Bildungserfahrungen gemacht habe? Hier wird der Schule zum Beispiel zugute gehalten, dass *„die Auseinandersetzung mit Politik und unserem Demokratieverständnis und Parteiensystem durch die Schule gefördert"* worden sei. Oder es wird ganz grundsätzlich darauf hingewiesen, dass man der Schule *„den größten Teil an Bildung verdanke"* und es werden dann die Themen genannt, die als besonders „bildungsträchtig" eingeschätzt werden: die verschiedenen literarischen Epochen, die bedeutsamen Werke der Weltliteratur und sogar mathematische Themen, die als herausfordernde Unterhaltung für den Geist erlebt wurden. Eine andere Verfasserin ist sich des Privilegs des Gymnasialbesuchs wohl bewusst, da es ihr ermöglichte, über lange Zeit hinweg ihre *„Interessen zu entdecken und auszuleben"*. Zu diesen werden dann musische und kulturelle Erfahrungen im Kontext der Schule ebenso gerechnet wie die *„intensive Auseinandersetzung mit vielen gesellschaftlichen Themen und Problemen"*. Bei einer weiteren Autorin, die ebenfalls der Schule im Hinblick auf ihre persönliche Bildung und Lebensorientierung einen *„großen Stellenwert"* zubilligt, waren es freilich weniger die Lehrer und die Lehrplaninhalte, die in dieser Hinsicht bedeutungsvoll wurden, als vielmehr der intensive Austausch, die Diskussionen der Schüler untereinander. Sie bringt diesen speziellen Aspekt für sich auf die Formel: *„Ich habe viel in der Schule, aber nicht von der Schule gelernt"*.

In noch etwas anderer Wendung heißt es in einem anderen Text, die Verfasserin sei *„sehr stark von der Schule geprägt worden"* und als solche prägende Bildungserfahrung wird dann neben der Bekanntschaft mit wichtigen Werken der abendländischen Kultur vor allem auf die im Ethikunterricht beständig gegebene Aufforderung zur Begründung der eigenen Standpunkte verwiesen: *„Auch musste ich mir ... immer wieder klar werden, welchen Standpunkt ich vertrete und warum ich diesen vertrete"*. Schließlich – und dies stellt vielleicht das am uneingeschränktesten positive Fazit dar – verweist eine Verfasserin auf den *„guten Überblick über die kulturellen Traditionen unserer Welt"* und auf die *„große Auswahl an Identifizierungsangeboten"*, die sie im Rahmen der Schule geboten bekommen habe. Diese hätten

ihr sehr dabei geholfen, ihren eigenen *„Standpunkt in moralischen, weltanschaulichen und Fragen zu erlangen".*
Eine dritte Kategorie stellen schließlich jene Gesamturteile dar, die auf die Diskrepanz verweisen, die zwischen der damaligen aktuellen Einschätzung aus der Schülerperspektive und der nachträglichen Einschätzung aus der rückschauenden und distanzierten Perspektive als Studierende besteht. Die Relevanzkriterien für die Auswahl jener Inhalte, Themen und Bücher, die im Schulunterricht eine zentrale Stelle einnehmen, sind den Schülern zu Schulzeiten selbst oft nicht so recht bewusst. So heißt es etwa in einer autobiographischen Reflexion: *„In der Schule wurde mir wirklich viel von der abendländischen Kultur vermittelt. Allerdings war mir dabei natürlich nicht bewusst, dass dieses Wissen nun die Grundlage der Bildung überhaupt sein soll".* Ähnlich meint eine andere Autorin, damals sei ihr vieles als *unnötig* erschienen und sie konnte *„viele Dinge noch nicht einordnen"*, weil ihr oft der *Überblick* gefehlt habe. Erst aus der Distanz heraus hätte sie *„immer stärker die Vorteile gesehen, die mit der Bildung verbunden sind"* und erst heute wisse sie zu schätzen, was sie damals gelernt habe und erkenne, wie wichtig die in der Schulzeit erworbenen Wissensgrundlagen seien, um *„Zusammenhänge besser erkennen"* zu können. In wieder einem anderen Fall wird zwar mit Bedauern konstatiert, dass die konkreten Inhalte von mehreren Jahren humanistischer, altphilologischer Bildung längst *„völlig verlorengegangen"* seien, gleichzeitig wird aber die Überzeugung geäußert, diese verschollenen Inhalte, mit denen man sich so lang so ausführlich befasst hat, müssten *„einen starken Einfluss auf meine Meinungsbildung, mein Wertsystem und mein Weltbild gehabt haben".* In diesem Zusammenhang taucht dann sogar das *Verlangen* auf, diese bedeutsamen Texte aus der Jugendzeit erneut zu lesen, um damit gewissermaßen den subtilen Einflüssen, die sie auf das eigene Denken und Empfinden ausgeübt haben, auf die Spur zu kommen. Ähnlich weist eine andere Verfasserin darauf hin, dass sie, während sie selbst noch *„in der Schule ‚steckte'"*, sich *„nicht so darüber bewusst war"* welche Bedeutung und welche Funktion den einzelnen Fächern und Themen zukam. Sie habe deren Bedeutung zu jener Zeit *„eher indirekt aufgenommen"*. *„Erst im Abstand dazu"* hätte sie deren *„Sinn verstanden und direkt verarbeitet"*.

7.3 Bildende Schullektüre?

Zwischen den jugendlichen Schülern und ihren Lehrern (bzw. den Germanisten, Deutschdidaktikern, Lehrplangestaltern, Kultusministern) besteht offensichtlich eine besonders große Diskrepanz im Hinblick auf die Frage, welche Bücher in der Schule wichtig, spannend, lohnend zu lesen sind. Gerade hier finden sich in den autobiographischen Reflexionen besonders viele Erinnerungen daran, wie schwer sich vielen Betroffenen der Sinn und Zweck der im Deutschunterricht behandelten Klassiker-Lektüre erschlossen hat, wie mühsam sie sich damals durch die entsprechenden Werke kämpften und wie befremdlich ihnen oftmals die Art und Weise des analytischen Umgangs mit diesen Texten im Unterricht erschienen ist. So meint eine Autorin, obwohl sie *„zwar immer schön brav die Literatur in der Oberstufe gelesen"* und auch ihre *„Aufsätze darüber geschrieben"* habe, sei bei ihr *„nichts vom Verständnis einiger Meisterwerke der deutschen Literatur hängen geblieben"*. Ein anderer erinnert sich daran, dass er einen Roman mit Begeisterung in seiner Freizeit gelesen hatte. *„Als das gleiche Werk dann in der Schule behandelt wurde schlug die Begeisterung ziemlich schnell in Langeweile und Ablehnung um"*, Die im Deutschunterricht geforderte methodische Literaturanalyse, die systematische Interpretation und die *endlosen Diskussionen* hätten ihm die Freude an der Lektüre dermaßen vergällt, dass er nach dieser schulischen Erfahrung diesen Roman *„nie mehr in die Hand genommen"* habe. Diese Erfahrung führte ihn zu einer eher skeptischen und ablehnenden Haltung gegenüber den schulischen Versuchen, ihm die Werke der Weltliteratur, bzw. der Kultur überhaupt näher zu bringen: *„Dies führte dazu, dass ich Kulturvermittlung in der Schule eher unangenehm empfand und lieber auf meine Art und Weise, ohne höhere geistige Akrobatik, Literatur, Kunst und Musik als anspruchsvolle Unterhaltung konsumierte, und nicht analytisch betrachtet."*

Ähnliche Klagen finden sich auch noch in anderen Reflexionen: So heißt es etwa, *„das Lesen von Deutschlektüren"* sei oftmals als *„doch sehr lästig"* empfunden worden, oder *„Als wir in der Schule anfingen, ‚anspruchsvolle' Lektüren zu lesen und zu interpretieren, empfand ich dies als belastend und anstrengend. Die Inhalte konnte ich nicht auf mich beziehen und hielt die Interpretationen des Deutschlehrers meistens für „weit hergeholt"*. Eine andere Verfasserin erinnert sich daran, in ihrer Schulzeit den „Götz von Berlichingen", Heines „Buch der Lieder", „Goethes Faust" und manch andere literarische Werke gelesen zu haben. Sie konnte dabei weder der Lektüre selbst, noch der Art und Weise, wie diese Stoffe im Deutschunterricht behandelt wurden, viel abgewinnen: *„Die anschließenden Klassenarbeiten über diese Bücher waren für mich immer eine Plagerei, da ich diese Werke nur zum Teil und mit Widerwillen gelesen habe"*. Ähnliche grundsätzliche Probleme, sich für die Klassikerlektüre zu begeistern hatte eine andere Autorin. Sie macht dafür jedoch die Lehrer aus ihrer Gymnasialzeit verantwortlich, denen es nicht gelungen sei, ihr *„zu vermitteln, warum jetzt dieser oder jener alte Schinken gelesen werden sollte"*: *„Sie haben es nicht geschafft, mir zu verdeutlichen, wo der Bezug zu meinem eigenen Leben liegen sollte, und so war ich von vielen Themen doch ziemlich angeödet".*

7.4 Politische Bildung durch die Schule?

Neben dem Deutschunterricht wird traditionell vor allem dem Gemeinschaftskunde- bzw. Sozialkundeunterricht eine besonders wichtige Rolle im Hinblick auf Wertorientierung und Weltanschauung, auf politisches Problemverständnis und demokratisches Bewusstsein zugeschrieben. Entsprechend sind zahlreiche Verfasserinnen und Verfasser in ihren autobiographischen Reflexionen auch auf ihre Erfahrungen mit diesem Fach eingegangen. Auch hier überwiegen freilich wieder die kritischen Erinnerungen die positiven deutlich. Sich mit den komplexen Strukturen und Prozeduren demokratischer Entscheidungsfindung auseinander zu setzen, sich die rechtlichen Grundlagen und die Funktionen politischer Institutionen zu erarbeiten, ist eine sicherlich notwendige, aber dennoch eben oftmals eher schwierige und trockene Angelegenheit. Entsprechend heißt es in einem Text *„der Gemeinschaftskundeunterricht brachte mir dann die formalen Dinge näher und gab mir Kenntnisse über die Verfassung und den Staat. Aber ich kann nicht sagen, dass er mich zu einem politisch mündigen Bürger erzog".* Hier wird dem Gemeinschaftskundeunterricht immerhin noch ein positiver Lerneffekt bezüglich der „formalen Dinge", die unser Staatswesen betreffen, zugestanden. Selbst ein solcher Effekt, wird jedoch nicht selten verfehlt. So meint eine Verfasserin, sie habe in der Schule *„eher wenig mitgekriegt, was die politische Bildung betrifft"* und beklagt sich über das monotone Verfahren ihres Sozialkundelehrers, der sie *jede Woche irgend welche Strukturen im Bundestag o.ä. auswendig lernen ließ und die darauffolgende Woche einen Test darüber schrieb."* Diese Praxis habe nämlich *"nicht unbedingt zum Langzeitwissen beigetragen".* Auch anderen Lehrern wird der Vorwurf gemacht, sie hätten es *„keineswegs geschafft ... uns für politische Themen zu begeistern".* In der Tat scheint gerade der Gemeinschaftskundeunterricht von zahlreichen Schülern als besonders langweiliges Fach erlebt worden zu sein. Besonders deutlich wird dies in den folgenden Formulierungen ausgedrückt, die das „Elend des Gemeinschaftskundeunterrichts" sehr nachdrücklich hervorheben: *„Gemeinschaftskundeunterricht empfanden wir als tödlich langweilige Angelegenheit,* *die unser Leben nicht berührte."* Und: *"Was mich weniger geprägt hat, war der Gemeinschaftskundeunterricht. Er hat mich immer zu Tode gelangweilt."* Schließlich: *"Wir hatten in der Schule immer Lehrer in Sozialkunde, die einen einschläfernden Unterricht gemacht haben und nicht in der Lage waren, unser politisches Interesse zu wecken oder uns in irgendeiner Weise in diesem Bereich zu motivieren. In diesem Fall war der Einfluss der Lehrer in politischen Fragen auf uns Schülerinnen gleich null! Ich musste mich immer, wobei es vielen meiner Mitschüler genauso bzw. ähnlich ging, in den Sozialkundestunden hinschleppen und ließ sie dann – mir blieb ja nichts anderes übrig – über mich ergehen"*.

Viel hängt offensichtlich daran, ob die Gemeinschaftskundelehrer es schaffen, nicht nur den Unterricht spannend und interessant zu gestalten, sondern, ob sie es fertig bringen, ihren Schülern die zentrale Botschaft der Aufklärung zu vermitteln, dass es nämlich gerade in politischen Fragen darauf ankommt, „sich seines eigenen Verstandes zu bedienen", zu eigenen Urteilen und Standpunkten zu kommen und nicht nur unkritisch Parolen aus dem Elternhaus oder dem Freundeskreis „nachzuplappern". Positive „Erweckungserfahrungen" durch einen engagierten Gemeinschaftskundelehrer berichtet eine Verfasserin, deren *"Meinungen über unsere Gesellschaft, Wirtschaft, Kapitalismus und Politik"* zunächst sehr stark durch die *"scheinbar unantastbaren"* Ansichten der eigenen Eltern geprägt waren, *"bis ein neuer GK-Lehrer auftauchte und uns ‚lehrte', dass und wie man sich als mündiger Staatsbürger ausreichend informieren müsste, um sich auf einer informierten Basis eine eigene Meinung bilden zu können."* Diese Erfahrung hat dann einerseits zu einem Stück Emanzipation von den rigiden elterlichen Weltsichten geführt, andererseits aber auch zu einer bewussteren und kritischeren Auseinandersetzung mit dem aktuellen *"Weltgeschehen"*.

7.5 Moralische Bildung durch die Schule?

Freilich ist es nicht so, dass nur im Deutsch- oder Gemeinschaftskundeunterricht solche bedeutsamen Bildungserfahrungen gemacht werden können. Solche „fruchtbaren Momente im Bildungsprozess" werden durchaus im Zusammenhang mit sehr unterschiedlichen Fächern und Themen erinnert. So meint etwa eine Verfasserin, sie sei im Ethikunterricht, bei dem im kleinen Kreis über die Weltreligionen, und über allgemeine Themen wie Familie, Freunde, Schule, Drogen, Alkohol und anderes gesprochen wurde, *"moralisch nachgebildet"* worden. Für eine andere waren gerade Aspekte der Sozialgeschichte, Berichte über die Lebenssituation und den Alltag von Menschen in anderen Epochen und Kulturen besonders eindrucksvoll, weil sie ihr dazu dienten, sich selbst und ihre persönlichen Lebensumstände mit neuem Blick zu sehen: *„Was mir am meisten meine Lebenssituation erklärte, waren Berichte, wie andersartig es anderen Menschen geht und ging. Wenn mir interessante Kontraste zu meinem Leben aufgezeigt wurden, dachte ich automatisch über mein Leben nach, ohne dass mein Leben als solches Thema war".* In diesem Sinne kann dann sogar die Auseinandersetzung mit einer vermeintlich „toten Sprache" und längst versunkenen Kultur für einzelne Schüler größere Aktualität und „Lebensnähe" gewinnen, als manch moderner Lesestoff. In diesem Sinne berichtet eine Autorin über ihre Erfahrungen mit dem Lateinunterricht: *„Das Lesen und Übersetzen dieser alten Texte mit ihren Lehren und Weisheiten hat mit zum einen Spaß gemacht und zum anderen hatte ich dabei gleich das Gefühl, dass die Inhalte dieser Texte auch etwas mit meinem Leben zu tun haben und dass ich sie zumindest auf mich übertragen kann. Außerdem konnte ich dadurch oft Dinge aus einer anderen Perspektive betrachten. Tatsächlich hatte ich manchmal nach einer guten Lateinstunde ganz bewusst das Gefühl, jetzt irgendwie gebildeter zu sein ".*

7.6 Bildung durch personale Vorbilder

Gerade im Jugendalter spielt für das Auftauchen oder das Nichtauftauchen solcher „fruchtbaren Momente im Bildungsprozess" die personale Vermittlung eine große Rolle, d.h. die Sympathie für den Lehrer und die Faszination, und Begeisterung, die er durch seine Art der Präsentation des Stoffes vermitteln kann. Die Weckung des Interesses für ein bestimmtes Fach durch einen besonders ansprechenden, unterhaltsamen, anschaulichen Unterricht, die Sensibilisierung für bestimmte Themen durch besonders spannende, problembewusste, herausfordernde Darstellungen und Diskussionen ist die eine Seite. Die andere, vielleicht noch wichtigere Seite ist die unmittelbare Wirkung, die vom Lehrer oder der Lehrerin als Person ausgeht, von der Haltung, die sie gegenüber dem Leben und den Mitmenschen repräsentiert. Auch in dieser Beziehung wird in den autobiographischen Reflexionen von bedeutsamen „Bildungserfahrungen" berichtet. So schreibt eine Verfasserin, es *„gab Lehrerinnen und Lehrer, deren allgemeine Grundhaltung zum Leben oder über das Leben mir besonders gefielen. Dies war natürlich mit persönlichen Vorlieben etc. verbunden".* In einem anderen Bericht wird sogar sehr deutlich die Unterscheidung zwischen prägender Wirkung des Stoffes und prägender

Wirkung der Lehrerpersönlichkeit gemacht, und letztere eindeutig als die bedeutsamere Einflussgröße dargestellt: *„Im Bereich der Schule hat mich der Inhalt des Unterrichts nicht direkt geprägt. Es waren eher einzelne Lehrer, genauer deren Persönlichkeit, die mich sehr in diesem Bereich beeindruckt hatten. Es waren die Lehrer, die in meinen Augen Persönlichkeit zeigten und eigene Meinungen vertraten. Hier habe ich im Gegensatz zu meinem Elternhaus ‚erwachsene' Vorbilder gesehen".*

Freilich gibt es auch hier wiederum die gegenteilige, negative Erfahrung. Lehrer, die durch ihren langweiligen Unterricht das zunächst vorhandene Interesse an bestimmten Fächern und Themen zunichte machen, und die durch ihre autoritäre persönliche Art Empörung, Wut, Groll und Verachtung bei den Schülern hervorrufen. Auf dieses traditionsreiche Feld der Schülerklagen über Lehrer soll hier gar nicht näher eingegangen werden. Es soll nur ein spezieller Punkt hervorgehoben werden, der unter dem Aspekt der Bildung besonders tragisch ist, nämlich der, dass Schüler bisweilen mit ihren persönlichen Fragen und Irritationen, mit ihrem dringenden Wunsch, Widersprüche aufzulösen und Zusammenhänge zu begreifen, überhaupt keine Resonanz erfahren: *„Oft wurde ich in der Schule von den Lehrern einfach zur der Ruhe gewiesen, wenn ich Fragen stellte, die mir auf der Seele brannten. Viele Aussagen der Lehrer in den verschiedenen Fächern kamen mir widersprüchlich vor und keiner konnte mir helfen einen Bogen zu spannen, so dass ich mir ein abgerundetes Bild machen konnte".* Entsprechend beklagt sich die Verfasserin recht bitter über die *Ignoranz* ihrer Lehrer, die sie vielfach erfahren hat.

Soweit unterschiedliche Facetten davon, wie ehemalige Schülerinnen und Schüler und künftige Lehrerinnen und Lehrer aufgrund ihrer persönlichen Erfahrungen über die Frage reflektieren, ob das, was ihnen die Schule zu bieten hatte, Bildungserfahrungen eher ermöglicht oder verhindert hat.

8. Zwischenfazit

Ein Zwischenfazit zur Titelfrage „Ermöglicht oder verhindert die Schule Bildungserfahrungen"? könnte also lauten: Sie tut beides. Sie ermöglicht einerseits solche Bildungserfahrungen, indem sie durch täglichen Unterricht, in dem die Grundlagen in vielen Fächern erworben werden, den Boden dafür bereitet, auf dem Keime persönlicher Interessen „aufgehen" können, indem sie durch systematische Lektionen ganz allmählich so etwas wie ein umfassendes Netzwerk von möglichen Anknüpfungspunkten für persönliche Fragen, Faszinationen, Herausforderungen strickt: Wer sich nicht durch jahrelangen Unterricht die grammatischen Strukturen und das Vokabular von Fremdsprachen erarbeitet hat, der wird kaum in der Lage sein, sich etwa für französische Chansons oder für englische Short-Stories zu begeistern. Wer nicht im Geschichtsunterricht ein Grundverständnis von den Lebens- und Denkformen bestimmter Epochen erworben hat, wird kaum eine besonderes Interesse für bestimmte historische Personen oder Ereignisse entwickeln. Wer nicht nach und nach in zunehmend komplexere mathematische Operationen eingeführt wurde, hat keine Chance, eventuell einmal wirklich Spaß an der Funktionentheorie und an mathematischen Kurvendiskussionen zu entwickeln. Wer nicht im Physikunterricht erlebt hat, wie die zentralen Phänomene der Mechanik, der Optik, der Wärme- und der Elektrizitätslehre in Experimenten veranschaulicht und die entsprechenden Zusammenhänge in Messreihen gefasst und schließlich zu Gesetzesaussagen verdichtet wurden, der wird nie auf die Idee kommen, sich mit einer eigenen kleinen Untersuchung bei „Jugend forscht" zu beteiligen.

Andererseits: Viele Schüler entwickeln eben doch im Laufe ihrer Schulzeit ein rein instrumentelles Verhältnis zu den „Unterrichtsstoffen", die ihnen dort angeboten werden. Was zählt sind die Abschlüsse und damit die Noten. Die konkreten Inhalte, die in der Schule Gegenstand des Unterrichts sind, werden dann zum mehr oder weniger schwierigen, mehr oder weniger lästigen, mehr oder weniger beliebigen Mittel zu diesem Zweck abgewertet. Übrig bleibt dann nicht selten eher ein distanziertes, negativ besetztes Verhältnis zu bestimmten Wissenssphären: dass Mathe eben „schwierig", Deutsch „öde" und Latein „sinnlos" sei. Dass man da eben durch müsse, wenn man den Abschluss schaffen möchte. Wenn dann gar nach der bestandenen Abschlussprüfung Hefte rituell verbrannt werden, gewissermaßen als symbolischer Befreiungsakt von all dem geistigen Ballast, der einem dort über die Jahre hin zugemutet wurde, dann ist dies – selbst wenn dabei die Sektkorken knallen – eigentlich ein unendlich trauriger Vorgang.

9. „Bildungserfahrungen" im Lichte unterschiedlicher theoretischer Deutungen

Ich möchte, nachdem bisher die autobiographische Seite recht ausführlich zum Tragen kam, zum Schluss noch einmal einen anderen Zugang zu der Titelfrage „Ermöglicht oder Verhindert die Schule Bildungserfahrungen?" versuchen. Ich möchte kurz auf drei ganz unterschiedliche Theorielinien eingehen, die vielleicht ein Stück weit Licht darauf werfen können, woran es liegt, ob in einer schulischen Situation eher die eine oder eher die andere Tendenz die Oberhand gewinnt. Vielleicht können daraus auch Hinweise dafür gewonnen was sich ändern müsste, damit sich die „Auftrittswahrscheinlichkeit von Bildungserfahrungen" im schulischen Kontext erhöht.

9.1 Geisteswissenschaftliche Pädagogik: Friedrich Copei und der „fruchtbare Moment im Bildungsprozess"

Im Jahr 1930 hat Friedrich Copei im Alter von 28 Jahren sein Buch „Der fruchtbare Moment im Bildungsprozess" veröffentlicht. Es ist als Doktorarbeit bei Eduard Spranger entstanden und hat damals ziemlich große Resonanz in der Pädagogik gefunden. Nach Copeis Tod – er ist 1945 gefallen – sind 1950 und 1958 also im Abstand von 20 bzw. 28 Jahren zwei weitere Auflagen des Buches erschienen – was für eine Dissertation ja durchaus ungewöhnlich ist. Copei geht es in seiner phänomenologische angelegten Studie darum, jene entscheidenden Schlüsselsituationen in Bildungsprozessen dem Verstehen besser zugänglich zu machen, die sich durch ihre Intensität aus dem langsamen, stetigen Verlauf hervorheben. Er umschreibt die Intention seines Buches, folgendermaßen: „Die nachfolgende Untersuchung stellt den Versuch dar, positiv feststellend, jene Momente aus dem seelischen Geschehen herauszuheben, die zugleich stärkste seelische Lebendigkeit und größte Fruchtbarkeit an Bildungswirkung in sich fassen. Man denke zur Veranschaulichung bei dem Begriff „fruchtbarer Moment" vorläufig nur an jene eigentümlichen Augenblicke, in denen blitzartig eine neue Erkenntnis in uns erwacht, ein geistiger Gehalt uns packt, uns plötzlich ‚ein Licht aufgeht'. Instinktiv spürt man ihre Bedeutung. ... Wir wollen ihnen in der ganzen Weite und in allen Schichten des Seelenlebens nachspüren und wollen versuchen, ihre Eigenart, die Vorbedingungen ihres Zustandekommens und ihre Auswirkungen zu beschreiben" (Copei 1950^2, S. 17).
Ausgangspunkt ist für Copei dabei die sokratische Mäeutik wie sie in den Dialogen Platons überliefert ist, das Aufspringen von grundlegenden Einsichten beim Schüler durch geschickte Fragen, die die bisherigen Sichtweisen, Überzeugungen und Wirklichkeitskonstruktionen herausfordern, zur kritischen Prüfung zwingen und zu einer höheren Stufe der Gewissheit führen. Weiterhin geht Copei dann auf autobiographische Zeugnisse genialer schöpferischer geistiger Prozesse, von „Heureka-Erfahrungen" ein, wie sie von Wissenschaftlern überliefert sind: Wie, unter welchen Bedingungen, in welchen Situationen sind hier die entscheidenden Ideen zur Lösung von schwierigen

Problemen aufgetaucht? Welche Rolle spielte dabei systematisches Nachdenken, meditative Versenkung, bildhaftes Imaginieren, freies Assoziieren, intuitives Gewahrwerden? Copei versucht dann „den Nachweis zu liefern, daß in allen echten geistigen Akten des Sinnschaffens wie der Sinnaufnahme die gleichen Grundzüge und Abhängigkeiten vorhanden sind, die im genialen Schaffen aufzuweisen waren, und daß auch hier der ‚fruchtbare Moment' von zentraler Bedeutung ist" (ebd., S. 37). Wirklich bildungsbedeutsames Lernen, das nicht nur an der Oberflächenschicht der im Gedächtnis memorierten Lernstoffe mehr oder minder flüchtige Spuren hinterlässt, sondern das tatsächlich zu Evidenzerlebnissen führt und den geistigen Horizont des Subjekts verändert, ist für Copei gewissermaßen solch ein individueller Nachvollzug jener Heureka-Momente, die die entsprechende Erkenntnis erstmals hervorgebracht haben. Das so angeeignete Wissen kann dann im weiteren Bildungsprozess der betroffenen Person selbst dann auch wiederum eine ganz andere „Fruchtbarkeit", eine viel größere Dynamik entwickeln als das träge „Nur-Gedächtniswissen": „Wie es leidenschaftlich vom Ganzen der seelischen Kräfte gesucht war, so verwächst es als ein Stück lebendige Erkenntnis im geistigen Organismus, ist hinfort etwas zum geistigen Sein gehöriges, bestimmt, klar, lebendig, verfügungsbereit immer da, wo es um ein neues Problem und nicht nur um ein gedächtnismäßiges Zitieren geht, in dem Moment aber auch von neuem anregend, ‚fruchtbar'. (ebd., S. 72).

Entscheidende Voraussetzung für das Auftauchen solcher fruchtbaren Momente ist die aus innerem oder äußerem Anstoß erwachsene Fragehaltung. „Immer ist es die *Frage, die zur Sache führt*, d.h. nicht die auf Einzelnes gehende Wissensfrage, sondern *die auf das Gesamte gehende Grundfrage*" (ebd., S. 47). Und diese wiederum wird, vor allem dadurch ausgelöst, dass die bisherigen Gewissheiten und Überzeugungen herausgefordert werden: „Die eigentlich zielgerichtete und schöpferische Tätigkeit des Geistes, wird mit der Erschütterung der Selbstverständlichkeiten eingeleitet" (ebd., S. 61). Differenziert zeichnet Copei die typischen Phasen nach, die mit dem überraschten Staunen einsetzen und zur Entwicklung einer differenzierten Fragehaltung hinführen.

Aber nicht nur für den Bereich der intellektuellen Erkenntnis, des besseren Verstehens mathematischer, physikalischer, biologischer oder historischer Zusammenhänge betont Copei die Bedeutsamkeit solcher „fruchtbarer Momente", auch für die Bereiche der ästhetischen, der moralischen und des religiösen Bildung geht er davon aus, dass die entsprechenden Prozesse dort nicht einfach allmählich und stetig verlaufen, sondern durch Situationen besonderer Intensität und Verdichtung geprägt sind.

Nachdrücklich verwahrt sich Copei freilich gegen die illusionäre pädagogische Schlussfolgerung seiner differenzierten Analyse, „daß man nur die rechten Methoden anzuwenden brauche, um den fruchtbaren Moment immer und überall zu erzwingen" (ebd., S. 69). Aber dennoch hat er seinem Buch am Ende ein Kapitel angefügt, das mit „Pädagogische Folgerungen" überschrieben ist. Darin geht er zunächst darauf ein, was „echte Lehre" und „rechtes Lernen" bedeuten: „*Lehren* heißt nicht übermitteln, es heißt, den ‚fruchtbaren Moment' vorbereiten, heißt, eine *lebendige Bereitschaft wecken*, welche im Ringen mit dem Gegenstand den Sinngehalt in sich aufzunehmen strebt. Auch das Lernen bekommt einen neuen Sinn. Es bedeutet nicht mehr die gedächtnismäßige Einprägung überlieferter Sinngehalte, sondern es bedeutet ihre Verlebendigung im suchenden Geist, in der ringenden Seele" (ebd. D. 103 f.). Hier wird also wieder der Kreis zu Sokrates und der Mäeutik geschlossen. An einigen instruktiven Beispielen aus der eigenen Volksschulpraxis wird dann sehr anschaulich erläutert, wie ein solcher gemeinsamer Frage-, Such- und Entdeckungsprozess, der an irritierenden Alltagsbeobachtungen seinen Ausgangspunkt nimmt, aussehen kann: Warum fließt die Milch aus einer Kondensmilchbüchse nicht recht, wenn man nur ein Loch in den Deckel sticht? Warum ist ein zweites Loch vonnöten? Was hat dies alles mit dem Luftdruck und den Strömungsverhältnissen zu tun? Copei fasst die Stadien des Prozesses, den er in allen Details beschrieben hat, noch einmal allgemein und abstrakt zusammen: „Stutzen, Fragen, Vermuten, Probieren und Beobachten, Ordnen der Fälle, Analyse der Einzelfälle, Vergleich, Feststellung des ganzen Prozesses, dann Einsicht in den Zusammenhang, der in der Frage gesucht wurde" (ebd., S. 107).
Zentral ist für Copei ganz allgemein, dass der Lehrer nicht einfach „Themen" oder „Gegenstände" im Unterricht behandelt, sondern „dass er mit den Kindern die von ihnen selbst aufgeworfenen Fragen zu lösen versucht" (ebd., S. 108). Es müssen in jedem Fall, selbst wenn die Rahmenthemen vom Lehrplan oder vom Lehrer vorgegeben sind, erst einmal spannende konkrete Problemstellungen gefunden werden, Fragestellungen, an denen sich das Nachdenken und die Lösungsversuche entlang tasten können. Wichtiger als die Ansammlung und Einprägung umfangreicher Wissensbestände ist für Copei die Ausprägung einer bestimmten geistigen Haltung beim Schüler: „*Es kommt darauf an, daß er mit einer dauernden feindifferenzierten Frage- und Beobachtungshaltung allen Dingen gegenübertritt*. Diese offene Haltung zu schaffen, ist eine Aufgabe der Schule" (ebd., S. 117).
Copeis Buch ist vom Duktus, von der Sprache und von der Argumentationsweise her deutlich ein Kind seiner Zeit. Ein Versuch einer verstehenden

Strukturpsychologie, wie sie Spranger im Methodenkapitel seiner „Psychologie des Jugendalters" beschrieben hat. Gleichzeitig natürlich geprägt von dem reformpädagogischen Enthusiasmus und Anspruch jener Epoche. Man mag den Stil heute bisweilen etwas blumig oder pathetisch empfinden. Man mag die harte Empirie vermissen. Dennoch kann man wohl die These wagen, dass die Bildungsforschung der neueren Zeit, auch wenn sie viel über die schulspezifischen und soziodemographischen Variablen, die Einfluss auf die Schülerleistungen haben, herausgefunden hat, keine vergleichbar subtilen Studien zum Kern des Bildungsgeschehens hervorgebracht hat, zur Frage, was denn eigentlich in einem Individuum passiert, wenn sich bedeutsame Fortschritte in seinem Bildungsprozess ereignen. Und welche spezifischen Situationen es sind, die solche Fortschritte ermöglichen? Modern gesprochen könnte man sagen, dass es Copei um „Flow-Prozesse" im Kontext des Lehrens und Lernens ging (Csikszentmihalyi 2002[12]).

9.2 Psychoanalytische Pädagogik und die „subjektzugewandte Seite" der schulischen Bildungsinhalte

Sigmund Freud hat 1927 seine Abhandlung „Die Zukunft einer Illusion" veröffentlicht. Sie enthält neben einer schonungslosen Abrechnung mit der Religion auch eine handfeste Kritik an den konventionellen Formen der Erziehung und Bildung. Darin findet sich auch der bemerkenswerte Satz: „„Denken Sie an den betrüblichen Kontrast zwischen der strahlenden Intelligenz eines gesunden Kindes und der Denkschwäche des durchschnittlichen Erwachsenen" (Freud GW Bd. XIV, S. 370). Seitdem gibt es von Seiten psychoanalytisch orientierter Autoren immer wieder Versuche, den Ursachen dieser „Niedergangs-" bzw. „Bildungsverhinderungstendenzen" im Zusammenhang mit dem schulischen Lernen nachzugehen. Die Überlegungen kreisen dabei meist um die emotionalen und motivationalen Tiefendimensionen des Lernens und sind häufig recht schulkritisch orientiert. Sie lassen sich freilich auch positiv wenden. Etwa in der Frage: Wie muss Lernen eigentlich beschaffen sein, damit das lernende Subjekt wirklich „innerlich berührt" wird, damit es gewissermaßen „hinter dem Ofen hervorgelockt" wird? Ich habe an einer anderen Stelle einen konkreten Schulversuch im Umfeld des Wiener psychoanalytischen Milieus beschrieben, (u.a. mit Erik Erikson und Peter Blos als Lehrern), in dem versucht wurde, dem genuinen Weltinteresse der Kinder vor allem durch eine spezifische Form von Projektunterricht viel Anregung und Raum zur Exploration zu geben (vgl. Göppel 1991). Dort ging es in besonderer Weise auch darum, Projektthemen zu finden, die in gewisser Weise den inneren Entwicklungsthemen der Kinder entsprechen. Es ging also bei der Themenauswahl weniger um die lebenspraktische Nützlichkeit und auch nicht primär um die objektive kulturelle Bedeutsamkeit der Inhalte, sondern eher um die symbolischen, ichförderlichen Qualitäten. Bittner hat einmal den Satz formuliert: „Gelernt werden Stoffe, in denen das Ich sich selbst wieder findet, die ihm ein Stück seines eigenen Wesens widerspiegeln, in die einzudringen für das Ich bedeutet, zu sich selber ‚nach Hause' zu kommen. Solche Stoffe oder Lerngegenstände können von mannigfacher Art sein. Alles, was vom Lebendigen handelt, handelt zugleich auch von mir und meinem Ort in der Welt – zoologische, botanische, ethnologische Themen. Aber auch das Verstehen eines mathematischen Beweises kann zugleich ein Innewerden eigener Seinsmöglichkeiten einschließen" (Bittner 1977, S. 8). Wenn Bittner hier von „Lernen" spricht, dann ist ganz offensichtlich eine andere, tiefere Art von „Lernen" gemeint, als das Memorieren von Lernstoff im Hinblick auf eine Prüfung. Eher geht es wohl um jene herausgehobenen Lernsituationen, die weiter oben als „Bildungserfahrungen" charakterisiert wurden.

Natürlich spielen auch und gerade unter psychoanalytischer Perspektive die Beziehungen zum jeweiligen Lehrer, der diese Themen behandelt und vor allem die Art und Weise, *wie* er sie behandelt, eine wichtige Rolle.

Einer, der hier, einerseits mit Bezug auf Martin Wagenschein, andererseits aber auch mit Bezug auf psychoanalytische Subjektmodelle in kritischer Weise gängige Routinen der schulischen Behandlung von „Unterrichtsstoffen" angeprangert hat, ist der Frankfurter Erziehungswissenschaftler Horst Rumpf. „Stofferledigungsmaschinerie" nennt er mit Wagenschein diese glatte Form der didaktischen Abwicklung von Unterrichtsstunden, in denen niemand von der Sache, um die es geht wirklich angesprochen oder gar erstaunt, fasziniert oder begeistert ist. „Man kann Lernstoffe durchnehmen – vielleicht korrekt, nach den überlieferten Künsten des didaktischen Handwerks; die Schüler können sich melden, der Lehrer kommt zu einem Ergebnis – und trotzdem, kann der Unterricht einer Attrappe gleichen, bei der alles nur zum Schein da ist. Alle tun nur so als ob. ... Man behandelt, man nimmt durch, man kommt voran (‚im Stoff')" (Rumpf 1984, S. 304f.) – und dennoch bleibt man innerlich unberührt und unbewegt.

Noch schlimmer ist freilich nach Rumpf jene nicht selten durch die Schule bewirkte Tendenz einzuschätzen, durch die Schüler ihren ursprünglichen Weltwahrnehmungen entfremdet und stattdessen mit Halb- und Pseudowissen ausgestattet werden. In einem Text mit dem Titel: „Erkenntnisse lassen sich nicht weitergeben wie Informationen. – Über Wahrheitsfähigkeit und die

Aneignung von existentiell bedeutsamem Wissen" (Rumpf 1983) beklagt er, dass den Schülern ganz selbstverständlich zugemutet werde, „tagaus tagein disparate Wissensfragmente kurzschrittig in einem zerfetzten Tagesablauf zur Kenntnis zu nehmen und abgeprüft zu bekommen" (ebd., S. 165). Diese schulübliche Weitervermittlung von Erkenntnissen habe in sich das Zeug, „die so instruierten und informierten Menschen gleichgültig zu machen gegenüber dem Wahrheitsgehalt dessen, worüber sie informiert, worin sie instruiert werden" (ebd.). Die Kosten dieser Art der Belehrung und dieser Art des vermeintlichen Bescheidwissens seien einerseits der Verlust der persönlichen Bedeutsamkeit, aber auch der Verlust der kritisch-skeptischen Neugierde, des Wunsches, die Gründe zu prüfen, aus denen bestimmte im Unterricht vermittelte Sachverhalte und Bewertungen Gültigkeit beanspruchen.

Statt der gängigen „Belehrungswut" (vgl. Rumpf 2004) und der didaktischen Beschleunigung und Rationalisierung von Stoffvermittlung fordert er „anfängliche Aufmerksamkeit", d.h. Langsamkeit, Sorgfalt, Muße, eine genaue Betrachtung der vor Augen liegenden Phänomene, das allmähliche Entwickeln von Fragen, von Deutungsmöglichkeiten und die sorgfältige Prüfung vorgeschlagener Antworten im sokratischen Gespräch, Nachdenklichkeit, Offenheit für Irritierendes. Gerade, wenn das subjektive Angesprochen- und Berührtwerden durch Gegenständen des Unterrichts – seien dies literarische Werke, historische Begebenheiten oder Naturphänomene – als wichtiger erachtet wird als das „prüfungskompatible Bescheidwissen", fordert dies auch eine entsprechend achtsame und respektvolle Haltung der Lehrenden: „Sie sollen mit anfänglichen Aufmerksamkeiten pfleglich, kultiviert umgehen können – mit dem Blick, dem Staunen, der Ratlosigkeit, der Faszination, der Angst des Neulings, des Anfängers, des Fremdlings. Und sie sollen infolgedessen diese anfänglichen Aufmerksamkeiten nicht ausrotten oder zu Zwecken der Motivation didaktisch verbauen wollen, weil sie ihnen kindisch, unreif, laienhaft, vorwissenschaftlich, verächtlich vorkommen. Sie sollen also die blinde Arroganz des Experten ablegen Der souverän oder spöttisch lächelt. Und urteilt" (Rumpf 1992, S. 28f.).

9.3 Moderne Hirnforschung: die Bedeutung der emotionalen Tönung und der sozialen Einbindung von Lernsituationen

Geisteswissenschaftliche Pädagogik, Wagenscheinsche Didaktik, Psychoanalyse... all die bisher benannten Traditionslinien könnten leicht als antiquiert und nicht mehr zeitgemäß abgetan werden. Die Hirnforschung, die Neuro-

Science dagegen ist unbezweifelbar in der gegenwärtigen Wissenschaftslandschaften vogue und sie ist mehr und mehr dabei, auch im angestammten Terrain der Pädagogik Aufmerksamkeit zu beanspruchen. In Deutschland sind es vor allem Gerhardt Roth, Gerald Hüther, Wolf Singer und Manfred Spitzer, die sich als Neurowissenschaftler in die pädagogische Diskussion eingeschaltet und dort recht große Resonanz gefunden haben. Einerseits können sie als Hirnforscher tatsächlich spannende neue Befunde über das, was sich bei unterschiedlichen Lernaufgaben in unterschiedlichen Hirnregionen zuträgt berichten, andererseits ist es auffallend, dass sie bei der Frage nach den pädagogischen und didaktischen Konsequenzen, die aus den neurophysiologischen Erkenntnissen zu ziehen sind, in der Regel recht zurückhaltend sind und häufig betonen, dass sie hier eigentlich nur altbekannte Weisheiten bieten könnten.

So stellt Gerhard Roth gleich zu Beginn seines Aufsatzes über die Frage „Warum sind Lehren und Lernen so schwierig?" klar: „Nichts von dem, was ich hier vortragen werde, ist einem guten Pädagogen inhaltlich neu. Der Fortschritt besteht vielmehr darin zu zeigen, warum das funktioniert, was ein guter Pädagoge tut, und das nicht, was ein schlechter tut" (Roth 2004, S. 496). Roth entwickelt dann seine Sichtweise vom Gehirn als wirklichkeitskonstruierendem Organ und vom Lernen als aktivem Prozess der Bedeutungserzeugung der großenteils von unbewussten Faktoren gesteuert wird.

Der wohl wichtigste unbewusste Faktor der Einfluss darauf hat, welche Aufmerksamkeit einem Lerngegenstand zuteil wird, ist die emotionale Bewertung durch das limbische System, welches nach Roth „der eigentliche Kontrolleur des Lernerfolgs" ist: „Dieses System bewertet alles, was durch uns und mit uns geschieht, danach, ob es gut/vorteilhaft/lustvoll war und entsprechend wiederholt werden sollte oder schlecht/nachteilig/schmerzhaft und entsprechend zu meiden ist. Es legt diese Bewertungen im emotionalen Erfahrungsgedächtnis nieder, das weitgehend unbewusst arbeitet ... Dieses System entscheidet insofern grundlegend über den Lernerfolg, als es bei jeder Lernsituation fragt: ‚Was spricht dafür, dass Hinhören, Lernen, Üben usw. sich tatsächlich lohnen?'" Entscheidend für eine positive Einschätzung, dafür, dass sich Hinhören lohnen könnte, ist nach Roth in erster Linie die Art der personalen Vermittlung: „Schüler stellen schnell und zumindest im ersten Schritt unbewusst fest, ob der Lehrer motiviert ist, seinen Stoff beherrscht und sich mit dem Gesagten auch identifiziert. Dem Lehrer sind die von ihm ausgesandten Signale meist überhaupt nicht bewusst. ... Wenn also ein in vielen Jahren des Lehrerdaseins ermüdeter, unmotivierter Lehrer Wissensinhalte vorträgt, von denen er selbst nicht weiß, ob sie überhaupt noch zutreffen, so ist dies im Gehirn des Schülers eine direkte Aufforderung zum Weghören" (ebd., S. 501).

Freilich treffen die im emotionalen Erfahrungsgedächtnis verankerten Bewertungen auch schon auf die frühen, elementaren Grundsituationen des Lernens selber zu. Von daher sind die familiären Vorerfahrungen, aber auch die Erfahrungen der Schuleingangsphase von großer Wichtigkeit: Ein Kind muss bei seinen Eltern und in seiner weiteren Umgebung „früh die Erfahrung machen, ... dass Lernen etwas Schönes und Nützliches ist. Dies drückt sich dann in generell erhöhter Lernbereitschaft und Motiviertheit aus. Werden Lernen und Schule früh als mühselig und lästig empfunden und ‚heruntergemacht', so muss man sich nicht wundern, dass bei den Kindern erst gar keine Lernmotivation entsteht" (ebd., S. 503).

Das, was subjektiv als Interesse und Motiviertheit erlebt wird, lässt sich hirnphysiologisch als erhöhter Aktivierungsgrad des noradrenergenen und des cholinergenen Systems beschreiben und es gibt auch von der Hirnforschung her empirische Belege für die geläufige pädagogische Erfahrungstatsache, „dass die Stärke des emotionalen Zustandes, den der Schüler als Interesse, Begeisterung, Gefesseltsein empfindet, mit der Gedächtnisleistung positiv korreliert" (ebd., S. 504). Auch hierbei ist natürlich eine entsprechende Begeisterung des Lehrers für die Sache eine förderliche (wenn auch keine hinreichende) Bedingung. Weiterhin fordert Roth dann, das Lehrer sich sehr viel intensiver für die durchaus sehr unterschiedlichen individuellen Lernwege ihrer Schüler interessieren müssten und dass sie besonderen Wert darauf legen, Lernsituationen so zu organisieren, dass Schülern eine problemorientierte und selbständige Auseinandersetzung mit den Themen ermöglicht wird: Am wichtigsten sei „das Gegenteil von Pauken, nämlich das selbständige Durchdringen des Stoffes."

Gerald Hüther hat unter neurobiologischen und bindungstheoretischen Perspektiven insbesondere auf die sozialen Aspekte von Lernsituationen hingewiesen, die Offenheit, Neugier und Interesse an neuen Gegenständen und Fragen entweder fördern oder aber blockieren können. Wie bei Erwachsenen, sei auch bei Kindern, die Bereitschaft, „sich auf etwas Neues einzulassen, etwas Neues zu auszuprobieren umso größer, je sicherer sie sind und je größer das Vertrauen ist, mit dem sie sich in die Welt hinauswagen. Jede Art von Verunsicherung, von Angst und Druck erzeugt in ihrem Gehirn eine sich ausbreitende Unruhe und Erregung ... Nichts ist in der Lage, das Durcheinander im Kopf besser aufzulösen und die zum Lernen erforderliche Offenheit und innere Ruhe wieder herzustellen, als dieses Gefühl von Vertrauen" (Hüther 2004, S. 491f.). Dass bei uns schulisches Lernen in der Erfahrung der meisten Kinder und Jugendlichen ziemlich häufig auch mit Anspannung, Stress, Versagensangst, Blamagegefahr assoziiert ist, ist von daher natürlich eine Konstellation, die für das Entstehen „fruchtbarer Momente im Bildungsprozess", d.h., für echte Faszination, lustvolles Explorieren und kreatives Entwerfen von neuen Lösungen, eher hinderlich ist. Dass insbesondere die deutsche Schulkultur und Schultradition eine ist, in der diese hemmenden Momente aus der Perspektive der Schüler ziemlich stark im Vordergrund stehen, ist in international vergleichenden Studien mehrfach bestätigt worden (Czerwenka u.a. 1988, Fend 2004, Seiffge-Krenke 2006).

Einen wieder anderen Aspekt hat Wolf Singer in den Mittelpunkt gerückt. Er beklagt die kognitiv-verbale Einseitigkeit des schulischen Lernens und fordert mit dem Argument, dass kommunikative Prozesse für die Hirnentwicklung außerordentlich wichtig seien, eine möglichst umfassende, allseitige Förderung der Ausdrucks- und Kommunikationsfähigkeit der Kinder. Es sei längst bekannt, „dass durch bildnerische, musikalische, mimische, gestische und tänzerische Ausdrucksformen Information transportiert werden kann, die sich in rationaler Sprache nur sehr schwer fassen lässt" (Singer 1002, S. 97f.). Im Hinblick auf dieses erweiterte Spektrum der menschlichen Kommunikation liegt seiner Meinung nach in der gegenwärtigen Schul- und Erziehungslandschaft ein klarer Fall von „Deprivation" vor.

Dass auf diesem Wege tatsächlich besondere Faszination und Begeisterung selbst bei Schülern und Schülerinnen zu erzielen ist, die ansonsten schulischen Inhalten eher reserviert gegenüberstehen, zeigt auf eindrucksvolle Weise der Film „Rythm is it" über ein Tanzprojekt zu einer Aufführung des Stückes „Le Sacre du Printemps" unter Sir Simon Rattle und den Berliner Symphonikern. Wenn man die Bilder von den Proben und der Aufführung sieht, dann kann man durchaus davon ausgehen, dass es sich bei diesem Projekt um eine sehr bedeutsame „Bildungserfahrung" im hier beschriebenen Sinne für die beteiligten Jugendlichen handelte.

Alternative Schulen wie etwa die Walddorfschule oder die Helene-Lange Schule in Wiesbaden, die bei PISA ausgesprochen positiv abgeschnitten hat, sind in besonderer Weise dadurch gekennzeichnet, dass sie in ihrem Bildungsverständnis diesem Spektrum der anderen Ausdrucks- und Kommunikationsweisen einen sehr viel größeren Stellenwert einräumen als die Regelschule.

Manfred Spitzer ist ein weiterer bekannter „pädagogisch interessierter" und „pädagogisch einflussreicher" Hirnforscher. Er leitet ein eigenes „Transferzentrum für Neurowissenschaften und Lernen" in Ulm und füllt große Hallen mit seinen Vorträgen. Von ihm stammt der böse Satz „Unsere Gehirne sind so optimal konstruiert, dass trotz all unserer Schul und Erziehungsbemühungen aus den meisten Kindern ja vernünftige Menschen werden, obwohl wir uns wirklich Mühe geben, es ihnen abzugewöhnen" (Spitzer 2004, S. 98). Auch er hat bei der Reflexion über die Fragen, wie Lernmotivation zustande kommt und wann Lernen besonders fruchtbar und nachhaltig ist, auf die emotionalen und die sozialen Kontexte des Lernens verwiesen. In die Sprache der Neurobiologie übersetzt lauten diese Fragen dann: wann, in welchen Lernsituationen ist das dopaminogene Belohnungssystem des Gehirns in besonderer Weise aktiviert und wann lassen sich Aktivitäten in jenen Hirnregionen nachweisen, die für dauerhafte Gedächtnisleistungen besonders typisch sind? Das Dopaminsystem ist demnach für eine primäre Bewertung all jener Reize zuständig, die pausenlos auf uns einstürmen. Diese erfolgt nach eher simplen, archaischen, evolutionär herausgebildeten Kriterien: „Dieses System verleiht den Dingen und Ereignissen um uns herum ihren Sinn, ihre Bedeutung-für-uns. Bedeutsam ist, was neu ist (wir kennen es noch nicht und sollten damit bekannt werden), was gut für uns ist und vor allem, was besser für uns ist, als wir das zuvor erwartet hatten. Dieses System treibt uns um, motiviert unsere Handlungen und bestimmt, was wir lernen" (Spitzer 2002, S. 195).

Dieses „neurodidaktische Prinzip" gibt freilich noch nicht allzu viel her für eine bildungstheoretisch begründete Auswahl von Inhalten oder Vermittlungsformen. – Vermutlich finden entsprechende Aktivierungen dieses Dopaminsystems sogar eher dann statt, wenn die Kinder nachmittags stundenlang hochkonzentriert am Computer sitzen und bei pädagogisch fragwürdigen Spielen auf virtuelle Zombies ballern, als wenn sie Schillersche Balladen lesen. – Das ist gewissermaßen die Crux der Pädagogik in der Moderne.

Hinsichtlich der Frage nach den schulpädagogischen Konsequenzen, der Frage danach, wie Interesse für bestimmte schulische Themen erzeugt, Motivation beflügelt, Begeisterung geweckt werden kann, greift Spitzer dann doch lieber wieder auf pädagogische Erfahrungen und Alltagsweisheiten zurück als auf neurologische Erkenntnisse über Hirnareale oder Aktivierungspotentiale. „Die Person des Lehrers ist dessen stärkstes Medium! Nicht der Overheadprojektor, die Tafel, die Kopien oder gar die PowerPoint-Präsentation. Nicht diese Medien, sondern ein vom Fach begeisterter Lehrer, der gelegentlich lobt und vielleicht auch mal einen netten Blick für die Schüler übrig hat, bringt das Belohnungssystem auf Trab". Spitzer geht sogar noch weiter und zieht weitreichende Konsequenzen für die Lehrerausbildung: „Das *Fach* muss im Mittelpunkt stehen, nicht irgendwelche Tricks zur ‚Vermittlung' von ‚Stoff' ... und schon gar nicht die Beherrschung von computergestütztem Kintopp und anderem bunten Ablenkungskrimskrams. Ein Lehrer muss in der

Lage sein, über Sachverhalte seines Faches interessante Geschichten zu erzählen" (ebd. S. 194).

Hier schließt sich der Kreis zu dem, was Marcel Reich-Ranicki ganz ohne Kenntnis der Hirnforschung aus autobiographischer Erinnerung über die zentralen Merkmale jener Lehrer geschrieben hat, die er als besonders inspirierend erlebt hat. Gleichzeitig tut sich wiederum der tiefe Graben auf zu verbreiteten modernen schulpädagogischen Vorstellungen, in denen der Lehrer eher als didaktisch kundiger „Vermittlungsexperte", als methodisch versierter „Organisator von Lernumgebungen" bzw. als diagnostisch bewanderter „Lerncoach" gesehen wird, denn als fachlich begeisterter Geschichtenerzähler.

Mit der beliebten (reformpädagogischen) „Kampfformel", dass „Lehrer nicht Fächer unterrichten, sondern Kinder", wird häufig die (zumindest für den Gymnasialunterricht) traditionelle primäre Orientierung am Fach kritisiert. Aber vielleicht bringt der vielzitierte Slogan ja auch nur eine ganz falsche Alternative zum Ausdruck!

10. Wie lassen sich die Chancen für „fruchtbare Momente" erhöhen?

„Bildungserfahrungen", „fruchtbare Momente im Bildungsprozess" ereignen sich. Sie lassen sich nicht im technologischen Sinne didaktisch „herstellen", „machen", „organisieren". Aber es lassen sich Lernsituationen pädagogisch gestalten, die die Auftrittswahrscheinlichkeit solcher Erfahrungen erhöhen. Diese Situationen müssen wohl vor allem zwei zentrale Bedingungen erfüllen: sie müsse zum einen intellektuell anregend, herausfordernd, spannend und sie müssen zum anderen möglichst angst-, blamage- und stressfrei sein. Günstig ist sicherlich auch, wenn die Schülerinnen und Schüler das Gefühl haben, das, was in der Schule passiert, was dort thematisiert wird, in irgendeiner Form mit ihnen und ihrem Leben zu tun hat.

Reinhard Kahl hat in seiner Dokumentation „Treibhäuser der Zukunft" einen ermutigenden Streifzug durch die deutsche Schullandschaft gemacht und eine ganze Reihe von Schulen vorgestellt, denen es in besonderer Weise gelingt, solche Bedingungen zu gestalten. Die Stichworte Bildung als „Vorfreude auf sich selbst, auf die Potentiale, die in einem liegen", und „Vertrauen in die Neugierde und den Erkenntnisdrang der Kinder" spielen in diesem Film eine wichtige Rolle. Peter Fauser, der wissenschaftliche Begleiter der Jena-Plan-Schule, der dort in einem der Interviews zu Wort kommt, bringt die notwendige Veränderung der Schule folgendermaßen auf den Punkt: „... dass wir von dem Leitbild einer Schule der Belehrung und der Konformisierung zu einem Leitbild der Schule des Verstehens kommen müssen, in der eine große Achtung für die Modellisierungsdynamik eines jeden einzelnen Menschen besteht, eine Achtung für das, was ihm wichtig ist, was ihn beschäftigt, was ihn quält, was ihn kränkt, was in begeistert, und in der wir den Austausch über diese ganz individuellen subjektiven Erlebnisweisen kultivieren müssen" (Fauser 2004, S. 36)

Wenn es nicht mehr die den gängigen Erfahrungen und dem Selbstverständnis von Schule entsprechende Regel wäre, dass Schüler primär fragen: „Welchen Stoff nehmen wir heute durch?", „müssen wir das lernen?", „kommt das in der Schulaufgabe dran?" sondern wenn eher Fragen im Vordergrund stünden wie: „Welches Phänomen untersuchen wir heute?", „Welches Problem diskutieren wir heute?", „Welches Experiment machen wir heute?" – Oder noch besser: „Können wir an dem Projekt weiterarbeiten, das wir letzte Woche begonnen haben?", „Können wir heute wieder mit den Schülern unserer amerikanischen Partnerklasse chatten?", „Dürfen wir den alternativen Lösungsvorschlag für das mathematische Problem vortragen, den wir gemeinsam ausgetüftelt haben?", „Können wir die Szenen für die Theateraufführung noch einmal proben, mit denen wir gestern noch nicht so zufrieden waren"?... dann wäre sehr viel gewonnen.

KAPITEL 8
Bildung der Gefühle?

> *„Die Kultur der Affekte ist das eigentlich schwerste Bildungsziel. Mehr von sich selbst, von der Wirklichkeit über sich selbst als Triebwesen zu wissen, ist nur in schmerzlichen Erfahrungen zu erreichen."*
>
> Alexander Mitscherlich

1. Gefühlsboom oder Verdrängung der Gefühle an der Schule?

Sowohl auf Seiten der Lehrkräfte, als auch auf Seiten der Schüler, das haben die vorausgegangenen Kapitel gezeigt, sind die im schulischen Alltag immer wieder vorkommenden Konflikte mit erheblichen emotionalen Turbulenzen verbunden. Die Frage, die im Folgenden behandelt werden soll, ist nun die, ob diese emotionalen Eruptionen und Irritationen nur als möglichst unter Kontrolle zu haltende „Störfaktoren" der schulischen Interaktion zu betrachten sind, oder ob der Schule im Hinblick auf den emotionalen Bereich der Schüler ein eigenständiger Bildungsauftrag zukommt. Stellt etwa die neuere Diskussion um die Bedeutung der „emotionalen Intelligenz" für vielfältige Aspekte des Lebens- und Berufserfolges eine Herausforderung für den traditionellen Bildungsbegriff dar und gälte es also, unter dem Anspruch eines „zeitgemäßen", „innovativen" Bildungsbegriffs, eine entsprechende Erweiterung der Bildungsvorstellungen um Aspekte des „richtigen", „angemessenen", „förderlichen" Umgangs mit Gefühlen vorzunehmen?

Unter dem Aspekt der „Innovation" die Frage nach der Relevanz der Gefühlsebene für ein zeitgemäßes Konzept von Bildung zu stellen, ist nicht völlig neu. Und diese Frage ist natürlich auch keineswegs unumstritten. 2002 fand unter der Leitung von Margret Dörr und mir auf dem Münchner Kongress der Deutschen Gesellschaft für Erziehungswissenschaft ein Symposion mit dem Titel „Bildung der Gefühle – Innovation? Illusion? Intrusion statt (vgl. Dörr/Göppel 2003). Schon 10 Jahre vorher gab es auf dem DGfE-Kongress in Berlin eine von Buddrus und Burow organisierte Arbeitsgruppe mit dem Titel: „Die vergessenen Gefühle in der Pädagogik – Ungewollte Nebenfolgen der Modernisierung und Möglichkeiten ihrer Überwindung". Dieser

Arbeitsgruppe lag, wie der Titel schon nahe legt, die These zugrunde, dass in den Schulen und in der Lehrerbildung ein „restriktiver, entemotionalisierender, negativ gefärbter Umgang mit Gefühlen vorherrsche, da überhaupt die Gefühle in der Pädagogik ‚vergessen' sind, einen blinden Fleck bilden" (Buddrus 1992, S. 80). Nicht nur um ein bloßes „Vergessen" handle es sich dabei, sondern um einen Prozess der Verdrängung des Emotionalen, der ein durchgängiges kulturelles Problem darstelle. Entsprechend setzte sich die Arbeitsgruppe eine „Wiederbelebung der Gefühle" in der Pädagogik zum Ziel und empfahl dafür Ansätze und Methoden, die überwiegend aus dem weiten Feld der humanistischen Psychologie stammten.

Wie konträr bisweilen die Einschätzungen sind, zeigt ein nahezu zeitgleich entstandener Text von Marian Heitger mit dem Titel „Schule der Gefühle" und dem bezeichnenden Untertitel: „Die Verdrängung der Vernunft durch das Gefühl. Irrwege modischer Pädagogik. Zur Erziehung von Emotion und Verhalten". Darin beklagt Heitger vehement den „Gefühlsboom", der nun auch die Pädagogik, die Schule und die Lehrerbildung erreicht habe und weitgehend bestimme (Heitger 1994, S. 9). „Gefühle werden nicht nur als ein Mittel für besseres Lehren und Lernen, für unbefangenes Einlassen auf Argumente, für größere Bereitschaft zum Zuhören und Kommunizieren und Einsehen gepriesen, sondern als deren Ersatz. Nicht mehr rationale Argumente können und sollen Urteile und Entscheidungen begründen, sondern die Berufung auf das Gefühl. Betroffenheit und Engagement, Stimmung und Befindlichkeit stiften Legitimation" (ebd., S. 11).

Damit ist gewissermaßen das Spannungsverhältnis, in dem die Frage nach einer „Bildung der Gefühle" steht, markiert. Ob man ein Vergessen und Verdrängen der Gefühle in der Pädagogik diagnostiziert oder einen überzogenen Gefühlsboom, hängt natürlich in erster Linie davon ab, welches Maß an Aufmerksamkeit für die Sphäre des Emotionalen man in pädagogischen Kontexten für sinnvoll und angemessen hält.

In pädagogischen Feldern, zumal in solchen, die es mit „schwierigen" Kindern und Jugendlichen zu tun haben, hat die Reflexion auf emotionale Aspekte schon immer eine wichtige Rolle gespielt. Hier geht es immer wieder darum, zu einem vertieften Verständnis rätselhaft anmutender Verhaltensweisen, spannungsreicher zwischenmenschlicher Situationen, konflikthafter Entwicklungsprozesse zu kommen und gerade hier gibt es eindrucksvolle Beispiele dafür, dass die Achtsamkeit auf die eigenen gefühlsmäßigen Reaktionen seitens der Pädagogen oftmals den Schlüssel darstellt, um zu verstehen, was sich auf der „Hinterbühne" einer pädagogischen Szene eigentlich abspielt (vgl. Neidhardt 1977, Leber 1985, Reiser 1993, Heinemann 1992, Datler

2000). Die eigene gefühlsmäßige Antwort stellt in diesem Sinn gewissermaßen den Wegweiser zum Verständnis des Kindes dar. In diesem Sinne hat Reiser auf dem Hintergrund von Supervisionserfahrungen etwa gemeint: „Aus den Reaktionen der Personen, die mit dem Kind umgehen, an ihren Irritationen und Gefühlen, läßt sich am genauesten ablesen, welchen subjektiven Sinn das Verhalten des Kindes macht" (Reiser 1993, S. 259).
Im Zusammenhang mit der Diskussion um das Burnout-Syndrom bei Lehrern ist deutlich geworden, dass fundiertes Fachwissen samt elaborierter didaktischer Kompetenzen nicht ausreichen, um als Lehrer in der Praxis zu bestehen. Daneben sind weitere soziale und kommunikative Kompetenzen erforderlich, um mit schwierigen Kindern, provozierenden Jugendlichen, fordernden Eltern, misstrauischen Kollegen und kritischen Vorgesetzen klarzukommen. Weiterhin ist es bedeutsam, mit sich selbst, mit den eigenen Gefühlen, mit dem unvermeidlichen Ärger und mit den zwangsläufigen Enttäuschungen angemessen umgehen zu können, eigene Grenzen und wunde Punkte zu kennen und mit den begrenzten psychischen Ressourcen sinnvoll zu haushalten.
Unabhängig davon, ob man nun in Bezug auf die Lage zu Beginn der 90er Jahre die Einschätzung von Buddrus oder von Heitger für zutreffender hält, lässt sich doch mit einiger Sicherheit sagen, dass seit damals einiges in Bewegung geraten ist, dass sich in der aktuellen pädagogischen Landschaft etliche Anzeichen dafür erkennen lassen, dass das Thema „Bildung der Gefühle", „Förderung emotionaler Intelligenz", in der jüngeren Zeit an Bedeutung gewonnen hat. Allerdings weniger auf der Ebene der erziehungswissenschaftlichen Fachdiskussion, als vielmehr auf der Ebene von Fortbildungsveranstaltungen für Lehrer, Volkshochschulkursen, Managementtrainings, etc.. Aber auch an Universitäten, Pädagogischen Hochschulen und Fachhochschulen finden sich in den letzten Jahren vermehrt Seminarangebote zu diesem Thema. Dieser Trend ist nun freilich kaum den Bemühungen von Buddrus und Burrow zuzurechnen, sondern hat ganz andere Ursachen.

2. Aktuelle Aspekte

2.1 Das Konzept der „emotionalen Intelligenz" und seine Folgen

1990 hatten Peter Salovey und John D. Mayer einen Aufsatz mit dem Titel „Emotional Intelligence. Imagination, Cognition and Personality" veröffentlicht. Darin stellen sie das Konstrukt der „Emotionalen Intelligenz" als einen Teilaspekt der Sozialen Intelligenz vor. Sie definieren diesen Begriff folgendermaßen: „Emotional Intelligence is a subset of social intelligence and involves the ability to monitor one's own and others' emotions, to discriminate among them, and to use this information to guide one's own thinking and actions" (Salovey/Mayer 1990, S. 189). Man kann kaum sagen, dass dieser Artikel damals besondere Resonanz in der Fachwelt ausgelöst hätte.

1995 jedoch hat Daniel Goleman mit seinem Buch „Emotional Intelligence", in dem er das Konstrukt von Salovey und Mayer aufgreift, einen internationalen Bestseller gelandet. Das Buch wurde in 35 Sprachen übersetzt und ist derzeit mit einer weltweiten Auflage von über 5 Millionen Exemplaren nach Einschätzung von Howard Gardner „the most widely read social science book in the world" (Gardner 1999). In Deutschland ist das Werk sogar als Hörbuch auf CD erhältlich. In gut wissenschaftsjournalistischer Manier fasst Goleman darin die Ergebnisse der jüngeren Emotionsforschung zusammen und befragt sie auf ihre alltagspraktischen und pädagogischen Implikationen. Goleman hat damit in gewissem Sinn eine Lawine losgetreten. Im Windschatten seines Buches sind eine ganze Reihe weiterer Bücher zum Thema erschienen. Bei Amazon.com findet man unter dem Stichwort „emotional intelligence" etwa 70 Buchtitel. Das deutsche Verzeichnis lieferbarer Bücher listet 37 einschlägige Bücher auf[4]

Die Titelformulierungen machen deutlich, warum der Begriff „emotionale Intelligenz" eine so steile Karriere gemacht hat: Es sind vor allem Vorstellungen von Glück, Beliebtheit, beruflichem Erfolg und seelischer Gesundheit, die mit jener Zauberformel verknüpft werden. „Beliebt und glücklich, nicht nur schlau" – wer würde diesen Wunsch im Hinblick auf seine Kinder nicht

---

[4] Aktuelle Literatur zu pädagogischen Aspekten des Themas „emotionale Intelligenz" im VLB (Verzeichnis lieferbarer Bücher): Emotionale Intelligenz (Goleman, D.), Das EQ-Testbuch. Wie groß ist Ihre emotionale Intelligenz (Brocket, S.), EQ-Training. Die Praxis der Emotionalen Intelligenz. (Schmidt, P.), EQ für Kinder. Wie Eltern die Emotionale Intelligenz ihre Kinder fördern können (Shapiro, L.E.), Kinder brauchen Emotionale Intelligenz. Ein Praxisbuch für Eltern (Gottman, J.), Nestwärme – Erziehen mit E.Q. Wie sie mit liebevoller Erziehung die emotionale Intelligenz ihres Kindes fördern (Müller-Lissner, A.), Lernspiele für den EQ. Fördern Sie die emotionale Intelligenz ihres Kindes (Rich, D.), EQ für Eltern. Kinder erziehen und fördern mit emotionaler Intelligenz (Friedlander, B./Elias, M./Tobias, S.E.), Das EQ-Programm für Kinder. So fördern Sie spielerisch die Emotionale Intelligenz (Hoffmann, K.W./ Roggenwallner, B.), Starke Kinder. Wie Eltern emotionale und soziale Intelligenz fördern (Singerhoff), Emotionale Intelligenz im Schulalltag (Brockert), Emotionale Intelligenz im fächerübergreifenden Unterricht. Ich, Liebe, Tod, Trauer (Gaisbach, E.), Stark durch Gefühle. Lebenserfolg durch emotionale Intelligenz (Konrad/Hendl), Mehr Erfolg durch emotionale Intelligenz. Mit Gefühlen gezielt umgehen. Steigern Sie ihre Emotionale Intelligenz (Weisbach, Chr./Dachs. U.), Wer lacht lebt. Emotionale Intelligenz und gelassene Reife (Bokun), Nathal – die Methode zur Steigerung der emotionalen Intelligenz (Lathan, G.), Emotionale Intelligenz und soziale Kompetenz. Gefühle sind Tatsachen (Uhlsamer, B. u. a.)

teilen? „Was nützt ein hoher IQ, wenn man ein emotionaler Trottel ist?" – Wer würde dieser suggestiven Frage, die auf dem Umschlag von Golemans Buch zu lesen ist, nicht zustimmen?
Zudem unterstützt Goleman seine These von der Notwendigkeit der Förderung der emotionalen Intelligenz auch noch mit einem Krisen- und Niedergangsargument. Während in der Psychologie schon seit längerem über die Ursachen des sog. Flynn-Effekts gerätselt wird, der Tatsache nämlich, dass jede neue Generation bei Intelligenztests jeweils um etliche Punkte besser abschneidet als die vorherige, behauptet Goleman unter Verweis auf Achenbachs vergleichende epidemiologische Studien zur Verbreitung von psychischen Problemen und Verhaltensstörungen bei Kindern und Jugendlichen, eine rückläufige Tendenz der emotionalen Intelligenz des Nachwuchses seit Mitte der siebziger Jahre (Goleman 1995, S. 293).
Im Hinblick auf die nachwachsende Generation enthält Golemans Buch somit zugleich eine pessimistische und eine optimistische Botschaft. Zum einen beklagt er – im Vorwort zur deutschen Ausgabe übrigens auch mit direktem Bezug auf Wilhelm Heitmeyer – den zunehmenden Verfall emotionaler und sozialer Kompetenzen unter Kindern und Jugendlichen. Zum anderen präsentiert er im letzten Kapitel voller Euphorie Beispiele aus diversen amerikanischen Schulen, die sich ausdrücklich das Ziel gesetzt haben, ihren Kindern in speziell entwickelten Unterrichtseinheiten und Kursen das „emotionale Alphabet" zu vermitteln.
Neben der schnellen und hohen Popularisierung des Konzepts ist auch die fachinterne Diskussion weitergegangen. Inzwischen gibt es eine Vielzahl von fachwissenschaftlichen Beiträgen zum Thema „emotionale Intelligenz". Allein Mayer und Salovey haben seit ihrem ersten Aufsatz zwei Dutzend weitere Artikel in zumeist angesehenen Fachzeitschriften veröffentlicht. Im Jahr 2000 ist sogar das erste „Handbook of Emotional Intelligence" erschienen (Bar-On/Parker 2000).
Natürlich blieb dabei auch grundsätzliche Kritik nicht aus. So wurde die Unschärfe des Konstrukts moniert. Es wurde in Frage gestellt, ob der Intelligenzbegriff, der ja doch im traditionellen Verständnis so etwas wie einen globalen Faktor, eine generelle Disposition geistiger Leistungsfähigkeit meint, die allen kognitiven Einzelleistungen zugrunde liegt, überhaupt sinnvoll auf den Bereich der Emotionen übertragen werden kann. Es wurde kritisiert, dass insbesondere die Rede von einem EQ, also einem emotionalen Intelligenzquotienten, irreführend sei, weil es keine entsprechenden validen Instrumente gebe, dergleichen zu messen. Sowohl der Erfinder des Konstrukts, John D. Mayer, als auch Howard Gardner, der mit seinem Konzept der multiplen In-

telligenzen wichtige Vorarbeiten dazu geleistet hatte, haben sich inzwischen kritisch von den Popularisierungen Golemans abgegrenzt. Diesem werfen sie vor, das ursprüngliche Konstrukt aufgeweicht und mit moralischen Ansprüchen, mit Tugendaspekten, mit Fragen gesellschaftlicher Nützlichkeit und mit Erfolgsversprechungen vermengt zu haben. Außerdem sei die prognostische Relevanz der Emotionalen Intelligenz für den beruflichen Erfolg von ihm weit überzeichnet worden. In diesem Sinne monieren etwa Mayer und Cobb: „Diese neue Akzentuierung verwandelt die emotionale Intelligenz in ein Sammelbecken für alles, was irgendwie Motivation, Emotion oder guten Charakter betrifft" (Mayer/Cobb 2000, S. 163f.).

1999 stellte Mayer in einem Aufsatz mit dem Titel „Emotional intelligence: popular or scientific psychology?" klar: „Emotional intelligence is a product of two worlds. One is the popular culture world of best-selling books, daily newspapers and magazines. The other is the world of scientific journals, book chapters and peer review". Er spricht in diesem Zusammenhang auch von einem „ridiculous over-claiming in the area" (Mayer 1999, S. 3). Und im Hinblick auf die Praxis verwies er bei der Antwort auf die Frage „What's wrong with the popular conception of emotional intelligence?" im Rahmen eines Interviews in der Zeitschrift *Psychology Today* darauf, dass er mit zunehmender Besorgnis beobachte, dass Mitarbeiter in Firmen durch entsprechende EQ-Programme immer häufiger gewissermaßen dazu genötigt würden, beständig Begeisterung, Fröhlichkeit und Optimismus auszustrahlen (Mayer 1999, S. 20).

Kürzlich hat Goleman, der inzwischen Leiter eines eigenen „Consortium for Research on Emotional Intelligence" ist, seinerseits wiederum auf die geäußerte Kritik reagiert. Er betont, dass er seine Aufgabe gerade in der Synthese der unterschiedlichen Aspekte und Befunde im Rahmen des neuen „emotional intelligence paradigma" (hier beruft er sich explizit auf Thomas Kuhns Buch „The Structure of Scientific Revolutions") sehe, und dass er mehr an den Fragen der „Performanz" interessiert sei, also an unterschiedlichen Verhaltensmustern, die Menschen mit unterschiedlicher Ausprägung an emotionaler Intelligenz in bedeutsamen Handlungsfeldern zeigen. Hinsichtlich der umstrittenen Frage nach der prognostischen Bedeutsamkeit der emotionalen Intelligenz für den Berufserfolg, formuliert er nun die abgeschwächte These, dass dem IQ wohl die größere Bedeutung dafür zukomme vorauszusagen, welche Ausbildungsabschlüsse jemand einmal machen wird und welche Berufsfelder ihm damit überhaupt offen stehen, dass es jenseits davon dann aber überwiegend auf den EQ ankäme um vorauszusagen, wer von den Berufseinsteigern auf einem bestimmten Level, sich durch besondere

Brillanz auszeichnen und damit entsprechend Karriere machen wird. Genau dies sei jedoch die entscheidende Frage für die mit der Auswahl unter den qualifizierten Bewerbern befassten Personalchefs (Goleman 2001).
Jenseits der argumentativen Gefechte der maßgeblichen Autoren bleibt das erstaunliche Phänomen der großen Resonanz des Themas „emotionale Intelligenz" beim breiten Publikum, das eben doch dafür spricht, dass hier ein Thema getroffen wurde, das viele Menschen bewegt, das große Hoffnungen weckt. Vermutlich sind es auch gerade jene kritisierten Aspekte, die das Konzept für Pädagogen besonders attraktiv machten. Denn diese hatten es ja tendenziell schon immer mit der „Ganzheitlichkeit", mit der Verbindung von „Kopf, Herz und Hand" und damit eben auch mit der Zusammenführung all dessen, „was irgendwie Motivation, Emotion oder guten Charakter betrifft".
Nach meiner Wahrnehmung hat Golemans Buch in den letzten Jahren unter Pädagogikstudenten eine ähnliche Popularität erlangt, wie Alice Millers Bücher zu Beginn der 80er Jahre. Während jene freilich damals eher Betroffenheit und generelle Erziehungskritik auslösten und der antipädagogischen Bewegung Schubkraft gaben, geht die pädagogische Goleman-Rezeption eher mit pädagogischem Optimismus und einer pragmatischen Machbarkeitsideologie einher. Seine Thesen enthalten Verheißungen sowohl im Hinblick auf den eigenen Gefühlshaushalt und das Stimmungsmanagement des Pädagogen, als auch im Hinblick auf die Erreichbarkeit erstrebenswerter Bildungsziele bei den Kindern. Die von Wigger vor einiger Zeit untersuchte Frage „Was haben Pädagogik-Studenten gelesen?" (vgl. Wigger 1997), sollte immer wieder aufmerksam verfolgt werden, weil sie vielleicht mehr über die prägenden Einflüsse und damit über die maßgeblichen Vorstellungen einer Pädagogengeneration aussagt als irgendwelche fachspezifischen Zitationsindexe.
In diesem Sinn ist an eine Warnung zu erinnern, die Andreas Flitner schon 1978 bei seinen Überlegungen dazu ausgesprochen hat, in welchem Sinne die Erziehungswissenschaft eine „Wissenschaft für die Praxis" sein kann und sein soll. Er kommt dabei zu dem Fazit: „Die Technisierung des Lernens und der Verhaltensänderung kann gewiß die Antwort nicht sein, die wir auf die Frage nach der Handlungsrelevanz unserer Wissenschaft geben dürfen" und er kritisiert in diesem Zusammenhang den „absurden Versuch ..., ‚Emanzipation' als curriculares Lernziel zu setzen und zu evaluieren" und meint weiter „Auch das Curriculum der Liebesfähigkeit, der Solidarität, der Phantasie, des Spiels, der Ich-Stärke sind Absurditäten" (Flitner 1978, S. 190). Die Frage ist, ob Gleiches nicht auch auf ein Curriculum der emotionalen Intelligenz, der Empathie, der Impulskontrolle und des Gefühlsausdrucks zutrifft.

2.2 Präventive, kompensatorische und kommerzielle Aspekte

Wenn man sich in der aktuellen pädagogischen Landschaft umschaut, dann kann man sehr unterschiedliche Felder ausmachen, in denen (durchaus jeweils mit innovatorischem Anspruch) derzeit besondere Anstrengungen unternommen werden, in pädagogischer Absicht gezielt die „emotionale Kompetenz" von Kindern, Jugendlichen und Erwachsenen zu fördern. Nicht überall erfolgt dies unter direkter Berufung auf das durch Goleman populär gemachte Konzept der Emotionalen Intelligenz, aber durch diese aktuelle Breitenströmung erhalten die entsprechenden Bemühungen doch deutlichen Rückenwind. Ich will einige Beispiele dafür nennen:
Unter *präventiven* Aspekten gibt es verschiedene Ansätze im Kindergarten- und Grundschulbereich, Kindern in systematischen Lektionen, die differenzierte Wahrnehmung des Gegenübers, die angemessene Äußerung von Gefühlen und den sozialverträglichen Umgang mit ihnen zu lehren. Gleich, ob diese Ansätze eher unter dem Aspekt der Gewaltprävention, der Suchtprävention oder der Prävention des sexuellen Missbrauchs laufen, geht es doch immer im Kern darum, das Erleben von Gefühlen wie Wut, Trauer, Angst und Scham zu thematisieren, bessere und schlechtere Formen des Umgangs mit belastenden Stimmungen, mit affektiven Impulsen und mit emotionalen Konflikten zu differenzieren.
Im Raum Mannheim-Heidelberg wird derzeit das Gewaltpräventions-Programm „Faustlos" an zahlreichen Grundschulen erprobt und wissenschaftlich evaluiert (vgl. Krannich u.a. 1997, Cierpka 2001, Cierpka/Schick 2003 Schön 2003). Die emotionalen und prosozialen Fähigkeiten, die dieses Programm systematisch zu fördern beabsichtigt, decken sich weitgehend mit jenen Kompetenzen, die in der Literatur als die Dimensionen Emotionaler Intelligenz beschrieben werden. Das Curriculum für die erste Klasse etwa umfasst die drei großen Einheiten: „Empathietraining", „Impulskontrolle" und „Umgang mit Ärger und Wut" und besteht aus insgesamt 22 Einzellektionen mit folgenden Titeln: „Einführung in das Empathietraining, Das Erkennen von Gefühlen, Ausschau halten nach weiteren Hinweisen, Ähnlichkeiten und Unterschiede, Gefühle verändern sich, Gefühle vorhersagen, Gefühle mitteilen, Einführung in das Lösen interpersonaler Probleme, Das Problem Erkennen, Eine Lösung finden, Schritt für Schritt, Funktioniert sie?, Ablenkungen und Störungen ignorieren, Jemanden bei einer Unterhaltung unterbrechen, Der Umgang damit, etwas haben zu wollen, was einem nicht gehört, Einführung in den Umgang mit Ärger und Wut, Auslöser für Ärger und Wut, Sich beru-

higen, Selbstgespräche, Nachdenken, Sich aus einem Kampf heraushalten, Umgang mit Hänseleien und Neckereien".

Methodisch sind die einzelnen Lektionen so aufgebaut, dass den Kindern über Bildtafeln und dazu passende Geschichten prototypische Situationen dargestellt werden, dass sich die Kinder in die Rolle der dort gezeigten Protagonisten hineinversetzen sollen und dann Lösungsvorschläge für die entsprechende Problemsituation erarbeitet und im Rollenspiel erprobt werden. Als Techniken beispielsweise, um sich in einer Konfliktsituation eher zu beruhigen statt aufzubrausen, werden folgende simple „Tricks" vermittelt und geübt: Dreimal tief Luft holen, langsam rückwärts zählen, an etwas Schönes denken.

Unter *kompensatorischen* Aspekten gibt es gerade im Umgang mit gewaltbereiten Jugendlichen Ansätze, die auch hier primär auf die Förderung emotionaler Kompetenzen setzen. Ausgangspunkt ist dabei die Überlegung, dass die zentralen Defizite dieser Jugendlichen einerseits in einem Mangel an Impulskontrolle, andererseits in einem Mangel an Empathie zu sehen sind. Populär geworden ist hier insbesondere das „Anti-Aggressivitätstraining" von Weidner. Hier geht es darum, gewaltbereite Jugendliche, die ja häufig gegen alle argumentativen, belehrenden, aufklärenden Versuche, ihnen die Problematik ihres Verhaltens zu erläutern, ihnen moralische Vorhaltungen zu machen oder ihnen die Vorzüge gewaltfreier Konfliktlösungsformen darzulegen, recht resistent sind, gewissermaßen zur Empathie, zur Einfühlung in die Opferperspektive zu zwingen. Gegen eine solche Einfühlung in das, was sie mit ihrem Handeln beim Opfer ausgelöst haben, haben jene Jugendlichen nämlich in der Regel recht robuste Abwehr-, Neutralisierungs- und Schuldvermeidungsstrategien entwickelt.

Das aus der Gestalttherapie stammende Konzept des „heißen Stuhls" dient hier nach dem Motto „wer die Situation gefühlsmäßig aus der Perspektive des Opfers wahrnehmen kann, der schlägt nicht mehr ungehemmt zu" dazu, jene Fassade der Selbstrechtfertigung und der Abwehr zu durchbrechen. Über eine sehr typische Erfahrung mit diesem Ritual des „heißen Stuhles" schreiben Cladder-Micus und Kohaus:

„Er wird genauestens gefragt, wie er zugeschlagen hat, womit er zugeschlagen hat, wohin er geschlagen hat, ob das Opfer geblutet, geschrieen oder sonst wie sich verhalten hat. Durch diese zum Teil provokative Art und Weise wird der Jugendliche an einen Punkt gebracht, wo er das Opfer vor Augen sieht und sieht, was er getan hat. Kommt ein Jugendlicher an diesen Punkt, ist es normal, dass er angesichts dieser Konfrontation mit sich selbst geradezu zusammenbricht. Die Reaktionen, die der Jugendliche dann an den Tag legt,

sind zunächst fast unberechenbar. Im Training fingen Jugendliche an zu weinen, ganz still zu werden, zu verzweifeln. Auf jeden Fall war ein innerer Zusammenbruch deutlich erkennbar. Sie erschraken vor sich selbst und vor ihrer Tat" (Cladder-Micus/Kohaus 1996, S. 259).
Man könnte von daher diese etwas brachiale und keineswegs unumstrittene Methode fast als eine Art „pädagogisch inszeniertes Mobbing im Dienste der Selbsterkenntnis und der Überwindung von Gefühlsblindheit" bezeichnen (vgl. Weidner 1996).
Schließlich soll als drittes Beispiel ein Bereich nicht unerwähnt bleiben, den man einerseits der „Erwachsenenbildung" bzw. der „Betrieblichen Fortbildung" zurechnen könnte, den man andererseits aber, wenn vorher von den präventiven und den kompensatorischen Aspekten die Rede war, vielleicht auch unter die Überschrift „utilitaristische" bzw. „kommerzielle Aspekte" stellen könnte. Ich meine den Bereich der Förderung emotionaler Intelligenz im Rahmen von Personalentwicklung, Management-Trainings und Verkäuferschulungen. „Emotionale Intelligenz" macht den Kern jener berühmten „soft skills" („Teamfähigkeit", „Kommunikationsfähigkeit", „Konfliktfähigkeit", „realistische Selbsteinschätzung", „Verhandlungsgeschick", „Motivationstalent", etc.) aus, die von Bewerbern auf Führungspositionen heute neben der fachlichen Kompetenz immer stärker gefordert werden. Entsprechend hat das Konzept der „emotionalen Intelligenz" gerade in diesem Bereich große Resonanz gefunden[5]. Goleman selbst hat sich mit seinen neueren Publikationen auf diesen einträglichen Markt begeben und wirbt mit der Botschaft, dass, wie für den Lebenserfolg überhaupt, auch für die berufliche Karriere in erster Linie der EQ und nicht der IQ maßgeblich sei. Sogar im renommierten Harvard Business Review erhielt er wiederholt ein Forum für seine diesbezüglichen Ideen (vgl. Goleman 1998, 2000).

---

5 Aktuelle Titel zu diesem Bereich aus dem VLB: Emotionale Intelligenz im Management. Wege zu einer neuen Führungsqualität (Ryback, D.), Emotionale Intelligenz im Verkauf (Franck/Linss), Winner-Teams. Gemeinsam erfolgreich handeln: selbstmotiviert, selbstverantwortlich, mit emotionaler Intelligenz (Bauer/Mikuta/ Fiebig), Dialog-Management. Soziale Kompetenz und Emotionale Intelligenz für Führungskräfte (Hauser, R.), Mehr verkaufen mit emotionaler Intelligenz (Köhler, H.U.), Verkaufen ist wie Liebe. Nutzen Sie Ihre emotionale Intelligenz (Köhler, H.U.), Management der Emotionen. 25 Übungen zur Verbesserung der emotionalen Intelligenz (Scheler, U.), Erfolgreich mit emotionaler Intelligenz. Coaching für Frauen (Steiner, H.), Chancen für Querdenker. Mit Emotionaler Intelligenz (EQ) zur alternativen Problemlösung (Urban, D.), Erfolg im Job mit EQ. Mit Emotionaler Intelligenz zu mehr Zufriedenheit, höherer Leistung und besseren Ergebnissen (Weissinger, H.), 30 Minuten für beruflichen Erfolg mit emotionaler Intelligenz (Wurzer, J.).

Die Zeitschrift „Focus Money" – sicherlich weder eine ökonomische noch eine pädagogische oder psychologische Fachzeitschrift – veröffentlichte im Februar 2002 unter dem Titel „Emotionen nutzen – Die Macht der Gefühle" einen Artikel, der auf sehr prägnante Art und Weise zum Ausdruck bringt, wie sich der aktuelle Trend in jenem Sektor dann bisweilen niederschlägt: An verschiedenen Beispielen aus dem Firmenleben werden dort die Unterschiede zwischen emotional intelligentem und emotional eher ignorantem Mitarbeiterverhalten demonstriert und es wird auf einschlägige betriebswirtschaftliche Studien verwiesen, die die Bedeutsamkeit dieses Faktors bestätigt hätten: „Die Folgen emotionaler Defizite am Arbeitsplatz sind Frustration und sinkende Produktivität. Abteilungsleiter mit einem hohen EQ, ergab eine Untersuchung von Pepsi-Cola, steigerten ihre Umsätze im Vergleich zum Durchschnitt um bis zu 20 Prozent. ... Deshalb versuchen auch immer mehr Firmen die emotionalen Fähigkeiten ihrer Mitarbeiter besser zu schulen. Henkel testet den EQ von Führungskräften in Assessment-Centern. Siemens-Manager besuchen Seminare, um ihr Einfühlungsvermögen zu schärfen". Das Ganze ist noch mit einem Kurzinterview mit Daniel Goleman garniert, welches mit dem bezeichnenden Satz eingeleitet wird: „Daniel Goleman verrät, wie sich emotionale Fähigkeiten als Karriereturbo nutzen lassen" (2002, S. 74). Weiterhin wird dann gleich noch auf zwei einschlägige Seminarangebote verwiesen, bei denen man für 870 Euro innerhalb von vier Tagen seine emotionale Intelligenz auf Vordermann bringen lassen kann.

Nun ist sicher nichts gegen einfühlsame Chefs, konfliktfähige Abteilungsleiter, motivierte Mitarbeiter oder gegen ein positives Betriebsklima zu sagen. Skeptisch machen eher die großspurigen Versprechen, emotionale Kompetenzen so ohne Weiteres im Assessment-Center testen und im Lehrgang vermitteln zu können. Nachdenklich macht natürlich auch die dem Ganzen zugrunde liegende Idee, Aspekte, die doch eher den individuellen persönlichen Temperamentsmerkmalen und Charaktereigentümlichkeiten zugerechnet werden, nun stromlinienförmig auszurichten und als Mittel der Umsatzförderung zu instrumentalisieren.

Was bedeutet es, wenn damit der Bereich des Emotionalen, der bisher doch eher der Privatsphäre zugerechnet wurde, nun derart unter Leistungs- und Verwertungsgesichtspunkte gerät, wenn Leute zum Zwecke der Karriereförderung Schulungen besuchen, auf denen ihre persönlichen Weisen des Wahrnehmens, des Fühlens, des Gefühlsausdrucks, des Zuhörens, des Sich-Zuwendens oder Sich-Abgrenzens optimiert werden sollen.

3. Historische Aspekte

3.1 Das Thema „Bildung der Gefühle" in der Geschichte der Pädagogik

Soweit dieser Streifzug durch die aktuelle Landschaft der Ansätze und Konzepte zur gezielten Förderung der emotionalen Fähigkeiten. Sowohl die Literatur zum Thema „emotionale Intelligenz" als auch die Konzepte zum systematischen Training derselben kommen in der Regel sehr nachdrücklich mit dem Etikett des „Neuen", „Fortschrittlichen", „Innovativen" daher. Es finden sich hier kaum – wie sonst in der Erziehungswissenschaft durchaus üblich – Verweise auf pädagogische Traditionen oder gar Bezugnahmen auf pädagogische Klassiker. Dagegen wird lieber auf neue, revolutionäre Erkenntnisse der Hirnforschung verwiesen. Dabei ist es kaum vorstellbar, dass die Frage, wie der gebildete Mensch mit seinen Gefühlen umgeht, bzw. wie er überhaupt dahin kommt, „richtig", „angemessen" zu fühlen und welche Rolle die Erziehung dabei spielt, niemals Thema der Pädagogik gewesen sein soll.

In der Tat könnte man eine ganze Geschichte der Pädagogik schreiben unter der Leitfrage, welchen Stellenwert einzelne Pädagogen der Bildung des Gefühls zugemessen haben und welche „Bildungsmittel" und „Bildungsanlässe" sie hier für relevant hielten. Zweifellos müsste man in einer solchen Geschichte der Pädagogik unter dem Aspekt der Gefühlsbildung auf Rousseaus These von den natürlichen Gefühlen als Ursprungsquelle und Leitfaden der Moral, seine These, dass Gewissensregungen „keine Urteile, sondern Gefühle" seien (Rousseau 1762, S. 304f.), ebenso eingehen, wie auf all seine trickreichen Vorkehrungen, das verfrühte Aufkommen von Leidenschaften bei seinem Émile tunlichst zu vermeiden. Auch müsste man Pestalozzis Reflexionen über „das erste Entkeimen der Liebe, des Dankes, des Vertrauens und des Gehorsams" als Folge „des Zusammentreffens instinktartiger Gefühle zwischen Mutter und Kind" aus „Wie Gertrud ihre Kinder lehrt" berücksichtigen, seine beschwörenden Warnungen, dass „das weitere Entfalten dieser entkeimten Gefühle eine hohe menschliche Kunst" (Pestalozzi 1801, S. 341f.) sei, welche oftmals verfehlt wird, sowie natürlich all das, was er im Stanser Brief über die „Herzensbildung", die Möglichkeit, „eine rechtliche und sittliche Gemütsstimmung" bei verwahrlosten Kindern zu erwecken, geschrieben hat (Pestalozzi 1799, S. 6). Man müsste Kants rigorose Verurteilung aller Leidenschaften als „Krebsschäden für die reine praktische Vernunft", die „ohne Ausnahme böse" seien, erwähnen (Kant 1798, S. 211) sowie Schillers Versuch der Versöhnung von Pflicht und Neigung, von Vernunft und Gefühl in seinen Briefen über Ästhetische Erziehung (Schiller 1795).

3.2 Ein exemplarisches Beispiel: Die „Bildungskunde der Gefühle" von Vincenz Eduard Milde

Da all dies auf dem begrenzten Raum freilich nicht zu leisten ist, will ich stattdessen nur auf jenen Pädagogen des 19. Jahrhunderts etwas näher eingehen, der wohl die ausführlichsten und systematischsten Überlegungen zu einer „Bildungskunde der Gefühle" angestellt hat: Vincenz Eduard Milde. Dieser 1777 geborene Pädagoge, der 1811 als erster Professor für Erziehungskunde in Wien sein zweibändiges „Lehrbuch der allgemeinen Erziehungskunde" vorgelegt hat, ist heute relativ in Vergessenheit geraten. Aber sein Werk gehört doch zu den großen systematischen Entwürfen des 19. Jahrhunderts.
Die Gliederung des umfangreichen Werkes ist sehr klar und schlicht. In einer Einleitung werden „Allgemeine Vorbegriffe" erläutert. Dabei wird betont, dass Erziehung primär im „Fähigmachen zur Selbstbildung" bestehe und hier sind auch die folgenden, recht modern anmutenden Sätze zum Verhältnis von erzieherischer Intention und erzieherischer Wirkung zu lesen: „Ich kann den Zögling lehren, was er soll, ihn ermuntern zu dem, was er kann, aber zwingen kann ich ihn nicht, daß er wollen muß, was er kann und soll. Der Erfolg wird allezeit von seiner freien Selbsttätigkeit abhängen" (1965, S. 63). (Man vergleiche dies etwa mit Rousseaus berühmt-berüchtigtem Satz über die schwere Kunst, ein Kind ohne Vorschriften zu leiten: „Zweifellos darf es tun, was es will. Aber es darf nur das wollen, daß ihr wünscht, daß es tue" (Rousseau 1762, S. 103).)
Der Rest von Mildes Buch ist in vier „Hauptstücke" gegliedert, die entsprechend der Vermögenspsychologie der damaligen Zeit den „physischen Anlagen des Zöglings", den „intellektuellen Anlagen des Zöglings", den „Gefühls-Anlagen" und dem „Begehrungsvermögen", als den vier menschlichen Grundvermögen, um die sich die Bildung zu kümmern hat, gewidmet sind. Das dritte Hauptstück über die Bildung der Gefühls-Anlagen ist seinerseits wiederum in vier Abschnitte gegliedert: „Diätetik", „Bildungskunde der Gefühle", „Heilkunde der Gebrechen des Gefühlvermögens" und: „Anleitung zur Selbstbildung der Gefühle". Hinsichtlich der unterschiedlichen Gefühle werden sechs Gruppen unterschieden und recht differenziert behandelt: 1. die sinnlichen oder selbstsüchtigen Gefühle, zu denen er alle Gefühle rechnet, die

sich primär auf das eigene Wohlergehen beziehen; 2. die sympathetischen Gefühle, womit alle zwischenmenschlichen Gefühlsregungen gemeint sind; 3. ästhetische Gefühle, die sich angesichts des Schönen, Harmonischen, Erhabenen einstellen; 4. intellektuelle Gefühle, worunter er „die Freude an Wahrheit, Deutlichkeit, Gewißheit, Ordnung" und deren Gegenteil versteht; 5. moralische Gefühle, die sich auf die „Wahrnehmung des moralischen Wertes eigener oder fremder Gesinnungen und Handlungen" beziehen und schließlich 6. religiöse Gefühle.

Insgesamt vertritt Milde eine Haltung, die die hohe Bedeutsamkeit der Gefühle als quasi natürliche Triebfedern, die dem Menschen im Leben Orientierung geben, indem sie ihn zu einzelnen Handlungen anspornen, von anderen eher abhalten, betont. Er sieht sie also keineswegs nur als ein Störmoment wahrer Vernünftigkeit, ja, sie sind ihm „nicht nur kein Hindernis, sondern ein Beförderungsmittel ..., daß der Mensch seine Bestimmung erreiche" (ebd., S. 419).

Selbst die oft verpönten „sinnlichen Gefühle" verteidigt er nachdrücklich gegen bestimmte rigide, vom stoischen Ideal geprägte pädagogische Positionen, die „es dem Erzieher zur Pflicht machen wollen, eine gänzliche Gleichgültigkeit gegen den äußeren Zustand und eine gänzliche Apathie für sinnliche Gefühle bei dem Zöglinge hervorzubringen" und er hält dagegen: „Daß sinnliche Gefühle sehr leicht ausarten können, daß dieselben dann ein Hindernis der Sittlichkeit werden und den Menschen zu unsittlichen Handlungen verleiten, kann niemand leugnen, allein folget daraus ihre Vernichtung? Ist Gleichgültigkeit gegen sein sinnliches Wohl ein an sich wünschenswerter, die Tätigkeit befördernder Zustand? Besteht die Sittlichkeit in der Gefühllosigkeit? Kann man nicht sein physisches Wohl wünschen, sich desselben freuen, und doch ein moralisch guter Mensch sein?" (ebd., S. 430).

Freilich vertritt er nun keineswegs die andere Extremposition, dass die empfundenen Gefühle stets eine verlässliche Leitschnur für alle Handlungen und Entscheidungen seien. Vielmehr fordert er: „In der Jugend muß der Zögling lernen, daß man fühlen und zugleich denken könne, er muß lernen, seine Gefühle prüfen, beherrschen, überwinden, er soll lernen, gegen sein Gefühl zu handeln, wenn dies Recht und Pflicht fordern" (ebd., S. 417).

Zu all den unterschiedlichen Gefühlsarten werden jeweils differenzierte Aussagen gemacht, was die vorzüglichsten Mittel der Bildung derselben sind, welche Aspekte zu beachten und welche Gefahren zu vermeiden seien. Manche Hinweise und Warnungen wirken durchaus aktuell, wie etwa die, dass wortreiche Deklamationen „oft mehr zur Schwächung und Unterdrückung als zur Stärkung des moralischen Gefühls" dienen, dass derjenige, der „die Äußerungen der Gefühle zum Gegenstand von Belohnung oder von Strafe macht, dazu beiträgt, methodisch Heuchler zu bilden" (ebd., S. 427), dass die sympathetischen Gefühle eher durch einen respekt- und liebevollen Stil des täglichen Umgangs vermittelt werden, als durch umständliche Belehrungen, dass sklavische Gottesfurcht, quälende Gewissensängstlichkeit und religiöse Schwärmerei Fehlformen des religiösen Gefühls sind und dass ganz generell Befehle, Verbote, Strafen „keine unmittelbaren Besserungsmittel der Gefühle sein" (ebd., S. 458) können.

Interessant ist auch, was Milde im letzten Abschnitt mit dem Titel „Anleitung zur Selbstbildung der Gefühle" ausführt. Hier geht es eben um jene Zielperspektive der Selbständigkeit und Selbstverantwortlichkeit im Umgang mit den eigenen Gefühlen, die durch die Erziehung gefördert werden soll. Angestrebt wird eine bewusste Achtsamkeit auf die eigene Gefühlslage. Es sei „notwendig, daß der Zögling die Wichtigkeit des Zustandes seiner Gefühle lebhaft erkenne und auf diese aufmerksam zu sein gewohnt werde. ... Durch dieses Reflektieren über sich selbst, lernet der Mensch seine individuelle Beschaffenheit kennen und wird in den Stand gesetzt, zu beurteilen, was ihm notwendig, zuträglich oder schädlich ist" (ebd., S. 459).

Und schließlich ein letzter Hinweis, der durchaus im Kontrast steht zu jenen oben dargestellten aktuellen „Trainingsprogrammen" zur Gefühlsbildung: Ausdrücklich fordert Milde nämlich eine situative Vermittlung der in diesem Bereich notwendigen Einsichten: „Der verständige Erzieher wird daher nicht sowohl besondere Stunden zu einem ordentlichen Lehrkurse über das Gefühlvermögen bestimmen, als die sich darbietenden Gelegenheiten zu einzelnen Belehrungen nützen" (ebd., S. 460).

3.3 Das Thema „Bildung der Gefühle" in der Tradition der Psychoanalytischen Pädagogik

Natürlich müsste in einer solchen Geschichte der Pädagogik unter dem Aspekt der Gefühlsbildung auch ein Kapitel über die Psychoanalytische Pädagogik enthalten sein. Denn zweifellos wurde in dieser Tradition von Anfang an ein besonderer Schwerpunkt auf den Bereich der emotionalen Konflikte und Verstrickungen gelegt. All die Themen und Begriffe, die im Zentrum der Diskussion der Psychoanalytischen Pädagogik seit ihren Anfängen standen, hatten stets mit intensiven Gefühlen zu tun: infantile Sexualneugier, Ödipuskomplex, Penisneid, Geschwisterrivalität, Lustprinzip, Ambivalenz, Verdrängung, Übertragung, Über-Ich, Ich-Ideal, narzisstische Kränkung etc.. Aus-

drücklich betont Freud den Primat der Gefühle, wenn er darauf hinweist, „...daß wir Unrecht tun, unsere Intelligenz als selbständige Macht zu schätzen und ihre Abhängigkeit vom Gefühlsleben zu übersehen" (Freud 1912–13, S. 47).
Trotz der Tatsache, dass es also von Anfang an primär um Gefühle ging und obwohl Freud eine Theorie der menschlichen Aggressionsneigung, eine Theorie der Trauer und der Melancholie, und eine Theorie der Angst entwickelt hat, gab es im Rahmen der Psychoanalyse doch keine Theorie der Gefühle, die etwa versucht hätte, die Vielfalt unterschiedlichen Gefühlsqualitäten systematisch zu ordnen, sie auf bestimmte Grundgefühle, mit je spezifischen Auslösesituationen, Ausdrucksverhalten, Körperempfindungen, etc. zu reduzieren, ihren evolutionären Sinn zu ergründen und ihre jeweilige ontogenetische Entwicklungslogik zu entschlüsseln. Überhaupt ist „Gefühl" kein psychoanalytischer Grundbegriff. Er wird von Freud kaum in systematischer Absicht gebraucht und kommt etwa im „Vokabular der Psychoanalyse" von Laplanche/Pontalis (1972) gar nicht vor. Vielmehr ist bei Freud und auch im „Vokabular" primär von Affekten als den subjektiv erlebbaren Korrelaten des Triebgeschehens die Rede.
Entsprechend gab es auch im Rahmen der Psychoanalytischen Pädagogik zwar vielfältige und differenzierte Beiträge darüber, wie mit kindlichen Ängsten, mit Scham- und Schuldgefühlen, mit Trotz und Wut in pädagogischen Situationen angemessen umgegangen werden kann. Aber es gab doch keine allgemeine Programmatik, keine systematischen oder gar präventiven Bemühungen um eine „Bildung der Gefühle", kein Curriculum sozialen oder emotionalen Lernens. Dies entspricht freilich der Grundhaltung der Psychoanalytischen Pädagogik mit ihrer Anerkennung der lebensgeschichtlichen Eigenlogiken und mit ihrem offenen Bezug zu pädagogischen Situationen in ihrer Singularität, der durch kein verallgemeinerbares Wissen, keine Technik etc. aufgehoben werden kann.
An einer Stelle jedoch hat Freud indirekt auf die Notwendigkeit entsprechender Bildungsbemühungen hingewiesen. Ich meine jene berühmte Fußnote aus dem „Unbehagen in der Kultur", in welcher er gegen die traditionelle Erziehung den Vorwurf erhebt, dass sie „die Jugend mit so unrichtiger psychologischer Orientierung ins Leben entläßt" und sich damit nicht anders benähme, „...als wenn man Leute, die auf eine Polarexpedition gehen, mit Sommerkleidern und Karten der oberitalienischen Seen ausrüsten würde" (Freud 1930, S. 494). Sicherlich lag der Schwerpunkt der psychoanalytischen Aufklärungsbemühungen, die Freud forderte, auf dem Bereich der menschlichen Sexualität, aber ausdrücklich bezieht Freud in seine Kritik auch das

Versäumnis der Erziehung ein, dass sie den jugendlichen Menschen „nicht auf die Aggression vorbereitet, deren Objekt zu werden er bestimmt ist" (ebd.).

Schon in der allerersten theoretischen Abhandlung über das Verhältnis von Psychoanalyse und Pädagogik, in dem Salzburger Kongressvortrag von Ferenczi aus dem Jahr 1908, wurde dieser Aspekt der Aufklärung über das Trieb- und Affektgeschehen als die zentrale pädagogische Forderung in den Mittelpunkt gestellt: „Erst wenn man über die Vorgänge im eigenen Körper und in der eigenen Seele richtige Vorstellungen hat, kann man die (sexuellen) Affekte wirklich beherrschen und sublimieren" (Ferenczi 1908, S. 6).

Einer, der auch in dieser Hinsicht ganz praktisch bemüht war, seinen Schülern „bessere Ausrüstung", d.h. richtigere Vorstellungen über die seelischen Vorgänge und damit angemessenere psychologische Orientierung mit auf den Lebensweg zu geben, war Erik Homburger Erikson, der seine berufliche Karriere an der Burlingham-Rosenfeld-Schule in Wien begonnen hat.

Nachdem er einmal Gelegenheit hatte, seine 12–13-jährigen Schüler außerhalb der Schule zu beobachten und von deren aggressiven Verhaltensweisen offensichtlich ziemlich geschockt war, beschloss er, „mit ihnen eine energische und tiefgehende Aussprache über unsere augenblickliche Erziehungslage herbeizuführen". In einem offenen Gespräch mit den Schülerinnen und Schülern der Klasse ging es nun darum, die Hintergründe für jenes problematische Verhalten herauszufinden: „Zunächst war für einige die Erklärung mancher Dissozialität sehr bald in der ‚Wut' gefunden, einer (wie sie bald fanden) oft ‚sinnlosen' Wut. Andere kamen bald dahinter, daß diese Wut einer gewissen nach innen gerichteten Wut korrespondiere, die sie ebenfalls hindere, unbefangen der Gemeinschaft zu folgen" (Homburger 1930, S. 214). Dann wurden diese Erfahrungen der Wut auf sich selbst und auf andere in Beziehung gebracht zu Themen, die sie im Unterricht behandelt hatten, wie etwa den Streitritualen der Eskimos oder bestimmten Begebenheiten aus den Erzählungen Amundsens etc.: „Kurz, wir besprachen Beispiele der Wut, berechtigter und unberechtigter, und Beispiele von sozialer Beherrschung dieser Wut. Mit dieser Anerkennung der Wut als einer allgemeinen Tatsache, die nicht nur die Schuld des Einzelnen ist, der sie mit sich herumträgt, begann sich nun alles Mögliche in den Kindern zu regen: und sie redeten über geäußerte Aggression, gefühlte Aggression, Schuldgefühl und Strafbedürfnis in einem inneren Zusammenhang, zu dem Erwachsene kaum fähig wären.

Sie gestanden offen, daß ihr Strafbedürfnis bei uns nicht befriedigt werde, einer sagte z.B.: ‚Ja, in den anderen Schulen, da hat es noch Spaß gemacht, einem Lehrer einen Zettel an den Rock zu heften, aber hier macht es keinen

Spaß mehr.' Ein anderer sagte: ‚Wir sind wie Bälle, die explosiv geladen sind und plötzlich kommen wir in einen luftleeren Raum'" (ebd., S. 214f.).
Sie besprechen Fälle, in denen eigene Erfahrungen der Unterdrückung an Schwächeren wiederholt wurden und kommen schließlich zu der Einsicht, dass nur eine freiwillige Verpflichtung aller auf die regulative Idee der Fairness hier Abhilfe schaffen könne. Aber natürlich ist ihnen klar, dass auch ein solcher prinzipieller Konsens noch nicht alle Probleme löst, dass er stets bedroht ist durch die affektiven Impulse, die die konkreten Situationen mit sich bringen. „Schließlich sagten sie selbst, das einzig Mögliche sei, über das, was diese Einsicht immer wieder von innen her bedrohe, so oft und so tiefgehend zu sprechen, daß es an Kraft verliere" (ebd.).
Die Zielrichtung von Eriksons Vorgehen ist deutlich: Es geht in gut psychoanalytischer Tradition um die Aufklärung über jene Triebmächte, die oftmals hinter unserem Rücken, wider unsere besseren Einsichten und entgegen unseren edleren Vorsätze unser Verhalten steuern. Weder das Unterdrücken oder Verharmlosen jener aggressiven Gefühle, noch das Ausleben jener Regungen, stellt somit für Erikson einen angemessenen Umgang mit dem Problem der menschlichen Aggressivität dar, sondern allein in der offenen sprachlichen Auseinandersetzung mit jenen Impulsen, in der Aufrichtigkeit hinsichtlich der eigenen Empfindungen und der Aufmerksamkeit auf die intra- und interpsychischen Prozesse sieht Erikson eine tragfähige pädagogische Perspektive. Es geht ihm auch in der Schule um eine „Darstellung des Lebens, in der die Allgegenwart der Triebe ... nicht dem Verschweigen anheimfällt, das die Kinderwelt mit ihren Kämpfen so hoffnungslos isoliert" und er beklagt, „daß man im Ganzen den inneren Feind im Dunkeln läßt, statt ihn zu beleuchten und zu zeigen: von daher wird sein Angriff kommen" (ebd., S. 216). Gerade in jener Idee „von der heilenden Macht des Von-sich-Wissens" sieht er nämlich den genuinen Beitrag der Psychoanalyse zur Erziehungswissenschaft.
Neben dieser Hoffnung auf die „heilende Macht des Von-sich-Wissens", also neben der Strategie, die auf Aufklärung über das affektive Geschehen setzt, gibt es freilich auch noch eine ganz andere Tradition im Rahmen der Psychoanalytischen Pädagogik. Diese wird vielleicht am prägnantesten durch August Aichhorn verkörpert. In ihr geht es gerade nicht um Bewusstmachung und um sprachliche Verarbeitung, sondern eher im Rousseauschen Sinn um das geschickte Arrangement, die gezielt inszenierte Zuspitzung von Situationen, in denen emotionale Erfahrungen von ganz spezifischer Art und Intensität gemacht werden sollen.

Das markanteste Beispiel für diesen „dramatischen" Aspekt von Aichhorns Pädagogik ist vielleicht jenes aus dem Buch „Verwahrloste Jugend", in dem die Angst und die Schuldgefühle eines Jugendlichen, der die Tabakkasse des Heimes veruntreut hatte, von Aichhorn zunächst bewusst bis an die äußerste Grenze gesteigert werden, um sie dann in einer befreienden und versöhnenden Geste von ihm zu nehmen: Aichhorn gibt dem Jugendlichen ohne ein Wort des Vorwurfs oder der Belehrung den Fehlbetrag (Aichhorn 1925, S. 140). Diese für den Jugendlichen vollkommen überraschende Reaktion Aichhorns löst zunächst Fassungslosigkeit und dann heftiges Schluchzen aus und leitet schließlich eine intensive persönliche Aussprache ein. Die ganze Episode wird von Aichhorn als so bedeutungsvoll eingeschätzt, dass er den Erziehungsfall damit für praktisch „erledigt" ansieht.

Aichhorn selbst gibt eine allgemeine theoretische Erläuterung seiner Konzeption des „dramatischen Erziehungsprozesses", in welcher recht deutlich die Katharsis-Hypothese durchscheint: „Es musste versucht werden, eine Handlung zu gestalten, in deren Mittelpunkt er selbst steht und die sich so zu entwickeln hat, dass sein ausgelöster Angstaffekt bis zur Unerträglichkeit gesteigert wird; im Augenblick der unvermeidlich scheinenden Katastrophe dieser eine so entgegengesetzte Wendung zu geben, dass die Angst plötzlich in Rührung umschlagen muss. Die durch diesen Affektkontrast hervorgerufene Erregung hat die Ausheilung zu bringen oder einzuleiten" (ebd., S. 139).

Ein gemeinsames Strukturmoment dieser und vieler anderer „dramatischer" Erziehungssituationen bei Aichhorn ist, dass die Erwartungen der beteiligten Jugendlichen unterlaufen werden, dass Aichhorn sich bewusst ganz anders verhält als diese es antizipiert hatten. Damit läuft natürlich auch deren eigene mental geprobte Abwehrstrategie ins Leere. Die Masken kommen ins Rutschen und der wahre, verletzliche und bedürftige Persönlichkeitskern kommt zum Vorschein. Auch das ganze Konzept einer Verwahrlostenerziehung durch „absolute Milde und Güte", das Aichhorn vertreten hat, ist ja als ausdrückliches Kontrastprogramm zu der bisherigen Behandlung dieser Jugendlichen gedacht.

Es ließen sich unzählige solcher Episoden zusammentragen, in denen psychoanalytische Pädagogen versucht haben, Einfluss nicht nur auf die emotionale Befindlichkeit von Kindern und Jugendlichen zu nehmen, sondern auch auf deren Einsichten und Kompetenzen, sich besser im Dickicht eigener und fremder Gefühle zurechtzufinden, wenn man so will, auf deren „emotionale Intelligenz". Jedoch wurden diese Bemühungen kaum systematisch unter bildungstheoretischen Aspekten diskutiert.

4. Das Thema „Bildung der Gefühle" im Rahmen einer psychoanalytischen Bildungstheorie – Ist die Idee der Förderung „emotionaler Intelligenz" eine Neuauflage von Mitscherlichs Forderung nach „Affektbildung"?

Der nach wie vor wohl wichtigste Versuch in diese Richtung stammt von Alexander Mitscherlich. In seinem Buch „Auf dem Weg zur vaterlosen Gesellschaft" entfaltet er ein Bildungskonzept, in dem er die drei „Bildungsebenen" „Sachbildung", „Affektbildung" und „Sozialbildung" unterscheidet. „Bildung" wird dabei von ihm grundsätzlich nicht im statischen Sinn als (Wissens-)Besitz, sondern im dynamischen Sinn als Suchbewegung, als Wissensdrang verstanden. Im Hinblick auf die „Affektbildung" bedeutet dies dann Folgendes: „Ein solcher Mensch will wissen, wer er ist, wie er sich verhält, wenn er erregt ist; er will auch in der Erregung ein Gefühl für sich und ein Gefühl für den Partner behalten" (Mitscherlich 1983, S. 36). Es geht also um das Bemühen nach Selbsttransparenz, um Aufrichtigkeit hinsichtlich der eigenen handlungsleitenden Motive, um das Erkennen von Selbsttäuschungen und Rationalisierungen, um die Überwindung von Vorurteilen, um die Befreiung von Dressurgehorsam und Autoritätshörigkeit, aber auch darum, Einsicht in die unvermeidlich spannungsreiche und konflikthafte conditio humana zu gewinnen: „Affektbildung kann also nur heißen, daß die Konflikte zwischen den unausweichlichen inneren Drangerlebnissen und den sozialen Normen gemildert werden, das wir eine innere Toleranz für den Umgang mit Konflikten entwickeln, die wir erleben. ... Die Kultur der Affekte ist das eigentlich schwerste Bildungsziel. Mehr von sich selbst, von der Wirklichkeit über sich selbst als Triebwesen zu wissen, ist nur in schmerzlichen Erfahrungen zu erreichen" (ebd., S. 40).

Ist das, was derzeit unter dem Stichwort Förderung der „Emotionalen Intelligenz" beschrieben wird, eine Neuauflage dessen, was Mitscherlich mit „Affektbildung" gemeint hat? Bekommt seine Forderung nun mit mehr als 40 Jahren Verspätung die entsprechende Breitenwirkung und Popularität, die ihr damals versagt blieb? Ich meine, es gibt doch wesentliche Unterschiede, die zu denken geben sollten:

Für Mitscherlich steht hinter den gefühlsmäßigen Erregungen, die der Mensch erlebt, letztendlich seine Triebnatur. Sie ist biologisch fundiert und damit kaum direkt beeinflussbar. Bei der Affektbildung geht es vor allem darum, ein Stück Einsicht und Verständnis für diese biologischen Vorgegebenheiten zu gewinnen. Natürlich geht es auch darum, die daraus folgenden Verhaltensimpulse zu kontrollieren und zu kultivieren. Andererseits wird

ausdrücklich aber auch gefordert, ein Stück Toleranz im Hinblick auf die „unausweichlichen inneren Drangerlebnisse" zu entwickeln.
Mitscherlich geht von einem eher pessimistischen bzw. tragischen Menschenbild aus, von unvermeidlichen Spannungen zwischen individuellen Bedürfnissen und gesellschaftlichen Anpassungszwängen. In der Literatur zur emotionalen Intelligenz herrscht dagegen ein optimistisches Menschenbild und ein im Prinzip harmonistisches Gesellschaftsverständnis vor. Zwar werden auch dort durchaus die aktuellen gesellschaftlichen Probleme wie die Zunahme von Jugendkriminalität, Depression, Sucht, etc. beklagt und auf Defizite hinsichtlich der emotionalen Intelligenz zurückgeführt. Aber wenn diese Mängel durch entsprechende Schulungen und Trainingskurse auf breiter Front beseitigt sind, dann scheint einem harmonischen Miteinander nichts mehr im Wege zu stehen.
Am entscheidensten ist aber wohl dies: Bei Mitscherlich bedeutet „Bildung" immer eine Suchbewegung und „Affektbildung" meint dann gerade jenen Aspekt dieser Suchbewegung, der sich auf die eigene Seelenlandschaft und die eigene Lebensgeschichte bezieht. Dieser Aspekt der Bildung ist nach Mitscherlich prinzipiell nur „in schmerzlichen Erfahrungen zu erreichen". Paradigmatisch ist für ihn dabei wohl die Erfahrung der Selbsterforschung und der Selbstkonfrontation im Rahmen der Psychoanalyse.
Von schmerzlichen Suchbewegungen, von Desillusionierungen, von Auseinandersetzungen mit eigenen Schattenseiten ist in der Literatur zur Emotionalen Intelligenz freilich kaum die Rede. Hier geht es eher um den Erwerb von Kompetenzen, um die Differenzierung der sozialen Wahrnehmung, um die Erweiterung des Ausdrucksrepertoires, um das Training der Impulskontrolle, um die Aneignung bestimmter Kommunikationsstile, etc. Gerade die „Affektbildung" wurde von Mitscherlich in besonderer Weise „als ein Begehren, als ein Wissensdurst" verstanden und nicht als ein „Wissensbesitz". „Die Wahrheit über sich selbst hat man nicht, man sucht sie und ist unbefriedigt bis zum Ende des Lebens" (ebd., S. 31). In der Literatur zur Emotionalen Intelligenz wird das erstrebenswerte Gut der „Emotionalen Intelligenz" dagegen eher als ein Bündel klar umschreibbarer und gezielt trainierbarer Kompetenzen angesehen – und damit natürlich auch als ein wertvoller Besitz, den man erwerben kann und der dann sowohl für das persönliche Lebensglück als auch für die Beziehungs- und Berufskarriere hohe Rendite abwirft. Der Gedanke, das erreichte Maß der „Affektbildung" analog dem Intelligenzquotienten als einen „EQ" zu messen, wäre Mitscherlich wohl sehr wunderlich vorgekommen. Die Vorstellung gar, „Affektbildung" als „Karriereturbo" anzupreisen, hätte ihn wohl entsetzt.

Aber, so könnten Goleman oder andere Vertreter der „EQ"-Bewegung erwidern, vielleicht hat Mitscherlich ja auch nur seine persönlichen Probleme und Konflikte generalisiert und sein Ringen um persönliche Wahrheitssuche, seinen Konflikt mit den gesellschaftlichen Anpassungszwängen zur generellen menschlichen Tragik hochstilisiert, dabei aber gleichzeitig die pragmatische Dimension des Lernens, Übens und Trainierens von Fertigkeiten unterschätzt. In seiner Autobiografie „Ein Leben für die Psychoanalyse" berichtet Mitscherlich von seinem frühen Einzelgängertum und seinem lebenslangen Gefühl der Einsamkeit und der Entfremdung: „Da konnte ich auf meine Unfähigkeit, mich anderen zu nähern, nicht mit Genugtuung blicken, war eher traurig, daß mir viele unbefangene Freuden durch dieses Verhalten entgingen. Immer hatte ich ein starkes Gefühl, daß das Leben, das wirkliche Leben, draußen geschieht und ich davon ausgeschlossen bin. Ich konnte nur mühsam mit Menschen umgehen, empfand oft eine große Leere" (Mitscherlich 1980, S. 40).

Mit diesem Eingeständnis seiner Schwierigkeiten im sozialen Umgang würde Mitscherlich wohl in den Augen moderner „EQ-Kampfrichter" keine so gute Figur machen. Hätte er also, statt sein Leben der Psychoanalyse und der unabschließbaren Suche nach Wahrheit über sich zu widmen, lieber einige Trainingseinheiten in „emotionaler Intelligenz" besuchen sollen?

KAPITEL 9
Psychische Gesundheit als Bildungsziel?

> *„Ich bin jung und reich und gebildet; und ich bin unglücklich, neurotisch und allein. Ich stamme aus einer der allerbesten Familien des rechten Zürichseeufers, das man allgemein die Goldküste nennt. Ich bin bürgerlich erzogen worden und mein Leben lang brav gewesen."*
>
> Fritz Zorn, Mars

1. „Gesundheit" als pädagogischer Leitbegriff?

„Gesundheit" ist kein „einheimischer pädagogischer Begriff. In Wörterbüchern der Erziehung (Wulf 1984[6]) bzw. der Pädagogik (Böhm 1982[12]) kommt der Begriff „Gesundheit" in der Regel gar nicht als Schwort vor. Andererseits ist es, wenn man von der viel zitierten Schleiermacherschen Formel ausgeht, dass alle pädagogische Reflexion mit der Frage beginnt: „Was will denn eigentlich die ältere Generation mit der jüngeren?" ganz unzweifelhaft, dass die Gesundheit des Nachwuchses eine wichtige Rolle in den Überlegungen der älteren Generation spielt. Die primäre und elementarste Sorge von Eltern gilt in der Regel dem Erhalt bzw. der Wiederherstellung der Gesundheit ihrer Kinder. Bei professionellen Erziehern im Rahmen von stationären Einrichtungen der Kinder und Jugendhilfe dürfte es nicht viel anders sein. Schon in den Praxisreflexionen von bedeutsamen Klassikern der Sozialpädagogik wie etwa in Pestalozzis Stanser Brief, in Korczaks Schilderungen aus dem Waisenhaus Dom Sierot oder in Montessoris Beschreibung der Entwicklung der Kinder der Casa dei Bambini, findet man Reflexionen über die Möglichkeiten der Förderung des Gesundheitszustands der Kinder auf das Engste verwoben mit den Überlegungen zur Förderung der geistigen und sittlichen Kräfte sowie der sozialen Bindungen der Kinder.

Wenn man von dieser eher privaten Sphäre der Sorgen um den unmittelbar anvertrauten Nachwuchs absieht und sich den zeitgenössischen Diskursen zum Thema „Kindheit und Erziehung" zuwendet, so kann man unschwer erkennen, dass auch dort dem Thema „Gesundheit" ein sehr bedeutsamer Stellenwert zukommt. Neben den TIMSS- und PISA-Studien, die für großen

Wirbel gesorgt haben, neben den Shell-Jugendstudien, die immer wieder für eine Titelstory im SPIEGEL, FOCUS oder Stern gut sind, waren es in den letzten Jahren vor allem die diversen Befunde zur Zunahme von psychosozialen und psychosomatischen Symptomen bei Kindern und Jugendlichen aus dem Umfeld des Bielefelder Sonderforschungsbereichs „Prävention und Intervention im Kindes- und Jugendalter", die breite Medienresonanz gefunden haben. Wenn in einem Fernsehfeature eine „erziehungswissenschaftliche Expertise" zur aktuellen körperlichen und seelischen Befindlichkeit der Kinder hierzulande benötigt wird, dann ist es in der Regel der Bielefelder Kindheits-, Jugend- und Gesundheitsforscher Klaus Hurrelmann, der zu Wort kommt.

Man kann dies durchaus im Rahmen eines Trends sehen, den Bittner als „Medizinalisierung des Umgangs mit Kindern" bezeichnet hat: „Manchmal scheint es, als sei angesichts der Beliebigkeit von Erziehungszielen und Erziehungsauffassungen der Kinderarzt" – oder eben der Epidemiologe, bzw. der Erziehungswissenschaftler, der empirische Forschung über die Verbreitung von physischen, psychischen und psychosomatischen Beschwerden bei Kindern und über die hierfür relevanten Risikofaktoren in der Umwelt der Kinder anstellt (R.G.) – „die letzte unangefochtene pädagogische Autorität" (Bittner 1989b, S. 480).

Und in dem Maße, wie sich der Glaube an pädagogische Zauberformeln wie „Emanzipation", „Konfliktfähigkeit", „Chancengleichheit", „Selbstregulierung" verflüchtigt hat, ist das Bewusstsein für jene gesundheitlichen Risiken gewachsen: „Der pädagogische Skandal heute: das sind nicht irgendwelche schichtspezifischen Lerndefizite – der Skandal sind die zahllosen vitalen Beeinträchtigungen der Kinder, die Allergien, die chronischen Bronchitiden, die teils alle Kinder betreffen, teils auf schichtspezifische und regionale Benachteiligungen neuer Art hinweisen, um die sich noch kein Mensch ernsthaft gekümmert hat" (Bittner 1989b, S. 52). In jüngerer Zeit kümmert sich freilich die empirische Kinder- und Jugendforschung durchaus auch darum!

2. „Gesundheit" als Thema der Kinder- und Jugendhilfe

Dass die Verbreitung gesundheitlicher Beeinträchtigungen bei Kindern und Jugendlichen ein wichtiges Forschungsfeld darstellt und dass es sehr wichtig ist, genauere Kenntnis über die schichtspezifischen und regionalen Benachteiligungen sowie über den relativen Einflussstärken einzelner Risikofaktoren zu haben, dies steht außer Frage. Unter welchen Aspekten aber wird das Thema „Gesundheit" eigentlich überhaupt zu einem Problem im Rahmen der

Kinder- und Jugendhilfe? Und in welcher Hinsicht handelt es sich dabei jeweils um ein *pädagogisches* Problem?
Dass in Kindergärten Horten und Heimen, gerade im Sanitär- und Küchenbereich, gewisse hygienische Regeln zu beachten sind, ist wichtig aber banal. Dass es in Einrichtungen, in denen viele Kinder zusammenkommen, bisweilen auch Scharlachepidemien oder „Läusealarm" gibt, ist bekannt. Dass bei einem größeren Zeltlager eines Jugendverbandes auch jemand dabei sein sollte, der etwas von Erster Hilfe versteht, ist klar. Dass es zum Alltag von Heimerziehern gehört, sich u.a. auch Gedanken über ausgewogene Ernährung, ausreichende Bewegung und temperaturangemessene Kleidung zu machen und sich im Krankheitsfall um die betroffenen Kinder zu kümmern, dass also bisweilen Fieber gemessen, Salben geschmiert, Arztbesuche organisiert, Medikamenteneinnahmen überwacht werden müssen, versteht sich ebenfalls von selbst. Auch die Maßnahmen des Jugendschutzes, vor allem die Restriktionen hinsichtlich des Alkohol- und Tabakkonsums, werden natürlich in erster Linie mit der Notwendigkeit, die Gesundheit der Kinder und Jugendlichen zu schützen, legitimiert. Nach § 42(3) ist das Jugendamt verpflichtet, ein Kind oder einen Jugendlichen in seine Obhut zu nehmen, wenn eine „dringende Gefahr für das Wohl des Kindes oder des Jugendlichen die Inobhutnahme erfordert". Unter „Gefahr für das Wohl des Kindes" ist natürlich auch hierbei wohl in erster Linie die Gefahr für die physische und psychische Gesundheit des Kindes durch Vernachlässigung, Misshandlung oder sexuellen Missbrauch gemeint. In all den genannten Fällen spielt „Gesundheit" zwar eine Rolle im Rahmen der Kinder und Jugendhilfe, aber es handelt sich dabei doch eher um organisatorisch-administrative Maßnahmen und noch nicht um pädagogische Aufgaben im eigentlichen Sinne.
Diese rücken eher in den Blick, wenn es darum geht, im Rahmen der Kinder- und Jugendhilfe im direkten Gespräch mit Kindern und Jugendlichen Aufklärungs- und Überzeugungsarbeit zu leisten, Einfluss auf deren Einstellungen und auf deren Alltagspraxis zu nehmen, sie zu einem verantwortlichen Umgang mit dem eigenen Körper und der eigenen Gesundheit zu führen. Zweifellos stellt all dies – von den Fragen der Begrenzung der Lautstärke des Discman und der Reduzierung der Nebenrisiken von Piercings, über den Umgang mit den alltäglichen Genussgiften Alkohol und Nikotin und deren exotischeren illegalen Varianten, bis hin zu den Fairnessregeln bei der körperlichen Konfliktaustragung und den Maßnahmen zur Aids-Prävention – gerade im Jugendalter ein wichtiges Lernfeld dar, das sowohl im Bereich der Familienerziehung als auch im Rahmen der Jugendhilfe viel Takt erfordert. Ganz allgemein kann man sicherlich sagen, dass die Kunst „eines nichtruinö-

sen Umgangs mit sich selbst, mit anderen und mit der Umwelt" (Hiller 1991, S. 241) sowohl einen wichtigen Bildungsaspekt als auch eine wichtige Mindestanforderung im Hinblick auf die gesellschaftliche Integration darstellt. Und auch hier ist es primär der „Ruin der Gesundheit", der durch verantwortliches Verhalten verhindert werden soll. Von daher wäre „Gesundheitsbildung" jener Teilaspekt der Bildungsaufgabe, der sich auf die „Sorge für sich selbst" und den verantwortlichen Umgang mit den „Risiken des Alltags" bezieht. Dass hierfür einige grundlegende Kenntnisse über die Ursachen von Gehörschäden, über allergische Reaktionen, Suchtmechanismen, Infektionswege etc. nicht schaden können, ist dabei ebenso klar wie die Erfahrungstatsache, dass die entsprechenden Informationen allein noch keineswegs ein entsprechendes Handeln verbürgen. „Gesundheitsbildung" wäre in diesem Sinn eine eher partikulare Aufgabe, vergleichbar etwa der Umwelterziehung oder der Verkehrserziehung.

3. „Psychische Gesundheit"?

Der Begriff „Gesundheit" selbst ist ein unscharfer Begriff, der im Bereich der Medizin eher pragmatisch einfach im Sinne von „Abwesenheit von Krankheit" benützt wird. Dort verwendet kaum jemand große definitorische Energie darauf, ihn präzise zu bestimmen. Im Allgemeinen wird darunter sowohl das subjektive Empfinden als auch das objektive „Im-Normbereich-Liegen" der diversen physiologischen Parameter (Blutdruck, Cholesterinwert, Leukozytenwert etc.), also das störungsfreie Funktionieren des Organismus, verstanden.

Die berühmte WHO-Definition, die Gesundheit als einen „Zustand vollkommenen, körperlichen, psychischen und sozialen Wohlbefindens" definiert, geht in utopischem Überschwang weit darüber hinaus, mit der problematischen Kehrseite freilich, dass „Gesundheit" in diesem Sinn zur extremen Ausnahme wird. Gerade die Bestimmung dessen, was mit „psychischem Wohlbefinden" und „seelischer Gesundheit" gemeint sein soll, ist besonders kompliziert. Hier handelt es sich nämlich immer schon um eine mehr oder weniger metaphorische Rede, die sich auf die Gesamtbefindlichkeit und auf die Gesamtlebenspraxis des Menschen bezieht und hier gibt es von psychologischer und psychotherapeutischer Seite zahlreiche Abhandlungen darüber, wie dieser Begriff angemessen zu füllen sei.

Freud selbst, als Pionier in jenem Feld, war bekanntlich noch ziemlich asketisch. Er bestimmte „seelische Gesundheit" ganz schlicht mit „Lieben- und

Arbeitenkönnen". In seiner Nachfolge wurden die Bestimmungen jedoch immer detaillierter und aufwändiger. Gerade im Rahmen der Humanistischen Psychotherapie und der vielen davon inspirierten Spielarten des heutigen „Psychomarktes" wurden die Forderungen und Verheißungen immer grandioser und immer schillernder: Ganzheitlichkeit, Sinnerfüllung, Selbstaktualisierung, Wellness, Fitness, Flow, innere Balance, gesteigerte Vitalität, kosmische Harmonie, tantrische Ekstase etc....

Psychische Gesundheit ist offensichtlich ein komplexes Phänomen, das kaum in eine allseits befriedigende, niet- und nagelfeste Definition zu pressen ist. Manche systematischere Bestimmungsversuche sind deshalb so angelegt, dass sie eher additiv die Kompetenzen und Dispositionen, die in ihrer Summe so etwas wie „seelische Gesundheit" ausmachen, die also zumindest in Ansätzen entwickelt sein müssen, um von seelischer Gesundheit sprechen zu können, aufzählen. Seelische Gesundheit erscheint hier also als ein Bündel erstrebenswerter Eigenschaften und Fähigkeiten.

Schon 1958 hat Marie Jahoda in ihrem Bericht für die „Joint Commission on Mental Health" versucht, die großen persönlichkeitspsychologischen Ansätze des letzten Jahrhunderts (u.a. die von Freud, Fromm, Allport, Maslow, Rogers, Murray, Hartmann, Erikson) systematisch auf deren inhärente Konzepte von psychischer Gesundheit hin zu untersuchen. Als Ergebnis dieser Untersuchungen hat sie sechs zentrale Dimensionen psychischer Gesundheit extrahiert:

- Die *Einstellung gegenüber dem eigenen Selbst*, d.h. das Maß an Selbstbewusstheit, -sicherheit, und -identität;
- *Wachstum, Entwicklung und Selbstaktualisierung*, d.h. das allgemeine Motivationsniveau und das „Engagement am Leben";
- *„Autonomie"*, d.h. das Maß an innengeleitetem und unabhängigem Verhalten;
- *„Realitätserfassung"*, d.h. die verzerrungsfreie, korrekte Wahrnehmung sowie Empathie und soziale Sensibilität;
- *„Integration"*, d.h. die Balance der verschiedenen psychischen Kräfte, die Entwicklung einer Lebensphilosophie und die Belastbarkeit gegenüber äußeren Stressfaktoren;
- *Fähigkeit zur Lebens- und Weltbemeisterung*, d.h. die Fähigkeit zu lieben, zu arbeiten und zu spielen, befriedigende zwischenmenschliche Beziehungen zu unterhalten sowie mit Situationsanforderungen und Problemen angemessen umzugehen (vgl. Jahoda 1958, S. 23ff.).

Einen ähnlichen Versuch, verschiedene psychologische Persönlichkeitstheorien daraufhin zu untersuchen, welche impliziten und expliziten Vorstellun-

gen über psychische Gesundheit darin enthalten sind und auf dieser Basis ein komplexes, multidimensionales Konzept von psychischer Gesundheit aufzubauen, hat in jüngerer Zeit hierzulande Peter Becker vorgelegt (vgl. Becker 1982, 1992, Becker/Minsel 1986). Dabei kommt er zu folgendem komplexen Indikatorenbündel für die seelische Gesundheit:
- *Befindlichkeit*: d.h. das Überwiegen positiver Gefühlszustände und Stimmungslagen und eines insgesamt positiven Urteils über das bisherige Leben.
- *Energieniveau*: Damit sind vornehmlich Aspekte wie Vitalität, Unternehmungslust, Interesse, Neugier, Engagement am Leben etc. gemeint.
- *Expansivität*: Hierunter werden von Becker Aspekte wie Spontaneität, Expressivität und Selbstbehauptung gefasst. Diese Dimension steht gewissermaßen im Gegensatz zu Gehemmtheit, Rigidität und Defensivität.
- *Leistungsfähigkeit und Produktivität*: Darunter fallen all jene Kompetenzen, die zur Erfüllung von Rollen und Aufgaben notwendig sind, wie zum Beispiel Willensstärke, Ausdauer, Selbstkontrolle, Realitätssinn etc.
- *Autonomie*: Damit ist innere Handlungsfreiheit und relative Unabhängigkeit von Autoritäten und Ideologien gemeint sowie eine grundlegende Überzeugung, selbst Einfluss auf die Dinge im eigenen Leben nehmen zu können.
- *Selbstwertgefühl*: Gewissermaßen die Summe der kognitiven und affektiven Urteile über die eigene Person. Psychische Gesundheit hängt demnach damit zusammen, ob man sich selbst bei allen Fehlern und Schwächen dennoch grundsätzlich annehmen kann oder ob der Blick auf die eigene Person intensive Gefühle von Scham und Verzweiflung auslöst.
- *Selbsttranszendenz*: Auch wenn Autonomie und Selbstwertgefühl hoch bedeutsam dafür sind, meint psychische Gesundheit gerade nicht narzisstische Selbstverliebtheit und Selbstgenügsamkeit, sondern setzt auch die Fähigkeit voraus, von der eigenen Person abzusehen, sich für übergreifende Zusammenhänge und Aufgaben zu interessieren und zu engagieren. Auch die Liebesfähigkeit gegenüber anderen Menschen wird hierunter gefasst (vgl. Becker/Minsel, 1986, S. 8ff.).

Es kann hier kaum darum gehen, zu diskutieren und zu entscheiden, wessen Bestimmung nun die beste und die vollkommenste ist. Ihnen allen gemeinsam ist das Problem, dass solche Kataloge wünschenswerter Eigenschaften stets einen Einschlag ins Utopische bzw. Perfektionistische bekommen, dass die Latte durch das Auftürmen von immer mehr und immer anspruchsvolleren Forderungen so hoch gelegt wird, dass kaum mehr ein Mensch mit seiner immer auch irgendwie beschädigten Subjektivität, mit seinen individuellen

Lebenseinschränkungen, seinen persönlichen „Mängeln und Macken", darüber kommt.

Auch wenn die einzelnen Kataloge der Teilaspekte seelischer Gesundheit beträchtliche Unterschiede aufweisen, zielen sie doch in eine grundsätzlich ähnliche Richtung. In wesentlichen Punkten, wie der Fähigkeit zu lieben und zu arbeiten, also befriedigende *zwischenmenschliche Beziehungen* zu unterhalten, einem positiven *Selbstbezug*, der durch ein grundlegendes Gefühl von Identität sowie durch das Erleben eigene Kraft und Urheberschaft gekennzeichnet ist, sowie einem *Weltbezug*, der von Realismus und Vernunft geprägt ist, stimmen die Beschreibungen der maßgeblichen Persönlichkeitspsychologen doch weitgehend überein.

Psychische Gesundheit ist demnach ein komplexes Phänomen. Es gibt einen weitgehenden Konsens bezüglich bestimmter Grundkomponenten, um diese herum sind je nach individueller Sicht eine Reihe weiterer wünschenswerter Persönlichkeitsmerkmale angeordnet. Weiterhin ist offensichtlich, dass es sich bei der seelischen Gesundheit, wie bei Gesundheit überhaupt, um ein graduell abgestuftes Phänomen handelt, um einen Pol auf einem Kontinuum. Zu jedem der Punkte bei Jahoda oder Becker lassen sich die korrespondierenden negativen Punkte, die dann jeweils als Indikatoren für einen Mangel an seelischer Gesundheit stehen, finden.

Jede einzelne der beschriebenen Dimensionen ist somit so beschaffen, dass man kaum von einem „Entweder-Oder" sprechen kann, sondern stets von einer mehr oder weniger starken Ausprägung des jeweiligen Merkmals ausgehen muss. Die je individuelle Kombination der Ausprägungsgrade der einzelnen Dimensionen, wenn man so will, das „individuelle Profil psychischer Gesundheit", verweist erst recht darauf, dass psychische Gesundheit kein fest umrissener, wohl abgegrenzter, eindeutig zu bestimmender Zustand ist, den man hat oder nicht hat, sondern eher so etwas wie eine Leitidee für gelungene Persönlichkeitsentwicklung und gelingende Lebensgestaltung, die den psychologischen und psychotherapeutischen Konzepten zugrunde liegt.

4. „Psychische Gesundheit" und/oder/statt/durch „Bildung"?

Während die Überlegungen zu den generellen Fragen nach den wünschenswerten, förderungswürdigen Zielen menschlicher Entwicklung und nach den persönlichkeitspsychologischen Korrelaten des „guten Lebens", d.h. der gelingenden, glückenden menschlichen Lebensgestaltung, somit auch zu den Fragen nach den Leitperspektiven psychotherapeutischer Hilfen für Menschen in Lebenskrisen und seelischer Not, die aus dem Umkreis der *Psychologie* und *Psychotherapie* stammen, primär unter dem Leitbegriff der „*psychischen Gesundheit*" angestellt werden, werden die entsprechenden Fragen und Probleme, die sich in der *Pädagogik* mit den Zielvorstellungen gelungener Persönlichkeitsentwicklung befassen, traditionellerweise unter dem Leitbegriff der „*Bildung*" verhandelt.

„Bildung" stellt in der *pädagogischen* Tradition jenen Leitbegriff dar, in den die Summe alles Wünschbaren, Förderungswürdigen, Erstrebenswerten hineingepackt wird, der die idealen Zielprojektionen des geglückten Prozesses der Persönlichkeitsformierung umschreibt, in den somit auch alle Vorstellungen davon eingehen, „... wie der Gipfel des Menschentums, der pädagogisch beförderbar ist, aussehen sollte" (Fend 1984, S. 137).

Zwei knappe Beispiele von „Bildungsdefinitionen" sollen auch hier genügen, um dies zu belegen: So heißt es etwa bei Wilhelm Flitner: „Gebildet ist, wer den Sachgehalt zur Verfügung hat, die Werte und Bedeutungen der Lebensbezüge richtig einzuschätzen, wer sinnvoll und sachgemäß wirken und schaffen kann. Dem Willen nach gebildet ist, wer die Leichtigkeit besitzt, das Rechte zu tun, wer seinen Leidenschaften und den Irrgängen der Triebe das Schickliche und Gute leicht abgewinnt. Dem sittlichen Kontakt nach gebildet ist, wer für andere Menschen Verständnis hat und Herzenswärme, die ihn zum Helfen und zum Verbundensein bewegt" (Flitner 1950, S. 119). Und an zentraler Stelle der Bildungstheorie von Henz ist zu lesen: „Bildung ist wachsende Teilhabe an den ästhetischen, wissenschaftlichen, ethischen (einschl. soz. u. pol.) und religiösen Gehalten, Normen und Werten der nationalen Kultur, der regionalen (z.B. abendländ.) Hochkultur und der entstehenden Weltkultur mit dem Ziel einer leistungsfähigen, wertgeleiteten, geistig reichen, humanen, harmonischen Persönlichkeit" (Henz 1991, S. 147).

Sowohl „psychische Gesundheit" als auch „Bildung" sind Zielkategorien, die einen erstrebten, erwünschten Zustand beschreiben. Beide Begriffe beziehen sich auf sehr komplexe Sachverhalte, die kaum operationalisierbar und messbar sind, die aber dennoch prinzipiell in einer graduellen Abstufung von geringerer oder größerer Ausprägung gedacht werden müssen und auch so in der Sprache verwendet werden. Für beide Zielkategorien gilt, dass sie einerseits nicht mit wissenschaftlicher Präzision und Zuverlässigkeit hergestellt werden können, da es wesentlich auf die Art und Weise ankommt, wie das Individuum das, was ihm an Aufgaben, Herausforderungen, Problemen in der Welt begegnet, subjektiv verarbeitet, dass es dennoch unzweifelhaft mehr oder weniger förderliche bzw. mehr oder weniger riskante äußere Bedingungen für eine Entwicklung in Richtung des erstrebten Ideals gibt. Für beide

Begriffe gilt, dass es sich nicht um feststehende, ein für allemal zu sichernde „Güter" handelt, sondern um stets vorläufige und gefährdete „Erwerbungen", dass „Prozess" und „Produkt" hier stets sehr eng zusammenhängen und dass somit ein dynamisches Verständnis, das auf die Balance von Kräften, auf momentan verfügbare Ressourcen und aktuelle Formen der Lebensbewältigung und des Weltverhältnisses abzielt, angemessener ist als ein statisches. Gleichzeitig gibt es natürlich auch deutliche Unterschiede. Wenngleich Aspekte wie „Neugierde", „Interesse an der Welt", „Selbsttranszendenz" in den Umschreibungen psychischer Gesundheit bisweilen auftreten, so ist doch der Bildungsbegriff von seiner Tradition her sehr viel stärker befrachtet mit inhaltlichen Vorstellungen von dem, was „dazugehört", um als „gebildet" zu gelten. Bildung als die „subjektive Seinsweise der Kultur" (Nohl 1957, S. 140), als die individuelle Entsprechung dessen, was die Kultur für die Gesellschaft bedeutet, ist eine viel zitierte Wendung Hermann Nohls. Bildung als individueller Nachvollzug und Aneignung des Besten und Wertvollsten, was die menschliche Kultur hervorgebracht hat, von Homer bis Goethe, von Pythagoras bis Einstein, von Bach bis Beethoven, vielleicht noch verbunden mit einer gewissen Kultivierung der Umgangsformen, dies entspricht wohl tatsächlich am ehesten der alltagssprachlichen Verwendung des Begriffs. Von daher hat Fischer Recht, wenn er wortspielerisch bemerkt: als ungebildet gelte, „... wer Goethes 'Faust' für einen Körperteil hält und mit seiner eigenen seinen Meinungen Nachdruck verleiht" (Fischer 1989, S. 120).

Gerade wenn nach dem Zusammenhang von „psychischer Gesundheit" und „Bildung" gefragt wird, dann kann wohl kaum das „Quiz-Show-Modell von Bildung" oder das „Schwanitz-Modell von Bildung", d.h. die Beschränkung auf all das kognitive Weltwissen gemeint sein, das im Wesentlichen den Inhalt der Lehrpläne der höheren Schulen ausmacht, sondern dann muss es eher um das lebenspraktische Wissen und Können im Umgang mit sich und mit anderen, um die Offenheit in der Wahrnehmung der eigenen Gefühle, Wünsche und Ängste, um die Reflektiertheit in der Auseinandersetzung mit der eigenen Vergangenheit und um den Realitätssinn und das Engagement in der Entwicklung von Perspektiven für die eigene Zukunft gehen. Die Kinder und Jugendlichen, die im Rahmen der Kinder- und Jugendhilfe betreut werden, sind häufig seelisch verletzte Kinder. Sie gelten nicht selten als „schwierig" oder gar als „verhaltensgestört", d.h. sie haben häufig aufgrund ihrer spezifischen Lebensgeschichte gerade in jenem Bereich, den man auch mit „Bildung der Gefühle"/„emotionale Intelligenz" (Goleman) umschreiben könnte, besondere Probleme.

Und gerade hier ist natürlich die Überschneidung mit dem Leitbegriff der seelischen Gesundheit wiederum besonders deutlich. Wenn Pädagogen sich in einer Teambesprechung Gedanken darüber machen, welche Maßnahmen geeignet sein könnten, bei einem aggressiven Jungen eine adäquatere Wahrnehmung der jeweiligen Konfliktsituationen, eine bessere Impulskontrolle und ein Stück weit mehr Empathie in die Opferperspektive zu erreichen oder darüber, wie ein Mädchen dabei unterstützt werden kann, sich deutlicher abzugrenzen, klarer die eigenen Wünsche und Bedürfnisse zu artikulieren und sich somit gegen Ausbeutung in Beziehungen besser zur Wehr zu setzen – geht es dann eher um die Förderung „seelischer Gesundheit" oder eher um „(emotionale) Bildung"?

Bisweilen werden allerdings auch in eher defensiver Weise scharfe Abgrenzungen vorgetragen, die auf eine Gegensätzlichkeit und prinzipielle Unvereinbarkeit beider Zielperspektiven hinauslaufen. Besonders deutlich in der Abgrenzungsdebatte zum Verhältnis von Pädagogik und Therapie. Diese Diskussion ist von Seiten der Vertreter der Allgemeinen Pädagogik hauptsächlich von der Sorge um die „Verwässerung des pädagogisch Eigentlichen" getragen, als dessen Hüterin sie sich primär sieht. So bringt etwa Heitger am Schluss seiner Ausführung die Relation von Therapie und Pädagogik auf die Formel: „Jene findet ihr Regulativ im Begriff der Bildung, diese in dem der Gesundheit ... Pädagogik wendet sich an das Bewußtsein mit der Absicht auf Selbstbestimmung... . Therapie wendet sich an den Leib, seine Funktionen und Abläufe" (Heitger 1994, S. 144). Eine Formel, die freilich nicht ganz stimmig ist, weil sie den ganzen Bereich der *Psycho*therapie und der *psychischen* Gesundheit einfach unterschlägt.

5. Resilienz

Es gibt diverse Studien, die in differenzierter Weise die Zusammenhänge zwischen verschiedenen Faktoren sozialer Benachteiligung im Kindes- und Jugendalter und den entsprechenden Beeinträchtigungen des Wohlbefindens und des Gesundheitsstatus aufgezeigt haben (vgl. Mansel/Jungbauer 1998, Hock/Holz/Wüstendörfer 2000, Jugbauer-Gans/Kriwiy 2004). Dabei handelt es sich freilich, wie stets bei epidemiologischen Untersuchungen, um statistische Tendenzen, die sich bei entsprechend großen untersuchten Populationen abzeichnen.

Diese Tendenzen zu beschreiben ist die eine Seite. Die andere, mindestens ebenso wichtige und interessante Seite fällt dabei freilich eher unter den

Tisch: die Frage nämlich, warum ein gewisser Teil der Kinder, der von entsprechenden Benachteiligungen betroffen ist, der also ebenfalls unter schwierigen, unzulänglichen Entwicklungsbedingungen aufwächst, *keine* entsprechenden gesundheitlichen Beeinträchtigungen zeigt. Es geht somit um die Frage nach den individuell unterschiedlichen Verarbeitungsformen jener beschriebenen Aspekte sozialer Benachteiligung.

Diese Frage, die in gewissem Sinne eine Umkehrung der traditionellen Fragestellung nach der Pathogenese darstellt, wird in jüngerer Zeit unter dem Leitbegriff der „Salutogenese" erforscht. Das Phänomen der Widerstandskraft gegen widrige Entwicklungsverhältnisse, der positiven, gesunden Entwicklung trotz vielfältiger Probleme und Belastungen, trotz traumatischer Erfahrungen und seelischer Verletzungen, die allerhand Fehlentwicklungen durchaus plausibel „erklären" könnten, wird dort als „Resilienz" bezeichnet. Ähnlich wie „psychische Gesundheit" und „Bildung" enthält auch der Begriff „Resilienz" einen normativen Aspekt: Resilienz ist etwas, das erwünscht und erhofft wird, das nach Möglichkeit unterstützt und gefördert werden soll.

Diejenigen Persönlichkeitseigenschaften und Kompetenzen, die in der salutogenetischen Literatur als spezifische Merkmale von „resilienten Menschen" diskutiert werden, dürften auch in der Diskussion darüber, was den Kern von „Bildung" ausmacht, einige Bedeutung haben. Gerade dann, wenn man Bildung nicht in erster Linie als das Verfügen über einen bestimmten Wissenskanon, sondern eher als Fähigkeit zur sinnvollen Lebensbemeisterung versteht.

Als besonders bedeutsame Konzepte sind in diesem Zusammenhang zu nennen:

- Das *„Kohärenzgefühl"* (sense of coherence), das von Antonovsky definiert wird als „eine globale Orientierung, die das Ausmaß ausdrückt, in dem jemand ein durchdringendes Vertrauen darauf hat, dass erstens die Anforderungen aus der internalen oder externalen Umwelt im Verlauf des Lebens strukturiert, vorhersagbar und erklärbar sind, und dass zweitens die Ressourcen verfügbar sind, die nötig sind, um den Anforderungen gerecht zu werden. Und drittens, dass diese Anforderungen Herausforderungen sind, die Investitionen und Engagement verdienen" (Antonovsky 1979, S. 12)
- *„Emotionale Integrität und Kohärenz"* als „die Fähigkeit, negative und positive Gefühle auf ihre externen Ursachen zurückzuführen, als gegeben zu akzeptieren und die erlebten Konflikte durch aktives, wirklichkeitsbezogenes Handeln und Kommunizieren, zum Beispiel, indem man um Hilfe bittet, zu lösen" (Grossmann et al. 1989).

- *„Internal locus of control"* (Rotter 1966) und „self-efficacy" (Bandura 1982) als die generalisierte Erwartung, dass man selbst in der Lage ist, Kontrolle über oder zumindest Einfluss auf die Dinge des eigenen Lebens auszuüben, mit dem eigenen Handeln tatsächlich etwas bewirken zu können und mithin nicht einfach passiv fremden Mächten oder der Willkür des Schicksals ausgeliefert zu sein.
- *Selbstverstehen*, also die Kenntnis der eigenen Persönlichkeit mit ihren Stärken und Kompetenzen, auf die man vertrauen kann, aber auch mit den Flucht- und Vermeidungstendenzen, mit den Bedürftigkeiten, Verwundbarkeiten und den Belastungsgrenzen, die man bei der Auseinandersetzungen mit den Herausforderungen des Alltags in Rechnung ziehen muss. Dies umfasst auch die biographische Dimension, d.h. ein Stück Selbsttransparenz hinsichtlich des eigenen Gewordenseins und der prägenden Kräfte, die darin eine Rolle gespielt haben.
- *Selbstachtung*, also gewissermaßen der gute Ruf, den man bei sich selbst hat, die Akzeptanz und Wertschätzung der eigenen Person auch mit ihren Schwächen und Fehlern.

Diese Aspekte stimmen auch auffällig mit dem überein, was Bruno Bettelheim in einem anderen Kontext und noch ganz ohne Bezug auf irgendwelche Studien der empirischen Risiko- und Resilienzforschung festgestellt hat. Er war ja bekanntlich in seiner eigenen Biographie mit der Extremsituation des Konzentrationslagers konfrontiert und die dort gemachten Erfahrungen haben sein ganzes anthropologisches und pädagogisches Denken sehr nachhaltig geprägt.

In einem Aufsatz mit dem Titel „Eigner eigenen Gesichts" aus dem Buch „Erziehung zum Überleben" setzt er sich mit der Frage auseinander, welche vorausgehenden biographischen Erfahrungen und welche Persönlichkeitsmerkmale unter den extremen Bedingungen des Konzentrationslagers eher zu einem raschen psychischen Zusammenbruch bei den Häftlingen führten oder aber ein „Trotz alledem", d.h. eine Aufrechterhaltung psychischer Integrität bei den Einzelnen begünstigten. Er kommt zu dem Ergebnis, es seien in erster Linie „die Autonomie, die Selbstachtung, die Integration der eigenen Persönlichkeit, ein reiches Innenleben und die Fähigkeit zu sinnvollen Beziehungen" gewesen, „die die wesentlichen psychischen Voraussetzungen bildeten, um in den Lagern als ein ganzer Mensch zu überleben" (Bettelheim 1979, S. 123).

Bettelheim formuliert diese Erkenntnis dann sogleich in ein bildungstheoretisches Problem um, indem er fragt, „wie kann man einer Entwicklung vorbeugen, die zur Desintegration der Person, zur Abkapselung, zu mangelnder

Selbstachtung und zur mangelnden Achtung anderer führt" und „was (kann) in der Gesellschaft und im Leben des einzelnen – vor allem durch Erziehung und Ausbildung – getan werden, um die Entfaltung von Autonomie, Selbstachtung und Integration, sowie die Fähigkeit zu sinnvollen und dauerhaften Beziehungen zu fördern; kurzum: diesen Menschen zu helfen, damit sie ‚Herrn und Eigner eigenen Gesichts' werden"? (ebd.). Ich denke in dieser Formulierung ist recht schön auf den Punkt gebracht, worum es im Kern geht und die Frage ob man dies nun eher unter dem Oberbegriff „Bildung", „psychische Gesundheit" oder gar „Resilienz" fasst, ist dabei eher zweitrangig.

6. Die „Bielefelder Invulnerabilitätsstudie"

Eine Untersuchung, die ihre Aufmerksamkeit in spezifischer Weise auf die Ausnahmefälle jener Kinder und Jugendlichen gerichtet hat, die sich trotz hoher Risikobelastung erstaunlich positiv entwickelt haben, stellt die „Bielefelder Invulnerabilitätsstudie" dar. In dieser Studie geht es zwar nicht um die *Ursprünge* der seelischen Widerstandskraft in früher Kindheit, sondern eher um die *persönlichkeitspsychologischen Korrelate* einer solchen Widerstandskraft im Jugendalter, dennoch ist sie natürlich mit ihrer expliziten Fokussierung auf die Frage der „Invulnerabilität" bzw. der „Resilienz" hier besonders bedeutsam (vgl. Lösel/Bliesener 1990, Lösel/Bliesener/Köferl 1990, Lösel/Kolip/Bender 1992, Lösel/Bender 1999).

Die Bielefelder Forscher gingen nicht von einer Untersuchung an Kindern aus, deren frühe Entwicklung durch bestimmte Risikofaktoren belastet war, und sie kamen nicht von daher zur Frage nach den „Ausnahmen", nach den Lebenslauf- und Persönlichkeitsmerkmalen derjenigen Probanden, die den Belastungen und Widrigkeiten ihres Entwicklungsmilieus in besonderer Weise trotzten, sondern sie versuchten von vornherein, eine Gruppe „unverwundbarer" bzw. „resilienter" Jugendlicher zusammenzustellen.

Dies geschah, indem den Mitarbeitern von zahlreichen Einrichtungen der Kinder- und Jugendhilfe das Konzept der „Invulnerabilität" oder „Resilienz" erläutert wurde und diese gebeten wurden, ihnen Jugendliche aus ihrem Beobachtungsfeld zu nennen, auf welche ihrer Meinung nach jenes doppelte Kriterium einer hohen biographischen Risikobelastung einerseits und einer (angesichts dieser Belastung) erstaunlich positiven Persönlichkeitsentwicklung andererseits zutraf. Durch diese „naturalistische Diagnostik" wurde eine Gruppe von 66 Jugendlichen im Alter von 14–17 Jahren als „Stichprobe der Resilienten" zusammengestellt.

Als Vergleichsgruppe wurde aus denselben Heimen eine Gruppe von 80 Jugendlichen, deren lebensgeschichtliche Risikobelastung etwa gleich hoch eingeschätzt worden war, die nun aber tatsächlich ausgeprägte Auffälligkeiten des Erlebens und Verhaltens aufwiesen, hinzugezogen.
In ausführlichen Interviews und mittels zahlreicher Frage- und Selbsteinschätzungsbögen wurde dann versucht, die biographischen Belastungen und Risikobedingungen, die Störungen des Erlebens und Verhaltens, die personalen Ressourcen wie Intelligenz, Temperament, Coping-Strategien, Selbstkonzept und Leistungsmotivation sowie die sozialen Ressourcen, d.h. die subjektive Einschätzung, in welchem Maß der oder die Betroffene die Personen seiner näheren Umgebung als hilfreich und unterstützend erfährt, möglichst differenziert zu erfassen.
Die Ergebnisse der Datenauswertung fassen Lösel und Bender folgendermaßen zusammen: Die Datenauswertung zeigte zunächst einmal, dass die naturalistischen Diagnosen, die Einschätzungen der Heimmitarbeiter relativ valide waren, d.h., dass sie sich hinsichtlich der Risiko- und Symptombelastungen tendenziell deckten mit den Ergebnissen der methodisch standardisierten und systematischen Erfassung dieser Merkmale. Die lebensgeschichtliche *Risikobelastung* lag auch danach in beiden Heimgruppen, das heißt bei der „Gruppe der Resilienten" und bei der „Gruppe der Auffälligen" etwa gleich hoch. Beide Gruppen unterschieden sich jedoch deutlich hinsichtlich ihrer mittels der „Child Behavior Checklist" von Achenbach erhobenen *Symptombelastung*.
Auch hinsichtlich der zahlreichen Variablen, die die personalen und sozialen Ressourcen betrafen, gingen alle signifikanten Unterschiede in die erwartete Richtung: „Stabil resiliente Jugendliche zeigten ein flexibleres und weniger impulsives Temperament, hatten eine realistischere Zukunftsperspektive, waren in ihrem Bewältigungsverhalten aktiver und weniger vermeidend, erlebten sich als weniger hilflos und mehr selbstvertrauend, waren leistungsmotivierter und in der Schule besser als die Jugendlichen mit Verhaltensstörungen. Sie hatten öfter eine feste Bezugsperson außerhalb ihrer hochbelasteten Familien, waren zufriedener mit der erhaltenen sozialen Unterstützung, erlebten ein harmonischeres und zugleich normorientierteres Erziehungsklima in den Heimen" (Lösel/Bender 1999, S. 38).
Einerseits mag man diese Ergebnisse als trivial einschätzen, da sie eben bestätigen, dass Jugendliche, deren Persönlichkeitsentwicklung angesichts ihres problematischen Entwicklungshintergrundes ihren Betreuern als besonders positiv auffiel und die selbst deshalb als „resilient" eingeschätzt wurden, auch in den standardisierten Erhebungen spezifischer Persönlichkeitsmerkmale im

Rahmen eines empirischen Forschungsprojekts tendenziell günstiger abschneiden als jene Jugendlichen, die die „risikogemäßen", „üblichen", „zu erwartenden" Auffälligkeiten und Störungen zeigten.
Dennoch ist es natürlich andererseits durchaus von Interesse, etwas genauer und differenzierter über die „typischen Persönlichkeitsmerkmale" jener Jugendlichen, die sich trotz all der Probleme in ihrer Lebensgeschichte relativ gut behaupten, die psychisch relativ gesund bleiben, zu erfahren. Und eben gerade auch die Erkenntnis, dass es nicht ganz spezielle Merkmalsausprägungen sind, die diese Kinder und Jugendlichen auszeichnen, dass es sich also nicht um irgendwie mysteriöse „Superkids" mit magischen Abwehrkräften handelt, sondern um Kinder und Jugendliche, die es fertig bringen, trotz widriger Umstände einfach jene Kräfte, Kompetenzen, Persönlichkeitsmerkmale auszubilden, die auch sonst eine relativ gesunde Entwicklung im Jugendalter ausmachen, ist ja von Bedeutung.

7. „Resilienzförderung" als (sozial-)pädagogische Aufgabe?

Die Bielefelder Studie wurde hier als exemplarisches Beispiel für jenen rasch wachsenden Bereich der Risiko- und Resilienzforschung dargestellt, zu dem inzwischen, gerade aus dem englischsprachigen Bereich, eine Vielzahl von aufwendigen Längsschnittstudien mit Kindern mit unterschiedlichen Risikoprofilen und eine kaum mehr überschaubare Vielzahl von Detailergebnissen vorliegen. Dabei kristallisierten sich als die typischen Merkmale in der Entwicklungsgeschichte und in der Persönlichkeitsstruktur jener resilienten Kinder und Jugendlichen durchaus markante Gemeinsamkeiten heraus.
So wird als „conditio sine qua non" für die Ausprägung jener Widerstandskraft immer wieder auf die zentrale Bedeutung frühkindlicher Bindungserfahrung verwiesen. Es besteht mehr oder weniger quer durch alle Studien ein Konsens darüber, dass Kinder, um so etwas wie „Resilienz" entwickeln zu können, ein Mindestmaß an Zuwendung und Zärtlichkeit erfahren haben müssen: In diesem Sinn schreibt Emmy Werner, die mit ihrer Kauai-Studie als Pionierin der Resilienzforschung gelten kann: „Die resilienten Kinder von Alkoholikern in Kauai, die resilienten Kleinkinder von vernachlässigenden Müttern in Minnesota und die resilienten Babys von psychotischen Eltern in Chicago, Rochester und St. Louis, sie alle hatten genügend gute Versorgung, um sichere Bindungsbeziehungen auszubilden und um ein Gefühl von Urvertrauen zu entwickeln" (Werner 1990, S. 106).

Somit könnten in einem weitesten Sinne alle sozialpolitischen, sozialpädagogischen, elternbildnerischen, erziehungsberaterischen und familientherapeutischen Maßnahmen, die geeignet sind, bei Kindern in problematischen Lebenslagen diese zentrale Bedingung zu sichern und zu unterstützen, als „Resilienzförderung" verstanden werden. In besonderem Maße natürlich auch die Frühförderung.

Etwas anders stellt sich das Problem dar, wenn man danach fragt, ob und wie in späteren außerfamiliären pädagogischen Kontexten die Ausbildung jener spezifischen Persönlichkeitsmerkmale, die in den einschlägigen Studien als die typischen Kennzeichen der „resilienten" Kinder und Jugendlichen beschrieben werden, gefördert werden kann. „Resilienz" ist ja nicht etwa wie „Auge-Hand-Koordination", „Rechts-Links-Differenzierung", „phonologische Bewusstheit", etc. eine eng begrenzte Fertigkeit oder eine Kompetenz, die systematisch aufgebaut und isoliert trainiert werden könnte. Vielmehr handelt es sich dabei um ein sehr umfassendes Konzept, das mit den grundlegenden Haltungen des Menschen sich selbst, seinen Mitmenschen, seiner Vergangenheit und seiner Zukunft gegenüber zu tun hat. Es geht dabei um so basale Aspekte wie um die Überzeugung, als Person etwas wert zu sein, um das Zutrauen, durch eigene Anstrengung in der Welt etwas zum Positiven wenden zu können, um das Gefühl von Sinn und Zusammenhang in der eigenen Lebensgeschichte, um die Gabe, sich durch Enttäuschungen nicht entmutigen und verbittern zu lassen, aggressive Impulse kontrollieren und negative Emotionen regulieren zu können, um die Fähigkeit mit anderen Menschen verträglich auszukommen, darum, Nähe und Distanz in Beziehungen angemessen auszubalancieren, Empathie für die Lage des anderen aufzubringen und sich doch nicht von dessen Ansprüchen völlig vereinnahmen zu lassen. Es geht um die Fähigkeit, dem negativen Gruppendruck devianter Peergroups zu widerstehen und für sich selbst Nischen positiver Interessen und förderlicher Beziehungen aufzubauen. Es geht um Hartnäckigkeit und Ausdauer in der Verfolgung eigener Ziele, um die Kunst, die eigenen Möglichkeiten realistisch einzuschätzen und die gegebenen Chancen beherzt wahrzunehmen etc. etc..

All diese Ziele lassen sich – so wünschenswert und lebensbedeutsam sie auch sein mögen – nicht ohne Weiteres in sonderpädagogische Förderprogramme verpacken oder gar in curriculare Lerneinheiten umsetzen. Aber es lassen sich durchaus Bedingungen angeben, die diesen Zielen förderlich sind. Selbstverständlich muss die Stoßrichtung präventiver Interventionen in erster Linie dahingehen, belastende Lebensbedingungen von Kindern und Familien insgesamt zu verbessern und es wäre natürlich zynisch, wollte man primär das Ziel verfolgen, Kinder gewissermaßen für unerträgliche Verhältnisse „fit" zu machen. Dennoch darf es angesichts der generellen Zähigkeit der Verhältnisse und angesichts der Vielfalt von Lebensproblemen, die weder mit pädagogischen noch mit sozialpolitischen Mitteln aus der Welt geschafft werden können, auch kein Denkverbot darüber geben, welche Erfahrungen am ehesten geeignet sind, Kinder in problematischen Lebensverhältnissen zu stärken. In diesem Sinne kommt etwa Leo Montada zu der Forderung, es müssten Ansätze gefördert werden, „... durch die den Subjekten Gelegenheit geboten wird, Kompetenzen, protektive Eigenschaften und Überzeugungen zu entwickeln, die ihnen helfen, künftige Probleme und Krisen besser zu bewältigen. Die Erfahrung, eine Krise selbst gemeistert zu haben, sollte *Selbstvertrauen* im Sinne des Vertrauens in die eigenen Handlungsmöglichkeiten stärken. Der Aufbau eines Repertoires verschiedener Bewältigungsstrategien würde im Sinne einer *Stressimmunisierung* wirken. Weil der Lebenslauf als eine Sequenz von Problemen verstanden werden kann, ist es angezeigt, zu vermitteln, dass jedes Problem, von den kleinen, alltäglichen bis zu großen, das Leben ändernden Veränderungen eine Herausforderung ist und eine Gelegenheit zu lernen und neue Einsichten und Kompetenzen zu entwickeln" (Montada 1995, S. 71).

Dies ist freilich leichter allgemein gefordert, als in der konkreten Erziehungswirklichkeit eingelöst. Der Aufbau von „verschiedenen Bewältigungsstrategien" und von einer Grundhaltung, die Probleme generell eher als Herausforderung und als Lernchance begreift, denn als Heimtücke des Schicksals und als Beleg für die Aussichtslosigkeit eigener Anstrengungen, ist eben kaum abstrakt und lehrplanmäßig möglich, sondern nur durch entsprechende Lebenserfahrungen und unter Umständen durch bedeutsame Personen, die eine solche Haltung überzeugend vorleben.

KAPITEL 10
Resilienz als Bildungsziel?

> *Il y a des enfances qu'il faut quitter,*
> *des enfances dont il faut guérir*
> Eric-Emmanuel Schmitt

1. Bildung als „Weg der Menschwerdung" I: Resilienz in literarischer Perspektive

Die Erzählung „Monsieur Ibrahim und die Blumen des Koran" von Eric-Emmanuel Schmitt ist, wie auch die anderen Erzählungen dieses Autors, die von Kindern in äußerst schwierigen Lebenssituationen handeln, sowohl unter der Perspektive der Bildung, als auch unter der Perspektive der Resilienz, der Frage danach, was Kinder stärkt, interessant zu lesen. Geschildert wird darin der Entwicklungsprozess eines zu Beginn der Geschichte elfjährigen jüdischen Jungen. Diese Geschichte erzählt einerseits den Prozess der Emanzipation von einem sehr strengen, lieblosen und depressiven Vater sowie den Prozess der Befreiung vom Trauma des Verlassenwerdens durch die leiblichen Eltern und dem damit verbundenen drückenden Gefühl, als Mensch nicht liebenswert zu sein.

Diese Geschichte schildert zugleich aber auch einen Bildungsprozess besonderer Art, der sich in der Begegnung dieses Jungen mit dem altersweisen, verschmitzten Kolonialwarenhändler „Monsieur Ibrahim" ereignet. Dieser Mann aus der Nachbarschaft wird zu einer Art Vaterfigur für Momo und am Ende kommt es sogar zu einer formalen Adoption. Er bringt ihm die wesentlichen Dinge über die Menschen und das Leben bei. Momo, der in der düsteren, freudlosen Atmosphäre, in der er aufwuchs, bereits gelernt hatte, „die Menschen mit den Augen meines Vaters zu sehen. Mit Misstrauen, mit Missachtung" (Schmitt 2004[4], S. 28f.), der gewohnheitsmäßig im Laden von Monsieur Ibrahim zu klauen begonnen hatte und dies mit der rassistischen Floskel „Was soll's er ist ja nur ein Araber" (ebd., S. 15) vor sich selbst rechtfertigte, der voller Minderwertigkeitskomplexe und Selbstverachtung steckte („Was war nur so abscheulich an mir, was war bloß an mir, daß man mich nicht lieb haben konnte? (ebd., S. 51)), er lernt von Monsieur Ibrahim die entwaffnende Wirkung des Lächelns, den Respekt für andere Menschen und für sich selbst, den Blick für die Schönheit, die Anerkennung der Sinnlichkeit, die Kunst der Gelassenheit, die Bedeutung der Liebe, die Achtung vor den Weisheiten des Korans – und gleichzeitig die Skepsis vor den Bücherweisheiten: „Will man etwas lernen, greift man nicht zum Buch. Man sucht sich Leute, mit denen man reden kann. Ich glaube nicht an Bücher" (ebd., S. 54). Auf einer (Bildungs-)Reise lernt er bedeutsame Dinge über die sozialen Verhältnisse und über die Unterschiede zwischen den Religionen. Beim meditativen sufitischen Tanz kommt er sogar in Berührung mit den spirituellen Tiefendimensionen des Lebens. Er lernt, sich selbst zu lieben, seinem Vater zu verzeihen, seine Mutter zu verstehen, Verlust zu ertragen, das Schicksal anzunehmen.

2. Vom vielfältigen Nutzen der Bildung

Der Bildungsprozess, der in dieser Erzählung eindringlich beschrieben wird und der für diesen Jungen eine Chance bedeutet, seinem Leben eine Wendung hin zum Freundlichen, Fröhlichen, Sinnhaften zu geben, ist, nicht nur deshalb, weil er auf das Engste mit einem Beziehungsprozess verknüpft ist, von deutlich anderer Qualität als all das das, was in der jüngeren Bildungsdiskussion hierzulande diskutiert wird. Dort ist zwar häufig durchaus auch von „Bildung als Chance" die Rede, ja, von Bildung als „Chance" zu sprechen oder Chancengleichheit in Sachen Bildung zu fordern, diese Redeweisen sind in der Pädagogik und in der Bildungspolitik gang und gäbe. Jedoch erweist sich diese Formulierung bei genauerer Betrachtung als höchst vage und mehrdeutig. Bildung als Chance. Als Chance für wen? Als Chance wofür?

„Bildung", so konnten wir in zurückliegenden Wahlkämpfen immer wieder hören, sei die wichtigste Ressource in unserem rohstoffarmen Land. Nur über eine Verbesserung der Bildungssituation in der Bundesrepublik böte sich die Chance, eine Spitzenposition in Sachen Innovation und High-Tech unter den Industrienationen und damit den gewohnten Lebensstandard zu behaupten bzw. aus der wirtschaftlichen Krisensituation der letzten Jahre herauszukommen.

„Bildung entscheidet über unserer Zukunft" war schon das Motto von Roman Herzogs vielbeachteter Rede auf dem Berliner Bildungsforum im November 1997. Und dabei zielte der damalige Bundespräsident mit diesem Titel durchaus über die rein ökonomische Nutzenssphäre hinaus: „Wer sich den

höchsten Lebensstandard, das beste Sozialsystem und den aufwendigsten Umweltschutz leisten will, der muß auch das beste Bildungssystem haben. Außerdem ist Bildung ein unverzichtbares Mittel des sozialen Ausgleichs. Bildung ist der Schlüssel zum Arbeitsmarkt und noch immer die beste Prophylaxe gegen Arbeitslosigkeit. Sie hält den Mechanismus des sozialen Auf- und Abstiegs offen und damit unsere offene Gesellschaft in Bewegung. Und sie ist zugleich ein Lebenselixier der Demokratie in einer Welt, die immer komplexer wird" (Herzog 1997, S. 49).
Auch wenn man als „Nutznießer" der durch „Bildung" eröffneten Chancen weniger die Volkswirtschaft oder das demokratische Gemeinwesen sondern konkrete Individuen ins Auge fasst, bleiben noch viele Deutungsvarianten offen. Von den Konzepten „basaler Begabungs- und Bildungsförderung im Vorschulalter" (Lückert 1969) bis hin zur „Altenbildung" (Dettbarn-Reggentin/Reggentin 1992) wurden und werden entsprechende Bildungsangebote immer als besondere „Chancen" für die jeweilige Zielgruppe angepriesen: Vorschulische Bildung soll gerade die sozioökonomisch benachteiligten Kinder für die Schule *fit machen* und Seniorenbildung soll die Teilnehmer im Alter geistig *fit halten*.
In der Tat lässt sich belegen, dass höhere Bildungsgrade statistisch signifikant mit vielen Aspekten gelingender Lebensführung korrelieren. So wie sich mit qualifizierteren Bildungsabschlüssen das Risiko der Arbeitslosigkeit reduziert, so erhöht sich andererseits die Wahrscheinlichkeit der subjektiven Zufriedenheit mit der eigenen beruflichen Tätigkeit. Personen mit höheren Bildungsabschlüssen haben statistisch gesehen ein deutlich verringertes Risiko, als Opfer oder Täter in Straftaten verwickelt zu werden (Geissler 1987). Sie haben ein verringertes Morbiditätsrisiko für zahlreiche somatische Erkrankungen (Weber 1987, Keupp 1991, Mielck 1993, Stronegger u.a. 1996) und sie werden deutlich seltener wegen psychiatrischer Störungen in entsprechenden Kliniken behandelt (Hollingshead/Redlich 1958, Cohler 1987, Rutter 1993). Die durchschnittliche Lebenserwartung eines Professors ist nach einer Untersuchung von Oppholzer um 9 Jahre höher als die eines ungelernten Arbeiters (Oppholzer 1986, S. 100). Eine plausible Erklärung für den Zusammenhang zwischen Morbiditäts- und Mortalitätsraten und dem Bildungsniveau fasst Badura folgendermaßen zusammen: „Ungleichheiten im Bildungsniveau beeinflussen vermutlich Stressexposition und Stressbewältigung sowie die Verfügbarkeit und die Nutzung gesundheitsrelevanter gesellschaftlicher und persönlicher Ressourcen, inklusive medizinischer und präventiver Dienste" (Badura 1993, S. 71).

Dass Bildung auch die Chancen auf dem „Partnerschaftsmarkt" verbessert, lässt sich an den entsprechenden Heiratsannoncen, in denen dieser Persönlichkeitsfaktor in der Regel deutlich hervorgehoben wird, studieren. Auch das Risiko, bei der Erziehung der eigenen Kinder so schwerwiegend zu versagen, dass zur Sicherung des Kindeswohls eine Intervention des Jugendamtes notwendig wird, sinkt mit der Höhe des Bildungsgrades (Quinton/Rutter 1988).
Bildung also als Motor für wirtschaftliche Prosperität, als Lebenselixier für die Demokratie und als Allroundprophylaktikum gegen die Risiken und Unbillen des Lebens in der modernen Industriegesellschaft?
Natürlich kann man hier einwenden, dass in jenen soziologischen und epidemiologischen Untersuchungen „Bildung" nur im Sinne formaler Bildungsabschlüsse berücksichtigt sei, und dass diese noch wenig über den wahren, eigentlichen Bildungsgrad im Sinne der Fähigkeit, sein Leben sinnerfüllt und verantwortlich zu leben, aussagt. Immerhin gibt es eine eindrucksvolle Autobiographie eines promovierten Autors die mit dem Sätzen beginnt: „Ich bin jung und reich und gebildet; und ich bin unglücklich, neurotisch und allein. Ich stamme aus einer der allerbesten Familien des rechten Zürichseeufers, das man allgemein die Goldküste nennt. Ich bin bürgerlich erzogen worden und mein Leben lang brav gewesen" (Zorn 1979, S. 25, vgl. dazu auch Göppel 1997, S. 376f.).
Und man könnte noch grundlegender einwenden, dass allein schon der Gedanke, Bildung unter utilitaristischen Nützlichkeitserwägungen zu betrachten, sie als Chance für bestimmte günstige Entwicklungen, somit als Mittel zu bestimmten Zwecken (außer dem der „Selbstvervollkommnung") anzusehen, die eigentliche Bildungsidee verrate. In diesem Sinne hat Adorno in seiner „Kritik der Halbbildung" gemeint: „Der Traum der Bildung, Freiheit vom Diktat der Mittel, der sturen und kargen Nützlichkeit, wird verfälscht zur Apologie der Welt, die nach jenem Diktat eingerichtet ist" (Adorno 1975, S. 71) und Heydorn sieht den Begriff der Bildung gar durch den „Verwertungscharakter ... verstümmelt und in seiner geschichtlichen Möglichkeit paralysiert". Gleichzeitig knüpft er freilich andererseits in seinem Aufsatz „Überleben durch Bildung. Umriß einer Aussicht" eschatologische Hoffnungen an diesen Begriff (Heydorn 1980, S. 290).

3. Von der ursprünglichen Idee der Bildung

Hier ist nicht der Raum, um die komplexe Geschichte des Bildungsbegriffs und der klassischen Bildungstheorien differenziert darzustellen (vgl. Menze

1970, Ballauff 1988, Böhm 1988). Es soll nur einige Grundzüge, in denen das Bildungsverständnis von klassischen Autoren wie Kant, Pestalozzi, Goethe, Schiller, Herbart, Schleiermacher, Humboldt, Fichte und Hegel konvergiert, in Erinnerung gerufen werden, um dann später fragen zu können, in welchem Verhältnis eigentlich der altehrwürdige, einheimische Begriff der „Bildung", der oftmals als der zentrale Grundbegriff der deutschen Pädagogik schlechthin bezeichnet wird (Böhm 1982, S. 76), zu jenem neuen, aus dem angloamerikanischen Sprachraum stammenden Begriff der „Resilienz" steht, der derzeit eine erstaunliche Karriere macht.
Im klassischen Verständnis hängt Bildung eng mit den Ideen der Aufklärung und der Mündigkeit zusammen. Es geht bei dem Prozess der Bildung nicht um die bloße Anhäufung und Aneignung von Wissen, es geht dabei auch nicht vordringlich um die Nützlichkeit und um die praktische Verwertbarkeit dieses Wissens, sondern es geht darum, den eigenen Geist auf rechte Weise zu schulen, die eigene Persönlichkeit zu entwickeln. Im Zentrum stehen die Fähigkeit und der Mut zum Selberdenken und zu selbstverantwortlichen Entscheidungen in moralischen Fragen. Die Menschen sollten sich „als zur vernünftigen Selbstbestimmung fähige Subjekte" begreifen, „genauer: als Subjekte, die im Prinzip in der Lage sind, sich zu vernünftiger Selbstbestimmung *heranzubilden*" (Klafki 1985, S. 18). Damit war gleichzeitig ein hoher Anspruch der Selbstkultivierung der eigenen Person gesetzt. „Sich selbst besser machen, sich selbst kultivieren und ... Moralität bei sich hervorbringen, das soll der Mensch" (Kant 1983, S. 13).
Dabei sollte diese Selbstbestimmungsfähigkeit wiederum keineswegs Ausdruck bloßer subjektiver Willkür und Launenhaftigkeit sein, sondern der Mensch sollte zur Autonomie, d.h. zur Selbstgesetzgebung in der Lage sein, also einerseits dazu zu erkennen, welches Handeln in einer Situation von der Vernunft geboten ist, andererseits dazu, diesem als richtig Erkannten im konkreten Handeln dann auch zu folgen und andere Begierden, Wünsche, Interessen zu unterdrücken. Nicht aber allein auf die Kultivierung des Willens und des Handelns bezog sich der Anspruch der Bildung, sondern auch auf die Kultivierung des Geistes, der Sprache, des Genusses, des ästhetischen Empfindens, der zwischenmenschlichen Umgangsformen, der Freundschaftsbeziehungen... Sämtliche menschliche „Vermögen" sollten gleichermaßen gebildet und „vervollkommnet" werden. Und dieser Prozess sollte auch keineswegs im luftleeren Raum bloßer Innerlichkeit, als abstrakte Geistesakrobatik, als isolierte Gemütsschulung und als verbissenes Willentraining erfolgen, sondern in der innigsten Auseinandersetzung mit der Welt und den Menschen.

Deshalb ging es darum, die sozialen Konstellationen und die Gegenstände aus Geschichte, Kunst, Literatur, Religion, Politik, Philosophie etc. ausfindig zu machen, die am besten geeignet waren, diesen Bildungsprozess anzuregen und zu befördern. „Welche Objektivierungen der bisher erschlossenen Menschheitsgeschichte scheinen am besten geeignet, dem sich Bildenden Möglichkeiten und Aufgaben einer Existenz in Humanität, in Menschlichkeit aufzuschließen, also einer auf wechselseitig anerkannte, damit aber immer auch begrenzte Freiheit, auf Gerechtigkeit, kritische Toleranz, kulturelle Vielfalt, Abbau von Herrschaft und Entwicklung von Friedfertigkeit, mitmenschliche Begegnung, Erfahrung von Glück und Erfüllung hin orientierte, vernunftgeleitete Selbstbestimmung?" (Klafki 1985, S. 23) – dies war die implizite Leitfrage, die den Reflexionen über den „Bildungswert" einzelner Gegenstände zugrunde lag.

Die Bildungstheorie hat seitdem eine lange Entwicklung genommen, bei der natürlich immer wieder gefragt wurde, inwiefern diese idealistische klassische Bildungsvorstellung noch tragfähig sei, inwiefern zeitgemäße Bildungskonzeptionen stärker die seitdem grundlegend gewandelten gesellschaftlichen, wirtschaftlichen und technologischen Verhältnisse berücksichtigen müssten.

In bestimmten Phasen der Entwicklung der Pädagogik ist sogar die Meinung vertreten worden, dass der Bildungsbegriff als veralteter, reaktionärer, elitärer, dünkelhafter Begriff am Besten ganz verabschiedet und durch neutralere Konzepte wie „Lernen", „Aneignung" „Kompetenzerwerb" etc. ersetzt werden sollte. Dann hat er aber als Orientierungs- und Zentrierungsbegriff, der immer wieder dazu herausfordert, den Sinn und das Ziel des ganzen pädagogischen Geschäfts zu reflektieren, eine bemerkenswerte Renaissance innerhalb der Erziehungswissenschaft erlebt (vgl. Klafki 1985, Mollenhauer 1986, v. Hentig 1996, Peukert 2000, Gruschka 2001).

4. Von den Veränderungen und Verengungen der Bildungsdiskussion seit PISA

Seit der Veröffentlichung der ersten PISA-Studie im Jahr 2001 hat die Bildungsdiskussion hierzulande wiederum eine deutliche Wendung genommen und gleichzeitig eine erstaunliche öffentliche Resonanz bekommen. Selten ist in den Jahrzehnten davor in den Medien so intensiv und ausgiebig über Bildungsfragen berichtet und diskutiert worden wie in den letzten fünf Jahren. Zugleich hat in dieser Diskussion unter dem Eindruck der PISA-Studie, und d.h. vor allem unter dem Eindruck der nationalen narzisstischen Kränkung, dass die deutschen Schüler dort nur einen Platz im unteren Mittelfeld erreicht haben, eine deutliche Engführung stattgefunden. „Bildung" wird seitdem in vielen Diskussionen mehr oder weniger gleichgesetzt mit jenen Kompetenzen, die im Rahmen der PISA-Studie gemessen und international verglichen wurden. Der Bildungseifer einer Nation, der Bildungserfolg eines nationalen Schulsystems, der Bildungsgrad einer Jugendgeneration, all dies wird seitdem häufig sehr schlicht und sehr kurzschlüssig an den jeweiligen Placierungen bei den entsprechenden Ranking-Tabellen der PISA-Studie festgemacht. Dabei ist nicht zu bestreiten, dass es sich bei den Konzepten der „Reading Literacy", der „Mathematical Literacy" und der „Scientific Literacy" um sinnvolle Konzeptbildungen handelt, die sich nicht auf die bloße Wiedergabe schulischen Lernstoffs beziehen, sondern auf die Fähigkeit zur problembezogenen, kreativen Anwendung von erworbenen Wissensbeständen. Natürlich ist gerade die Lesefähigkeit eine hochwichtige Voraussetzung zur Teilhabe an der Kultur. Jedoch kann man dennoch erhebliche Zweifel daran haben, ob es sich bei dem, was bei PISA untersucht wurde, um „das Ganze der Bildung" handelt oder eben nur um jenen schmalen Ausschnitt, der besonders leicht in einem Large Scale Student Assessment mit entsprechendem Paper and Pencil Design zu erheben ist.

Hartmut von Hentig hat angesichts der Durchsicht der ganz konkreten Aufgabenstellungen, die für PISA maßgeblich waren, eindringlich vor einer solchen Engführung der Bildungsdiskussion gewarnt und auf all das hingewiesen, was dort *nicht* gefragt ist. „Nirgends geht es ihnen um die für die persönliche und die politische Bildung kennzeichnenden Anforderungen: Zusammenhang herstellen, Sinn geben, bewerten (nicht nur begründen), etwas Tradiertes aneignen und bewahren, etwas auf sich beziehen, etwas genießen können, Vergangenes rekonstruieren, Künftiges entwerfen, Einzigartiges verstehen, Ambiguität und Aporie aushalten" (v. Hentig 2004, S. 293). Das, was bei PISA gemessen und verglichen wurde, sind formale, instrumentelle Kompetenzen; als solche sind sie sicherlich nützlich und wichtig, aber sie stellen eben nur einen Teil der Bildungsaufgabe dar. Die Schule jedoch hat nach v. Hentig die Pflicht, ihren Schülern auch für die anderen, vielleicht noch wichtigeren Aspekte der Bildungsaufgabe Anregung und Unterstützung zukommen zu lassen: „in der Entfaltung und Verfeinerung ihres Wahrnehmungs- und Gestaltungsvermögens; in der Beobachtung und Beachtung ihrer Mitmenschen, der zwischen ihnen waltenden bekömmlichen Regeln, ihres eigenen politischen Verhaltens, des Gemeinwohls; in der Ausbildung eines Bewusstseins ihrer Herkunft, den Bedingungen und Bedingtheiten ihrer Le-

bensweise; beim Vordringen zu und beim verständigen Umgang mit ‚letzten Fragen'" (ebd., S. 294).
Dabei war ursprünglich durchaus vorgesehen, bei der PISA-Studie neben den instrumentellen Kompetenzen, den drei Formen von „Literacy", auch noch einen weiteren Bereich von bildungsbedeutsamen Fähigkeiten in die Untersuchung mit einzubeziehen. Fend u.a. hatten im Auftrag der OECD einen Katalog von Bewertungskriterien ausgearbeitet um zu prüfen, inwiefern es Bildungssystemen gelingt bei den Schülern auch jenen Bereich der „Crosscurricular Competencies" angemessen zu fördern, jene Kompetenzen, die nicht direkt mit einem Schulfach in Verbindung zu bringen sind und die dennoch in besonderer Weise wichtig dafür sind, eine Rolle als mündiger Bürger in einer Gesellschaft wahrzunehmen und ein persönlich befriedigendes Leben in der Gemeinschaft zu führen. Fend hat diese „Qualitäts-Essentials" folgendermaßen zusammengefasst:
„Die Qualität eines Nationalen Bildungssystems, bzw. in einem erweiterten Sinn die Qualität des Erziehungssektors eines Gemeinwesens sollte sich danach in folgenden Punkten erweisen:
- in seiner Fähigkeit, eine leistungsbereite, disziplinierte junge Generation zu entwickeln,
- in der Förderung einer psychisch gesunden, selbstbewussten und vertrauensvollen Schülerschaft,
- in der Entwicklung einer positiven Haltung gegenüber Lernen und Institutionen, die Lernen organisieren,
- in der Prävention und Kompensation von Devianz und Gewalt,
- in der Förderung demokratischen Verständnisses und demokratischer Grundwerte" (Fend 1998, S. 234).
Gerade die Entwicklung der psychischen Gesundheit der Jugendlichen, insbesondere der Aufbau eines positiven Denkens über sich selbst und über die eigenen Zukunftsperspektiven, waren für Fend zentrale Aspekte der „Lebenstüchtigkeit" und sollten deshalb auch wichtige Gradmesser für die Qualität eines Bildungs- und Erziehungssystems sein. Denn, so Fend, der Globalindikator positives Selbstkonzept ... steht als Indiz für die Kompetenz der Jugendlichen, an Lebensaufgaben nicht zu scheitern, sondern sie zu meistern und damit auch daran zu wachsen. ... Die positive zukunftsbezogene Einschätzung der eigenen Möglichkeiten und Chancen ist eine weitere wichtige Grundlage für Lebensbewältigung der Heranwachsenden. Diese Zuversicht ist nötig, um auch schwierige Aufgaben anzupacken. Wer nämlich Zukunftswege eher verschlossen sieht und keine Möglichkeiten erkennt, über eigenes Handeln das Leben zu gestalten, wird auch eher resignativ den Alltag erdul-

den lernen und damit aktive Steuerungsstrategien auslassen. Dieser Gefahr des Erlernens von Hilflosigkeit gilt es in der Schule angemessen zu begegnen, indem Jugendliche mit den notwendigen Kompetenzen ausgestattet werden, um ein größtmögliches Maß an Kontrolle über ihr zukünftiges Leben realisieren zu können" (Fend u.a. 1996).

Diese weiteren Dimensionen des Bildungsanspruchs der Schule, die sich weniger auf die Erfordernisse der „brauchbaren geistigen Arbeitkraft und der entwickelten intellektuellen Problemlösefähigkeit", sondern eher auf die Aspekte des „mündigen, kritischen und engagierten Bürgers" und des „lebenstüchtigen, selbstbewussten Subjekts" beziehen, sind bei der realen Durchführung der PISA-Studie dann weitgehend durch die Maschen des methodischen Designs gefallen. Wohl deshalb, weil es einfach zu schwierig ist, sie in einem Large-Scale-Assessment angemessen zu erheben.

Beim nationalen PISA-Test gab es zwar in Deutschland noch eine Ergänzung der international vergleichend erhobenen Daten zu den drei Basiskompetenzen „Lesekompetenz", „Mathematische Grundbildung" und „Naturwissenschaftliche Grundbildung" um die Bereiche „Selbstreguliertes Lernen" und „Kooperation und Kommunikation". Dabei wurden die Selbsteinschätzungen der Schüler bezüglich ihrer Lernstrategien und ihrer metakognitiven Fähigkeiten sowie bezüglich ihrer Fähigkeiten zur Perspektivübernahme, zur Empathie, zur Unterstützungsbereitschaft, zur Einhaltung von Normen und zur Verantwortlichkeit abgefragt. Die Ergebnisse, die hierzu auf rund 50 der insgesamt 550 Seiten des PISA-Berichts dargestellt sind, haben aber so gut wie keine öffentliche Resonanz gefunden. Wohl vor allem deshalb nicht, weil es hier keine Ranking-Liste gab, auf der man sehen konnte welchen Rangplatz die deutschen Schüler einnehmen und ob sie in dieser Hinsicht nun 30 Punkte schlechter als die finnischen Schüler oder 17 Punkte besser als die italienischen abgeschnitten haben.

Die Nach-PISA-Bildungsdebatte kreiste vor allem darum, wie die Schmach ausgewetzt werden könnte, wie man die Leistungsfähigkeit des deutschen Bildungssystems erhöhen könnte und an welchen Stellschrauben wie gedreht werden müsste, um im Bereich des Lesens, der mathematischen und der naturwissenschaftlichen Kenntnisse möglichst bald den Anschluss an die Weltspitze zu finden. Dies war das erklärte Ziel sämtlicher Bildungspolitiker. Der Mainstream der bildungspolitischen Diskussion im Gefolge der PISA-Studie war bisher entsprechend hauptsächlich darauf gerichtet, wie die Schulzeit in Deutschland effektiver genutzt, wie die Lernwirksamkeit des Unterrichts erhöht und wie die Erreichung der angestrebten „Outputs" kontrolliert werden könnte. Die bisher eingeleiteten Maßnahmen, etwa die Vorverlegung des

Einschulungsalters, die Einführung des achtklassigen Gymnasiums, die Formulierung einheitlicher Bildungsstandards und die Abhaltung zentraler Leistungstests, gehen alle in diese Richtung. Und als es beim zweiten PISA-Durchgang 2003 leichte Verbesserungen der Placierungen der deutschen Schüler im internationalen Ranking gab, haben sich alle Bildungspolitiker stolz auf die Brust geklopft, dass man auf dem richtigen Weg sei.

Es ist jedoch zu befürchten, dass angesichts dieser Tendenzen nun so forciert „Output", „messbare Leistung", „Effektivität" „Exzellenz", „einheitliche Standards" in den Vordergrund zu rücken, die ganzen anderen, schwerer messbaren Aspekte, die persönliche Entwicklung im Jugendalter, die Bildung in einem umfassenderen Sinn, die Schule und Schulleben eben *auch noch* ausmachen und die natürlich entsprechende Räume und Zeiten und Aufmerksamkeiten brauchen, eher in den Hintergrund rücken. Von den umfassenderen Ansprüchen und den Maßstäben, an denen nach Fend und v. Hentig die Leistungsfähigkeit eines Bildungssystems gemessen werden sollte, war jedenfalls in der jüngeren bildungspolitischen Diskussion kaum etwas zu spüren.

Eher scheint es so, als ob der Wind, der seit PISA durch die deutsche Schullandschaft weht, ein Wind ist, der allen Absichten, in diesem Sinn die erzieherischen Kräfte der Schule als „Lern- und Erfahrungsraum" zu stärken, heftig entgegen bläst. In diesem Sinne hat Helmut Peukert zu bedenken gegeben: „Die gegenwärtig öffentlich geforderten ‚Bildungsrevolutionen' zielen doch eher darauf, Bildung auf das Erlernen derjenigen Kenntnisse und Fertigkeiten zu reduzieren, die als ‚Mittel der Wahrnehmung des Vorteils im ungeschichtlichen bellum omnium contra omnes' (Adorno 1972, S. 97) auf globaler Ebene im Augenblick gebraucht werden (Peukert 2000, S. 3f.).

Auch ein anderer Bereich des Bildungssystems, der Kindergarten, wurde von der PISA-Debatte nachhaltig betroffen, ja, erst seit PISA wird überhaupt sein Bildungsauftrag ausdrücklich und ernsthaft betont. Vorher galt der Kindergarten vielen eher als ein Feld, in dem Kinder zwar betreut und beschäftigt, vielleicht auch noch etwas angeregt, angeleitet und gefördert werden, das aber mit dem eigentlichen Geschäft der Bildung noch wenig zu tun habe.

Seit PISA hat sich auch hier der Wind deutlich gedreht. Es wurde kritisiert, dass bisher von der traditionellen deutschen Kindergartenpädagogik wertvolle Bildungszeit einfach „verplempert" wurde, die künftig sehr viel gezielter und systematischer für Bildungszwecke genutzt werden sollte. In fast allen Bundesländern wurden in den letzten Jahren „Bildungspläne für den Elementarbereich" ausgearbeitet. Gerade für den Ausgleich sprachlicher Defizite wird darin dem Kindergarten eine wichtige Funktion zugeschrieben, daneben gibt es auch diverse Initiativen, die Kindern schon im Vorschulalter auf spie-

lerische Weise an die Mathematik heranzuführen und ihre natürliche Neugierde zu nützen, um sie in einfachen Experimenten Naturphänomene erforschen zu lassen (Lück 2003, Friedrich/Galgóczy 2004).
Interessant ist nun jedoch andererseits, dass gerade in diesen Bildungsplänen für den Elementarbereich vielfach auch ganz explizit der Aspekt der Resilienz, d.h. der ausdrückliche Auftrag, Kinder zu stärken, sie mit den notwendigen Bewältigungskompetenzen auszustatten, aufgenommen wurde. So werden in dem vom Staatsinstitut für Frühpädagogik in Bayern entwickelten „Bildungs- und Erziehungsplan für Kinder in Tageseinrichtungen bis zur Einschulung" folgende Leitprinzipien genannt, denen sich dieser Bildungsplan verpflichtet fühlt: Das Prinzip der Demokratie und der kindlichen und elterlichen Partizipation, die Berücksichtigung der kulturellen Diversität und der individuellen Differenzen, die Prinzipien der Inklusion und der Resilienz. Das letztgenannte Prinzip und der für viele neue Begriff werden dann folgendermaßen erläutert: „d.h. der Organisation von Erziehungs- und Bildungsbedingungen, die das Kind befähigen, mit Belastungen, Veränderungen und Krisen so umzugehen, dass es darin Herausforderungen erblickt und seine Kräfte mobilisiert bzw. die Ressourcen in Anspruch nimmt, die ihm erfolgreiche Bewältigung ermöglichen" (Fthenakis 2004, S. 5). Von Corinna Wustmann, die Wissenschaftliche Mitarbeiterin am Staatsinstitut für Frühpädagogik in München war, ist inzwischen auch das Buch „Resilienz. Widerstandsfähigkeit von Kindern in Tageseinrichtungen fördern" (Wustmann 2004) erschienen und sogar in ein entsprechendes Schwerpunktheft der renommierten „Zeitschrift für Pädagogik" hat das Resilienzthema unter ihrer Feder inzwischen Eingang gefunden (Wustmann 2005).
Aber nicht nur im Bayerischen Bildungsplan für den Elementarbereich taucht das Resilienzkonzept auf. Ähnlich heißt es im Bildungsprogramm für Kindertageseinrichtungen in Sachsen-Anhalt, die Erzieherinnen sollten „nahezu die gesamte Umwelt entsprechend den Bedürfnissen des Kindes gestalten" und sollten selbst den Kindern als interessierte und zugewandte Erwachsene zur Verfügung stehen, damit diese „Resilienz und Ich-Stärke" entwickeln können (Ministerium für Gesundheit und Soziales Sachsen-Anhalt 2004, S. 48).

5. Resilienz und Bildung

Schon lange vor die Diskussion um die „Resilienzförderung" in die Bildungspläne hierzulande Eingang gefunden hat, hat Herwig Blankertz „Bildung" definiert als die Fähigkeit, sich jener Kraft bedienen zu können, „mit der sich der Mensch dem gesellschaftlichen Außendruck gegenüber zu behaupten vermag" (1982, S. 75), Bildung also explizit als Widerstandskraft gefasst.

Wenn „Bildung" somit zwar immer auch die Fähigkeit zur Behauptung eines eigenen Standpunktes in der Welt und zur Abgrenzung gegenüber gesellschaftlichen Zumutungen impliziert, so ist der Bildungsbegriff doch keineswegs notwendig an die Vorstellung ungünstiger Entwicklungsumstände gebunden.

Hier kommt beim Begriff „Resilienz" noch etwas Spezifisches hinzu, was aber gleichzeitig den paradoxen Charakter des Bildungsgeschehens noch einmal zuspitzt, nämlich das „Trotz alledem" (Pines 1981).

Resilienz ist ein relationales Konstrukt, das stets auf eine bestimmte Erwartungshaltung – nämlich die, dass problematische Entwicklungsumstände in der Regel zu entsprechend problematischen Entwicklungsverläufen führen – bezogen ist: „Resilience has been described as the capacity for successful adaption, positive functioning, or competence ... despite high-risk status, chronic stress, or following prolonged or severe trauma. Resilience is often operationalized as the positive end of the distribution of developmental outcomes in a sample of high-risk individuals" (Egeland et al. 1993, S. 517).

D.h., ob ein bestimmtes positives Entwicklungsbild bei einem Kind, etwa ein erfreuliches Maß an Selbstvertrauen, Sozialkompetenz und Lernbereitschaft als Ausdruck von „Resilienz" bewertet werden kann, ist abhängig von der Lebensgeschichte und von den Lebensumständen dieses Kindes. Nur wenn diese so belastend und problematisch waren, dass eigentlich eine ungünstigere Entwicklung zu erwarten gewesen wäre, wenn also von besonderen Widerstands-, Bewältigungs- und Kompensationsleistungen ausgegangen werden kann, ist die Rede von „Resilienz" sinnvoll. Bei Rutter heißt es kurz und prägnant, „Resilienz" bezeichne den „positive pole of individuals differences in peoples responses to stress and adversity" (Rutter 1987, S. 316).

„Positive functioning", „positive pole" – damit ist klar, dass es sich bei dem Resilienzbegriff um einen Begriff mit einer impliziten normativen Komponente handelt: Resilienz ist etwas, das erwünscht und erhofft wird, das nach Möglichkeit unterstützt und gefördert werden soll. Das Gleiche gilt auch für Bildung, selbst wenn dies in Lenzens Beschreibung, die mehr auf die prozessualen und strukturalen Momente des Bildungsbegriffs abhebt, nicht so deutlich zum Ausdruck kommt. Ja, man kann fast sagen, dass der Bildungsbegriff seit jeher dazu diente, die Summe all dessen, was pädagogisch wünschenswert erscheint, in sich aufzunehmen, dass sich Bildungstheoretiker immer wieder darin überboten, Bilder von der erträumten Idealgestalt des Menschen

zu entwerfen: Idealbilder, Wunschprojektionen davon, „...wie der Gipfel des Menschentums, der pädagogisch beförderbar ist, aussehen sollte" (Fend 1984, S. 137). „Bildung" wird demnach zu einer Art geistig-seelischem Adelsstand, der den „Gebildeten" aus der Masse der Un- und Halbgebildeten heraushebt (Spaemann 1994), und ihn von „Wilden" und „Barbaren" unterscheidet (Böhm 1982).
Hartmut von Hentig hat in seinem bildungstheoretischen Entwurf versucht, „Bildung" etwas von diesem elitären Anstrich zu befreien, den Bildungsbegriff vom hohen Podest auf eine alltäglichere, schlichtere Ebene herunterzuholen, indem er statt eines inhaltlichen Kanons dessen, was der Gebildete wissen, können, leisten müsse, sechs Maßstäbe formuliert, gewissermaßen Minimalkriterien, an denen sich die „Bildung" eines Menschen zu bewähren habe: „Abscheu und Abwehr von Unmenschlichkeit; die Wahrnehmung von Glück; die Fähigkeit und den Willen, sich zu verständigen; ein Bewußtsein von der Geschichtlichkeit der eigenen Existenz; Wachheit für letzte Fragen; und – ein doppeltes Kriterium – die Bereitschaft zur Selbstverantwortung und Verantwortung in der res publica" (v. Hentig 1996, 75).
Bei jenen entwicklungspsychologischen Longitudinalstudien, die den Hintergrund der Resilienzforschung ausmachen, wurden größere Gruppen von Probanden von der Kindheit bis ins Erwachsenenalter hinein forschend begleitet, um etwas über die äußeren Einflussfaktoren und inneren Verarbeitungsfaktoren herauszufinden, die die biographischen Entwicklungslinien dieser Menschen prägten. Typischerweise wurden mit den jungen Erwachsenen Interviews geführt, bei denen es um ihre aktuelle Lebenssituation, um ihre Einstellungen und Werthaltungen, um ihre subjektive Sicht auf die eigene Lebensgeschichte und um ihre Zukunftsentwürfe ging (Chess 1989, Caspi et al. 1990, Werner/Smith 1992, Vaillant 1993, Block 1993, zusammenfassend: Göppel 1997). Ergänzt wurden diese Daten meist durch psychologische Tests und durch verfügbare „harte" Informationen aus Schul- Klinik-, Fürsorge- oder Justizakten.
Wenn auf der Grundlage dieser Daten dann versucht wurde, „differences in peoples reaction to stress and adversity" einzuschätzen, die einzelnen Probanden also irgendwo zwischen dem „positive" und dem „negative pole" einzuordnen, so waren es wohl letztlich auch jene von Hentig beschriebenen Bewährungskriterien, die implizit die Einschätzung leiteten. D.h. wenn die Betroffenen in den Interviews zynische, menschenverachtende Lebensphilosophien vertraten, wenn sie einen deutlichen Mangel an Empathie in die Leiden anderer zeigten, wenn sie u.U. eigene Unmenschlichkeit, die sie als Kinder erfahren hatten, an den eigenen Kindern wiederholten, wenn sie sich als

unfähig zur Wahrnehmung von Glück erwiesen, ihr Leben von einer depressiven Grundstimmung überschattet war, wenn sie weder Fähigkeit noch Willen aufbrachten, sich mit anderen zu verständigen und in permanentem Konflikt mit ihren Mitmenschen lebten, wenn sie von der historischen Dimension ihrer eigenen Existenz gänzlich abgeschnitten waren, kein biographisch fundiertes Identitätsgefühl, keinen „sense of coherence" (Antonovsky 1979) entwickelt hatten, wenn sie Sinn und Wertfragen verächtlich abtaten, wenn sie weder in der Lage waren, ihr eigenes Leben verantwortlich zu führen noch für andere und anderes Verantwortung zu übernehmen, dann hatten sie wohl kaum Chancen nahe dem „positive pole" und somit als „resilient" eingeschätzt zu werden.

Freilich wird jener „positive pole" in der einschlägigen amerikanischen entwicklungspsychologischen und entwicklungspsychopathologischen Diskussion nicht mit dem (sehr deutschen, sehr traditionsbeladenen und kaum ins Englische übersetzbaren) Begriff der „Bildung", sondern eher mit Begriffen wie „adaption", „well-functioning" oder „mental health" belegt, Begriffen, bei denen sich bei eingefleischten deutschen Bildungsphilosophen natürlich die Haare sträuben. Auch wenn es sich um unterschiedliche Sprachspiele handelt, so lässt sich dennoch zeigen, dass von der Sache her zwischen beiden Diskurstraditionen durchaus weitreichende Gemeinsamkeiten hinsichtlich der angestrebten und als positiv bewerteten Zielperspektive menschlicher Entwicklung bestehen.

Neben diesen basalen Kriterien, die sowohl als Maßstäbe für gelungene Bildung, als auch für die Zuerkennung des Prädikats „resilient" dienen können, werden in der „literature on risk and resilience" einige weitere spezifische Persönlichkeitsmerkmale diskutiert, denen auch in der Diskussion darüber, was den Kern von „Bildung" ausmache, einige Bedeutung zukommen dürfte. Gerade dann, wenn man Bildung nicht in erster Linie als „Bestand", als das Verfügen über einen bestimmten Wissenskanon, sondern eher als Haltung und als Prozess begreift. Als solche Konzepte sind etwa zu nennen das „Kohärenzgefühl" (Antonovsky 1979), d.h. das Grundgefühl, dass die Lebenszusammenhänge irgendwie verständlich sind, dass man den Herausforderungen des Lebens gewachsen sein wird und dass es sich lohnt, Energie und Engagement in die eigene Lebensgestaltung zu investieren. Weiterhin die „Kontrollüberzeugung", also das Zutrauen in die Möglichkeiten Einfluss auf die wichtigen Dinge im eigenen Leben nehmen zu können, sowie Introspektionsfähigkeit, Empathiefähigkeit, Selbstachtung und Achtung vor der Integrität des anderen.

Somit lässt sich als Zwischenfazit festhalten, dass es, auch wenn beide Begriffe aus ganz unterschiedlichen Wissenschaftstraditionen stammen, dennoch bedeutsame Ähnlichkeiten zwischen den Konzepten „Bildung" und „Resilienz" gibt, sowohl was die paradoxe prozessuale Struktur, als auch was die normativen Gehalte angeht. Beide Begriffe heben ab auf eine grundlegende Idee „gelingende Lebensgestaltung". Beide Begriffe betonen dabei den Aspekt der Selbsttätigkeit, der subjektiven Auseinandersetzung mit Lebensumständen, bei beiden Begriffen handelt es sich ausdrücklich um Gegenentwürfe gegen die Vorstellung vom Kind als bloß passivem Prägeprodukt äußerer Einflüsse.

Während das Konzept der Bildung mit einer höchst komplexen philosophisch-idealistischen Tradition befrachtet ist, entstammt das Konzept der Resilienz einer relativ jungen, klar empirisch-sozialwissenschaftlich geprägten Theorietradition. Die entsprechende Forschung zielt primär darauf ab, noch einmal hinter das durchaus akzeptierte Postulat von der Fähigkeit des Menschen, sich selbst zu gestalten, sich aktiv und kreativ mit den unter Umständen auch problematischen Aspekten seiner Umwelt auseinander zu setzen, zurückzugreifen und fragt nach den ontogenetischen Ursprüngen sowie nach den unterschiedlichen Entwicklungslinien und Ausprägungsformen dieser im Rahmen der traditionellen Bildungstheorie nicht weiter hinterfragten Fähigkeit. In gewissem Sinn kann man fast sagen, dass hier jener Bereich der Indeterminiertheit, der aktiven Selbsttätigkeit, der Freiheit des Subjektes, der von der Bildungstheorie immer postuliert wurde, nun auch wieder auf seine Voraussetzungen, seine Determinanten, hin erforscht wird. Das Augenmerk der *empirischen* Forschung richtet sich durchaus darauf, „was das Kind selbst will, was es selbst wählt, was es selbst hervorbringt, was es selbst gestaltet, was es selbst aus sich macht" (Böhm 1992, S. 28), versucht dies aber stets in Beziehung zu setzen mit den Anregungen, Unterstützungen, Hilfen oder aber mit den Einschränkungen, Widerständen und Schwierigkeiten, die das Kind von den frühesten Schritten seiner Selbstgestaltungsbemühungen an erfährt. Es geht also stets um das Spannungsverhältnis, welches zwischen den beiden viel zitierten Sätzen: „Der Mensch bildet *sich*" und „Das *Leben* bildet" besteht. Resilienz könnte man dann in diesem Sinne auch definieren als „gelungene Bildung trotz besonders ungünstiger Bildungsvoraussetzungen".

6. Resilienz und schulische Ausbildung

Welche Rolle spielt in diesem Zusammenhang der Resilienz, der Selbstbehauptung trotz äußerer Widerstände, jener Bereich, der im engeren, konventionelleren Sinn als „Bildung" oder bisweilen eher geringschätzig als „Schulbildung" bzw. als bloße „Ausbildung" bezeichnet wird, also der Besuch von *Bildung*seinrichtungen, die Aneignung von *Bildung*swissen, von verwertbaren Kompetenzen und Fertigkeiten und der Erwerb von *Bildung*sabschlüssen und *Bildung*szertifikaten?

Meistens wurde in den empirischen Längsschnittstudien im Rahmen der Resilienz- und Risikoforschung auch festgehalten, wie die Probanden mit den schulischen Leistungsanforderungen zurechtkamen und wie sie sich im Sozialgefüge der Schulklasse zurechtfanden. Freilich ist es dabei ebenso schwierig, eine relativ gelungene Bewältigung dieser Entwicklungsaufgaben als *Folge* von „Resilienz" im Sinne eines bestimmten, früh ausgeprägten stabilen Persönlichkeitsmerkmales einzuschätzen, wie es andererseits problematisch ist, solche schulischen Erfolge als *Ursachen* für eine generell günstige Persönlichkeitsentwicklung in späteren Lebensaltern anzusehen. Eher muss man wohl davon ausgehen, dass die schulische Erfahrung ein Feld ist, in dem familiär geprägte Tendenzen der Erfolgs- oder Misserfolgserwartung, der Kausalattribuierung, der Selbstachtung, der Anstrengungsbereitschaft, der Frustrationstoleranz etc., – wenn man so will also bestimmte „Coping-Strategien" – auf neue Situationen und Anforderungen stoßen und dabei sowohl eine Verstärkung als auch eine Korrektur erfahren können. Schule kann von Kindern aus schwierigen Entwicklungsmilieus im günstigen Fall als Fluchtpunkt, als Nische, als Insel der Ordnung und der Struktur in einem sonst eher chaotischen Alltag, als Ort der persönlichen Zuwendung, der Einbindung in Freundschaftsbeziehungen und der Bestätigung eigener Werthaftigkeit erlebt werden oder aber als Ort des Versagens und der Beschämung, des Zwangs und der Demütigung, der Ausgrenzung und der Entmutigung. Für beide Erlebnisweisen gibt es eindrucksvolle autobiographische Zeugnisse. Freilich ist die Schule über die persönlichkeitsstärkenden bzw. -schwächenden Erfahrungen, die sie vermittelt hinaus auch schon allein deshalb ein bedeutsames Glied in der Kette der biographisch relevanten Ereignisse, weil die Bewältigung formaler Bildungsabschlüsse in modernen Gesellschaften nun einmal sehr eng mit Berufs- und Zukunftschancen zusammenhängt.

Aber, was sind nun typische Muster, die jene resilienten Kinder und Jugendlichen im Umgang mit der Schule und dem schulischen Wissen zeigen? Welche Aspekte der Auseinandersetzung mit den Anforderungen der Schule ha-

ben eine besondere prognostische Bedeutung für die weitere Entwicklung? Welchen spezifischen Qualitäten der schulischen Umgebung kommt unter Umständen die Rolle eines „Schutzfaktors" zu?
In der Kauai-Studie von Werner und Smith etwa zeichnete sich die Gruppe der „Resilienten", also derjenigen Probanden, die aus chronischen Armutsverhältnissen stammten und trotz sehr belastender Entwicklungsbedingungen relativ gut und unbeschadet durch die Kindheit und das Jugendalter gekommen waren, in dieser Hinsicht durch eine besondere „Bildungsbeflissenheit" aus. Die Mehrzahl von ihnen hatte nach der Highschool weiterführende Schulen besucht und somit hatte diese Teilgruppe insgesamt ein überdurchschnittliches Bildungsniveau erreicht, das weit über dem ihrer Herkunftsfamilien lag. Typisch für sie war ein Muster im Umgang mit Aufgaben und Problemen, das ein hohes Maß an Selbständigkeit mit der Fähigkeit verband, sich im Bedarfsfall gezielt nach Hilfe umzusehen. Ihr genereller Verhaltensstil war eher reflektierend als impulsiv. Sie waren in der Lage, sich gezielt auf Wichtiges zu konzentrieren und zeigten bei ihren Vorhaben ein überdurchschnittliches Maß an Ausdauer und Hartnäckigkeit. Obwohl sie sozial gut integriert waren, Freunde hatten und auch bei Erwachsenen beliebt waren, zeigten sie andererseits häufig eine bemerkenswerte Unabhängigkeit. Sie hatten oftmals ausgeprägte Interessen und Hobbys, die ihnen persönlich viel bedeuteten und aus denen sie Befriedigung und Kompetenzgefühl schöpften. Die Interessen und Aktivitäten dieser Kinder folgten häufig nicht engen geschlechtsrollentypischen Vorgaben. Werner spricht generell von einer „healthy androgyny", welche für diese Kinder typisch sei und fasst ihre Beschreibung folgendermaßen zusammen: „Resilient youth have been shown to be more responsible and achievement-oriented than their age-mates. They attain a greater degree of social maturity by the time they graduate from high school. They prefere structure in their lives and have internalized a positive set of values. They also share a great interest in matters labeled feminine by conventional wisdom. They are more appreciative, gentle, nurturant, and socially perceptive than their peers who have difficulty coping with adversity (Werner 1990, S. 104). Den wichtigsten und grundlegendsten Persönlichkeitszug dieser Kinder sieht sie jedoch in einem tief verwurzelten Gefühl, etwas zu taugen und zu können: „A sense of competence and self-efficacy appears to be the general hallmark of these children" (ebd., S. 103). Im Hinblick auf die schulischen Leistungen zeigte sich, dass insbesondere die Lesefertigkeit, die in der vierten Klasse erhoben wurde, von besonderer prognostischer Bedeutung war. Sie zählte innerhalb der High-Risk-Gruppe zu den aussage-

kräftigsten Prädiktoren für die erfolgreiche Lebensbemeisterung im Erwachsenenalter (Werner 1993, S. 511).
Quinton und Rutter konnten zeigen, dass die Qualität der Schule, gerade für Kinder mit hohem Risikostatus von besonderer Bedeutung ist. Sie verfolgten die Lebensschicksale von Mädchen mit frühen deprivierenden Heimerfahrungen und interessierten sich dabei besonders für die Frage, unter welchen Bedingungen es ihnen am ehesten gelang, den „cycle of disadvantage", also den intergenerationalen Wiederholungszwang zu durchbrechen. Nach ihren Ergebnissen kommt der Qualität der besuchten Schule dabei durchaus eine bedeutsame Rolle zu. Jene Mädchen mit positiven Schulerfahrungen neigten auch im späteren Leben zu größerem Selbstvertrauen und überlegterer Lebensplanung und gerade diese größere Besonnenheit wirkte sich deutlich positiv aus (Quinton/Rutter 1988). Rutters Ansicht nach sind es weniger die konkreten kognitiven Lerninhalte, die in diesem Sinn von Bedeutung für die zukünftige Entwicklung sind als vielmehr das gestärkte Selbstvertrauen, das generalisierte Kompetenzgefühl, die positive Einstellung zum Lernen überhaupt und die damit wiederum zusammenhängende positivere Interaktion mit den Lehrenden, die sich mit mehr Freude und Engagement um jene lernwilligen, bemühten Schüler aus schwierigen Milieus kümmern (vgl. Rutter 1993, S. 51).
Der letztgenannte Faktor taucht immer wieder in der Literatur zum Thema Resilienz bzw. Risiko- und Schutzfaktoren in der kindlichen Entwicklung auf: persönlich bedeutsame Erwachsene außerhalb der Familie, die eine vertrauensvolle Beziehung zu dem Kind eingehen und die gleichzeitig als Rollenmodelle dienen. In diesem Sinn schreibt Werner: „Most studies have noted that resilient children enjoy school, whether nursery school, grade school or high school. ... Even if they are not unusually gifted, those who ultimately show the greatest resilience tend to put whatever posibilities for good use. In many cases such children make school into a home away from home, a refuge from a disordered household" (Werner 1990, S. 109).
Auch wenn es in manchen Fällen zweifellos zutrifft und es durchaus eindrucksvolle kasuistische Beschreibungen dafür gibt, wie Schule ein „Schutzfaktor", ein „home away from home" werden kann, wie Beziehungen zu Lehrerinnen oder Lehrern für Kinder in schwierigen Lebenssituationen zu sehr bedeutsamen stützenden Erfahrungen werden können (vgl. z.B. Jegge 1976, Neidhard 1977, Heyden 1984, Heinemann 1992, Hiller/ Nestle 1997), so dürfte dies aufs Ganze gesehen doch eher selten sein. Sehr viel häufiger dagegen dürfte bei realistischer Betrachtung leider die Situation sein, wo Schule

zu einem weiteren Risikofaktor für benachteiligte Kinder wird, zur Quelle von Angst und Scham, Misserfolg und Demütigung.

In einem jüngeren Kultbuch aus der Feder eines 16-Jährigen, das die Irren und Wirren der Pubertät beschreibt, heißt es dazu kurz und knapp „Die Schule *an sich* ist ein reiner Psychokrieg" (Lebert 2000, S. 123) und es folgt die höchst eindrucksvolle Schilderung aus der Ich-Perspektive, wie ein Schüler die Anspannung und Blamage beim Vor- und Verrechnen an der Tafel erlebt. Der Sozialisations- und Gesundheitsforscher Klaus Hurrelmann hat in diversen Studien die mit der Schule verbundene Stress- und Symptombelastung heutiger Schulkinder erforscht (Hurrelmann 1991, Engel/Hurrelmann 1989). Natürlich behalten die obigen Befunde von Werner und Rutter dennoch ihre Gültigkeit. Resiliente Kinder zeichnen sich demnach u.a. dadurch aus, dass sie die Angebote der Institution Schule positiv für sich nutzen können. Nur wird es eben angesichts der Tatsache, dass unser Bildungswesen systembedingt auch Versagenskarrieren produziert, etwas schwierig, einfach pauschal von „Bildung als Chance" zu sprechen. Wenn, dann müsste man in Anlehnung an die plakativen Buchtitel von Keupp (1988) und Beck/Beck-Gernsheim (1994) zumindest hinzufügen, dass es sich bei den Angeboten des Bildungswesens um „riskante Chancen" handelt.

In jüngster Zeit gibt es als Resultat der beginnenden Rezeption der Resilienzforschung in der deutschen Pädagogik und Sonderpädagogik sogar erste Ansätze, gezielte „Resilienzförderung" als einen Aspekt des schulischen Bildungsauftrages gerade bei Kindern aus schwierigen Lebensverhältnissen zu begreifen.

Julius und Goetze berichten über ein Projekt an einer Schule zur Erziehungshilfe (Julius/Goetze 1998), bei dem versucht wurde, das Attribuierungsverhalten der Schüler in einer Weise zu trainieren, die als „resilienzförderlich" angesehen wird. Ausgangspunkt des Interventionsprogramms ist dabei die Beobachtung, dass Kinder oftmals sich selbst Verantwortlichkeit für die belastenden Ereignisse in ihrer familiären Umwelt zuschreiben (Scheidung, permanenter Streit, Gewalttätigkeit oder exzessiver Alkoholkonsum der Eltern etc.) und deshalb zu der damit gegebenen Belastung auch noch entsprechende Schuld- und Schamgefühle produzieren. Die Schüler sollten nun in einer Art Lehrgang, anhand von Bildtafeln und Identifikationsgeschichten lernen, „realistische Kontrollüberzeugungen" auszubilden, d.h. sie sollten belastende Ereignisse in ihrer familiären Umwelt, die sie de facto nicht kontrollieren können, auch nicht internal attribuieren.

Nach den vorläufigen Befunden hat dieses Training tatsächlich zu gewissen Veränderungen im Attribuierungsstil und zu einer leichten Erhöhung des

Selbstwertgefühls bei den Schülern geführt. Freilich bleibt zu fragen, ob diese Art von basalem schulischem Psychologieunterricht an den realen Umgangsweisen der Kinder mit den familiären Konflikt- und Belastungssituationen etwas verändern kann, oder ob es sich bei den „Erfolgen" nur um Artefakte handelt in dem Sinne, dass die Schüler nach dem Lehrgang eben wissen, welche Art von Antworten vom Lehrer auf bestimmte Fragetypen als „richtig" angesehen werden.

In einem aktuellen Papier mit „Orientierungspunkten für die Arbeit am Bildungsplan Förderschule" in Baden-Württemberg (Burghardt 2005), steht das Konzept der Resilienz sogar ganz im Zentrum der Überlegungen. Die ehemalige baden-württembergische Kultusministerin hatte überhaupt die ganze neuere Bildungsplanarbeit in ihrem Land unter das Motto gestellt „Bildung stärkt Menschen" (Schavan 2002). Sie hat damit gewissermaßen ein Motto aufgegriffen, in welchem Hartmut von Hentig einmal die Aufgabe der Bildungseinrichtungen auf eine kürzestmögliche Formel gebracht hat: „Die Menschen stärken, die Sachen klären" (v. Hentig 1985). Ihn hat sie auch dafür gewinnen können, die allgemeine Einführung für den neuen Bildungsplan zu formulieren (v. Hentig 2004). Auch wenn dieses schöne Motto und die ebenfalls sehr bedenkenswerten Überlegungen von Hentigs nicht verhindern werden, dass in weiten Bereichen der Schule, gerade angesichts des von PISA erzeugten Leistungsdrucks, der Unterricht wie gewohnt eher dem Motto: „Den Stoff beibringen, die Klasse im Griff haben" folgen wird, so scheint doch gerade für die Förderschule nun ernsthaft eine Orientierung an dem Paradigma, dass es primär darauf ankommt „Kinder zu stärken", angestrebt zu werden. In diesem Sinn schreibt Burghardt in seinem Arbeitspapier zur Arbeit am „Bildungsplan Förderschule": „Abweichende Verhaltensmuster haben ihre Ursachen oft in risikoreichen Lebensumständen, in Stress- und Problemsituationen, für die diese Schülerinnen und Schüler weitergehender pädagogischer Angebote und Hilfen bedürfen, die sie in ihrer psychischen Widerstandsfähigkeit stärken und sie befähigen, Bindungen einzugehen und tragfähige Beziehungen aufzubauen. ... Die Resilienzforschung liefert einige Hinweise, die bei der Gestaltung des zukünftigen Bildungsplanes hinsichtlich der Frage, was Kinder stark macht und was ihnen hilft, in schwierigen Lebenslagen zu bestehen, es lohnend erscheinen lassen, die Merkmale, Bedingungen und Förderansätze von Resilienz hinsichtlich eines sich abzeichnenden Veränderungsbedarfs in den Blick zu nehmen" (Burghardt 2005, S. 3f.).

So sinnvoll es ist, sich Gedanken darüber zu machen, wie auch in Kindergarten und Schule Erfahrungsräume und Beziehungen so gestaltet werden können, dass sie für Kinder aus schwierigen Lebenssituationen eine Unterstützung und nicht eine weitere Quelle von Verunsicherung, Versagen und Ausgrenzung werden, so sehr sollte man sich doch davor hüten, „Resilienzförderung" im direkten, belehrenden Zugriff betreiben zu wollen, d.h. indem man die Menschen einfach mit handfesten Empfehlungen, gewissermaßen mit den „Bauernregeln der Resilienz" konfrontiert. Dieses Unbehagen kommt bei der Lektüre eines jüngst an publikumswirksamem Ort veröffentlichten Artikels von Ursula Nuber auf. Darin heißt es „Resilienz kann in jedem Lebensalter erlernt werden" und dann werden die „sieben Wege, die zum Ziel führen" verkündet: 1. Soziale Kontakte aufbauen. ... 2. Krisen sollten nicht als unüberwindliche Probleme betrachtet werden. ... 3. Realistische Ziele entwickeln. ... 4. Die Opferrolle verlassen, aktiv werden. ... 5. An die eigenen Kompetenzen glauben, ... 6. Eine Langzeitperspektive einnehmen, ... 7. Für sich selbst sorgen (Nuber 2005, S. 24). Die Haltungen und Sichtweisen, die hier beschrieben werden, sind eben ihrerseits schon *Ausdruck* von Resilienz und man muss, wenn man Menschen tatsächlich hilfreich sein will, wohl etwas mehr bieten als nur die Aufmunterung „nun seid mal schön resilient".

7. Resilienz als Prozess und die Bedeutung lebensgeschichtlicher Reflexion

In der Resilienzforschung kann man häufiger den Hinweis lesen, dass es auf Dauer unzureichend sei, nur nach Korrelationen zwischen bestimmten frühen Persönlichkeitsvariablen, bestimmten Merkmalen des sozialen Umfeldes und bestimmten „Outcome-Variablen" zu forschen, dass es für ein wirkliches Verständnis jener Abwehrkräfte und Bewältigungsmechanismen dagegen notwendig sei, Resilienz als Prozess zu begreifen und zu erforschen. So heißt es etwa in der instruktiven Zwischenbilanz, die Luthar, Cicccetti und Becker im Jahr 2000 zu dem ganzen Forschungskomplex der Resilienzforschung in der Zeitschrift „Child Development" gezogen haben: „Research on resilience must accelerate its move from a focus of description to a focus on elucidating delevopmental process questions. With accumulated evidence, that a particular variable does affect competence levels within a specific at-risk group, investigators need to focus their inquiry on understanding the mechanisms, by which such protection (or vulnerability) might be conferred" (Luthar/Cicccetti/Becker 2000, S. 555).
Das, was bisher an Pfadanalysen in dieser Absicht vorliegt, ist noch eher spärlich (vgl. Rutter 1993, Esser et a. 1995) und führt kaum über die kombinierte Betrachtung einiger Wirkfaktoren und deren relative Gewichtung hin-

aus. Gabriel hat zu Recht festgestellt, dass die inhaltlichen Einflüsse, die im Rahmen von Erziehungs- und Sozialisationsprozessen zur Ausprägung von Resilienz oder aber von Vulnerabilität beitragen „...nicht linear zu denken" seien. Aus diesem Grunde meint er, „bieten sich Forschungszugänge an, die im Kern qualitativ angelegt sind und in Fallstudien die Entwicklungsübergänge resilienter Probanden rekonstruieren, um so gleichsam die entscheidenden ‚Entwicklungslinien' und ‚Übergänge' in Biographien zu entdecken" (Gabriel 2005, S. 212).

In dieser Hinsicht sind wir nach wie vor auf kasuistische Fallvignetten angewiesen, auf Berichte darüber, wie Kinder sich unter sehr schwierigen Entwicklungsbedingungen behauptet haben. Doch auch diese sind – wenngleich sie häufig auf ausführlichen Interviews mit den Betroffenen basieren – in der Regel aus der Außenperspektive des positiv überraschten Beobachters geschrieben (Murphy/Moritarty 1976, Murphy 1987, Anthony 1987, Brody/Siegel 1992, Vaillant 1993). Erfreulich ist, dass in ihrer jüngsten Publikation auch Werner und Smith, die Altmeisterinnen der Resilienzforschung, sich daran gemacht haben, detaillierter die Lebensgeschichten resilienter Menschen zu rekonstruieren (Werner/Smith 2001).

Verglichen aber mit dem weiten Spektrum der unterschiedlichen Fallgeschichten aus dem Feld der Psychopathologie und der Neurosenlehre, der Differenziertheit und der literarischen Versiertheit der Falldarstellungen und der Elaboriertheit der theoretischen Fallanalysen, die dort anzutreffen ist (von Freud bis Moser, von Richter bis Stierlin und von Sacks bis Yalom), stellt die Resilienzforschung im Hinblick auf qualitative, kasuistische Zugänge noch weitgehend ein Brachland dar.

Gerade in pädagogischer Hinsicht wären solche differenzierten Schilderungen von Entwicklungsgeschichten, die *nicht* zu „Fällen bzw. Unfällen" der Erziehung geworden sind (vgl. Ertle/Möckel 1981), obwohl die Entwicklungsumstände dies durchaus plausibel hätten „erklären" können, sondern die im Nachhinein als erstaunliche Fälle von Widerstandskraft und Bewältigungskompetenz, von Selbstbehauptung und Selbstheilung, eben von „Resilienz" betrachtet werden können, von besonderer Bedeutung. Denn, so hat es in seinem Leitaufsatz zu dem Buch „Aus Geschichten lernen" Dieter Baacke begründet: „Die Komplexität und Facettenhaltigkeit sozialer Situationen, mit denen es pädagogisches Handeln immer zu tun hat, erschließt sich in ihren Dimensionen und Möglichkeiten reflektierender Betrachtung am ehesten in Texten, die erzählen. Sie vermitteln ein Reservoir an Erfahrungen, die man aus der Distanz betrachten, ordnen und interpretieren kann. Insofern können sie zu einem Vehikel pädagogische Einsicht werden" (Baacke 1979, S. 11).

Ja, nicht nur im Hinblick auf die Ausbildung von Pädagogen kann man nach der Bedeutung fragen, die der Auseinandersetzung mit Lebensgeschichten zukommt, sondern auch im Hinblick auf die Idee, die Bildung und das Ringen um Resilienz bei Menschen mit problematischen Lebensgeschichten zu befördern. Jene Dimension des „Kohärenzgefühls", welche Antonovsky als zentral für die Resilienz ausgemacht hat, ist nicht denkbar ohne biographische Selbstreflexion, ohne Auseinandersetzung mit der eigenen Lebensgeschichte. Es spricht einiges dafür, dass, bezogen auf die Kurzformel, die von Hentig für die Bildungsaufgabe geprägt hat: „Die Menschen stärken, die Sachen klären" – gerade die Auseinandersetzung mit den Widersprüchen, Bruchstellen und Rätselhaftigkeiten der eigenen Lebensgeschichte zu jenen „Sachen" gehört, die in besonderer Weise „stärkend" auf den Menschen wirken. In diesem Sinne hat Opp „Biographische Selbstverständigung" als eine sinnvolle Perspektive der Resilienzförderung beschrieben und zu Recht festgestellt, Kinder und Jugendliche bräuchten „bei der Entwicklung der individuellen Deutungsmuster, Sinnstrukturen und Zukunftsentwürfe, die sie aus ihren biographischen Erfahrungen heraus für ihr Leben formen müssen, Unterstützung" (Opp 2001, S. 112 vgl. a. Fröhlich/Göppel 2006).

Unter dem Titel „Bildung als Chance" ist im Jahr 2005 sogar ein Buch erschienen, das genau dieses Anliegen der „biographischen Selbstverständigung" aufgreift und von einem sehr interessanten Ansatz „ressourcenorientierter Biographiearbeit" mit chronisch psychisch kranken und drogenabhängigen Menschen berichtet. „Ressourcenorientierung" wird hier so verstanden, dass bei diesen Menschen mit meist recht problematisch verlaufenen Biographien versucht wird, weniger den Krankheitsprozess als solchen zu rekonstruieren, sondern an das anzuknüpfen, was sie einst interessierte und faszinierte. In ihrer Einleitung beschreiben die Autoren das Grundanliegen folgendermaßen: „Frühe, bildende Auseinandersetzungen mit sich und der Welt können aktualisiert und mit gegebenenfalls neuen Deutungen einer interessierten Selbst- und Weltwahrnehmung zugänglich gemacht werden. ... Eine Bildungsanamnese bewirkt das Wiedererleben und das Wiederbeleben von vergangenen Ereignissen. Es ist verbunden mit Hoffnungen und Wünschen, Enttäuschungen und Ängsten, so dass Vergangenheit in der Gegenwart lebendig wird und auch emotional wiederbelebt werden kann. Erinnern beinhaltet die Chance, sich mit der Vergangenheit zu identifizieren, aber auch, sich von ihr distanzieren zu können. Eine gelungene ressourcenorientierte Biographiearbeit zeigt, wie Gelegenheiten und Anlässe für neue interessengerichtete Lern- und Veränderungsprozesse erfunden und gefunden werden können" (Bosshard/Lazarus 2005, S. 7).

8. Bildung als „Weg der Menschwerdung" II: Resilienz in autobiographischer Perspektive

Dieses Kapitel hat mit einer literarischen „Bildungs- und Resilienzgeschichte" begonnen, der Erzählung „Monsieur Ibrahim und die Blumen des Koran" von Eric-Emmanuell Schmitt. Die Geschichte von Momo ist ein Musterbeispiel für jenen, für resiliente Kinder und Jugendlichen typischen Prozess, den Nuber jüngst mit Bezug auf Emmy Werner folgendermaßen beschrieben hat: „Sie finden Halt in einer stabilen emotionalen Beziehung zu einer Vertrauensperson außerhalb der zerrütteten Familie. Großeltern, ein Nachbar, ein Lieblingslehrer, der Pfarrer oder auch Geschwister bieten vernachlässigten oder misshandelten Kindern einen Zufluchtsort und geben ihnen die Bestätigung, etwas wert zu sein. Diese Menschen fungieren als soziale Modelle, die dem Kind zeigen, wie es ein Problem konstruktiv lösen kann" (Nuber 2005, S. 22). Freilich könnte man hier einwenden, es handele sich dabei um eine fiktive Geschichte, eine Art Parabel, ja fast ein Märchen. Dieses Kapitel soll deshalb mit einer „Bildungs- und Resilienzgeschichte" beschlossen werden, die einerseits noch näher an der Wirklichkeit angesiedelt ist, da sie die reale Lebenserfahrung eines realen Menschen wiedergibt und die andererseits noch spezifischer die „Bildung", das Ringen um Wissen, um das Verstehen und Begreifen der Welt, als einen „Resilienzfaktor" in den Vordergrund rückt. Bildung ist letztendlich immer Selbstbildung. Die „bildenden Absichten" von Erziehern und Institutionen decken sich nicht zwangsläufig mit den „bildenden Wirkungen" bei den betroffenen Subjekten. Wie etwas, warum etwas und wodurch etwas „bildend" auf einen Menschen gewirkt hat, kann in letzter Konsequenz nur dieser selbst beurteilen. Wie und warum jemand gar zu dem Punkt kommt, Bildung ganz grundsätzlich als Chance für sich und sein Leben zu begreifen und entsprechende Anstrengungen zu unternehmen, diese Chance auch gegen erhebliche Widerstände beim Schopfe zu packen, auch dies kann man letztlich am besten aus autobiographischen Texten erfahren. Wie so etwas aussehen kann, wenn gewissermaßen ein Ruck durch eine Person geht, wenn sie erkennt, dass Bildung eine Chance für sie darstellt, sich selbst und die eigene Lebenssituation zu verändern, dies zeigt auf besonders eindringliche Weise die unter dem Titel „Padre Padrone – mein Vater, mein Herr" erschienene Lebens- und Bildungsgeschichte von Gavino Ledda. Dieser autobiographische Roman hat bei seinem Erscheinen 1975 große Resonanz in der Literaturszene gefunden, wurde in zahlreiche Sprachen übersetzt und 1977 von den Gebrüdern Taviani verfilmt. Ledda, der 1938 in Siligo auf Sardinien geboren wurde und heute an der Universität von Sassari Linguistik lehrt, schildert darin seine eigene Kindheit als Hirtenjunge in den sardischen Bergen. Es ist die Geschichte der Versklavung und Ausbeutung eines Kindes durch den eigenen Vater und der späten und allmählichen Befreiung aus dieser Leibeigenschaft. Zugleich die Beschreibung einer patriarchal geprägten ländlichen Kultur, die so archaisch anmutet, dass man sich beim Lesen immer wieder in Erinnerung rufen muss, dass diese Geschichte Mitte dieses Jahrhunderts in einem europäischen Land stattgefunden hat.

Der Roman beginnt mit der Episode, wo der Vater in die Schule kommt, um den erst vor wenigen Wochen eingeschulten fünfjährigen Sohn, „seinen Besitz", gegen den Widerstand der Lehrerin abzuholen, weil er ihn als Helfer auf der Almhütte braucht:

„Ich will den Jungen holen. Er muß die Schafe hüten und sie bewachen ... Er gehört mir. Und ich bin allein. Ich kann die Herde nicht unbewacht lassen, wenn ich hierher nach Siligo komme, um die Milch in die Molkerei zu bringen oder Proviant zu holen. Ich habe noch anderes zu tun als Schafe zu hüten" (Ledda, 1980, S. 6). Dem Protest der Lehrerin, dass Gavino noch zu klein sei, dass er erst in der Schule für das Leben lernen müsse, bevor er ins Leben hinausgehen könne, hält der Vater den Zwang der Verhältnisse und die eigenen Kindheitserfahrungen entgegen: „Auch ich habe meine Kindheit so zugebracht. Kindheit! Ha! Ich habe vor der Zeit erwachsen sein müssen, und die Alten haben mich mitten im Winter als Wache gegen die Füchse eingesetzt ... Ich habe schon Schafe gehütet, als ich noch die Mutterbrust nötiger gebraucht hätte als das Schafseuter" (ebd., S. 8).

So verändert sich das Leben des Kindes radikal. Die Kargheit der Almhütte, die Einsamkeit beim Hüten der Schafe, die intensive Nähe zur Natur, die Freundschaft mit dem Hund, die Geschichten und Mythen, die ihm von anderen Hirten erzählt werden, vor allem aber das rigorose Regiment seines Vaters, der bedingungslosen Arbeitseinsatz von ihm fordert und ihn wegen kleinster Nachlässigkeiten schwer misshandelt, dies werden die Eckpunkte seiner Erfahrungen in den kommenden Jahren. Als er nach einem Jahr wegen einer schweren Lungenentzündung für einen Monat im Dorf bleiben muss, fühlt er sich seinen ehemaligen Schulkameraden schon deutlich entfremdet: „...die Spiele meiner Kameraden sagten mir nicht mehr. Sie hatten eine andere Phantasie. Und ich war schon anders als sie. Ein einziges Jahr in den Hügeln hatte mich um mindestens zehn Jahre reifer gemacht als sie. In der Schule meines Vaters lernte man gewichtigere Dinge als Grundstriche und Konsonanten, die sie jetzt geläufig schreiben konnten" (ebd., S. 46). Die Einsamkeit in den Bergen, der Mangel an alltäglichem mitmenschlichem Umgang macht ihn zunehmend unsicher und menschenscheu, so dass er möglichen

Begegnungen eher ausweicht: „Ich war nicht imstande, mit jemanden zu sprechen. Ich war verlegen, war in der Gegenwart anderer verwirrt. Ich kannte nur die Schafe und unser Weideland mit seiner Stille" (ebd., S. 57).
So wächst der Hirtenjunge heran, erlebt Krankheiten und Unfälle, wird Zeuge, wie die Natur innerhalb von Stunden jahrelange mühevolle menschliche Arbeit zunichte macht, erfährt die Ungerechtigkeit der ländlichen Besitzverhältnisse, sieht, wie bittere Armut menschliche Solidarität zerstört und Misstrauen und Niedertracht hervorbringt, erfährt die Enge und Starrheit der Moralvorstellungen und die Macht des sexuellen Begehrens, das sich darüber hinwegsetzt. Und er erlebt immer wieder die Aussichtslosigkeit jeden Versuchs, sich der Herrschaft des Vaters entgegenzustellen, sich seinen Anordnungen und Geboten zu widersetzen. Seine Bildung beschränkt sich neben diesen Einsichten, die ihm das Leben unmittelbar vermittelt, auf gelegentliche Lektionen, die ihm der Vater bei der gemeinsamen Arbeit erteilt: das kleine Einmaleins, Länder und Hauptstädte Europas, bedeutsame historische Gestalten etc..
Als Jugendlicher hat er eine Begegnung, die zum ersten Mal eine Sehnsucht in ihm weckt, die über den Horizont seiner bisherigen begrenzten Erfahrungen hinausreicht. Er trifft auf dem Heimweg von der Schafsweide eine Frau, die Glückszettel verkauft und einen Mann mit einer Ziehharmonika und wird von der Musik, die dieser darauf spielt völlig in den Bann geschlagen. „Über eine Stunde verging, doch ich war wie in Trance und merkte es nicht. ... Ich betrachtete ihn neidisch. Ich wollte so sein wie er. Ich hätte mich selbst verkauft, nur um diese Ziehharmonika zu besitzen" (ebd., S. 127).
Wegen seiner Verspätung kassiert er vom Vater die üblichen Prügel. Mit seinen inständigen Bitten, auch ein solches Instrument besitzen und spielen zu dürfen, stößt er bei seinem Vater auf taube Ohren: „Für ihn war es unsinnig, sich einen solchen Luxus auch nur vorzustellen". Doch Gavino hält an seinem Vorhaben fest und gewinnt einen entfernten älteren Verwandten, der einmal in einer Musikkapelle gespielt hat, dafür, ihm Musikunterricht zu erteilen. Mangels eines Instruments beschränkt sich dieser Unterricht allerdings zunächst aufs Notenlesen und auf Gesangsunterricht. Aber der Schüler ist voller Begeisterung dabei, freut sich über jeden Regentag, an dem er von der Feldarbeit befreit, sich ganz seinen Notenheften widmen kann. Die Fürsprache des Onkels und seine eigene Drohung, dass er, sobald er 18 Jahre alt wäre, nach Holland oder Belgien auswandern würde, um sich von seinem ersten Lohn eine Ziehharmonika zu kaufen, führen schließlich dazu, dass sein Vater nachgibt und ihm eine Ziehharmonika kauft – allerdings nur das einfachste und billigste Instrument. Um sich das Geld für ein richtiges, großes Akkor-

deon zusammenzusparen, steht er nachts auf und hackt gegen Bezahlung die Weinberge der Nachbarn. Auch zum Üben bleibt ihm meist nur Zeit in der Nacht, wenn alle anderen schlafen und er sich mit einem Öllicht in einen Schuppen hinaus schleichen kann. Dennoch verfolgt er voller Eifer und Disziplin sein Ziel. Und als er schließlich erkennt, dass er dieses Ziel tatsächlich erreichen kann, wird dies für ihn zu einem beglückenden und erhebenden Moment: „Nach einem Jahr gelang es mir schließlich, einen Walzer und einen Tango zu spielen. Mein Traum hatte sich erfüllt. Und jene Noten, die mich vor Jahren beim Vorübergehen des Paars mit den Glückszetteln begeistert hatten, entstanden jetzt unter meinen eigenen Fingern und verschafften mir ein eigenartiges, fast eifersüchtig gehütetes Wohlbehagen. ... Durch einen starken, animalischen, unbeugsamen Willen hatten meine von der Hacke schwieligen und krummen Finger zum ersten Mal die Möglichkeit, vor den jahrhundertealten Eichen ein Gefühl von Generationen und Generationen zum Ausdruck zu bringen, die nie musikalisch gebildet worden waren. Und durch die Musik, die meine Finger hervorbrachten, begann der Höhlenmensch, der in mir noch intakt, wenn auch in seiner ganzen menschlichen Sensibilität vorhanden war, freundlicher zu werden: in sich selbst hineinzusehen und zu entdecken, daß hinter seinen Feldern die Welt nicht am Horizont zu Ende ging und seine eigenen Möglichkeiten über das Stück Himmel hinausgingen, die er bis dahin kennengelernt hatte" (ebd., S. 137f.).

Mit 18 ist Gavino noch immer Analphabet, wird nun aber vom Vater für einige Wochen von der Arbeit „freigestellt", damit er von der Dorflehrerin die wichtigsten Dinge beigebracht bekommt, um als Externer zumindest einen minimalen Schulabschluss, nämlich die Abschlussprüfung der fünften Volksschulklasse, erwerben zu können. Da die Schulbehörden Anweisung haben, die schon wehrfähigen Hirten auch dann bestehen zu lassen, wenn sie nur ansatzweise Lesen und Schreiben können, bekommt er seine Prüfung mehr oder weniger geschenkt.

Der nun folgende Militärdienst auf dem Festland wird zum Ausgangspunkt seiner Emanzipation von der väterlichen Herrschaft und zugleich zum Ausgangspunkt seines Kampfes darum, versäumte Bildung nachzuholen. Mit Bestürzung stellt er fest, dass er, der nur den sardischen Dialekt seiner Heimat spricht, sich den Kameraden und Vorgesetzten oft kaum verständlich machen kann. Er fühlt sich zunächst isoliert, vereinsamt, ausgegrenzt, sehnt sich zurück nach dem Heimatdorf. Aufgrund bürokratischer Fahrlässigkeit wird er dem Ausbildungsgang für Radiotechniker zugeteilt, der eigentlich den Abschluss der dritten Mittelschulklasse zur Voraussetzung hat. Dem Unterricht, der ihn in die Grundlagen der Radiotechnik einführen soll, vermag er zu-

nächst überhaupt nicht zu folgen. Seine, auch wegen der mangelnden schriftlichen Ausdrucksfähigkeit, völlig unzureichenden Leistungen bei den Tests werden ihm als Faulheit ausgelegt und disziplinarisch geahndet. Schließlich vertraut er sich einem Kameraden Toti an, der im Zivilleben schon als Radiomechaniker gearbeitet hat: „Ich erklärte ihm meine Lage mit Tränen in den Augen: ‚Wenn ich der Dümmste im ganzen Lehrgang bin, dann ist das nicht meine Schuld. Ihr wart alle auf der Schule. Für mich ist das das erste Mal, dass ich überhaupt studiere" (ebd., S. 178). Er gewinnt jenen Kameraden dafür, ihm regelmäßig abends Nachhilfe zu geben, und dieser schafft es schließlich ihm durch anschaulich-praktische Erläuterungen an den Modellen, die Zusammenhänge verständlich zu machen. Mit dieser Unterstützung gelingt es ihm, seine „Trumpfkarte", nämlich seinen Willen, auszuspielen: „Ich machte mich wie ein Besessener ans Lernen" (ebd., S. 181).
Bei der Abschlussprüfung müssen die Kandidaten aus den einzelnen Komponenten ein funktionsfähiges Röhrenradio zusammenbauen. Und der Moment, als bei der Abnahme aus dem von ihm gebauten Apparat tatsächlich Musik ertönt, wird für Gavino zu einem erneuten Beweis seiner Lernfähigkeit und zu ein Triumph seiner Willenskraft: „Es war die erste bedeutende Probe, wo ich keinen Fehler gemacht hatte und nicht der letzte war. Toti umarmte mich, und von dem Tag an war ich sein ganzer Stolz" (ebd., S. 183).
Nach Abschluss des Lehrgangs bekommt Gavino einen relativ ruhigen Posten als Verwalter eines Depots und er beschließt die ungewohnte Menge freier Zeit, über die er nun verfügt, sinnvoll zu nutzen: „In der freien, ungetrübten Atmosphäre des Depots faßte ich meinen großen Entschluß: zu lernen. Hätte ich Ziehharmonika bei einem Meister gelernt, ich hätte sie inzwischen auch wie ein Meister spielen gekonnt. Und wenn ich jetzt Radiotechnik weiterlernte, würde ich sie bald ebenso gut wie Toti beherrschen. Mit dem Wehrsold kaufte ich mir Bücher. Und hier hatte ich mich auch mit Leuten angefreundet, die das Abitur hatten oder Lehrer waren. Ebenso wie es Toti gelungen war, mich durch den Lehrgang für Radiotechniker zu bringen, so könnten auch sie mir helfen, Italienisch und viele andere Dinge zu lernen. Ich durfte diese Gelegenheit nicht verpassen, die mir die Kaserne bot. So lauteten meine Selbstgespräche, in denen ich die Erkenntnis zum Ausdruck brachte, daß ich ein anderer werden konnte, obwohl ich mich zu meinem Verdruß den anderen gegenüber noch nicht ausdrücken konnte" (ebd., S. 187).
„Meinen Weg zur Menschwerdung konnte ich nur finden, indem ich weiterlernte, studierte (ebd., S. 192). Diese Erkenntnis erlebt er als eine wahre innere Revolution. Der glückliche Zufall, dass er unter den Soldaten mit abgeschlossener Universitätsausbildung Freunde findet, beflügelt seine Pläne. Er

sieht den ganzen Militärdienst, von dessen äußerlichen Ritualen und Symbolen er sich zunehmend distanziert nur noch als Mittel zum Zweck. „Ich kaufte mir die Bücher für die dritte Mittelschulklasse und lernte weiter in meinem Materiallager, wenn nachts die ganze Kaserne in ihrer sozialen Ignoranz schlief. ... Hatte ich tagsüber dienstfrei, hielt ich mich an irgendeinen ‚gebildeten' Soldaten. Ich ließ mir die Syntax, die Grammatik, die Mathematik erklären: alles was ich nicht begriff.. ... In Italiens Kasernen raubte ich mir wie ein Berufspirat die frische Bildung, die von den Rekruten hereingetragen wurde. Und in der Düsterkeit der Kaserne, im Lärm der Befehle und Beschimpfungen brachte ich es in meinem grimmigen Eifer fertig, Kraft und Konzentration zu finden: Begierig nahm ich alles auf, was meine Freunde wußten und mir erklärten" (ebd., S. 193f.).

Die bestandene Mittelschulprüfung wird für ihn erneute Bestätigung für seine Fähigkeit zu lernen und erneuter Ansporn für seinen Ehrgeiz. Er steckt sich ein neues, weitreichendes Ziel: Das Studium der Philologie. Mit seiner Lernbegeisterung wird er innerhalb des Militärapparates zum Fremdkörper, aber er findet auch immer wieder Freunde, die sich ihm anschließen und ihn an ihren Kenntnissen teilhaben lassen. Er beschließt nach zweijähriger Pflichtzeit, seinen Abschied beim Militär zu nehmen, obwohl ihm eine soldatische Berufslaufbahn offen gestanden hätte. Kurz vor Ende seiner Dienstpflicht teilt er dem Vater in einem Brief seine Entschlüsse mit. Nach Hause zurückgekehrt, um sich auf die nächsten Prüfungen vorzubereiten, konfrontiert ihn sein Vater wegen der vermessenen Pläne mit heftigsten Vorwürfen, ja er wird im ganzen Dorf zum Skandal. Das, was er selbst als eine „Wiedergeburt" erlebt, wird von seiner Umwelt als Hybris, als „Wahnsinn" gedeutet. Die Spannung in der Familie steigt zunehmend, der Vater akzeptiert die Lern- und Studiertätigkeit des Sohnes nicht als wirkliche Arbeit und will den überflüssigen Esser, der sich nicht mehr seinen Anweisungen fügt, am liebsten los haben. Gavino, selbstbewusst geworden, wagt zum ersten Mal die offene Rebellion gegen den Vater, hält ihm die Ausbeutung seiner Kinder vor. Seine Bildungsfortschritte haben ihm auch einen klareren Einblick in die sozialen Verhältnisse verschafft. Ihm ist zunehmend bewusst geworden, dass es keineswegs nur die blanke wirtschaftliche Not war, die den Vater zu jener Ausnutzung der Arbeitskraft seiner Kinder zwang, sondern mehr noch dessen raffgieriger, hortender Charakter, der von der fixen Idee beherrscht war, reich zu werden. Es kommt zum Disput:

„Wer nicht arbeitet, ist zu allem fähig: ein solches Subjekt muß ausgemerzt werden".

„Aber ich arbeite sogar zuviel. Ich lerne acht oder neun Stunden täglich, um die verlorene Zeit wettzumachen, um zu versuchen, mir das Wissen zu verschaffen, das du mir seinerzeit hättest verschaffen müssen. Hast du nie daran gedacht?"

„Ich habe dich großgezogen, ich habe dich aufgezogen und ernährt bis zu deinem einundzwanzigsten Lebensjahr. Ich habe mir nichts vorzuwerfen. Meine Pflicht habe ich getan".

„Ruiniert hast du mich bis zu meinem einundzwanzigsten Lebensjahr. Ausgenutzt, ausgebeutet hast du mich bis zu meinem einundzwanzigsten Lebensjahr, und genauso hast du es mit meinen Geschwistern gehalten" (ebd., S. 204f.).

Schließlich kommt es zur unvermeidlichen gewaltsamen Konfrontation. Der Vater geht zitternd vor Wut mit einem Stock auf den Sohn los, will ihn aus dem Haus werfen. Dessen körperliche Kräfte, vor allem aber dessen Selbstbewusstsein sind inzwischen jedoch so gereift, dass er den Angriff parieren kann. Er weicht den Schlägen des Vaters zunächst geschickt aus, „entwaffnet" ihn schließlich, vermeidet es aber, ihn seinerseits zu schlagen, um ihm keinen Vorwand zu liefern, die Empörung des Dorfes auf seine Seite zu ziehen. Er macht ihm und den umstehenden Geschwistern lediglich deutlich, dass er keine Gewalt mehr über ihn hat, weder körperliche noch seelische: „Du hast zuviel kommandiert. Es ist Zeit, daß du damit aufhörst. Wir alle sind als deine Sklaven aufgewachsen: in der Furcht vor dir ... und meine Brüder hast du bis heut unterjocht ... Mir kannst du zum Glück keine Angst mehr machen. Ich habe sie mit meinem Verstand überwunden" (ebd., S. 213f.). Um seine innere Unabhängigkeit und Freiheit zu demonstrieren bietet er sich, nachdem er seinem ehemaligen Peiniger die Grenzen aufgezeigt hat, zuletzt sogar als Opfer an: „Und nachdem ich dir jetzt bewiesen habe, daß du es nicht mehr fertig bringst, mich zu verprügeln, erlaube ich dir, dich an meinem Körper auszutoben, wenn dir danach ist. Bitte! Ich legte mich auf den Boden. Komm doch. Schlag mich. Tritt mich mit den Füßen. Mach mit mir was du willst, so wie du das früher getan hast. Nur so kannst du mich jetzt schlagen" (ebd., S. 214). Der Vater verlässt daraufhin verstört und beschämt den Raum und schließt sich in seinem Zimmer ein. Doch auch Gavino erkennt, dass er in diesem Haus nicht länger bleiben kann und beschließt, an einem anderen Ort seine Vorbereitungen für die Prüfungen fortzuführen.

9. Schluss: Was kann man aus dieser Geschichte über Bildung und Resilienz lernen?

Was kann man aus dieser Autobiographie über „Resilienz", über „Bildung als Chance" lernen? Natürlich kann man in dieser Biographie eine Menge an „Risikofaktoren" ausmachen: die frühe Trennung von der Mutter und überhaupt vom bisher gewohnten sozialen Umfeld, die Gewalttätigkeit des Vaters, die soziale Isolation auf der Almhütte, die Überbürdung mit Arbeit, die durchgemachten, zum Teil lebensbedrohlichen Krankheiten usw. Wenn man will, dann kann man auch die diversen Aspekte, die in der entsprechenden Forschungsliteratur als typisch für „resiliente Kinder- und Jugendliche" beschrieben wurden, in dieser Geschichte wiederfinden: „inner locus of control", „learned resourcefulness", „self efficacy", ein grundlegendes Gefühl der Selbstachtung, das auf der realen Erfahrung überwundener Schwierigkeiten basiert, die Hinwendung zu spezifischen Interessensgebieten in denen ein Gefühl der Expertenschaft und der Kompetenz erworben wird, die Fähigkeit, vertrauensvolle und hilfreiche Beziehungen zu Personen außerhalb der Familie aufzubauen und diese für die eigene Entwicklung zu nutzen, die Fähigkeit, mit Beharrlichkeit und Ausdauer bestimmte Ziele zu verfolgen, eine optimistische Grundeinstellung, die Zutrauen in die Erreichbarkeit selbst hochgesteckter Ziele vermittelt, „emotional distancing" d.h., die Fähigkeit innere Distanz zu problematischen familiären Weltdeutungen und ungerechtfertigten Loyalitätsforderungen zu gewinnen. Auch wenn die Beziehung zur Mutter in dem Buch im Verhältnis zur Vaterbeziehung eine sehr viel geringere Rolle spielt, kann man doch aufgrund der wenigen Andeutungen vermuten, dass auch in dieser Lebensgeschichte in den frühen Jahren eine liebevolle, einfühlsame, zuverlässig verfügbare Bezugsperson zur Verfügung stand und somit zu Beginn seiner Entwicklung so etwas wie eine „Secure Base" existierte. Freilich lassen sich die meisten der genannten Merkmale ebenso gut als Ausdrucksformen wie als Ursache der Resilienz begreifen. Und gerade die Ausführlichkeit und Differenziertheit eines solchen narrativen Textes macht deutlich, dass eine kausale Erklärung dafür, warum gerade dieser Junge einen solchen Willen, eine solche Energie und eine solche Zähigkeit entwickelt hat, um sich selbst aus den Verhältnissen der Unterdrückung und der Unwissenheit, in die er hineingeboren wurde, zu befreien, letztendlich nicht gegeben werden kann.

Wäre Ledda in die Verlegenheit gekommen, die seit 2005 existierende deutsche „Resilienzskala" auszufüllen, jenen Fragebogen „zur Erfassung der psychischen Widerstandsfähigkeiten als Personmerkmal" (Schumacher u.a.

2005), er hätte wohl durchaus hohe Werte erzielt. Denn aus der Lektüre der Autobiographie geht deutlich hervor, dass er viele der „resilienztypischen Personmerkmale", die es dort auf entsprechenden Skalen einzuschätzen gilt, in besonders ausgeprägtem Maße erfüllt: „Wenn ich Pläne habe, verfolge ich sie auch", „Ich kann mich eher auf mich selbst als auf andere verlassen", „Es ist mir wichtig an vielen Dingen interessiert zu bleiben", „Wenn ich muss, kann ich auch allein sein", „Ich bin stolz auf das, was ich schon geleistet habe", „Ich lasse mich nicht so schnell aus der Bahn werfen", „Ich kann schwierige Zeiten durchstehen, weil ich weiß, dass ich das früher auch schon geschafft habe", „Mein Glaube an mich hilft mir auch in harten Zeiten", „Ich kann mich überwinden, Dinge zu tun, die ich eigentlich nicht machen will", „Wenn ich in einer schwierigen Situation bin, finde ich gewöhnlich einen Weg heraus" (S. 32).

Das Beispiel von Gavino Ledda zeigt aber auch, dass Resilienz nicht nur mit „Schutzfaktoren auf Seiten der Persönlichkeit" wie „Temperament", „Selbstwirksamkeit", „Ausdauer", etc. und „Schutzfaktoren auf Seiten der Umwelt" wie stabile Bezugsperson in früher Kindheit, zugewandte, hilfreiche Erwachsene jenseits der Familie etc. zu tun hat, – Dinge, die in der empirischen Resilienzforschung schlicht dichotom als „vorhanden" oder „nicht vorhanden" angekreuzt oder aber auf Einschätzungsskalen quantitativ mit bestimmten Zahlenwerten zu erfassen versucht werden – sondern dass Resilienz auch ganz maßgeblich mit konkreten Schlüsselerfahrungen, Reflexionen, Einsichten, Bewertungen, Urteilen, Vorsätzen, Phantasien, Sehnsüchten, Zukunftsentwürfen, Lebensplänen zu tun hat, mit Dingen also, die nicht einfach auf einen Zahlenwert gebracht und mit einem Risikoindex korreliert werden können, sondern die qualitativ beschrieben, interpretiert, und verstanden werden müssen.

Sicherlich ist die heutige gesellschaftliche Realität und die heutige Kindheitssituation nicht mehr vergleichbar mit den Verhältnissen, die die traditionale ländliche Hirtengesellschaft Sardiniens noch vor fünfzig Jahren prägten. Und wenn es sicherlich Kinderarbeit und Ausbeutung von Kindern auch bei uns noch gibt, so dürfte es dennoch eher selten geworden sein, dass Kinder oder Jugendliche ihren Eltern in zähem Ringen das Recht auf Bildung abtrotzen müssen. Viel häufiger gehen die Kämpfe zwischen Eltern und Kindern heute sicherlich darum, dass die Kinder die ihnen eröffneten Bildungschancen wahr-, die damit verbundenen Anstrengungen und Verantwortungen auch Ernst nehmen. Seien es die Auseinandersetzungen wegen der Hausaufgaben oder sei es das Gezerre um das regelmäßige Üben des Musikinstruments, für dessen Erlernen teurer Privatunterricht bezahlt wird. Von daher stellt diese

Autobiographie zunächst einmal eine interessante Kontrastfolie dar, um sich die historische Relativität von Kindheit deutlich zu machen. Sie zeigt aber auch in besonderer Prägnanz, dass „Bildung" ein Vorgang ist, den das Subjekt an sich selbst vollzieht, ein Prozess, der, wenn er einmal in Gang gekommen ist, eine eigene Dynamik entwickelt und mehr bedeutet als bloße Wissensakkumulation. In dieser Geschichte ist der Prozess der Bildung auf das Engste verknüpft mit dem Prozess der Emanzipation, der Befreiung aus unerträglichen Herrschaftsverhältnissen. Vielleicht kann man überhaupt sagen, Bildung wird erst dann zur Chance, wenn sie vom sich bildenden Subjekt tatsächlich auch *als Chance begriffen* wird, d.h. als Möglichkeit der Veränderung der eigenen Person und der eigenen Lage und nicht bloß als tägliches Pensum, als selbstverständliche Routine, als Erfüllung elterliche Erwartung, als lästige Pflicht, als Aufnahme unnützen Ballasts oder als Mittel zum Statuserwerb.

Schlusswort

In diesem Buch war viel von Problemaspekten der Schule die Rede. Natürlich geht es dort bisweilen auch (in den meisten Schulen sogar überwiegend) ruhig und gelassen, konzentriert und sachlich, respektvoll und freundlich zu. Die Intention dieses Buches war es keineswegs, die Schulrealität generell schlecht zu schreiben oder gar pauschale Lehrerschelte zu betreiben. Es ging weder um die Klage, dass die Schule zum „Tollhaus" geworden sei, noch dass permanenter „Nervenkrieg im Klassenzimmer" herrsche. Es ging auch nicht um die Forderung, dass das Land „neue Lehrer" bräuchte oder dass die Schule „neu erfunden" werden müsste.

Vielmehr sollte ein nüchterner, analytischer Blick auf unterschiedliche Phänomene und Probleme heutiger Schulrealität geworfen werden. Dabei standen weniger die inhaltlichen-curricularen und die didaktisch-methodischen Fragen der Schule im Zentrum, sondern eher die erzieherischen und bildungstheoretischen. Im Hintergrund stand auch weniger die derzeit in der bildungspolitischen Diskussion vorherrschende Sorge, dass die an der Schule verbrachte Lernzeit nicht effektiv genug genutzt würde und die deutschen Schüler damit vielleicht auch bei der nächsten PISA-Studie im internationalen Vergleich wieder nur mittelmäßig abschneiden könnten. Eher war es die Sorge und die Verwunderung darüber, dass die in der Schule verbrachte Lebenszeit im Erleben der Betroffenen so oft nicht als wirklich subjektiv bedeutsame, fruchtbare, wertvolle Zeit wahrgenommen und erinnert wird, sondern eher als Mischung aus Stress und Langeweile, bisweilen auch als „dröge Zumutung" oder als „notwendiges Übel". Weiterhin die Tatsache, dass Schüler und Lehrer sich hierzulande häufig in einem eher antagonistischen Verhältnis gegenüberstehen, Lehrer also von den Schülern oft nicht primär als freundlich zugewandte Lernhelfer oder gar als Vorbilder wahrgenommen werden, sondern eher als „Unterrichtsbeamte, die ihren Stoff durchziehen", oder als „Pauker, die „mit Noten Druck machen", die zudem die Macht haben, sie mit ihren Schwächen bloßzustellen oder ihnen durch ihre Notengebung Zukunftswünsche zu verbauen. Gerade in Mittelstufenklassen finden Schüler mit provokativen Verweigerungsgesten und subversiven Störmanövern bei ihren Mitschülern häufig Anerkennung – und lösen damit natürlich zugleich wieder Befremden, Ärger und Verdruss bei den betroffenen Lehrern aus.

Es ging zunächst darum, besser zu verstehen, was sich in solchen Konfliktsituationen eigentlich abspielt, im Detail zu betrachten, welche entwicklungspsychologischen Hintergründe und Abwehrmotive auf Schülerseite und welche Persönlichkeitsdispositionen auf Lehrerseite dabei eine Rolle spielen, welche interaktiven Dynamiken dadurch ausgelöst werden und welche emotionalen Prozesse damit einhergehen. Und es ging darum, pädagogische Konzepte zu vergegenwärtigen und zu diskutieren, die ersonnen wurden, um mit solchen Konflikten angemessen umzugehen: Deeskalationsmodelle für aktuell zugespitzte Situationen, organisatorische Modelle der „Konfliktauslagerung und -nachbereitung", spezifische Formen der Gesprächsführung im Konfliktgespräch.

Schließlich ging es um die Diskussion grundlegender pädagogischer Zielperspektiven. Was kann, was soll die gängige Rede, dass der „Erziehungsauftrag der Schule" gestärkt werden soll eigentlich heißen? Was kann ein solcher Appell nutzen, wenn zugleich die strukturellen Bedingungen an den Schulen, die Freiräume in denen sich Lehrer und Schüler jenseits der klassischen, unterrichtstypischen Rollenteilung begegnen können, eher eingeschränkt werden? Wenn „Bildung" mehr umfasst als die Aneignung der Inhalte, die in Mathe, Deutsch, Englisch und all den anderen Fächern, für die es explizite Lehrpläne gibt, auf der schulischen Tagesordnung stehen, dann tragen vor allem die in einer Klasse oder in einer Schule entwickelten Formen des zwischenmenschlichen Umgangs, der Unterstützung, des wechselseitigen Respekts, der Anerkennung aber auch der Rückmeldung, der Kritik und der fairen Konfliktaustragung – also die ganze erlebte Schulkultur und Schulatmosphäre sicherlich maßgeblich dazu bei. Welche Zielperspektiven sind nun aber für dieses „Mehr" der Bildung angemessen und realistisch? Kann und soll Pädagogik sich anmaßen, die Gefühle der ihnen anvertrauten Kinder und Jugendlichen bilden zu wollen, ist die Förderung „emotionaler Intelligenz" somit ein sinnvolles Bildungsziel? Kann sie zur „psychischen Gesundheit" beitragen und worauf kommt es dann an? Kann sie gar bei Kindern, die in prekären Lebensumständen leben oder die hochbelastete Biographien mitbringen, die „Resilienz", die seelische Widerstandskraft stärken?

Bei all dem war es mir wichtig, immer wieder die Subjektperspektive, die konkrete narrative Beschreibung, wie Kinder und Jugendliche aber auch wie Lehrer ihre Situation in der Schule erleben, ins Spiel zu bringen. Ob es gelingen wird, mit den derzeit unternommenen schulpolitischen Reformmaßnahmen (Verkürzung der Schulzeit am Gymnasium, Erhöhung der Schulautonomie, Umstellung von Input- auf Outputsteuerung, Einführung von Bildungsstandards und landesweiten Tests...) das durchschnittliche Leistungsniveau der Schüler hierzulande zu erhöhen, ist die eine Frage. Die andere, ebenso wichtige oder vielleicht sogar noch wichtigere Frage ist die, ob es gelingen wird, das subjektive Erleben von Herausforderung und Unterstützung, von Fairness und Respekt und von Sinn und Befriedigung im Zusammenhang mit dem schulischen Lernen bei allen Beteiligten zu erhöhen, ob also der Satz „Bildung stärkt Menschen" ein wohlfeiler Slogan bleibt oder zu einer zunehmend deutlicher erfahrbaren Wirklichkeit wird.

Literatur

Adl-Amini, B.: Krisenpädagogik. Eine neue Subdisziplin der Erziehungswissenschaft. In: Brinkmann, W. (Hrsg.): Differentielle Pädagogik. Eine Einführung. Donauwörth 2001, S. 184–201

Adorno, Th.W.: Tabus über den Lehrerberuf. In: ders.: Erziehung zur Mündigkeit. Frankfurt/M. 1970, S. 70–89

Adorno, Th. W.: Soziologische Schriften I. Frankfurt/M. 1972

Adorno, Th.W.: Theorie der Halbbildung. In: Adorno, Th.W.: Gesellschaftstheorie und Kulturkritik. Frankfurt/M. 1975, S. 66–94

Ahrbeck, B.: Erziehung zwischen Selbstwertförderung und Kundenorientierung. In: Vierteljahresschrift für Heilpädagogik und ihre Nachbargebiete 67. Jg., 1998, S. 127–136

Ahrbeck, B.: Kinder brauchen Erziehung. Die vergessene pädagogische Verantwortung. Stuttgart u.a. 2004

Ahrbeck, B.: Konflikt und Vermeidung. Psychoanalytische Überlegungen zu aktuellen Erziehungsfragen. Neuwied u.a. 1997

Aichhorn, A.: Verwahrloste Jugend. Die Psychoanalyse in der Fürsorgeerziehung. Bern 1977[9], orig. 1925

Anthony, E.J.: Children at high risk for psychosis growing up successfully. In: Anthony, E.J., Cohler, B.J. (Eds.): The invulnerable child. New York, London 1987, S. 147–184

Antonovsky, A.: Health, stress and coping. San Francisco 1979

Antonovsky, A.: Unraveling the mytery of health. How people manage stress and stay well. San Francisco 1987

Aries, Ph.: Geschichte der Kindheit. München 1975

Baacke, D./Schulze, Th. (Hrsg.): Aus Geschichten lernen. Zur Einübung pädagogischen Verstehens. Weinheim 1979

Badura, B.: Soziologische Grundlagen der Gesundheitswissenschaften. In: Hurrelmann, K., Laaser, U. (Hrsg.): Gesundheitswissenschaften. Handbuch für Lehre, Forschung und Praxis. Weinheim und Basel, 1993, S. 63–90

Baginsky, A.: Die Impressionabilität des Kindes unter dem Einfluß des Milieus. In: Schaefer, K.L. (Hrsg.): Bericht über den Kongress für Kinderforschung und Jugendfürsorge in Berlin. (1.–4. Oktober 1906). Langensalza 1907, S. 10–26

Balke, S.: Eigenverantwortliches Denken in der Schule. Ein Trainingsprogramm zur Lösung von Disziplinproblemen. In: lernchancen, 1998, S. 46–51

Balke, S./Hogenkamp, A.: Drei Regeln reichen aus. Soziales Verhalten kann trainiert werden. In: Meier, R./Rampillon, U./Sandfuchs, U./Stäudel, L. (Hrsg.): Üben und Wiederholen. Sinn schaffen – Können entwickeln. (Friedrich Jahresheft), Seelze 2000.

Ballauff, Th.: Zur Geschichte der abendländischen Bildung. In: Böhm, W., Lindauer, M. (Hrsg.): Wissen, Erkennen, Bildung, Ausbildung heute. Stuttgart 1988, S. 49–70

Bandura, A.: Self-efficacy mechanism in human agency. In: American Psychologist, Vol. 37, 1982, Nr. 2, S. 122–147

Bar-On, R., Parker, J.D.A. (Hrsg.): Handbook of Emotional Intelligence. New York 2000.

Baumert u.a.: PISA 2000. Basiskompetenzen von Schülerinnen und Schülern im internationalen Vergleich. Opladen 2001

Beck, U./Beck-Gernsheim, E. (Hrsg.): Riskante Freiheiten. Individualisierung in der modernen Gesellschaft. Frankfurt/M. 1994

Becker, H./v. Hentig, H.: Der Lehrer und seine Bildung. Beiträge zur Überwindung einer Resignation. Frankfurt/M. 1984

Becker, P.: Psychologie der seelischen Gesundheit. Bd. 1: Theorien, Modelle, Diagnostik. Göttingen 1982

Becker, P.: Seelische Gesundheit als protektive Persönlichkeitseigenschaft. In: Zeitschrift für klinische Psychologie, Bd. XXI, Heft 1, 1992, S. 64–75.

Becker, P.: Berufliche Belastung, Gesundheit und Gesundheitsförderung von Lehrerinnen und Lehrern. Vortrag auf der landesweiten Tagung zur Lehrergesundheit am 19. 5. 2005. an der Universität Landau-Koblenz. http://lehrergesundheit.bildung-rp.de/downloads/3-Lehrertag-Vortrag_Becker.pdf

Becker, P./Minsel, B.: Psychologie der seelischen Gesundheit. Bd. 2: Persönlichkeitspsychologische Grundlagen, Bedingungsanalysen und Förderungsmöglichkeiten. Göttingen1986

Benner, D.: Zur theoriegeschichtlichen und systematischen Relevanz nicht-affirmativer Erziehungs- und Bildungstheorie. In: Benner, D/Lenzen, D. (Hrsg.): Erziehung, Bildung, Normativität. Weinheim und München 1991, S. 11–29

Berg, Chr.: Von Kindheit haben wir keinen Begriff. In: Welt des Kindes, 3/1989, S. 7–11

Bernfeld, S.: Sisyphos oder die Grenzen der Erziehung. Frankfurt/M. 1967 (orig. 1925)

Bernhard, Th.: Ein Kind. München 1985

Bettelheim, B.: Erziehung zum Überleben. Zur Psychologie der Extremsituation. München 1979

Bittner, G.: Vergessene Dimensionen des Lernens. Vorwort in: W. Neidhardt: Kinder, Lehrer und Konflikte. Vom psychoanalytischen Verstehen zum pädagogischen Handeln. München 1977, S. 7–10

Bittner, G.: Überflüssige Pädagogik. In: Neue Sammlung, 22. Jg. 1982, S. 432–435

Bittner, G.: „Der Mensch – ein ‚Geschöpf des Vertrages'". Zur Begründung von Sozialpädagogik. In: Zeitschrift für Pädagogik, 31. Jg. 1985, S. 613–629.

Bittner, G.: Zerrissene Welten – zerrissene Menschen – zerrissene Kinder. In: Wehrmann, I./Seehausen, H. (Hrsg.): Kindgerechte Arbeitsgestaltung. Kinder, Erwachsene, Institutionen im Interessenkonflikt? Bremen 1989a, S. 39–56

Bittner, G.: Das Teilzeit-Kind. In: Neue Sammlung, 29. Jg. 1989b, Heft 4, S. 477–487

Bittner, G.: Pädagogik und Psychoanalyse. In: Röhrs, H./Scheuerl, H. (Hrsg.): Richtungsstreit in der Erziehungswissenschaft und pädagogische Verständigung. Frankfurt/M. 1989c, S. 215–227

Bittner, G.: Kinder in die Welt, die Welt in die Kinder setzen. Eine Einführung in die pädagogische Aufgabe. Kohlhammer: Stuttgart, Mainz, Köln 1996

Bittner, G.: Schulunlust von Jugendlichen – Entwicklungspsychologische und Psychoanalytische Perspektiven. In: Fröhlich, V./Göppel, R. (Hrsg.): Was macht die Schule mit den Kindern? – Was machen die Kinder mit der Schule? – Psychoanalytisch-pädagogische Blicke auf die Institution Schule. Frankfurt/M. 2003, S. 92–109

Blankertz, H.: Pädagogische Theorie und erzieherische Praxis im Spiegel des Verständnisses von Wissenschaftstheorie und Wissenschaftspraxis. In: König, E., Zedler, P. (Hrsg.): Erziehungswissenschaftliche Forschung. Paderborn, München 1982

Block, J.: Studying personality the long way. In: Funder, D.C., Parke, R.D., Tomlinson-Keasey, C., Widaman, K. (Eds.): Studying lives through time: Personality and development. Washington 1993, S. 9–41

Böhm, W.: Der Gebildete zwischen Wilden und Barbaren. In: Konrad, H. (Hrsg.): Pädagogik und Anthropologie. Kippenheim 1982, S. 142–151
Böhm, W.: Theorie der Bildung. In: Böhm, W., Lindauer, M. (Hrsg.): Wissen, Erkennen, Bildung, Ausbildung heute. Stuttgart 1988, S. 25–48
Böhm, W.: Theorie der frühkindlichen Erziehung. In: Fuchs, B., Harth-Peter, W. (Hrsg.): Alternativen frühkindlicher Erziehung. Von Rousseau zu Montessori. Würzburg 1992, S. 11–36
Böhm, W.: Über das Gemeine der Allgemeinen Pädagogik. Eine personalistische Grundlegung. In: Brinkmann, W./Petersen, J. (Hrsg.): Theorien und Modelle der Allgemeinen Pädagogik. Donauwörth 1998, S. 137–152
Bossard, M./Lazarus, H.: Bildung als Chance. Ressourcenorientierte Biographiearbeit mit chronisch psychisch kranken und drogenabhängigen Menschen. Bonn 2005
Brecht, B.: Ausgewählte Gedichte. Frankfurt/M. 1964
Brinkmann, W./Petersen, J. (Hrsg.): Theorien und Modelle der Allgemeinen Pädagogik. Donauwörth 1998
Brinkmann/Petersen, J.: Und es gibt sie doch – die Allgemeine Pädagogik. In: Brinkmann, W./Petersen, J. (Hrsg.): Theorien und Modelle der Allgemeinen Pädagogik. Donauwörth 1998, S. 7–31
Brody, S./Siegel, M.G.: The evolution of character. Birth to 18 years. A longitudinal study. Madison 1992
Bründel, H./Simon, E.: Die Trainingsraummethode. Umgang mit Unterrichtsstörungen: Klare Regeln, klare Konsequenzen. Weinheim 2003
Buddrus, V. (Hrsg.): Die „verborgenen Gefühle" in der Pädagogik. Impulse und Beispiele aus der humanistischen Pädagogik zur Wiederbelebung der Gefühle. Baltmannsweiler 1992
Burghardt, M.: Wesentliche Orientierungspunkte für die Arbeit am Bildungsplan Förderschule. www.bildung-staerkt-menschen.de/.../sonderschulen/Orientierungspunkte_Bildungsplan_ Foerderschule_Febr_05.doc, 2005
Carlsburg, B./Heitger, M. (Hrsg.): Der Lehrer – ein (un)möglicher Beruf. Frankfurt/M. 2005
Caspi, A., Elder/G.H., Jr./Herbener, E.S.: Childhood personality and the prediction of life-course patterns. In: Robins, L.N., Rutter, M. (Eds.): Straight and devious pathways from childhood to adulthood. Cambridge 1990, S. 13–35
Chess, S.: Defying the voice of doom. In: Dugan, T.F., Coles, R. (Eds.): The child in our times: Studies in the development of resiliency. New York 1989, S. 179–199
Cierpka, M. (Hrsg.): Kinder mit aggressivem Verhalten. Ein Praxismanual für Schulen, Kindergärten und Beratungsstellen. Göttingen 1999
Cierpka, M. (Hrsg.): FAUSTLOS – Ein Curriculum zur Prävention von aggressivem und gewaltbereitem Verhalten bei Kindern der Klassen 1 bis 3. Göttingen 2000
Cladder-Micus, A./Kohaus, H.: Integrative Arbeit mit gewalttätigen rechten Jugendlichen und ambulantes Anti-Aggressivitätstraining. In: Stickelmann, B. (Hrsg.): Zuschlagen oder Zuhören. Jugendarbeit mit gewaltorientierten Jugendlichen. Weinheim und München 1996, S. 127–132.
Cohler, B.J.: Adversity, resiliance and the study of lives. In: Anthony, E.J, Cohler, B.J. (Eds.): The invulnerable child. New York 1997, S. 363–424
Cohn, R.: Von der Psychoanalyse zur themenzentrierten Interaktion. Stuttgart 1975
Colvin, G.: Aggressives Verhalten im Klassenraum. Ein Modell zur Beschreibung und Behandlung von ausagierendem Verhalten. Dt. Bearbeitung: Karl Landscheidt, hrsg. v. Landesinstitut für Schule und Weiterbildung NRW, Soest 2000
Copei, F.: Der fruchtbare Moment im Bildungsprozess. Heidelberg 1960[5]

Csikszentmihalyi, M.: Flow. Das Geheimnis des Glücks. Stuttgart 2002[12]
Czerwenka, K./Nölle, K./Pause, G./Schlotthaus, W./Schmidt H.-J.: Was Schüler von der Schule halten. In: Die Deutsche Schule. 2/1988, S. 132–146.
Damasio, A.R.: Descartes Irrtum. Fühlen, Denken und das menschliche Gehirn. München 1997
Dannhäuser, A.: Schule gefährdet Ihre Gesundheit. In: Bayerische Schule. 54. Jg., 2001 Heft 6, S. 3–6
Datler, W.: Das Verstehen von Beziehungsprozessen – eine zentrale Aufgabe von heilpädagogischer Praxis, Lehre und Forschung. In: Bundschuh, K.: Wahrnehmen, Verstehen, Handeln. Perspektiven für die Sonder- und Heilpädagogik im 21. Jahrhundert. Bad Heilbrunn, Klinkhardt 2000, S. 59–78
Datler, W.: Erleben, Beschreiben und Verstehen: Vom Nachdenken über Gefühle im Dienst der Entfaltung von pädagogischer Professionalität. In: Dörr, M./Göppel, R. (Hrsg.): Bildung der Gefühle. Innovation? – Illusion? – Intrusion? Gießen 2003, S. 241–259
Datler, M.: Reflexion eigener positiver und belastender Schulerfahrungen als Weg zur Förderung der Sensibilität für hilfreiche und hemmende Formen der Beziehungsgestaltung bei Lehrerinnen. In: Fröhlich, V./ Göppel, R. (Hrsg.): Bildung als Reflexion über die Lebenszeit. Gießen 2006, S. 183–197
De Grandpre, R.: Der Verlust der Langsamkeit. In: Psychologie heute, Oktober 2002, S. 44–47
deMause, L. (Hrsg.): Hört ihr die Kinder weinen. Eine psychogenetische Geschichte der Kindheit. Frankfurt/M. 1977
DER SPIEGEL 15/1988 Tollhaus Schule
DER SPIEGEL 24/1993 Nervenkrieg im Klassenzimmer – Horrorjob Lehrer
DER SPIELGEL 33/1995: „Vergeßt alle Systeme", S. 154–160
DER SPIEGEL 22/2000: Süßer Horror Pubertät: Die Entmachtung der Eltern
DER SPIEGEL 46/2003 Klassenkrampf. Warum Lehrer und Schüler in Deutschland versagen
DER SPIEGEL 14/2006 Gewalt im Klassenzimmer. Wenn Lehrer nicht mehr weiterwissen
Dettbarn-ReggentinJ./Reggentin, H. (1992): Neue Wege in der Bildung Älterer, Bd. 2 Praktische Modelle und Projekte, Freiburg
Egeland, B./Carlsson, E./Sroufe, L.A.: Resilience as process. In: Development and Psychopathology, 1993, Vol. 5, S. 517–528
Engel, U./Hurrelmann, K.: Psychosoziale Belastungen im Jugendalter. Berlin 1989
Ernst, H.: Intuition – Können wir unserem Bauchgefühl vertrauen? In: Psychologie heute, März 2003, S. 20–27
Ertle, Chr./Möckel, A. (Hrsg.): Fälle und Unfälle in der Erziehung. Stuttgart 1981
Esser, G./Laucht, M./Schmidt, M.H.: Der Einfluß von Risikofaktoren und der Mutter-Kind-Interaktion im Säuglingsalter auf die seelische Gesundheit des Vorschulkindes. In: Kindheit und Entwicklung, Zeitschrift für klinische Kinderpsychologie 4. Jg. 1995, S. 33–42
Fatke, R.: Das Life Space Interview (Fritz Redl). In: Iben, G. (Hrsg.): Dialogische Heilpädagogik. Grundlagen und heilpädagogische Praxis. Frankfurt/M. 1988, S. 95–100
Fauser: Eine Schule des Verstehens. In: Kahl, J.: Treibhäuser der Zukunft. Wie Schulen in Deutschland gelingen. Weinheim 2004, S. 35–36
Fend, H.: Die empirische Pädagogik. In: Westermanns Pädagogische Beiträge, 36. Jg. 1984, Heft 3, S. 132–137
Fend, H.: „Gute Schulen – schlechte Schulen" – Die einzelne Schule als pädagogische Handlungseinheit. In: Die Deutsche Schule 78. Jg. 1986, S. 275–293
Fend, H.: Schulqualität. Die Wiederentdeckung der Schule als pädagogische Gestaltungsebene. In: Neue Sammlung 28. Jg. 1988, S. 537–547

Fend, H.: Qualität im Bildungswesen. Schulforschung zu Systembedingungen, Schulprofilen und Lehrerleistung. Weinheim/München 1998
Fend, H.: Sozialgeschichte des Aufwachsens. Bedingungen des Aufwachsens und Jugendgestalten im zwanzigsten Jahrhundert. Frankfurt/M. 1988
Fend, H.: Entwicklungspsychologie des Jugendalters. Leske und Budrich: Opladen 2000
Fend, H.: Was stimmt in deutschen Bildungssystemen nicht? – Wege zur Erklärung ihrer Funktionsweise und Wege der Reform. In: Schavan, A. (Hrsg.): Bildung und Erziehung. Perspektiven auf die Lebenswelten von Kindern und Jugendlichen. Frankfurt/M. 2004
Fend, H., Büeler, X., Grob, U., & Kassis, W.: Politische Bildung und Persönlichkeitsförderung als Qualitätskriterien von Bildungssystemen. Möglichkeiten der Evaluation von Bildungssystemeffekten im Bereich überfachlicher Kompetenzen am Beispiel des Vergleichs der Kantone Schwyz und Zürich (Bericht der Schweizer Arbeitsgruppe „Cross-Curricular-Competencies" von Network A des INES-Projektes der OECD. Im Auftrag des Bundesamtes für Statistik, Bern). Pädagogisches Institut der Universität Zürich 1996
Ferenczi, S.: Psychoanalyse und Pädagogik. In: Ders.: Schriften zur Psychoanalyse I. Frankfurt/M. 1970 (orig. 1908)
Flitner, A.: Eine Wissenschaft für die Praxis? In: Zeitschrift für Pädagogik, 24. Jg. 1978, S. 183–193.
Flitner, A./Scheuerl, H.: Einführung in pädagogisches Sehen und Denken. Weinheim 2000
Flitner, W.: Rückschau auf die Pädagogik in futuristischer Absicht. In: Zeitschrift für Pädagogik,. 22. Jg. 1976, S. 1–8
Florin, I./Tunner, W.: Behandlung kindlicher Verhaltensstörungen. Verhaltenstherapeutisches Übungsbuch für psychologisch und pädagogisch interessierte Eltern. München 1973[5]
FOCUS 19/2004: Vorsicht wütende Lehrer – mehr arbeiten für weniger Geld. Ersatz-Eltern für unerzogene Schüler. Die Pädagogen drohen mit Boykott
FOCUS Money: Emotionen nutzen – Die Macht der Gefühle. In: Focus Money vom 28. Februar 2002, S. 72–79.
Fonagy, P.: Bindungstheorie und Psychoanalyse. Stuttgart 2001
Ford E.E.: Dicipline for Home and School. Scottsdale 1994
Freud, S.: Drei Abhandlungen zur Sexualtheorie (1905). In: Studienausgabe, Bd. V Sexualleben. Frankfurt 1970S. 37–146
Freud, S.: Totem und Tabu (1912–1913). GW Bd. IX, Frankfurt/M., S. 1–194.
Freud, S.: Zur Psychologie des Gymnasiasten (1914). In: Studienausgabe, Bd. IV Psychologische Schriften, Frankfurt 1970, S. 235–240
Freud, S.: Die Zukunft einer Illusion (1927), GW Bd. XIV, Frankfurt/M.
Freud, S.: Das Unbehagen in der Kultur. GW Bd. XIV, Frankfurt/M., S. 419–537 (orig. 1930).
Friedrich, G./Galgóczy, V.: Komm mit ins Zahlenland. Freiburg 2004
Fröhlich, V./Göppel, R. (Hrsg.): Was macht die Schule mit den Schülern? – Was machen die Schüler mit der Schule? Psychoanalytisch-pädagogische Blicke auf die Institution Schule. Gießen 2003
Fröhlich, V./Göppel, R. (Hrsg.): Bildung als Reflexion über die Lebenszeit. Gießen 2006
Fthenakis, W.E.: Bildung und Erziehung für Kinder unter sechs Jahren: der bayerische Bildungs- und Erziehungsplan. http://www.ifp-bayern.de/cms/Ftenakis_Pressekonferenz.pdf 2004
Fürstenau, P.: Zur Psychoanalyse der Schule als Institution. In: Das Argument, 6. Jg. 1964,Heft 2, S. 65–84
Gabriel, T.: Resilienz – Kritik und Perspektiven. In: : Zeitschrift für Pädagogik, 51. Jg. 2005, S. 207–215

Gardner, H.: Abschied vom IQ. Stuttgart 1991
Garlichs, A.: Balintgruppenarbeit mit Lehrern. In: Supervision, 1984, S. 43–66
Garlichs, A.: Kinder verstehen lernen. Das Kasseler Schülerhilfeprojekt im Rahmen einer reformierten Lehrerausbildung. Donauwörth 2000
Gaschke, S.: Die Elternkatastrophe. In: DIE ZEIT vom 26. 4. 2001
Gebauer, K.: „Ich hab' sie ja nur leicht gewürgt" – Mit Schulkindern über Gewalt reden. Stuttgart 1996
Geissler, R.: Soziale Schichtung und Kriminalität. In: ders. (Hrsg.): Soziale Schichtung und Lebenschancen in der Bundesrepublik Deutschland. Stuttgart 1987
Gerspach, M.: Wohin mit den Störern? Zur Sozialpädagogik der Verhaltensauffälligen. Stuttgart, Berlin, Köln 1998
Gidion, J.: Lehrer – Anmerkung zu einem „unmöglichen Beruf". In: Becker, H./v. Hentig, H.: Der Lehrer und seine Bildung. Beiträge zur Überwindung einer Resignation. Frankfurt/M. 1984, S. 63–78
Giesecke, H.: Das Ende der Erziehung. Neue Chancen für Familie und Schule. Stuttgart 1985
Giesecke, H.: Vorbehalte gegen eine Sozialpädagogisierung der Schule. In: Neue Sammlung, 25. Jg. 1985, S. 475–509
Giesecke, H.: Studium Pädagogik. Orientierungen und Hinweise für den Studienbeginn. Weinheim und München 1994
Giesecke, H.: Wozu ist die Schule da? In: Neue Sammlung, 35. Jg. 1995, S. 93–104
Goleman, D.: Emotionale Intelligenz. München 1995
Goleman, D.: What makes a leader? In: Harvard Business Review, 76 (6) 1998, S. 92–102.
Goleman, D.: Leadership, that gets results. In: Harvard Business Review 78 (2) 2000, S. 78–90.
Goleman, D.: Issues in Paradigm Building. In: Cherniss, C. & Goleman, D. (Hrsg.): The Emotionally Intelligent Workplace. How to Select for, Meassure, and Improve Emotional Intelligence in Individuals, Groups and Organizations. Chichester 2001
Göppel, R.: „Der Friedrich, der Friederich..." – Das Bild des „schwierigen Kindes" in der Pädagogik des 19. und 20. Jahrhunderts. Würzburg 1989
Göppel, R.: Anfänge der menschlichen Subjektivität. In: Zeitschrift für Pädagogik, 40. Jg. 1994, S. 247–264
Göppel, R.: Eltern und Kinder – Gefangene im Wiederholungszwang? In: Zeitschrift für Pädagogik, 41. Jg. 1995, S. 783–802
Göppel, R.: Das Jugendalter heute – Zeit des Wandels in einer Zeit des Wandels. In: Scheidewege, Jahresschrift für skeptisches Denken, 25. Jg., 1995/96, S. 203–234
Göppel, R.: Ursprünge der seelischen Gesundheit. Risiko- und Schutzfaktoren in der kindlichen Entwicklung. Würzburg 1997a
Göppel, R.: Wieviele bin ich? In: Fröhlich, V./Göppel, R. (Hrsg.): Paradoxien des Ich. Beiträge zu einer subjektorientierten Pädagogik. Festschrift für Günther Bittner. Würzburg 1997b, S. 70–89
Göppel, R.: Kinder als „kleine Erwachsene"? – Wider das Verschwinden der Kindheit in der modernen Kindheitsforschung. In: Neue Sammlung, 37. Jg. Heft 3/1997c, S. 357–376
Göppel, R.: "Meine Kindheit war nicht die eines Kindes" – Biographische Wurzeln pädagogischer Reflexion bei Jean-Jacques Rousseau. In: Bittner, G./Fröhlich, V. (Hrsg.): Lebens-Geschichten deuten. Beiträge zur autobiographischen Fundierung pädagogischer Reflexion. Witzenhausen 1997d, S. 79–110
Göppel, R.: Eltern, Kinder und Konflikte. Stuttgart 1998

Göppel, R.: Kindliche Grundbedürfnisse als Orientierungspunkte für die Pädagogik? In: Göppel, R.: Eltern, Kinder und Konflikte. Stuttgart, Berlin, Köln 1998, S. 188–214

Göppel, R.: Sich der Gewalt stellen. Zum Umgang mit Aggression und Gewalt in der Tradition der psychoanalytischen Pädagogik. In: Scheidewege, Jahresschrift für skeptisches Denken, 28. Jg. 1998/99, S. 97–121

Göppel, R.: Die Bedeutung der frühen Erfahrungen. – Wie entscheidend ist die frühe Kindheit für das spätere Leben? In: Jahrbuch für Psychoanalytische Pädagogik 11. Jg. 1999a, S. 15–36

Göppel, R.: Resilienz – ein Konzept zwischen Euphorie und Skepsis. In: Opp, G./Fingerle, M./Freytag, A. (Hrsg.): Was Kinder stärkt. Erziehung zwischen Risiko und Resilienz. München 1999b, S. 272–276

Göppel, R.: „Emotionale Intelligenz" als Bildungsziel? In: Neue Sammlung, 39. Jg. 1999c, S. 563–582

Göppel, R.: „Wenn ich hasse habe ich keine Angst mehr..." Gewalt als Kompensation von Angst und Minderwertigkeitsgefühl? In: Scheidewege, Jahresschrift für skeptisches Denken, 29. Jg., 1999/2000 S. 241–263

Göppel, R.: Der Lehrer als Therapeut? Das Verhältnis von Erziehung und Therapie in der Verhaltensgestörtenpädagogik. In: Zeitschrift für Pädagogik, 46. Jg. 2/2000a, S. 215–234

Göppel, R.: Die Bedeutung der Risiko- und Resilienzforschung für die Sonder- und Heilpädagogik. In: Bundschuh, K. (Hrsg.): Wahrnehmen – Verstehen – Handeln, Perspektiven der Heil- und Sonderpädagogik im 21. Jahrhundert. Bad Heilbrunn, 2000b, S. 79–96

Göppel, R.: „Arizona" – ein Programm zur Förderung der „Eigenverantwortung" oder ein Disziplinierungsinstrument? – Betrachtungen aus der Perspektive der psychoanalytischen Pädagogik. In: Institut für Weiterbildung der Pädagogischen Hochschule Heidelberg, (Hrsg.): Gewalt an Schulen. Informationsschrift Nr. 62, 2002d, S. 42–57

Göppel, R.: „Wenn ich hasse, habe ich keine Angst mehr...." Psychoanalytisch-pädagogische Beiträge zum Verständnis problematischer Entwicklungsverläufe und schwieriger Erziehungssituationen. Donauwörth 2002e

Göppel, R.: Frühe Selbständigkeit für Kinder – Zugeständnis oder Zumutung? In: Jahrbuch für Psychoanalytische Pädagogik, Bd. 12, Frankfurt/M. 2002c, S. 32–52

Göppel, R.: „Die Kultur der Affekte ist das eigentlich schwerste Bildungsziel" (A. Mitscherlich) – Zum aktuellen Boom der „emotionalen Bildung. In: Dörr, M./Göppel, R. (Hrsg.): Bildung der Gefühle – Innovation? Illusion? Intrusion? Gießen 2003a, S. 15–39

Göppel, R.: Die Bedeutung früher Bindungserfahrungen für die sozialen Interaktionen von Kindern in späteren außerfamiliären Kontexten. In: Finger-Trescher, U./ Krebs, H. (Hrsg.): Bindungsstörungen und Entwicklungschancen. Frankfurt/M. 2003b S. 191–210

Göppel, R.: Das Jugendalter. Entwicklungsaufgaben, Entwicklungskrisen, Bewältigungsformen. Stuttgart 2005a

Göppel, R.: Was muss man wahrnehmen und verstehen, um erziehen zu können? – Emotionale Intelligenz als Kultivierung der Intuition und als Voraussetzung für pädagogischen Takt. In: Carlsburg, G.-B./Heitger, M. (Hrsg.): Der Lehrer – ein (un)möglicher Beruf. Frankfurt/M. 2005b, S. 171–194

Göppel, R.: Kann man Jugendliche verstehen? – Wollen Jugendliche verstanden werden? – Verstehen Jugendliche sich selbst? In: Bittner, G. (Hrsg.): Menschen verstehen. – Wider die Spinnweben des dogmatischen Denkens". Würzburg 2005c, S. 142–154

Göppel, R.: Gewaltbereitschaft – ein Ausdruck von geschwächtem oder von übersteigertem Selbstwertgefühl? In: v. Carlsburg/Wehr, H. (Hrsg.): Gewalt beginnt im Kopf. Donauwörth 2005, S. 20-40

Göppel, R.: „Kinder denken anders als Erwachsene..." – Die Frage nach dem „magischen Weltbild des Kindes" angesichts der These von der „Kindheit als Konstrukt" und angesichts der neuen Bildungsansprüche an den Kindergarten. In: Steinhardt, C./Büttner, Chr./Müller, B. (Hrsg.): Kinder zwischen drei und sechs. Bildungsprozesse und Psychoanalytische Pädagogik im Vorschulalter. Gießen 2006, S. 15-38

Gordon, Th.: Familienkonferenz. Die Lösung von Konflikten zwischen Eltern und Kind. Hamburg 1972

Gordon, Th.: Lehrer-Schüler-Konferenz. Wie man Konflikte in der Schule löst. Reinbek 1981

Grossmann, K.E./Fremmer-Bombik, E./Friedl, A./Grossmann, K./Spangler, G./Suess, G.: Die Ontogenese emotionaler Integrität und Kohärenz. In: Roth, E. (Hrsg.): Denken und Fühlen. Aspekte kognitiv-emotionaler Wechselwirkung. Berlin, 1989, S. 36-55

Gruschka, A.: Bildung: unvermeidbar und überholt, ohnmächtig und rettend. In: Zeitschrift für Pädagogik, 47. Jg. 2001, S. 621-639

Gudjons, H./Pieper, M./Wagener, B.: Auf meinen Spuren. Das Entdecken der eigenen Lebensgeschichte. Vorschläge und Übungen für pädagogische Arbeit und Selbsterfahrung. Reinbek bei Hamburg 1986

Gudjons, H.: Pädagogisches Grundwissen. Bad Heilbrunn 1994

Hacke, A.: Der kleine Erziehungsberater. München 1992

Hehlmann, W.: Wörterbuch der Psychologie. Stuttgart 1974^{12}

Heid, H.: Rezension zu: Dietrich Benner: Allgemeine Pädagogik, in: Zeitschrift für Pädagogik, 37. Jg. 1991, S. 683-689

Heinemann, E.: Psychoanalyse und Pädagogik im Unterricht der Sonderschule. In: Heinemann, E., Rauchfleisch, U. & Grüttner, T.: Gewalttätige Kinder. Psychoanalyse und Pädagogik in Schule, Heim und Therapie. Frankfurt/M. 1992, S. 39-89

Heinemann, E./Hopf, H.: Psychische Störungen in Kindheit und Jugend. Symptome – Psychodynamik – Fallbeispiele – psychoanalytische Therapie. Stuttgart, Berlin, Köln 2001

Heitger, M.: Schule und Gefühl – Die Verdrängung der Vernunft durch das Gefühl. Irrwege modischer Pädagogik. Zur Erziehung von Emotion und Verhalten. In: Schaufler, G. (Hg.) : Schule der Gefühle. Zur Erziehung von Emotion und Verhalten. Innsbruck 1994, S. 9-33.

Heitger, M.: Das Allgemeine der allgemeinen Pädagogik. In: Vierteljahresschrift für Wissenschaftliche Pädagogik, 75. Jg. 1999, S. 1-11

Heitger, M.: Wer regiert die pädagogische Praxis? Intuition und Rationalität – ein Widerspruch? In: Carlsburg, G.-B./Heitger, M. (Hrsg.): Der Lehrer – ein (un)möglicher Beruf. Frankfurt/M. 2005, S. 13-30

Heisenberg, W.: Das Naturbild der heutigen Physik. Rowohlts Deutsche Enzyklopädie, Bd. 8, Reinbek 1984

Helsper, W./Böhme, J.: Jugend und Schule. In: Krüger, H.-H./Grunert, C. (Hrsg.): Handbuch Kindheits- und Jugendforschung. Opladen 2002, S. 567-596

Henningsen, J.: Peter stört. In: Flitner, A./Scheuerl, H. (Hrsg.): Einführung in pädagogisches Sehen und Denken. München 1967, S. 51-70

Hentig, H.v.: Vorwort. In: Ariès, Ph.: Die Geschichte der Kindheit. München 1975, S. 7-44

Hentig, H. v.: Psychische Gesundheit und Schule. Aus der Sicht eines Pädagogen. In: Nissen, G./Specht, F. (Hrsg.): Psychische Gesundheit und Schule. Darmstadt, 1976, S. 1-26.

Hentig, H.v.: Vom Verkäufer zum Darsteller. Absagen an die Lehrerbildung. In: Gidion, J.: Lehrer – Anmerkung zu einem „unmöglichen Beruf". In: Becker, H./v. Hentig, H.: Der Lehrer und seine Bildung. Beiträge zur Überwindung einer Resignation. Frankfurt/M. 1984, S. 99–146

Hentig, H.v.: Die Menschen stärken, die Sachen klären. Ein Plädoyer für die Wiederherstellung der Aufklärung. Stuttgart 1985

Hentig, H.v.: „Humanisierung" – Eine verschämte Rückkehr zur Pädagogik? Andere Wege zur Veränderung der Schule. Stuttgart 1987

Hentig, H.v.: Bildung. München, Wien 1996

Hentig, H.v.: Abdankung. In: Fauser, P. (Hrsg.): Wozu die Schule da ist. Eine Streitschrift der Neuen Sammlung. Seelze 1996, S. 57–66

Hentig, H.v.: Calling for Attention. Nikolaus. In: Neue Sammlung, 36. Jg. 1996, S. 177–187

Hentig, H.v.: Ein Maßstab für Bildung. In: Schavan, A. (Hrsg.): Bildung und Erziehung. Frankfurt/M. 2004, S. 291–312

Hentig, H.v.: Einführung in den Bildungsplan 2004. www.schule-bw.de/unterricht/ bildungsstandards/gymnasium/gy_vorspann.pdf

Henz, H.: Bildungstheorie. Frankfurt/M., Bern, New York, Paris 1991

Herbart, J.F.: Die ersten Vorlesungen über Pädagogik (1802). In: ders.: Pädagogische Schriften. Erster Band: kleinere Pädagogische Schriften. Hrsg. v. W. Asmus. Stuttgart 1982

Herlt, S./Schaarschmidt, U.: Selbstcheck für den Lehrerberuf. (vorläufige Fassung, Universität Potsdam, Institut für Psychologie, August 2005)

Herzog, R.: „Sprengt die Fesseln!" Rede des Bundespräsidenten auf dem Berliner Bildungsforum. In: DIE ZEIT vom 7. November 1997, S. 49–50

Hesse, H.: Unterm Rad. Frankfurt/M. 1906

Hesse, N. (Hrsg.): Hermann Hesse in Briefen und Lebenszeugnissen. Frankfurt/M. 1984

Heyden, T.: Sheila, München 1984

Heydorn, H.-J.: Überleben durch Bildung. Umriß einer Aussicht. In: ders.: Ungleichheit für alle: Zur Neufassung des Bildungsbegriffs. Bildungstheoretische Schriften, Bd. 3, Syndikat, Frankfurt/M. 1980, S. 282–301

Hiller, G.G.: Von normierter Einfalt zu normaler Vielfalt. Plädoyer für eine Stärkung der integrativen Funktion des Bildungssystems. In: Zeitschrift für Pädagogik, 37. Jg. 1991, S. 225–244

Hiller, G.G.: Protektion als pädagogische Aufgabe? In: Opp, G./Fingerle, M./Freytag, A. (Hrsg.): Was Kinder stärkt. Erziehung zwischen Risiko und Resilienz. München, Basel 1999, S. 250–258

Hiller, G.G./Nestle, W. (Hrsg.): Ausgehaltene Enttäuschungen. Geschichten aus den Arbeitsfeldern der Lernbehindertenpädagogik. Langenau-Ulm 1997

Hirblinger, A.: Die Fallbesprechungsgruppe zwischen Unterrichtswirklichkeit und pädagogischem Ich-Ideal. In: Fröhlich, V./Göppel, R. (Hrsg.): Was macht die Schule mit den Schülern? – Was machen die Schüler mit der Schule? Psychoanalytisch-pädagogische Blicke auf die Institution Schule. Gießen (Psychosozial-Verlag) 2003, S. 151–169

Hock, B./Holz, G./Wüstendörfer, W.: Gute Kindheit – Schlechte Kindheit? Armut und Zukunftschancen von Kindern und Jugendlichen in Deutschland. Abschlussbericht zu einer Studie im Auftrag des Bundesverbandes der Arbeiterwohlfahrt, Frankfurt/M 2000

Hollingshead, A.B./Redlich, F.C.: Social class and mental illness. New York 1958

Holtappels, H.G/Tillman, K.-J.: „Hausgemachte" Gewaltrisiken – und was in der Schule dagegen getan werden kann. In: Pädagogik 1/1999, S. 8–12

Holzapfel, H.: Koalition der Vernunft – Warum in finnischen Schulen vieles anders ist. In: Erziehung & Wissenschaft, Heft 5/2002, S.23-25

Homburger, E.: Die Zukunft der Aufklärung und die Psychoanalyse. In: Zeitschrift für Psychoanalytische Pädagogik 4. Jg., 1930, S. 201–216.

Homfeld, H.G./Schulz, W./Barkholz, U.: Student sein – Lehrer werden? Selbsterfahrung in Studium und Beruf. München 1983

Hüfner, G.: Die Vielfalt der freiwilligen Lehrerleistungen kann nicht aufrechterhalten werden! Ergebnisse der BLLV-Mitgliederbefragung. In: Bayerische Schule, 57. Jg. 2004, Heft 1/2, S. 8–10

Hurrelmann, K.: Sozialisation und Gesundheit. Somatische, psychische und soziale Risikofaktoren im Lebenslauf. Weinheim und München 1991

Hüther G.: Die Bedeutung sozialer Erfahrungen für die Strukturierung des menschlichen Gehirns. Welche sozialen Beziehungen brauchen Schüler und Lehrer? In: Zeitschrift für Pädagogik, 50. Jg. 2004, S. 487–495

Illich, I.: Schulen helfen nicht. Über das mythenbildende Ritual der Industriegesellschaft. Reinbek 1972

Illich, I.: Fortschrittsmythen. Schöpferische Arbeitslosigkeit, Energie und Gerechtigkeit. Wider die Verschulung. Reinbek 1978

Izard, C.E.: Die Emotionen des Menschen. Eine Einführung in die Grundlagen der Emotionspsychologie. Weinheim 1999^4

Jahoda, M.: Current concepts of positive mental health. New York 1958

Jegge, J.: Dummheit ist lernbar. Erfahrungen mit „Schulversagern". München 1976

Jugert, G./Rehder, A./Notz, P./Petermann, F.: Soziale Kompetenzen für Jugendliche. Grundlagen, Training und Fortbildung. Weinheim 2002

Julius, H., Goetze, H.: Die Förderung adaptiver Ressourcen bei Risikokindern. Erste Ergebnisse aus einem Attribuierungstraining. In: Sonderpädagogik, 28. Jg. 1998, S. 26–39

Jungbauer-Gans, M./Kriwiy, P. (Hrsg.): Soziale Benachteiligung und Gesundheit von Kindern und Jugendlichen. Wiesbaden 2004

Kaesler, D.: „Unser wertvollster Schatz" Eindrücke eines deutschen Universitätsprofessors in Bangladesh. In: Forschung und Lehre 3/2004, S. 148

Kahlert, J. u.a.: Achtsamkeit und Anerkennung. Materialien zur Förderung des Sozialverhaltens in der Grundschule. Köln (Schriftenreihe der BZgA) 2002

Kanders, M. u.a.: Das Bild der Schule aus der Sicht von Schülern und Lehrern. In: Rolff, H.-G. u.a. (Hrsg.): Jahrbuch der Schulentwicklung Bd.9. Weinheim 1996, S. 57–113

Kant, I.: Anthropologie in pragmatischer Hinsicht. Stuttgart 1983 (orig. 1798)

Kant, I.: Über Pädagogik. In: Werke in zehn Bänden. Hrsg. von W. Weischedel. Darmstadt 1983, Bd. 10, S. 691–761

Keupp, H.: Riskante Chancen. Heidelberg 1988

Keupp, H.: Sozialepidemiologie. Zur gesundheitspolitischen Hypothek der Klassengesellschaft. In: Hoermann, G., Koerner, W. (Hrsg.): Klinische Psychologie. Ein kritisches Handbuch. Reinbek 1991

Klafki, W.: Die Bedeutung der klassischen Bildungstheorien für ein zeitgemäßes Konzept allgemeiner Bildung. In: ders.: Neue Studien zur Bildungstheorie und Didaktik. Weinheim 1985

Klieme E. u.a.: Zur Entwicklung nationaler Bildungsstandards. Eine Expertise. Berlin 2003

Klink, J.G.: Klasse H7e. Aufzeichnungen aus dem Schulalltag. Bad Heilbrunn 1974

Kohut, H.: Überlegungen zum Narzißmus und zur narzißtischen Wut. In: ders.: Die Zukunft der Psychoanalyse. Frankfurt/M. 1975, S. 205–251

Korczak, J.: Wer kann Erzieher sein? In: Flitner, A./Scheuerl, H.: Einführung in pädagogisches Sehen und Denken. Weinheim 2000
Korczak, J.: Wie man ein Kind lieben soll, Gütersloh 1967
Korczak: Sommerkolonien. In: ders.: Wie man ein Kind lieben soll. Güthersloh 1967, S. 234–278
Krannich, S./Sanders, M./Ratzke, K./Diepold, B./Cierpka, M.: FAUSTLOS – Ein Curriculum zur Förderung sozialer Kompetenzen und zur Prävention von aggressivem und gewaltbereitem Verhalten bei Kindern. In: Praxis Kinderpsychologie und Kinderpsychiatrie, 46. Jg. 1997, S. 236–247
Krappmann, L./Oswald, H.: Alltag der Schulkinder. Beobachtungen und Analysen von Interaktionen und Sozialbeziehungen. Weinheim und München 1995
Kröger, Chr./Kutza, R./Walden, K./Reese, A.: Implementation eines Lebenskompetenzprogrammes für fünfte Klassen an Hauptschulen und Gymnasien. In: Kindheit und Entwicklung, 7. Jg. 1998, S. 231–238
Krüger, H.-H.: Allgemeine Pädagogik auf dem Rückzug? Notizen zur disziplinären Neuvermessung der Erziehungswissenschaft. In: Krüger, H.-H./Rauschenbach, Th. (Hrsg.): Erziehungswissenschaft. Die Disziplin am Beginn einer neuen Epoche. Weinheim und München 1994, S. 115–130
Kühn, L.: Das Lehrerhasser-Buch. Eine Mutter rechnet ab. München 2005
Langewand, A.: Bildung. In: Lenzen, D. (Hrsg.): Erziehungswissenschaft. Ein Grundkurs, Reinbek bei Hamburg 1995, S. 69–98
Laplanche, J., Pontalis, J.-B.: Das Vokabular der Psychoanalyse. Frankfurt/M. 1972
Le Doux, J.: Sensory Systems and Emotion. In: Integrative Psychiatry 4/1986
Leber, A.: Wie wird man „Psychoanalytischer Pädagoge"? In: Bittner, G., Ertle, Chr. (Hrsg.): Pädagogik und Psychoanalyse. Beiträge zur Geschichte, Theorie und Praxis einer interdisziplinären Kooperation. Würzburg 1985, S. 151 – 166.
Lebert, B.: Crazy. Köln 2000[25]
Ledda, G.: Padre Padrone. Mein Vater, mein Herr. Frankfurt/M. 1980
Lempp, R.: Die Belastung der Familie durch die Schule. In: Pädagogik, 43. Jg. 1991, S. 25–27
Lenzen, D.: Erziehungswissenschaft – Pädagogik. Geschichte – Konzepte – Fachrichtungen. In: ders. (Hrsg.): Erziehungswissenschaft. Ein Grundkurs. Reinbek 1995[2], S. 11–41
Lenzen, D.: Das Kind. In: ders. (Hrsg.): Erziehungswissenschaft. Ein Grundkurs. Reinbek bei Hamburg 1995[2], S. 341–361
Lenzen, J. (1997): Lösen die Begriffe Selbstorganisation, Autopoiesis und Emergenz den Bildungsbegriff ab? In: Zeitschrift für Pädagogik, 43. Jg. 949–967
Lenzen, D.: Allgemeine Pädagogik – Teil- oder Leitdisziplin der Erziehungswissenschaft? In: Brinkmann, W./Petersen, J. (Hrsg.): Theorien und Modelle der Allgemeinen Pädagogik. Donauwörth 1998, S. 32–54
Leonhard, H.-W.: Pädagogik studieren. Stuttgart, Berlin, Köln 1992
Levin, K./Lippitt, R./White, R.K.: Patterns of aggressive behaviour in experimentally created „social climates", in: The Journal of Social Psychology 1939, S. 271–299
Liebau, E.: Erfahrung und Verantwortung. Werteerziehung als Pädagogik der Teilhabe. Weinheim und München 1999
Linsen, R./Leven, I./Hurrelmann, K.: Wachsende Ungleichheit der Zukunftschancen? Familie, Schule und Freizeit als jugendliche Lebenswelten. In: Deutsche Shell, (Hrsg.): Jugend 2002, 14. Shell Jugendstudie. Frankfurt 2002, S. 53–90

Lösel, F./Bliesener, T: Resilience in adolescence: A study on the generalizability of protective factors. In: Hurrelmann, K./Lösel, F. (Eds.): Health hazards in adolescence. Berlin, 1990, S. 299–320.

Lösel, F./Bliesener, T./Köferl, P.: Psychische Gesundheit trotz Risikobelastung in der Kindheit: Untersuchungen zur „Invulnernabilität". In: Seiffge-Krenke, I. (Hrsg.): Jahrbuch der Medizinischen Psychologie, Bd. 4, Krankheitsverarbeitung von Kindern und Jugendlichen. Berlin, 1990, S. 103–123.

Lösel, F./Kolip, P./Bender, D.: Streß-Resistenz im Multiproblem-Milieu. Sind seelisch widerstandsfähige Jugendliche „Superkids"? In: Zeitschrift für Klinische Psychologie, 21. Jg. 1992, S. 48–63.

Lösel, F./Bender, D.: Von generellen Schutzfaktoren zu differentiellen protektiven Prozessen. Ergebnisse und Probleme der Resilienzforschung. In: Opp, G./Fingerle, M./Freytag, A. (Hrsg.): Was Kinder stärkt. Erziehung zwischen Risiko und Resilienz. München/Basel 1999, S. 37–58

Long, N.: Life Space Interviewing. In: Beyond Behavior Magazine 3/1990, S. 10–15

Long, N.J./Wood, M.M./Fecser, F.A.: Life Space Crisis Intervention: Talking with Students in Crisis. Austin 2001

Lück, G.: Handbuch der naturwissenschaftlichen Bildung. Theorie und Praxis für die Arbeit in Kindertageseinrichtungen. Herder, Freiburg, 2003

Lückert, H.-R.: Die basale Begabungs- und Bildungsförderung. München, Basel 1969

Luczak, H.: Wie der Bauch den Kopf bestimmt. – Wissenschaftler auf der Spur von Gefühl und Intuition. In: GEO, November 2000, S. 136–162

Luhmann, N.: Das Kind als Medium der Erziehung. In: Zeitschrift für Pädagogik, 37. Jg. 1991, S. 19–40

Luthar, S./Ciccetti, D./Becker, B.: The Construct of Resilience: A Critical Evaluation and Guideline for Future Work. In: Child Development, Vo. 71, 2000, S. 543–562

Maas, M.: Jugend und Schule. Ideen, Beiträge und Reflexionen zur Reform der Sekundarstufe I. Baltmannsweiler 2000

Makarenko, A.S.: Ein pädagogisches Poem. Der Weg ins Leben. Frankfurt/M., Berlin, Wien 1980

Mansel, J./Neubauer, G. (Hrsg.): Armut und soziale Ungleichheit im Kindesalter. Opladen 1998

Mayer, J.D. (1999): Interview in: Psychology Today, Juli/August 1999, Vol. 32, S. 20–23.

Mayer, J.D./Cobb, C.D.: Educational policy on emotional intelligence: Does it make sense? Educational Psychology Review, Vol. 12, 2000, S. 163–183.

Mayer, J.D., Salovey, P.: What is emotional intelligence? In: Salovey, P., Sluyter, D.J. (Hg.): Emotional Development and emotional intelligence. Implications for educators. New York, 1997, S. 3–31.

Menze, C.: Bildung. In: Speck, J., Wehle, G. (Hrsg.): Handbuch pädagogischer Grundbegriffe. München 1970, S. 134–184

Merkelbach A./Schön, B.: „Bei uns war alles normal" – Die Bedeutung biographischer Reflexion für die Lehrerbildung. In: Fröhlich, V./ Göppel, R. (Hrsg.): Bildung als Reflexion über die Lebenszeit. Gießen 2006, S. 154–182

Mielck, A. (Hrsg.): Krankheit und soziale Ungleichheit. Ergebnisse der sozialepidemiologischen Forschung in Deutschland Opladen 1993

Mielck, A.: Soziale Ungleichheit und Gesundheit. Einführung in die aktuelle Diskussion. Bern 2005

Milde, V.E.: Lehrbuch der allgemeinen Erziehungskunde, besorgt von K.G. Fischer. Paderborn 1965, (orig. 1811)
Miller, A.: Am Anfang war Erziehung. Frankfurt/M. 1980
Ministerium für Gesundheit und Soziales Sachsen-Anhalt (Hrsg.): Bildung: elementar, Bildung von Anfang an. Bildungsprogramm für Kindertageseinrichtungen in Sachsen Anhalt. Magdeburg 2004
Mitscherlich, A.: Ein Leben für die Psychoanalyse. Anmerkungen zu meiner Zeit. Frankfurt/M. 1980
Mitscherlich, A.: Auf dem Weg zur vaterlosen Gesellschaft. In: Ders.: Gesammelte Schriften, hrsg. v. Haase, H., Bd. III, Frankfurt/M. 1983
Mollenhauer, K.: Umwege: über Bildung, Kunst und Interaktion; Weinheim, München 1986
Mollenhauer, K.: „Mutmaßungen zum ‚Niedergang' der Allgemeinen Pädagogik. In: Zeitschrift für Pädagogik 42. Jg. 1996, S. 277–285
Montada, L.: Fragen, Konzepte, Perspektiven. In: Oerter, R./Montada, L. (Hrsg.): Entwicklungspsychologie. Psychologische Verlags Union: Weinheim, 1995, S. 1–83
Mosel, S.: Jugendliche mit Borderline-Syndrom in der Schule. Über die Wahrnehmung des Problems und die Möglichkeiten des pädagogischen Umgangs. Unveröffentlichte Zulassungsarbeit an der Pädagogischen Hochschule Heidelberg. 2003
Murphy, L.B.: Further reflections on resilience. In: Anthony, E.J., Cohler, B.J. (Eds.): The invulnerable child. New York, London, 1987, S. 84–105
Murphy, L.B., Moriarty, A.E.: Vulnerability, coping and growth. From infancy to adolescence. New Haven, London 1976
Neidhard, W.: Kinder, Lehrer und Konflikte – Vom psychoanalytischen Verstehen zum pädagogischen Handeln. München 1977
Neuß, N.: Biographische Lernerfahrungen von Lehramtsstudierenden: Bestandteil des professionellen Lehrerwissens. In: Fröhlich, V./Göppel, R. (Hrsg.): Bildung als Reflexion über die Lebenszeit. Gießen 2006, S. 134–154
Nida-Rümelin, J.: Das hat Humboldt nie gewollt. In: Die Zeit 10/2005
Nohl, H.: Die pädagogische Bewegung in Deutschland und ihre Theorie. Frankfurt/M. 1988[10]
Nuber, U.: Resilienz: Immun gegen das Schicksal? In: Psychologie heute, September 2005, S. 20–24.
Oelkers, J.: War Korczak Pädagoge? In: Beiner, F. (Hrsg.): Janusz Korczak. Zeugnisse einer lebendigen Pädagogik vierzig Jahre nach seinem Tod. Wasserberg 1982, S. 42–60
Oelkers, J: Erziehung in der Gegenwart. Notizen zu Korczaks pädagogischer Theorie. In: Neue Sammlung, 23. Jg. 1983
Oelkers Und wo, bitte, bleibt Humboldt? In: Die Zeit, Nr. 27, 27.06.2002, S. 36
Oevermann, U.: Theoretische Skizze einer revidierten Theorie professionalisierten Handelns. In: Combe, A./Helsper, W. (Hrsg.): Pädagogische Professionalität. Untersuchungen zum Typus pädagogischen Handelns. Suhrkamp: Frankfurt/M. 1996, S. 70–182
Opp, G.: Reflexive Professionalität. Neue Professionalisierungstendenzen im Arbeitsfeld der Kinder- und Jugendhilfe. In: Zeitschrift für Heilpädagogik, 4/1998, S. 148–158
Opp, G.: Kindliches Wohlbefinden trotz riskanter Lebensbedingungen: Neue Ergebnisse der Resilienzforschung. In: Gesundheitswesen, 63. Jg. 2001, Sonderheft 2, S. 106–114
Oppholzer, A.: Wenn Du arm bist, mußt Du früher sterben. Arbeits- und Lebensbedingungen als Krankheitsfaktoren. Hamburg 1986
Paulus, J.: Die wahren Grundlagen der Persönlichkeit. In; Psychologie heute, Januar 1999, S. 44–49

Paulus, J.: Wie emotional intelligent war Maggie Thatcher? In: Psychologie heute. Februar 2005, S. 28–31

Pauly, G.: Mir langt's. Eine Lehrerin steigt aus. Hamburg 1994

Pelzer, W.: Janusz Korczak. Rowohlt Bildmonographie. Reinbek 1987

Pestalozzi, J.H.: Über den Aufenthalt in Stans. Brief Pestalozzis an einen Freund. In: Ders: Sämtliche Werke Bd. 13, Berlin, 1932 (orig. 1799)

Pestalozzi, J.H.: Wie Gertrud ihre Kinder lehrt, ein Versuch, den Müttern Anleitung zu geben, ihre Kinder selbst zu unterrichten. In: Ders.: Sämtliche Werke, Bd. 13, Berlin, 1932 (orig.1801)

Peukert, H.: Reflexionen über die Zukunft der Bildung, in: Zeitschrift für Pädagogik, 46. Jg. 2000, S. 507–524

Pines, M.: Trotz alledem ... Die Psychologie der „unverwundbaren" Kinder. In: Redaktion der Zeitschrift Psychologie heute (Hrsg.): Kindheit ist nicht kinderleicht. 2. Aufl. 1981 146–153

Prange, K.: Was muß man wissen, um erziehen zu können? Didaktisch-theoretische Voraussetzungen der Professionalisierung von Erziehung. In: Vierteljahresschrift für Wissenschaftliche Pädagogik, 74. Jg. 1998, S. 39–50

Quinton, D., Rutter, M.: Parenting breakdown. The making and breaking of intergenerational links. Aldershot 1988

Rauschenbach, Th.: Der Sozialpädagoge. In: Lenzen, D. (Hrsg.): Erziehungswissenschaft. Ein Grundkurs. Reinbek 1994, S. 253–281

Redl, F./Wineman, D.: Kinder, die hassen. Auflösung und Zusammenbruch der Selbstkontrolle. Piper: München 1984

Redl: Life Space Interview. In: Journal for Orthopsychiatry, Vol 29, 1959. Deutsch: Das „Life Space Interview" (Therapeutisches Gespräch im aktuellen Lebenskontext). In: Redl, F.: Erziehung schwieriger Kinder. Beiträge zu einer psychotherapeutisch orientierten Pädagogik. München, 4. Aufl. 1987, S. 84–71

Reich-Ranicki, M.: Mein Leben. München 1999

Reiser, H.: Entwicklung und Störung – Vom Sinn kindlichen Verhaltens. In: Behindertenpädagogik, 32. Jg. 1993, S. 254–263.

Reiser, H.: Lern- und Verhaltensstörungen als gemeinsame Aufgabe von Grundschul- und Sonderpädagogik unter dem Aspekt der pädagogischen Selektion. In: Zeitschrift für Heilpädagogik 7/1997, S. 266–275

Roth, G.: Warum sind Lehren und Lernen so schwierig? In: Zeitschrift für Pädagogik, 50. Jg. 2004, S. 496–506

Rotter, J.B.: Generalized expectancies for internal versus external control of reinforcement. In: Psychological Monographs Nr. 80, 1966

Rousseau, J.J. (1762): Emil oder über die Erziehung. Paderborn, 1995[12] (orig. 1762)

Rumpf, H.: Erkenntnisse lassen sich nicht weitergeben wie Informationen. In: Redaktion der Frankfurter Hefte (Hrsg.): Existenzwissen, Frankfurt 1983, S. 162–174

Rumpf, H.: „Wenn ich mich frage, wie ich denn vermutlich zu meinen pädagogischen Aufmerksamkeiten gekommen bin..." In: Winkel, R. (Hrsg.): Deutsche Pädagogen der Gegenwart, Düsseldorf 1984, S. 301–318

Rumpf, H.: Anfängliche Aufmerksamkeiten. Was sollen Lehrer können? Wie sollen Lehrer lernen? In: Pädagogik, 9/1992, S. 26–30

Rumpf, H.: Diesseits der Belehrungswut. Pädagogische Aufmerksamkeiten. Weinheim 2004

Rutter, M.: Psychosocial resilience and protective mechanisms. In: American Journal of Orthopsychiatry, Vol. 57 1987, S. 316–331

Rutter, M.: Wege von der Kindheit zum Erwachsenenalter. In: Petzold, H. (Hrsg.): Frühe Schädigung – späte Folgen? Psychotherapie und Babyforschung, Bd. 1. Die Herausforderung der Längsschnittforschung. Paderborn 1993, S. 23–67

Rutter, M./Maughan, B./Mortimore, J./Ouston, J.: Fünfzehntausend Stunden. Schulen und ihre Wirkung auf die Kinder. Weinheim und Basel 1980

Salovey, P./Mayer, J.D.: Emotional intelligence. In: Imagination, Cognition and Personality, 1990/9, S. 185–211.

Saum-Aldehoff, Th.: Neurotizismus –Talent zum Unglücklichsein. In: Psychologie heute. Februar 2005, S. 46–50

Schaarschmidt, U./Kieschke, U./Fischer, A.W.: Beanspruchungsmuster im Lehrerberuf. In: Psychologie in Erziehung und Unterricht, 46. Jg. 1999, S. 244–268

Schaarschmidt, U.: Halbtagsjobber? Psychische Gesundheit im Lehrerberuf – Analyse eines veränderungsbedürftigen Zustandes. Weinheim und München 2005^2

Schaarschmidt, U./Kieschke, U./Fischer, A.W.: Beanspruchungsmuster im Lehrerberuf. In: Psychologie in Erziehung und Unterricht, 46. Jg. 1999, S. 244–268

Schaefer, K.L. (Hrsg.): Bericht über den Kongress für Kinderforschung und Jugendfürsorge in Berlin. (1.–4. Oktober 1906). Langensalza 1907

Schavan, A.: Bildung stärkt Menschen. Rede von Frau Kultusministerin Dr. Annette Schavan, beim Bildungskongress am 29. April 2002 in Ulm. http://www.kultusministerium.baden-wuerttemberg.de/extsites/Hauptschule-BW/bildungsplan/downloads/schavan_bildungskongress.pdf 2002

Schick, A./Cierpka M.: FAUSTLOS – Aufbau und Evaluation eines Curriculums zur Förderung sozialer und emotionaler Kompetenzen in der Grundschule. In: Dörr, M./Göppel, R.: Bildung der Gefühle. Innovation? Illusion? Intrusion. Gießen 2003, S. 146–162

Schiller, F.: Über die ästhetische Erziehung des Menschen in einer Reihe von Briefen, hrsg. v. K. Berghahn, Ditzingen, 2000 (orig. 1795)

Schiller, F.: Brief an Körner vom 28. Mai 1789. In: Schiller. Ein Lesebuch für unsere Zeit. Weimar 1954

Schiller, F.: Was heißt und zu welchem Ende studiert man Universalgeschichte? (eine akademische Antrittsrede 1789) In: Schiller. Ein Lesebuch für unsere Zeit. Weimar 1954

Schmitt, E.-E.: Monsieur Ibrahim und die Blumen des Koran. Frankfurt/M. 2005^4

Schmitz, G.: Bedeutung der Selbstwirksamkeitserwartung für emotional kompetentes Verhalten. In: v. Salisch, M. (Hrsg.): Emotionale Kompetenz entwickeln. Grundlagen in Kindheit und Jugend. Stuttgart 2002, S. 207–228

Schön, B.: Bildung der Gefühle durch Programme zur Gewaltprävention? Einige Anmerkungen. In: Dörr, M./Göppel, R.: Bildung der Gefühle. Innovation? Illusion? Intrusion. Gießen 2003, S. 163–182

Schulze, Th.: Bildung, Bewusstheit und biographischer Prozess. Reflexionen im lebensgeschichtlichen Lernen. In: Fröhlich, V./Göppel, R.: Bildung als Reflexion über die Lebenszeit. Gießen 2006, S. 28–49

Schumacher, J./Leppert, K./Gunzelmann, Th./Strauß, B./Brähler, E. (2005): Die Resilienzskala – Ein Fragebogen zur Erfassung der psychischen Widerstandsfähigkeit als Personmerkmal. In: Zeitschrift für Klinische Psychologie, Psychiatrie und Psychotherapie, 53. Jg. S. 16–39

Schwabe, M.: Eskalation und De-Eskalation in Einrichtungen der Jugendhilfe. Konstruktiver Umgang mit Aggression und Gewalt in Arbeitsfeldern der Jugendhilfe. Frankfurt/M. 1996

Seiffge-Krenke, I.: Nach PISA. Stress in der Schule und mit den Eltern. Bewältigungskompetenz deutscher Jugendlicher im internationalen Vergleich. Göttingen 2006

Sekretariat der Ständigen Konferenz der Kultusminister der Länder der Bundesrepublik Deutschland: Standards für die Lehrerbildung: Bildungswissenschaften. (Beschluss der Kultusministerkonferenz vom 16. 12. 2004)

Sichtermann, B.: Frühlingserwachen. Pubertät – Wie Sex und Erotik alles verändern. Reinbek bei Hamburg 2002

Singer, W.: Was kann der Mensch wann lernen? In: Kilius, N./Kluge, J./Reisch, L. (Hrsg.): Die Zukunft der Bildung Frankfurt/M. 2002, S. 78–99

Spaemann, R.: Wer ist ein gebildeter Mensch? In: Scheidewege, Jahresschrift für skeptisches Denken, Baltmannsweiler, 1994/95 S. 34–37

Speck, O.: Erziehungsschwierigkeiten – Vorbeugung durch Erziehung. In: Neukäter, H. (Hrsg.): Verhaltensstörungen verhindern. Prävention als pädagogische Aufgabe. Oldenburg 1991

Spiess, W. (Hrsg.): Die Logik des Gelingens. Lösungs- und entwicklungsorientierte Beratung im Kontext von Pädagogik. Dortmund 1998

Spitzer, M.: Lernen. Gehirnforschung und die Schule des Lebens. Heidelberg, Berlin 2002

Spitzer, M.: Angst ist Gift fürs Lernen. In: Kahl, J.: Treibhäuser der Zukunft. Wie Schulen in Deutschland gelingen. Weinheim 2004, S. 98–99

Strauch, B.: Warum sie so seltsam sind. Gehirnentwicklung bei Teenagern. Berlin 2003

Stronegger, W.-J./Rasky, E./Freidl, W.: Soziale Lage und Gesundheit. Von den Beziehungen zwischen Armut und Krankheit. In: Psychologie der Medizin, 7. Jg. 1996, S. 28–34

Tenorth, H.-E.: „Bildung" – Thematisierungsformen und Bedeutung in der Erziehungswissenschaft. In: Zeitschrift für Pädagogik, 43. Jg. 1997, S. 969–984

Ufer, Chr.: Das Verhältnis von Kinderforschung und Pädagogik. In: Schaefer, K.L. (Hrsg.): Bericht über den Kongress für Kinderforschung und Jugendfürsorge in Berlin. (1.–4. Oktober 1906). Langensalza 1907, S. 29–35

Uhl, S.: Die Aufgabe der Allgemeinen Pädagogik. Eine Klassifikation der gängigen Auffassungen. In: Erziehungswissenschaft 2001, S. 61–82

Vaillant, G.E.: The wisdom of the ego. Cambridge, London 1993

Vogel, P.: Überlegungen zu einem Kerncurriculum Erziehungswissenschaft. In: Zeitschrift für Pädagogik, 45. Jg. 1999, S. 733–740

Voß, R.: Das Recht des Kindes auf Eigensinn. Die Paradoxien von Störung und Gesundheit. Reinhardt: München 1995²

Weber, A./Weltle, D./Lederer, P.: Macht Schule krank? Zur Problematik krankheitsbedingter Frühpensionierungen von Lehrkräften. In: Bayerische Schule, 54. Jg. 2001, Heft 6, 6–7

Weber, I.: Soziale Schichtung und Gesundheit. In: Geissler, R. (Hrsg.): Soziale Schichtung und Lebenschancen in der Bundesrepublik Deutschland. Stuttgart 1987

Weidner, J.: Anti-Aggressivitätstraining für Gewalttäter. Bonn 1996

Weigel, K.: Projekt: „Eigenverantwortliches Denken und Handeln in der Schule" – Versuch einer Umsetzung und kritischen Bewertung. Unveröffentlichte Wissenschaftliche Hausarbeit. Heidelberg 2001

Werner, E.E.: Protective factors and individual resilience. In: Meisel, S., Shonkoff, J. (Eds.): Handbook of Early Intervention. Cambridge, 1990, S. 97–116

Werner, E.E.: Risk, resilience, and recovery: Perspectives from the Kauai Longitudinal Study. In: Development and Psychopathology, Vol. 5, 1993, S. 503–515

Werner, E.E./Smith, R.S.: Overcoming the odds: High risk children from birth to adulthood. Ithaca, London 1992

Werner, E.E./Smith, R.: Journeys from childhood to midlife: Risk, resilience and recovery. Ithaca, New York 2001

Wigger, L.: Die aktuelle Kontroverse um die Allgemeine Pädagogik. In: Zeitschrift für Pädagogik 42. Jg. 1996, S. 915–931
Wigger, L.: Was haben Pädagogik-Studenten gelesen? In: Zeitschrift für Pädagogik, 43. Jg. 1997, S. 791–801.
Wigger, L.: Zur gegenwärtigen Situation des Ausbildungswissens in erziehungswissenschaftlichen Studiengängen. In: Zeitschrift für Pädagogik, 45. Jg. 1999, S. 741–748
Wimmer, M.: Zerfall des Allgemeinen. Wiederkehr des Singulären. Pädagogische Professionalität und der Wert des Wissens. In: Combe, A./Helsper, W.: Pädagogische Professionalität. Untersuchungen zum Typus pädagogischen Handelns. Frankfurt/M. 1996, S. 404–447
Winkler: M. „Wo bleibt das Allgemeine? Historisch-systematische Betrachtungen zum Aufstieg der allgemeinen Pädagogik und dem Fall der Allgemeinen Pädagogik" in Krüger, H.-H./ Rauschenbach, Th. (Hrsg.): Erziehungswissenschaft. Die Disziplin am Beginn einer neuen Epoche. Weinheim und München 1994, S. 93–114
Winkler, M.: Die Glosse als systematische Darstellungsform – eine Replik. In: Zeitschrift für Pädagogik 42. Jg. 1996, S. 905–913
Winterhager-Schmid, L.: Jugendzeit in der Schule – eine angemessene Entwicklungsförderung?, In: M. Maas: Jugend und Schule. Ideen, Beiträge und Reflexionen zur Reform der Sekundarstufe I. Schneider Verlag Hohengehren: Baltmannsweiler 2000
Wustmann, C.: Resilienz. Widerstandsfähigkeit von Kindern in Tageseinrichtungen fördern. Weinheim 2004
Wustmann, C.: Die Blickrichtung der neueren Resilienzforschung. Wie Kinder Lebensbelastungen bewältigen. In: Zeitschrift für Pädagogik, 51. Jg. 2005, S. 192–206
Ziehe, Th.: Schule und Jugend – ein Differenzverhältnis. In: Neue Sammlung. 39. Jg. 1997, S. 619–629
Ziehen, Th.: Die Erkennung der psychopathischen Konstitutionen (krankhafte seelische Veranlagungen) und die öffentliche Fürsorge für psychopathisch veranlagte Kinder. Berlin 1912
Zinnecker, J. (Hrsg.): Schule gehen Tag für Tag. Schülertexte. München 1982
Zinnecker, J.: Selbstsozialisation – Essay über ein aktuelles Konzept. In: Zeitschrift für Sozialisationsforschung und Entwicklungssoziologie. 20. Jg. 2000, S. 272–290
Zinnecker, J./Silbereisen, R.: Kindheit in Deutschland: aktueller Survey über Kinder und ihre Eltern. Weinheim und München 1996
Zinnecker, J./ Behnken, I./Maschke, S./Stecher, L.: null zoff und voll busy. Die erste Jugendgeneration des neuen Jahrhunderts. Opladen 2002
Zorn, F.: Mars. Frankfurt/M. Fischer 1979

Quellennachweis

1.) Was heißt „Erziehung stärken"? Überarbeitete Fassung des Beitrags: Was heißt "Erziehung stärken"? In: Sonderpädagogische Förderung in NRW. Heft 4/2004, S. 2–24

2.) Was muss man wahrnehmen und verstehen, um erziehen zu können? Überarbeitete Fassung des Beitrags: Was muss man wahrnehmen und verstehen, um erziehen zu können? – Emotionale Intelligenz als Kultivierung der Intuition und als Voraussetzung für pädagogischen Takt. In: von Carlsburg, B./Heitger, M. (Hrsg.): Der Lehrer – ein (un)möglicher Beruf. Frankfurt/M. 2005, S. 171-195

3.) Wenn die Wut „hochkocht"... – (wie) kann man emotional aufgeladene Konflikte in der Schule „professionell handlen"? Bisher unveröffentlicht

4.) Was macht die Schule mit „schwierigen Schülern"? – Was machen „schwierige Schüler" mit der ihnen zugeschriebenen Eigenverantwortung? Überarbeitete Fassung des Beitrags: „Arizona" - ein Programm zur Förderung der „Eigenverantwortung" oder ein Disziplinierungsinstrument? – Betrachtungen aus der Perspektive der psychoanalytischen Pädagogik. In: Institut für Weiterbildung der Pädagogischen Hochschule Heidelberg, (Hrsg.): Gewalt an Schulen. Informationsschrift Nr. 62, 2002, S. 42–57

5.) Zur Kultur des pädagogischen Konfliktgesprächs. Bisher unveröffentlicht

6.) Die Krise der Lernkultur in der Pubertät – Warum haben es die Jugendlichen und die Schule oft so schwer miteinander? Bisher unveröffentlicht

7.) Ermöglicht oder verhindert die Schule „Bildungserfahrungen"? Bisher unveröffentlicht

8.) Bildung der Gefühle? Überarbeitete Fassung des Beitrags: Bildung der Gefühle? Aktuelle, historische und systematische Aspekte. In: Gogolin, I./ Tippelt, R. (Hrsg.): Innovation durch Bildung. Beiträge zum 18. Kongress der Deutschen Gesellschaft für Erziehungswissenschaft. Opladen 2003, S. 247–262

9.) Psychische Gesundheit als Bildungsziel? Bisher unveröffentlicht

10.) Resilienz als Bildungsziel? Überarbeitete und erweiterte Fassung des Beitrags: Bildung als Chance. In: Opp, G./Fingerle, M./Freytag, A. (Hrsg.): Was Kinder stärkt. Erziehung zwischen Risiko und Resilienz. München (Ernst Reinhardt Verlag) 1999, S. 170–190